中国管理思想精粹

【第二辑】"(朝)代"系列　吴照

明代管理思想

——基于政策工具视角的研究

On the Management Thoughts of Ming Dynasty: Based on the Perspective of Policy Instruments

（第二版）

龚　贤　著

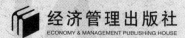

经济管理出版社

ECONOMY & MANAGEMENT PUBLISHING HOUSE

图书在版编目（CIP）数据

明代管理思想/龚贤著. —2 版. —北京：经济管理出版社，2017.2
ISBN 978-7-5096-4985-5

Ⅰ.①明…　Ⅱ.①龚…　Ⅲ.①管理学—思想史—中国—明代　Ⅳ.①C93-092

中国版本图书馆 CIP 数据核字（2017）第 043528 号

组稿编辑：杜　菲
责任编辑：杜　菲
责任印制：杨国强
责任校对：超　凡　王纪慧

出版发行：经济管理出版社
　　　　　（北京市海淀区北蜂窝 8 号中雅大厦 A 座 11 层　100038）
网　　　址：www.E-mp.com.cn
电　　　话：（010）51915602
印　　　刷：玉田县昊达印刷有限公司
经　　　销：新华书店
开　　　本：720mm×1000mm/16
印　　　张：19
字　　　数：351 千字
版　　　次：2017 年 2 月第 1 版　2017 年 2 月第 1 次印刷
书　　　号：ISBN 978-7-5096-4985-5
定　　　价：88.00 元

目　录

CATALOGUE

第一章 明代经济、政治、文化与 管理思想

明代（1368～1644 年），是中国历史上最后一个由汉族建立的中原帝国，历经十二世、16 位皇帝，计 276 年。明代初期定都于应天府（今南京），其辖区称为京师。1421 年明成祖朱棣迁都至顺天府（今北京），北平布政司升为京师，原京师改称南京。

公元 1368 年，时为韩宋吴王的朱元璋，在统一了陈友谅、张士诚、方国珍等势力后，于当年农历正月初四在南京登基，国号大明。朱元璋就是明太祖。因明朝的皇帝姓朱，故又称朱明。明代前期，经过朱元璋的洪武之治，国力迅速成长，到成祖朱棣时期，国势达到顶峰，并极力向外扩张领土，史称永乐盛世。之后，仁宗朱高炽和宣宗朱瞻基时期，国力继续发展，国势仍处于兴盛阶段，史称仁宣之治，并与永乐盛世一起合称"永宣盛世"，成为中国历史上的三大盛世之一。英宗与代宗时期，虽经土木堡之变，但经于谦等人抗敌，最终解除国家危机。宪宗与孝宗相继与民休息，发展经济，政局亦算平稳。武宗沉溺游乐，最终绝嗣，引发大礼议之争。世宗朱厚熜即位后，清除宦官和权臣势力，总揽朝纲。世宗中后期，任用胡宗宪、俞大猷等将领，平定了东南沿海倭患。世宗驾崩后十数年，经历隆庆新政和万历中兴，国力得到恢复。神宗朱翊钧中期，完成万历三大征，平定内乱，粉碎丰臣秀吉攻占朝鲜的企图。然而因国本之争，神宗逐渐疏于朝政，史称万历怠政。熹宗时，魏忠贤阉党祸乱朝纲，直到思宗朱由检即位后才废除宦官专政。但是，由于思宗政策失误，加之天灾不断，明朝最终在李自成领导的农民起义的烽火中灭亡。1644 年，思宗自缢于北京煤山，大明至此享国祚 276 年。其后，满清军队击败李自成的大顺义军并入主中原。在南方，一些大臣拥立明朝宗室建立的南明政权，1661 年灭于满清和汉族地主武装的联合绞杀；郑成功、郑经父子建立的明郑政权，也于 1683 年随着清军占领台湾而终结。

明代在政治、经济、文化等方面都在前代的基础上出现了许多新的特点，政治方面如废除丞相制度、设置内阁、建立厂卫机构等，经济方面如开拓海外交流、推行一条鞭法、资本主义经济的发展等，文化方面如专制主义的加强、

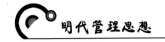

启蒙思潮的兴起等，使明代管理思想出现许多创新之处。

第一节　明代经济与管理思想

历史唯物主义认为，人类社会的政治、军事、法律、哲学、宗教等全部上层建筑，最终都是由经济基础决定的。因此，只有首先了解一个时代的社会经济状况，然后才能更深刻的认识这一时代的政治、军事和文化；只有首先深入了解明代社会经济发展的基本状况及主要特征，然后才能更准确认识明代的政治、军事及文化的发展状况及本质特征。而明代社会经济、政治、文化的发展水平又与明代的管理直接联系，所以研究明代管理思想是明代研究最基础的内容之一。

中国经济自秦汉以来直至清代，一直是自给自足的自然经济。这种经济的主要特征是劳动人民在国家的管控下，以种植粮食为主体，以一家一户为基本单位，以生产自给为主要目的，年复一年重复简单劳动，赋役负担沉重。由此造成中国古代社会经济长期发展缓慢，国家财政主要依靠赋税剥削，国民经济实力低下，许多民众长期生活在贫困之中。另外，在不同的历史时期、不同的区域，由于生态环境、历史文化的差异以及政治因素的影响，社会经济发展的速度会有一些不同：有些时期发展较快，有些时期发展较缓慢；有的区域较发达，有的区域较落后。

明代社会经济同以往任何朝代相比，发生了许多新的变化，最突出的表现就是经过明初的人口大迁徙和土地大开发，以及对赋税征收方式的不断改革，明代农业经济结构逐步由单一的粮食生产，转向农、工、商并举的多种经营。从而催生了明中叶以后以东南地区为先导的农村人口的分化和流动，一大批农业劳动力从粮食生产中分流出来，或就地转变行业，从事商业性农业，或流入市镇从事各种工商业活动，这就削弱、动摇了中国农村自然经济的统治基础，为新生产方式的诞生创造了条件，并由此奠定了近现代中国工商业经济以东南沿海地区为最发达的基本态势。

一、农业发展与管理思想

明代农业仍然是明代社会经济主体，虽然在经营方式和技术水准上还处在比较落后的传统农业阶段，但与前代相比还是取得了明显的进步，明代人口和耕地有了较大幅度的增长，诸多水利建设项目的实施、耕作技术的进一步提高、商品性农业空前发展、经营模式的转变和经营方式的多样化，都说明明代传统农业是富于活力和充满发展潜力的。

明初从洪武到宣德时期的近 70 年，是明代农业恢复、发展的重要时期。这一时期，明朝中央政府高度重视制定各项农业政策，并努力采取各种配套措施，从而使相关政策发挥了较好的整体效应。另外，明朝中央政府虽然减轻了其他大部分地区的赋税，但对江南却采取了重赋政策。

明代前期对农业采取了一系列配套的政策措施，这些政策措施发挥了较好的整体效果。首先，明朝中央政府为了保证财政收入的稳定，采取严厉的法令强制百姓归农复业，从而奠定了明初以来农业生产顺利发展的法律基础。早在郭子兴起兵之初，追随郭子兴的朱元璋就从军粮的征解、调运中认识到恢复、发展农业对巩固政权、控制军队的重要作用："渡江初，即以康茂才为营田使，谕之曰：'比兵乱，堤防颓圮，民废耕作，而军用浩殷，理财莫先于务农。'故设营田司，命尔此职，巡行堤防水利之事，俾高无患干、卑不患潦，务以时蓄泄，毋负委托。已，又以茂才所屯田积谷独充仞，而他将皆不及，申令各督率军士及时开垦，以收地利。又下令田五亩至十亩者，栽桑麻木棉各半亩，十亩以上倍之。"① 洪武元年（1368 年），正是明王朝统一全国的战争如火如荼的进行之时，朱元璋就下令："凡民田五亩至十亩者，栽桑、麻、木棉各半亩，十亩以上倍之。麻亩征八两，木棉亩四两。栽桑以四年起科。不种桑，出绢一匹。不种麻及木棉，出麻布、棉布各一匹。此农桑丝绢所由起也。"② 明朝初年，从中央到地方的各级政府始终"以农桑积储为急"③，认识到农业的重要性："夫户口盛而后田野辟，田野辟而后赋税增。"④"欲财用之不竭，国家之常裕，鬼神之常享，必也务农乎！"⑤ 朱元璋认为只有让百姓尽快立户收籍，恢复和发展农业生产，才能计丁课税，逐渐摆脱财政窘境。洪武二年（1369 年），他下令："凡各处漏口、脱户之人，许赴所在官司出首，与免本罪，收籍当差。凡军、民、医、匠、阴阳诸色户，许各以原报（元代）抄籍为定，不许妄行变乱，违者治罪，仍从原籍。"洪武三年（1370 年），他又令户部榜谕天下军民："凡有未占籍而不应役者，许自首，军发卫所，民归有司，匠隶工部。"同年，又令户部："籍天下户口及置户帖，各书户之乡贯、

---

① （明）徐光启：《农政全书》卷 3《国朝重农考》。

② （清）张廷玉等：《明史》卷 78《食货二·赋役》。

③ （清）龙文彬：《明会要》，北京：中华书局 1956 年版，第 1003 页。

④ （明）叶伯巨：《应求直言诏上书》，乾隆敕选：《明臣奏议》（第 1 册）卷 1，北京：中华书局 1985 年版，第 5 页。

⑤ （明）陈建：《皇明通纪》（上册），北京：中华书局 2008 年版，第 139 页。

丁口、名、岁，以字号编为堪合，用半印钤记，籍藏于部，帖给于民，令有司点闸比对，有不合者发充军，官吏隐瞒者处斩。"洪武六年（1373 年），工部下设之四属部为总部、虞部、水部、屯田，涉农者居其半。① 洪武十九年（1386 年），朱元璋又令各处民："凡成丁者，务各守本业，出入乡里，必欲互知，其有游民及称商贾，虽有引，若钱不盈万文、钞不及十贯，俱送所在官司迁发化外。"② 洪武二十七年（1394 年），又"令户部移文天下课百姓植桑枣，里百户种秧二亩……每百户初年课二百株，次年四百株，三年六百株，栽种讫，具如目报，违者谪戍边"③。

其次，明朝中央政府规定将农业发展的成绩作为考核官员殿最的重要依据，这就为明初农业发展提供了重要制度保障。明代地方官吏尤其是地方上的主要行政负责人是农业政策的主要执行者，他们在很大程度上左右了明代农业政策的成效。在朱元璋看来："布政使即古方伯之职，知府即古刺史之职，所以承流宣化抚吾民者也。得人则治，否则瘝官尸位，病吾民多矣……苟治效有成，天下何忧不治？"④ 洪武五年（1372 年）十二月，朱元璋敕令中书省："有司今后考课，必书农桑学校之绩。"⑤ 并于洪武八年（1375 年）八月，以右相国李善长等劝督农事。永乐九年（1411 年）九月，朱棣"命屯田军以公事妨农务者，免征子粒，著为令"。⑥ 永乐十一年（1413 年）九月，朱棣也下诏："郡县官每岁春初，行视境内，蝗螟害稼，即捕绝之。不如诏者，并罪其布、按二司。"⑦ 宣德初年，仿照元朝各路劝农司之例添设浙江杭、嘉二府属县劝农主簿。成化元年（1465 年），添设山东、河南等各布政司劝农参政各一员。⑧ 可见，明朝中央政府对恢复和发展农业生产作出了重要努力。

再次，发展军屯和民屯，部分解决了军队的军饷问题，从而有效减免了农村赋税负担。明初，军户达 200 万户，以每户一丁从军，军队人数达 200 万人，其中京营劲旅就在七八十万人以上。⑨ 因此，各项军费开支相当巨大。朱元璋继承了汉魏以来的屯田思想，早在屯田龙江之时，他就强调军队要大力发

---

① （清）张廷玉等：《明史》卷 72《职官一》。

② （明）李东阳等：《大明会典》卷 19。

③ （明）徐光启：《农政全书》卷 3《国朝重农考》。

④ （清）龙文彬：《明会要》，北京：中华书局 1956 年版，第 708 页。

⑤ （清）龙文彬：《明会要》，北京：中华书局 1956 年版，第 1003 页。

⑥ （清）张廷玉等：《明史》卷 6《成祖二》。

⑦ （清）龙文彬：《明会要》，北京：中华书局 1956 年版，第 1005 页。

⑧ （明）沈德符：《万历野获编》卷 12，北京：中华书局 1959 年版，第 318 页。

⑨ （清）张廷玉等：《明史》卷 65《兵一》。

展屯田，减轻百姓供给和转输的压力："兴国之本，在于强兵足食。昔汉武以屯田定西戎，魏武以务农足军食。定伯兴王，莫不由此。自兵兴以来，民无宁居，连年饥馑，田地荒芜。若兵食尽资于民，则民力重困，故令尔将士屯田，且耕且战，今各处大小将帅已有分定城镇……自今诸将宜督军士及时开垦以收地利，庶几兵食充足，国有所赖。"① 洪武七年（1374 年），朱元璋命都督佥事王简、王诚及平章李伯昇分别往河南彰德、山东济宁、北平真定屯田，并再次强调守御任务轻简的军队要加大屯田力度："国家治兵以备不虞……今重兵之镇，惟在北边，然皆坐食民之租税，将不知教，兵不知习，猝欲用之，岂能济事？且兵食一出于民，所谓农夫百养战士一，若徒疲民力以供闲卒，非长策也。古人有以兵屯田者，无事则耕，有事则战，兵得所养，而民力不劳，此长治久安之道。"② 在朱元璋的指挥、管理下，洪武时期天下卫所州县军民皆从事屯垦。在边地；军队三分（时间）守城，七分（时间）耕作；在内地，军队二分守城，八分屯种。"虽王府护卫军人，亦照例下屯。"（明代马文升《清屯田以复旧制疏》）③ 每名屯田军士授田百亩，或五十亩，甚或二三十亩不等，当地官府负责教授生产技艺，供给耕牛、种子，中央政府同时还免除了屯军 3 年以上的租赋。每名屯军"所收子粒内除一十二石准作本军月粮，仍纳余粮子粒六石上仓"（明代马文升《清屯田以复旧制疏》）。洪武时期，贵州、云南、宁夏、北平、辽东等地区都大兴屯田，至洪武二十一年（1388 年），全国军屯达到产粮 500 余万石。

到了永乐元年（1403 年），军屯更有较大发展。根据户部统计，这一年全国军队屯田产粮达到 23450799 石，地方百姓缴纳税粮 31299704 石、布帛 115426 匹、丝棉 379215 斤、棉花绒 162249 斤。④ 当时全国共 11415829 户，66598337 人，而军户最多时不过 200 万户，可见军屯的成效。永乐二年，朱棣又颁布了屯田官军赏罚例："岁食米十二石，外余六石为率。多者赏钞，缺者罚俸。又以田肥瘠不同，法宜有别，命官军各种样田，以其岁收之数相考校。"⑤ 据《明史》记载，"永乐中，既得交趾……广东琼州黎人、肇庆瑶人内附，输赋比内地。天下本色税粮三千余万石，丝钞等二千余万。计是时，宇内富庶，赋入盈羡，米粟自输京师数百万石外，府县仓廪蓄积甚丰，至红腐不

---

① 《明太祖实录》卷 12。
② 《明太祖实录》卷 87。
③ （明）陈子龙等辑：《明经世文编》卷 63。
④ 《明太宗实录》卷 26。
⑤ （清）张廷玉等：《明史》卷 77《食货一》。

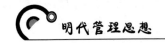

可食。岁歉，有司往往先发粟赈贷，然后以闻"①。仁宗朱高炽即位后，亦重视屯田，"令天下卫所，凡屯田军士，自今不许擅差妨农务，违者处重法"②。之后的宣宗、英宗、宪宗、孝宗等皆屡发屯田之令，申屯田之法，有效保障了这一政策措施的实施。

最后，明朝政府高度重视减赋、赈灾工作，保护农民，支持农业发展。洪武元年（1368年），朱元璋训诫来京朝觐的全国府州县官吏时说："天下新定，百姓财力俱困，譬犹初飞之鸟，不可拔其羽，新植之木，不可摇其根，要在安养生息之。"③ 根据《明实录》记载，朱元璋数十次减免税粮、田租，虽然蠲免情形各不相同。如洪武年间7次蠲免应天、太平、镇江、宁国、广德五府税粮，是因为朱元璋"率众渡江，定都建业，十有八年，其间高城垒、深壕堑，军需造作，凡百供给，皆尔近京五府之民率先效力，济我时艰。民力烦甚，朕念念不忘"④。其余如苏州、两浙地区，不仅因为归附之后，"军府之用，多赖其力"⑤，且百姓的生产尚未恢复，加之"守令多非其人，或肆侵渔，或务苛刻，朕甚悯焉"⑥。再如江西之民"未归附时，豪强割据，狼驱蚕食，资财空匮"，"及归附之后，供亿更繁"⑦。山西、陕西亦有功于明，"西征敦煌，北讨沙漠，军需甲仗，民人备之；外有转运之艰，内有秦晋二府宫殿之役，烦扰益甚。自平定以来，民劳未息"⑧。这些蠲免属于酬谢百姓拥戴、供给之劳的恩蠲。另外，河南、山东、北平等"中原诸州，元季战争受祸最惨，积骸成丘，居民鲜少"，朱元璋"极意安抚，数年始苏。不幸加以水涝"⑨。这是因为上述地区受灾而蠲免赋税。

洪武九年（1376年）三月，中书省核查仓库钱粮储蓄，结果有不少盈余，于是到洪武十三年（1380年）五月普免天下当年田租。虽然朱元璋"念我良民，既劳于前，必报于后"，但他必须在舒缓民困和筹解军饷之间寻求一个政策平衡："朕起布衣，深知民间疾苦。及亲率六师，南征北伐，备知将士之劳。方今天下一统，东成辽海，南镇诸番，西控戎夷，北屯沙漠，朕以中国精锐，驻守遐荒，岂但风俗之殊，亦有寒暑之异，艰难万状，朕不忍言。然欲镇

---

① （清）张廷玉等：《明史》卷78《食货二》。
② （清）龙文彬：《明会要》，北京：中华书局1956年版，第989页。
③ 《明太祖实录》卷29。
④ 《明太祖实录》卷76。
⑤ 《明太祖实录》卷52。
⑥⑦ 《明太祖实录》卷65。
⑧ 《明太祖实录》卷105。
⑨ 《明太祖实录》卷176。

安吾民，必资守边之力，其于科征转运，未免劳民，理势相须，盖不得已。"①

同时，明初中央政府对地方赈灾也高度重视。明初洪、永、仁、宣四朝对赈灾都很重视。据《明史》记载，洪武年间，报灾之法，不拘时限，"勘灾既实，尽与蠲免"；"凡四方水旱辄免税，丰岁无灾伤，亦择地瘠民贫者优免之。凡岁灾，尽蠲二税，且贷以米，甚者赐米布若钞。又设预备仓，令老人运钞易米以储粟。荆、蕲水灾，命户部主事赵乾往赈，迁延半载，怒而诛之。青州旱蝗，有司不以闻，逮治其官吏。旱伤州县，有司不奏，许耆民申诉，处以极刑。孝感饥，其令请以预备仓赈贷，帝命行人驰驿往，且谕户部：'自今凡岁饥，先发仓庾以贷，然后闻，著为令。'"② 永乐年间，朱棣"闻河南饥，有司匿不以闻，逮治之。因命都御史陈瑛榜谕天下，有司水旱灾伤不以闻者，罪不宥。又敕朝廷岁遣巡视官，目击民艰不言者，悉逮下狱"。③ 仁宗、宣宗亦大力赈济灾民。《明史》对明初四帝的赈灾工作总评曰："盖二祖、仁、宣时，仁政亟行。预备仓之外，又时时截起运，赐内帑。被灾处无储粟者，发旁县米赈之。蝗蝻始生，必遣人捕瘗。鬻子女者，官为收赎。且令富人蠲佃户租。大户贷贫民粟，免其杂役为息，丰年偿之。皇庄、湖泊皆驰禁，听民采取。饥民还籍，给以口粮。京、通仓米，平价出粜。兼预给俸粮以杀米价，建官舍以处流民，给粮以收弃婴，养济院穷民各注籍，无籍者收养蜡烛、幡竿二寺。其恤民如此。世宗、神宗于民事略矣，而灾荒疏至，必赐蠲赈，不敢违祖制也。"④

上述政策措施配套施行，使明王朝大部分地区的农业生产得到较好的恢复和发展。

但是明朝中央政府对江南却采取了重赋的政策。明代前期，宋元以来原本富庶的江南已开始衰败，其原因就是洪武初年对江南地区实行的重赋政策。与朱元璋在全国许多地区轮蠲或减免赋税相反，他在江南的苏、松、嘉、湖等地区施行了重赋苛征的政策。据《明史》记载："初，太祖定天下官、民田赋，凡官田亩税五升三合五勺，民田减二升，重租田八升五合五勺，没官田一斗二升。惟苏、松、嘉、湖，怒其为张士诚守，乃籍诸豪族及富民田以为官田，按私租簿为税额。而司农卿杨宪又以浙西地膏腴，增其赋，亩加二倍。故浙西官、民田视他方倍蓰，亩税有二三石者。大抵苏最重，松、嘉、湖次之，常、杭又次之。洪武十三年命户部裁其额，亩科七斗五升至四斗四升者减十之二，四斗三升至三斗六升者俱只征三斗五升，其以下者仍旧。时苏州一府，秋粮二百七十四万六千余石，自民粮十五万石外，皆官田粮。官粮岁额与浙江通省

---

① 《明太祖实录》卷 65。

②③④ （清）张廷玉等：《明史》卷 78《食货二》。

埒，其重犹如此。"①

虽然洪武七年（1374 年）、洪武十三年（1380 年）、建文二年（1400年）、宣德五年（1430 年）、正统元年（1436 年）朝廷 5 次下诏减征税粮。但当地百姓的赋税并未明显减轻，"顾减者虽减，而征者犹重"，"朝廷屡下明诏蠲免旧赋，奈黄纸放而白纸征，上有宽贷之迹，下无实惠之沾"②。自洪武三年（1370 年）九月起，规定苏、松、嘉、湖四府官、民田租六斗以上者于本处仓库收贮，其余不及六斗者皆令输运至南京③。虽然出发点是对当地民众有利的，但征租过程却极严苛。《明太祖实录》记载洪武三年，曾任过松江知府的陈宁调任苏州府，"尝督粮，欲事速集，令左右烧铁烙人肌肤，人甚苦之，呼为'陈烙铁'"④。足证明代江南征课之惨毒。顾炎武《苏松二府田赋之重》云："有二三石纳一石者，有四五石纳一石者。"⑤ 即每亩产量 2 ~ 3 石或 4 ~ 5 石，须纳赋 1 石。以此计算，当时江南苏松二府的租赋比例已经达到了亩产量的 20% ~ 50%。按当代学者王毓铨等人的统计，明代在册田亩 850 万顷，人口 6000 万余，平均每人有田约 15 亩⑥，以每户 5 口计，则重租田每户须纳粮约 75 石⑦。明代全国的赋税收入（包括军屯粮食）一直在 3000 万石上下波动，平均每户纳粮为 2.5 石，每人纳粮 0.5 石，每亩纳粮约 3.3 升，考虑工、商不纳税以及各种名目的优免，这与顾炎武《苏松二府田赋之重》中"太祖高皇帝受命之初，天下田税亦不过三升五升，而其最下有三合五合者"⑧的记载基本吻合。可见，江南重租户所纳税粮数额是全国平均每户纳粮数额的约30 倍。因此，从洪武年间开始苏松二府重租田之民，已出现了"每里有逃去一半上下"⑨的现象。

另外，江南农业区税粮须转输至两京以及西、北边镇地区，费耗甚巨。据《明史》记载正德年间御史马录上疏云："江南之民最苦粮长。白粮输内府一石，率费四五石。他如酒醋局、供应库以至军器、胖袄、颜料之属输内府者，

① （清）张廷玉等：《明史》卷 78《食货二》。

② （明）郑若曾：《郑开阳杂著》卷 11《苏松浮赋议》，载影印文渊阁《四库全书》本。

③ 《明太祖实录》卷 56。

④ 《明太祖实录》卷 129。

⑤⑧ （清）顾炎武：《日知录》卷 10《苏松二府田赋之重》，载影印文渊阁《四库全书》本。

⑥ 王毓铨主编：《中国经济通史·明代经济卷》（上册），北京：光明日报出版社 2000 年版，第 95 ~ 96 页。

⑦ 1 石以标准度量衡计算为 200 斤；如以容量计算，则一石大米约为 150 斤，一石稻谷约为 130 斤，一石麦或豆约为 140 斤。

⑨ 谢国桢选编：《明代社会经济史料选编》（下册），福州：福建人民出版社 2004 年版，第 255 页。

费皆然。"① 由于转输道途遥远、漕运不畅，江南税粮与转输耗费的比例高达1：4，巨额的转输费用进一步加重了江南农业、农村的负担。明代赵同鲁《上巡抚三原王公书》云："洪武间，运道犹近，故耗轻易举。至永乐建都北方，漕运转输始倍其耗，由是民不堪命，逋负死亡动以万计。"②

为了长期贯彻对江南农业区的重赋政策，洪武二十六年（1393年）朱元璋还下令："浙江、江西、苏松人毋得任户部。"③ 就是为了防止江南地区的士人为官户部之后改变这一政策。洪武二十八年（1395年），他又颁布《皇明祖训条章》，明确规定："后世有言更祖制者，以奸臣论。"④ 这一规定成为明朝后世中央政府农政改革的最大障碍。建文二年（1400年）三月至建文四年七月朱棣登基之前，由于建文改制，苏松江浙人才可以为官户部。但是，永乐初年对建文改制除削藩之外的全盘否定，上述"祖制"进一步强化。之后的正统十四年（1449年）八月由江西人周忱以江南巡抚带衔户部，仅7天即改迁工部。虽然另一位江西人陈循在同月以内阁学士带衔户部尚书，但是户部尚书却从此成为内阁次辅的固定衔号，而不再管理户部的具体事务。⑤ 永乐之后，部分洪武祖制如内监、内阁的规定虽已逐渐发生变革，但苏松江浙之人不为官户部的"祖制"却一直推行到崇祯末年。究其根本原因，主要是明朝中央政府以东南地区的赋税供给北部军镇军需的长期国策未发生大的改变。

明朝中央政府，尤其是明前期出台的一系列政策措施，甚至将不务农的百姓罚财、戍边、充军，其目的不仅是要恢复和发展农业，更重要的是想通过尽快恢复农业生产以确保赋税征收。

在推行上述政策措施的同时，明代管理者深刻认识到水利对农业生产的推动作用，政府各级官吏都为发展水利事业作出积极努力，广大民众兴修水利的积极性也很高，各地方政府和民间建设的水利工程数量与日俱增，超过了之前的任何朝代。至洪武二十八年（1395年），共开塘堰40987处，河4162处，陂渠堤岸5048处。⑥

明代对耕作技术也有所发展。除稻麦复种方法的发展外，还有砒石拌种、骨灰蘸秧根等新法，而以江南的"区田法"比较有名。区田法就是"粪种挹

---

① （清）张廷玉等：《明史》卷206《马录传》。
② （清）黄宗羲编：《明文海》卷180，载影印文渊阁《四库全书》本。
③ （清）张廷玉等：《明史》卷72《职官一》。
④ （清）张廷玉等：《明史》卷3《太祖本纪三》。
⑤ 方志远、李晓方：《明代苏松江浙人"毋得任户部"考》，载《历史研究》2004年第6期。
⑥ 吴晗：《明初社会生产力的发展》，载《中国资本主义萌芽问题讨论集》（上册），北京：三联书店1957年版，第131页。

水浇稼"：每亩地挖一圆井沤粪肥；又将一亩地横向划50行，纵向划53行（每行占地1.5尺），这就划成2550个小方块，即区；播种时，每隔一区种一区，共可种662区；"每区深一尺，用粪一升，与区土相和，布谷均覆，以手按实，令种相着，苗出看稀稠存留，锄不厌烦"①。区田法是一种集约的耕作法，划行分区也未必那么准确，其优点是可以合理密植，集中肥效，通风，采光也较好。而利用堤塘，也是南方实行的一种集约耕作法，可叫堤塘耕作法。因为江南地区常患卑湿，尤难攻沼泽。堤塘耕作法则对卑湿田土加以利用："堤之功，莫利于下乡之田。余家湖边，看来洪荒时，一派都是芦苇之滩，却天地气机节宣，有深有浅，有断有续，中间条理，原自井井。明农者因势利道，大者堤，小者塘，界以埂，分为塍，久之皆成沃壤。今吴江人往往如此法，力耕以致富厚。余目所经见，二十里内，有起白手致万金者两家。此水利筑堤所以当讲也。"② 区田、堤塘等耕作方法，在不同程度上提高了农业的效率。

发展农业，引进新品种是一种重要手段。宋代曾引进早熟稻，使植稻业效率大为提高。明代已经引进了玉米和番薯，但种植面积还很小。明代最有成绩的是植棉的推广。一般认为木棉引进很早，但宋元之际才流传于闽广、关陕一带。到明代植棉迅速发展，已"遍布于天下，地无南北皆宜之，人无贫富皆赖之，其利视丝枲盖百倍焉"③。实际上，明代以前中国民众衣着主要用麻布。中唐以前以北方的大麻为主，但宋代开始逐渐以南方的苎麻为主了，因为苎麻是多年生植物，每年可刈收3次，1亩苎麻织成布，比1亩大麻多产1倍。因此，宋代以来，民众衣着已经得到较好解决，麻也日益重要。到明代后期，因为棉布的性能远胜于麻布，所以棉布逐渐取代麻布，这对百姓衣着是一个重要改善。但是，如果从农业效率看，由于植麻的亩产量比植棉的亩产量更高，故植棉的经济价值并不比植麻大。

明代农业发展最突出的表现是明代中后期大规模提高了商品性农业，导致以生产粮食为主、家庭纺织原料为辅的自给自足的单一经营格局被逐渐突破，农民越来越广泛而深入的卷入市场网络之中。当时种植较广的农业经济作物，首推棉花和桑树，江南和华北地区形成了大面积的植棉区，蚕桑业主要集中在长江三角洲地区，即江苏东南部、上海和浙江东北部。福建、广东等地则大力种植甘蔗、荔枝、龙眼等经济作物。油料作物、颜料作物以及茶树、花卉、果

---

① （清）顾炎武：《天下郡国利病书》卷33《江南》。
② （明）朱国祯：《涌幢小品》卷1《堤利》。
③ （明）邱浚：《大学衍义补》卷22。

木、蔬菜、药材、烟草等，也因地制宜在全国各地发展起来。因此，在农业经济作物种植面积不断扩大，以及城镇发展导致的非农业人口增长的趋势拉动下，粮食生产自然逐渐被纳入市场网络之中，导致粮食生产中心的移动。如明代前期江南作为全国最重要的粮产区，但到明代中后期由于广泛种植棉、桑等作物，导致粮食出现匮乏，于是从湖广、四川等地大量输入，民谚也从宋元以来的"苏湖熟，天下足"一变而为"湖广熟，天下足"了。随着商品性农业的发展，明代中后期的乡村面貌发生了较大改观，一些面向使用价值的小生产者，其生产目的日益向追求交换价值转换，他们日益依赖市场。这样，与商品生产密切相关的经济作物以及加工这些经济作物的手工业为主体的新型农业结构，替代了以粮食生产为主体的农业结构。与市场经济日益密切的联系不仅改变了农作物种植的结构，还促使农业经营方式发生转变，出现了农林牧副渔综合生产的雏形。如江南的一些土地所有者不再满足于土地出租，而是雇工经营全部或部分土地，他们亲自管理生产，注重作物配置和生产过程的合理化。明代李诩的《戒庵老人漫笔》卷四记载的吴人参谈的经营方式就是一个典型："谈参者，吴人也，家故起农。参生有心算，居湖乡，田多洼芜，乡之民逃农而渔，田之弃弗辟者以万计。参薄其直收之，佣饥者，给之粟，凿其最洼者池焉，周为高塍，可备坊泄，辟而耕之，岁之入视平壤三倍。池以百计，皆畜鱼，池之上为梁为舍，皆畜豕，谓豕凉处，而鱼食豕下，皆易肥也。塍之平阜植果属，其污泽植菰属，可畦植蔬属，皆以千计。鸟凫昆虫之属悉罗取，法而售之，亦以千计。室中置数十瓿，日以其分投之，若某瓿鱼入，某瓿果入，盈乃发之，月发者数焉。视田之入，复三倍。"[1] 参谈合理而巧妙地利用土地、空间，全面发展，实现了农林牧副渔综合生产的立体化经营。其农场也已是一处以商品生产为目的的立体化经营的农场，这在明代后期的农村开发中已多处出现。同时，在商品化比较发达的江南地区，农业雇工已经较普遍。

二、手工业发展与管理思想

明代手工业取得了明显的发展，相关产业生产规模不断扩大，产量随之增加，并改良了一些工艺流程和技术。尤其是明代中后期，民营手工业成为生产的主体力量。明代手工业部门众多，规模较大、发展较快的有矿冶、纺织、陶瓷、造船、造纸等。到明代中后期，随着手工业各部门的普遍发展，一些手工业部门中已出现了建立在雇佣关系基础上的规模化生产，这在矿冶业、丝织

---

① （明）李诩：《戒庵老人漫笔》，北京：中华书局1982年版，第153页。

业、榨油业等部门中最明显。

明代前期，官营手工业是主体，其产品直接满足皇室、政府以及军队的需求，以有效保证国家机器的顺利运转。明中央政府对官营手工业极为重视，建立了一整套庞大复杂而又比较完整的生产和管理体系。明代官营手工业及其管理机构大致可分为中央、地方两大系统，中央系统包括工部、内府、户部等中央政府管辖的，地方系统是地方有司管辖的，地方军队卫所生产军器的手工业亦属地方系统。在这两大系统中，中央系统最重要，掌管的事务也最多。

工部是明代官营手工业最主要的管理机构，最高长官为尚书，自明初废除丞相后，尚书直接对皇帝负责。工部尚书的职责是"掌天下百工营作，山泽采捕、窑冶、屯种、榷税、河渠、织造之政令"①，是官办手工业的最高行政长官，掌管法令、政策等大政方针。辅佐尚书的是侍郎，工部设左、右侍郎各一人。工部下设营缮、虞衡、都水、屯田四个清吏司。四清吏司在洪武初称总部、虞部、水部、屯田，后有更改，在洪武二十九年（1396年）定名为营缮、虞衡、都水、屯田。各清吏司设郎中一人，为本司的总负责人，其副职为员外郎，属员有主事。每个清吏司下都有一些直辖的官营手工业生产机构，如营缮所、文思院、皮作局、鞍辔局、颜料局、军器局、织染所、杂造局等，由工部委任官吏负责管理。这些基层的管理人员官阶很低，最高的营缮所所正不过正七品，其他多为九品或从九品，负责最具体的组织和管理工作，在他们之下的就是具体从事生产的手工业者了。

在这四清吏司中，营缮清吏司是最主要的官营手工业管理部门，其管辖的全部是官营手工业。其他各清吏司的职责中一般只有一部分属于官营手工业范围，其中屯田清吏司与官营手工业的联系最少。营缮清吏司的主要职责：一是"掌宫府、器仗、城垣、坛庙经营兴造之事"②，凡需要国家负责兴建的工程，均由营缮司筹措并督造；二是主要负责皇帝和皇后、太子、亲王世子、皇妃的卤簿、仪仗、乐器，具体工作"移内府及所司，各以其职治之"③，营缮司按期检查质量；三是管理物料，包括木材、瓦器、陶器、琉璃器以及薪苇等供应京师各工程的物料；四是管理工匠，即负责轮班工匠的簿籍、调拨和清查；五是负责一部分刑具的制造，以及流罪以下罪囚的调拨。虞衡清吏司"典山泽采捕、陶冶之事"④，包括祭祀、御用、宴宾客所用的野味。在虞衡司的职责中，属于官营手工业的：一是保管及核查陶瓷器皿，"籍其数、会其入，毋轻

————————

①② （明）李东阳等：《大明会典》卷181。

③④ （清）张廷玉等：《明史》卷72《职官一》。

毀以费民"①；二是管理铸器、铸钱方面事宜；三是制造、验收军装、兵器，由其下设的军器局负责；四是采集鸟兽的皮张、翎毛、骨角用于制造军器、军装和礼器；五是管理冶课、颜料、纸札等项事宜。虞衡司下辖有宝源局、试验厅、军器局、皮作局、颜料局、街道厅等机构，其中街道厅负责都城内外街道、桥梁、栅栏、牌坊等的维护，及各河、水道的清污。都水清吏司"掌川渎、陂池、桥道、舟车、织造、衡量之事"②，《明史·职官一》所记还多券契一项。可见，都水清吏司掌管官营手工业的舟车、织造、衡量诸事。舟车，即官用船只、车辆。织造方面具体为：一是掌握织造之物的制式、用料；二是掌握各地岁造的数目及参与验收；三是协调冕服、诰敕、制帛、祭服、净衣的织造工作。衡量指斛斗秤尺、天平砝码等，都水司要检查度量衡的精确度，确保其符合标准的衡器量具，并处罚使用不合格衡器量具的人。此外，永乐以后，都水司还负责督造光禄寺及在京各衙门所需各种器物，由其下的器皿厂具体负责。屯田清吏司主管屯田事务，在四个清吏司中与官办手工业直接关系最少，其权限中只有一小部分与官营手工业有关，即抽分和山陵坟茔的修造。抽分是向客商征收竹木等实物税，税率按所征收之物的不同，有三十分取一、三十分取二等不同标准。抽分是为了满足官营手工业的各种需要，"以资工用"③，说明屯田司也负责部分官营手工业的物料供应。屯田司还负责营建帝王陵寝和职官坟茔，"山陵营建之事，俱本司掌行"④，屯田司要委任官吏总督工程质量、进度，并根据死者的身份，建造相匹配的坟茔，包括堂碑、碣兽等。工部及其下的各清吏司对明代官营手工业的生产、发展起到了重要作用，其直接掌管着手工业生产的许多骨干机构，并组织、协调整个官营手工业的生产，所以工部在官营手工业中具有突出地位。明初南京是全国的统治中心，永乐以后北京代替了南京的地位，但南京工部依旧保留着，其下设尚书一人，右侍郎一人，仍设营缮、虞衡、都水、屯田四清吏司。各司职责与北京中央的工部相仿，只是管辖地区限于南京及附近各省，既作为明代在南方地区官营手工业的管理中心，又是中央工部的辅助机构。

在明代，直接服务皇帝的宦官机构有四司八局十二监，共 24 个衙门，统称为内府。皇室需用的各种手工业品基本由内府制造，因而内府形成了一个庞大的手工业生产体系，这个体系在明代官营手工业中具有重要的特殊地位。内

---

① （清）张廷玉等：《明史》卷 72《职官一》。
② （明）李东阳等：《大明会典》卷 196。
③ （明）李东阳等：《大明会典》卷 204。
④ （明）李东阳等：《大明会典》卷 203。

府十二监包括司礼监、内官监、御用监、司设监、御马监、神宫监、尚膳监、尚宝监、印绶监、直殿监、尚衣监、都知监。其中，内官监和御用监是两个管理官营手工业的主要机构。内官监职责：一是掌管"成造婚礼妆奁冠舄、伞扇衾褥、帐幔仪仗及内官内使贴黄诸造作，并宫内器用首饰与架阁文书诸事"①，以及皇帝所用的草纸；二是参与国家大型建设工程的主持工作，凡营建帝王陵墓，须"请敕内官监官二三员提督工程"②；三是管理住坐工匠。御用监掌管造办皇帝所需的室内摆设及玩乐用品，如御前所用围屏、床、榻、桌、柜、骨牌、梳栊等，并负责一部分兵器的制造，如近侍长随以及各营的总兵官所用的盔甲和绣春刀。此外，尚衣监和司礼监的职责中也有一部分与手工业有关，洪武二十八年（1395年）规定尚衣监"掌御用冠冕、袍服、履舄、靴袜之事"③；司礼监掌管成造皇帝用的各种笔墨、制敕云龙笺，写印皇帝用的书籍，制造糊饰宫殿屏风、窗格所用纸札，成造龙床等，主要是为皇帝提供文化用品和书籍。内府四司包括惜薪司、钟鼓司、宝钞司、混堂司，其中宝钞司"掌造粗细草纸"，"以备宫人使用"④。内府八局包括兵仗局、银作局、浣衣局、巾帽局、针工局、内织染局、酒醋面局、司苑局。其中兵仗局掌管成造皇帝的各类卫士及锦衣卫所需各式盔甲兵器以及一部分火器。明初火器成造主要由兵仗局负责，正统以后渐由军器局分造。兵仗局有工匠人数基本在1700人左右，最多时达3000多人，所造盔甲军器有90余种，火器40多种，是明代很重要的军事手工业，与军器局、南京兵仗局、各地方卫所的军器生产共同支撑起明代的军事工业，并在其中起着一定的主导作用，其所造兵器有时成为各卫所成造兵器的标准。银作局"掌打造金银器饰"⑤，如金银钱、金银豆叶、金银锭等，银作局所造，主要是供钦赏之用；并负责部分铸造亲王印符、金牌，以及金牌厂的产品镀金等。巾帽局"掌造内宫诸人纱帽、靴袜及预备赏赐巾帽之事"⑥，供皇帝赏赐给新选中的驸马、新升任的司礼秉笔太监，以及随藩王之国的旗尉。针工局掌管成造宫中诸人的衣服、铺盖，这些宫中诸人主要包括内官、内史、长随、小火者；还负责成造诸婚礼服裳，"缝制王府册封赏赐等项衣服"⑦。内织染局设于明初，"掌染造御用及宫内应用缎匹"⑧，洪武二十六年（1393年）规定"凡供用袍服缎匹及祭祀制帛等项，须于内府置

①③⑥ （明）王世贞：《弇山堂别集》卷90。
② （明）李东阳等：《大明会典》卷203。
④ （明）刘若愚：《酌中志》卷16。
⑤⑧ （清）张廷玉等：《明史》卷74《职官三》。
⑦ （清）英廉：《钦定日下旧闻考》卷39。

局，如法织造，依时进送"①，从此形成"内局以应上供"的制度。酒醋面局"掌宫内食用酒醋、糖酱、面豆诸物"②，宫内即皇宫内为皇室服务的人。此外，内府的金牌厂，掌管铸造亲王印符和金牌、上直守卫官军金牌、土官信符和金牌；御酒房"掌造御用酒"③；王恭厂与盔甲厂虽归工部军器局统辖，但由于保密需要实际由宦官统管，二厂是明代军器和火器的重要生产机构。

当时的内府还包括南京内府。南京内府机构设置大体如北京内府，其下的南京司礼监、南京内官监、南京内织染局、南京兵仗局前厂掌管一些较重要的手工业生产。南京司礼监掌管的手工业主要是神帛堂，神帛堂负责织造各种祭祀所用的帛，如郊祀、祭祖、祭社稷、祭历代帝王、祭孔子、祭功臣及各神祇的帛。南京内官监职掌：一是参与内府衙门的各项修造工程；二是成造朱红漆、朦金彩漆云龙膳桌、皇帝用的盛米竹笋、供用筛簸、烘篮、焙笼等。南京内织染局掌管织造文武官员诰敕、进宫各色绢布，其所需物料由南京工部关支。南京兵仗局前厂设置于正统二年（1437年），负责成造毛袄、狐帽，以及各种军器如盔、甲、枪刀、箭、牌等。

户部是明代国家财政的最高管理机构，在六部中具有十分重要的地位。户部所属手工业并不特别发达，主要有制钞业、制盐业、铸钱业与户部关系紧密，其中铸钱是明末时户部才有的职责。洪武初年，天下流通铸钱，但"商贾沿元之旧习用钞，多不便钱"④。朱元璋遂于洪武七年（1374年）设宝钞提举司，次年开造大明宝钞。洪武十三年（1380年）规定宝钞提举司隶户部管理。洪武二十六年（1393年）规定每年三月开工印造大明宝钞，至当年十月停止。宝钞提举司造完后将钞数核定备案并送内府收贮。造钞所用物料由户部"预为会计"⑤，即预算出所需的数量、该用价银的数量，然后行文移送出产造钞物料的浙江、山东、北平等地收买。户部下辖钞纸局、印钞局，为宝钞提举司的印造厂。永乐七年（1409年），朱棣在北京设宝钞提举司。明代铸钱一直由工部的宝源局承担，直到明末天启二年（1622年）因辽东战事频兴，遂于皇城东北增设宝泉局铸钱，希望以钱息弥补军需。宝泉局隶属户部，由户部侍郎督理。明代制盐业亦由户部管理。隶属户部的山东清吏司，其职责之一就是带管两淮、两浙、长芦、河东、陕西、山东、福建各盐运司，四川、广东、海北、云南黑盐井、白盐井，安宁、五井各盐课提举司，陕西灵州盐课司，江西

① （明）李东阳等：《大明会典》卷201。

②③ （清）张廷玉等：《明史》卷74《职官三》。

④ （清）张廷玉等：《明史》卷81《食货五》。

⑤ （明）李东阳等：《大明会典》卷31。

南赣盐税。盐运司和盐课提举司是明政府设在产盐区的最高盐政盐税的管理机构。通常情况下,盐运司下设有分司,分司下设盐课司。盐课司设在各盐场所在地,是明政府管理盐课最基层的组织,直接管理灶丁、盐业生产及盐课征收。明代,户部对盐政的管理主要如下:收贮折银盐课;参与盐业政策的制定和执行;参与地方盐政的清理;刷印盐引勘合。制盐业是一项十分特殊的官营手工业,其特殊之处在于产品以"开中"①的方式出售给商人,而不是像其他官营手工业那样产品全部直接用于皇室和政府的需求。但这不影响其官营性质,因为制盐业的管理机构、生产过程、灶户都在中央政府的管理之下。灶户煎盐,官给工本,有如政府官匠的月米。灶户和其他官营手工业行业的工匠一样"役皆永充"。包括开中售盐,也是在政府的管制之下完成的。由于制盐业的管理机构是中央政府单独设置在产盐区的,与地方政府无涉,因此制盐业属中央系统的官营手工业。明代中央系统的手工业除去工部、内府、户部的手工业外,还包括礼部的铸印局等。中央系统的手工业是官营手工业的主体和最重要的部分,基本代表了明代官营手工业的技术水平、生产水平和管理水平。

明代在全国设有十三个布政司,每一布政司掌管该省的民政、田赋、户籍,布政司下设府(州)县。地方政府一般都管辖一定规模的官营手工业。据《大明会典》记载,布政司的下属机构有杂造局、织染局、军器局、宝泉局,府下也设有杂造局、织染局。实际并非每一布政司和府都全部设有这些机构,一些布政司就不设织染局。明代地方政府的官营手工业主要集中在织染、铸钱等方面,其产品用途:一是满足地方政府的各类需用;二是起解赴京,归中央政府支配。

从明代地方官营织染业的情况看,一为常设织染局经营,一为临时设局织造。地方上设织染局的布政司及府州主要集中在东南地区,其他地方数量较少。《大明会典》记载设织染局的地方有:浙江杭州府、绍兴府、严州府、金华府、温州府、宁波府、衢州府、台州府、湖州府、嘉兴府,江西布政司,福

---

① 开中:明代为鼓励商人输运粮食到边塞换取盐引,给予贩盐专利的制度,又称开中法。开中之制系沿袭宋、元旧制,明代多于边地开中,以吸引商人运粮到边防以充实边境军粮储备。朱元璋洪武四年(1371年)制定中盐例:根据里程远近,1~5石粮食可向政府换取一小引(200斤)盐引。此例以后随形势变化、米价高低而有所变更。开中法大致分为报中、守支、市易三步:报中是盐商依照明政府的招商榜文的要求把粮食运到指定边防地区的粮仓,向政府换取盐引;守支是盐商换取盐引后凭盐引到指定的盐场守候支盐;市易是盐商把得到的盐运到指定的地区销售。因为盐商们长途运粮,耗费巨大,曾在各边雇佣劳动力就地开垦田地,将生产的粮食就地入仓换取盐引,以更多获利。此又称商屯。明初商屯东到辽东,北到宣大,西到甘肃,南到交趾,各处都有,对边地军粮储备以及开发边疆起了一定的作用。根据明朝政府的需要,除用粮米换取盐引之外,也可用布绢、银钱、马匹等换取,但以粮换取为主要形式。

建福州府、泉州府，直隶镇江府、松江府、徽州府、苏州府、宁国府、广德府，河南布政司，山东济南府，四川布政司。① 这些设有织染局的司、府，每年都生产固定的造解定额，名为"岁造"；定额之外的任务有"坐派"和"召买"，坐派是奉旨增派的，召买是"一时急缺，令部买办者"②。织染局设大使、副使具体负责管理，各司府由掌印官负责督造，由巡按御史验查催办。巡按御史除验查缎匹的质量外，还负责稽考织染局的工匠和生产状况："正统元年令：各处岁造缎匹等物，该府州县官将织染局见在各色人匠、机张及岁办并关支颜料等物数目，开报巡按官，以凭稽考。"③地方织染局规模大小各异，较大的有苏州织染局和杭州织染局。织染局在五月开局，工匠要在局工作，月给食粮。一些司、府并不常设织染局，在有生产任务时临时设局织造，陕西的织造即属此类。在弘治以前陕西就有织造任务，永乐时成祖因驼毹温暖，"令专业者给官料织造五十匹"④。此后岁以为常，至正统时才罢止。织染业是地方最重要的官营手工业项目，极受地方政府重视，因为其产品主要供应京师，且其中相当一部分是御用之物。

在矿冶业方面，明代金银生产由各级政府共同经营管理的，严禁民间私采，正统三年（1438年）下令："罢闸办银课，封闭各处坑穴，其福建、浙江等处军民私煎银矿者，正犯处以极刑，家口迁化外。如有逃遁、不服追问者，量调附近官军剿捕。"⑤中央政府的主要管理职责如下：一是设置固定的官吏，如福建银屏山银场，设置大使和副使管理。四川的阜民司亦如此。这类银场都有固定的生产定额，如银屏山银场每季纳银570两。二是委派提督、闸办等专员管理金银课的征收，通常提督不直接介入生产环节，而闸办则无不干预。闸办本是朝廷为整顿地方金银生产派遣的官吏，实际上成了一种经营方式。由于闸办经营管理的经济效率较好，故自永乐年间开始设置闸办之后，历朝都未改变。三是制定有关金银开采的大政方针，如开矿、闭矿的决策等。地方政府实际上是官营金银生产的基本管理者，不仅"专理巡矿"、"提督银坑"、"管理银课"⑥，还要参与或直接确定矿税数额。明代金银生产规模很大，浙江、福建、贵州、云南、四川、陕西、湖广等布政司都向朝廷输纳金银课，其中云南就设银矿23所，福建银屏山有42座银炉。各地生产队伍很大，如湖广宝庆等府所属21个金场就岁役民夫达55万多人，云南楚雄、大理、洱海、临安四卫

①②③　（明）李东阳等：《大明会典》卷201。

④　《明神宗实录》卷19。

⑤⑥　（明）李东阳等：《大明会典》卷37。

的卫军则"全充矿夫"①，表明民夫、卫军是金银课的主要生产者。到明代中期之后，金银生产的管理随着生产开支的增加、产量的降低而愈加困难，但朝廷对金银的需求却不减反增，政府不仅严禁私采，还加大搜刮力度，万历时期还出现了矿监。

明代官营冶铁业主要由中央政府委派官员管理、经营。地方政府只在明初直接经营过冶铁，其他时间均是参与管理，有时参与程度还较大。其一，铁课是明代主要矿课之一。洪武时期，各行省（后改布政司）均有官营冶铁，当时各地每年都分配到一定的数额。据《大明会典》记载："湖广六百七十五万二千九百二十七斤，广东一百八十九万六千六百四十一斤，北平三十五万一千二百四十一斤，江西三百二十六万斤，陕西一万二千六百六十六斤，山东三百十五万二千一百八十七斤，四川四十六万八千零八十九斤，河南七十一万八千三百三十六斤，浙江五十九万一千六百八十六斤，山西一百十四万六千九百十七斤，福建十二万四千三百三十六斤。"② 洪武初年，中央对地方铁冶的管理比较宽松，各地开炉只要"行移各司"即可。洪武二十六年（1393 年）规定，各处若要开炉，"即须奏闻"③，批准后方可开炉，这就将决定权收归中央。到洪武二十八年（1395 年）各布政司官冶最后被废止。此后，各布政司的铁课就向民间征收了，"令民得采炼出卖，每岁输课、三十分取二"④。为了加强对铁冶生产的管理，明初设置了铁冶所，作为中央在各布政司官冶之外设置的铁课生产机构。洪武七年（1374 年）设置 13 所铁冶所，这 13 处铁冶所及其生产定额，据《明太祖实录》记载："江西南昌府进贤铁冶岁一百六十三万斤，临江府新喻冶、袁州府分宜冶岁各八十一万五千斤，湖广兴国冶岁一百十四万八千七百八十五斤，蕲州府黄梅冶岁一百二十八万三千九百九十二斤，山东济南府莱芜冶岁七十二万斤，广东广州府阳山冶岁七十万斤，陕西巩昌冶岁一十七万八千二百一十斤，山西平阳府富国、丰国二冶岁各二十二万一千斤，太原府太通冶岁一十二万斤，潞州润国冶、泽州益国冶岁各十万斤。"⑤ 此后，又陆续设置的铁冶所有河南钧州冶、新安冶，四川蒲江新市冶等；永乐时期添设了四川龙州冶、顺天遵化铁冶等。明朝初年，地方铁冶所的课额基本与朝廷分配给各布政司的铁课相等，很受重视。但是，官营铁冶所在设立后被陆续罢止，多数在明前期就关停了，只有遵化铁冶所延至万历九年（1581 年）才被废止。

---

① 《明宪宗实录》卷 114。
②③④ （明）李东阳等：《大明会典》卷 194。
⑤ 《明太祖实录》卷 88。

从铸钱业的情况看，明代铸钱除两京的宝源局外，有时也允许各布政司经营，由布政司下设的宝泉局掌管，"各行省皆设宝泉局，与宝源局并铸，而严私铸之禁"①。宝泉局设大使、副使各一员负责具体事务。洪武年间，规定了各布政司的钱炉数目和年生产钱数为：陕西炉 39 座，每年铸钱 23036400 文；广西炉 15 座，每年铸钱 9039600 文……北平炉 21 座，每年铸钱 12830400 文。② 明代各布政司大规模铸钱主要有洪武、万历、天启崇祯三个时期。按规定，各布政司铸钱须有工部的公文，且宝源局要委官监督；所用物料经费一般由布政司自己负责供应。

从制瓷业的情况看，明代制瓷业的主体是民营，官营的除两京外，地方上的见于《大明会典》记载有江西景德镇御窑厂和瓜洲、仪真二厂。瓜洲、仪真二厂由南京工部委官驻扎管理。其他地方如河南钧、磁二州及真定府曲阳县，每年也为光禄寺生产缸、瓶、坛等。景德镇御窑厂建置于洪武年间，"洪武二年，就镇之珠山设御窑厂，置官监督烧造解京"③。洪武二年，即 1369 年，另一说为建文四年（1402 年），御窑厂在嘉靖之前一直由朝廷委派专职官员负责管理。宣德年间或遣宦官，或"以营造所丞专督御器厂工匠"，此后经常派宦官前往景德镇督理。至嘉靖初裁革宦官，命江西"各府府佐轮选一员管理"④，后改为"只是饶州府委官烧造"⑤。嘉靖三十七年（1558 年）添设饶州通判，"专管御器厂烧造"⑥，景德镇御窑厂也由中央经营改为地方政府经营，只是烧造任务仍由朝廷下达。御窑厂的工匠实行轮班，在厂上工时自备工食，夫役的工食则由饶州所属七县征解。明后期御窑厂虽由饶州府负责管理，具有地方官办手工业的特点，但从任务下达和产品用途看，又不是完全意义的地方官办手工业。这种只负责生产管理，而没有产品支配权，或只有一部分产品支配权的现象，是明代地方官府手工业的一大特点。御窑厂任务非常繁重，到嘉靖初年还有弘治以来"烧造未完者三十余万器"⑦。

卫所手工业是明代地方手工业的特殊组成部分，其特殊性在于产品主要是军器。卫所手工业的生产管理机构是各卫所设置的军器局。洪武二十年

① （清）张廷玉等：《明史》卷 81《食货五》。

② （明）李东阳等：《大明会典》卷 194。

③ （清）蓝浦：《景德镇陶录》卷 1。

④ （清）唐铨衡：《文房肆考》卷 3，载《明代社会经济史料选编》第二章，福州：福建人民出版社 2004 年版。

⑤ 《明世宗实录》卷 106。

⑥⑦ （清）张廷玉等：《明史》卷 82《食货六》。

(1387 年) 朝廷下令："天下都司卫所各置局。军士不堪征差者，习弓箭穿甲等匠。"①各局由卫所委员管理，参与管理的有地方政府相关机构。弘治十三年（1500 年）规定："各军器局造长枪、斩马刀、牌、甲、弓箭不如法者，三司堂上委官、各府卫掌印官并管局委官参问降级。"②作为明代都司卫所手工业的生产者的军匠，明初由"军士不堪征差者"经学习穿甲、制造弓箭等技术后充任，也有其他原因充为军匠的。明代规定军匠世袭役作，都司卫所手工业者就是这些承袭下来的军匠。都司卫所手工业生产所需物料及费用，明前期由军卫自办，明中期以后折银盛行，还可以奏讨铁等原料。明代自各都司卫所建立军器局后，地方驻军的军器就由这些都司卫所的军器局生产了。明朝廷为使卫所军器生产达到要求，制定了一套完整详细的规定，这些规定即便因情况变化做一些调整，但同样很细致。都司卫所生产的军器主要是当时军队用的普通盔甲、弓刀之类，如每副军器包括：盔、甲、腰刀各 1 件，弓 1 张，弦 2 条，箭 30 支，撒袋 1 副，铳箭 5 支，长枪 1 根。都司卫所的火器生产必须得到朝廷的批准。景泰二年（1451 年），"土木堡之变"暴露出军卫方面的一些问题，朝廷决意整理军政，连续颁布了新规定，关于军器生产：一是规定了各卫所的生产定额；二是规定各卫所按季节需要成造军器。当时的边镇包括陕西、山西、湖广、云南、贵州、广东、广西、四川、辽东等；在造解定额方面，至迟弘治年间（1488 ~ 1505 年）就确立明确的数量："浙江都司十六卫五所全造二千七百六十副，减造一千三百八十副；江西都司四卫十一所全造一千八十副，减造五百四十副；福建都司十一卫全造一千七百六十副，减造八百八十副；福建行都司五卫一所全造八百四十副，减造四百二十副；山东都司十六卫五所全造二千七百六十副，减造一千三百八十副；河南都司九卫三所全造一千五百六十副，减造七百八十副；大宁都司十一卫一所全造一千八百副，减造九百副；北直隶三十八卫四所全造六千二百四十副，减造三千一百二十副；南直隶三十七卫五所全造六千一百二十副，减造三千六十副。"③"全造"是景泰二年（1451 年）的定额，"减造"是弘治年间的定额。景泰二年的生产定额不一定是当时的解运定额，而弘治年间的定额既是生产定额也是解运定额。这些定额在万历时期曾做过一些调整。其中，存留各边镇备用的军器每年须造册具报，以备查考。明代卫所生产的军器用途也有明确的规定，"在边镇者留本处给军，在腹里者解戊字库专备京营官军领用，并无别项供应边讨之费"④。卫所手工业除了主要生产上述军器外，也生产兵车，有时还炼铁、铸钱、造船

---

①②③ （明）李东阳等：《大明会典》卷 192。

④ （明）李东阳等：《大明会典》卷 193。

等，但在整个卫所手工业属次要的。

明代民间手工业十分发达，明中期以后逐渐超越官营手工业而成为明代手工业最重要的组成部分。究其原因：一是随着时代的发展，手工业品市场逐渐扩大。由于官营手工业产品是为了满足皇室和政府的各种消费而不用于交易，于是民间对手工业品的需求只得从市场上获取，这不仅促进了商品经济的发展，也推动了民间手工业的发展。因此，民间市场的存在和扩大是明代民间手工业存在和发展的基本前提。二是随着国家工匠制度的逐步瓦解，更多的工匠投入民间手工业中。明代国家工匠制度束缚了数十万国内的手工业者，这些人熟练掌握了相关手工业生产技术，是手工业生产的重要力量。但是，国家工匠制度迫使他们投入官营手工业当中，这就削弱了民间手工业的发展。随着官用工匠制度的改革和瓦解，越来越多的工匠投入民间手工业生产中，从而促进了民间手工业的发展。三是明朝政府的相关政策也在客观上推动了民间手工业的发展。除金银、盐等生产实行垄断经营外，明政府在政策上对民间手工业并不严格限制，为民间手工业的发展提供了有利条件。另外，明政府对江南高额征税，大批农民仅靠土地无法维持生活，家庭副业成为他们生存的重要手段，家庭手工业也成为民间手工业最主要的形式，数量也最多。明代的家庭手工业从家庭副业发展起来。明末的徐光启在《农政全书》中对这种家庭手工业出现的原因有很透彻的分析："非独松也，苏、杭、常、镇之币帛枲枲纻纻，嘉、湖之丝纩，皆恃此女红末业，以上供赋税，下给俯仰。若求诸田亩之收，则必不可办。"于是各种开支"全赖此一机一杼"。[1] 不仅为生计忙碌的小户从事家庭手工业，一些衣食无忧的大户、地主亦兼营此业："松人中产以下，日织一小布以供食。虽大家不自亲，而督率女伴，未尝不勤。"[2] "吴人以织作为业，即士大夫家，多以纺织求利，其俗勤啬好殖，以故富庶……如华亭相（徐阶）在位，多蓄织妇，岁计所积，与市为贾。"[3] 家庭手工业产品有三种基本用途：一是自我消费。明代邝璠诗歌《剪制》云："绢帛绫绸叠满箱，将来裁剪做衣裳。公婆身上齐完备，剩下方才做与郎。"[4] 就写这种情况。二是出售。如前面列举的徐阶家的织品。三是作为向政府交纳赋税的一种选择。洪武二十六年（1393年）规定："凡民间一应桑株，各照彼处官司原定则例，起科丝绵等物。其丝绵每岁照例折绢，俱以十八两为则，折绢一匹。所司差人类解到部，札付

---

① （明）徐光启：《农政全书》卷35《木棉》。
② （明）徐献忠：《吴兴掌故集》卷12。
③ （明）于慎行：《谷山笔麈》卷4。
④ （明）邝璠：《便民通书》卷1。

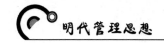

承运库收纳，以备赏赐支用。其树株果价等项，并皆照例征收钱钞。"① 明代税收除征收钱钞之外，洪武时期还征收麦、绢等，到弘治时期也征收苎布、麻布等织品。

明代作坊手工业比家庭手工业规模大，其产品生产也完全为了进入市场。许多手工作坊是从家庭手工业发展而来的，这在纺织业中比较普遍。张瀚自述家事时说："毅庵祖家道中微，以酤酒为业……因罢酤酒业。购机一张，织诸色纻币，备极精工。每一下机，人争鬻之。计获利当五之一，积两旬，复增一机，后增至二十余。商贾所货者，常满户外，尚不能应。自是家业大饶。"② 毅庵祖家有 20 多张织机，已是一个规模不算小的手工业作坊。其他各行业如陶瓷业、造纸业、制糖业、酿造业、造船业、冶铁业、木器制作业等都有作坊式生产。其中的一些行业离开作坊，就无法进行生产了，必须分工协作才能完成。如铁冶业："诸所铸器，率以佛山为良，陶则以石湾，其炒铁，则以生铁团之入炉，火烧透红，乃出而置砧上，一人钳之，二三人锤之，旁十余童子扇之，童子必唱歌不辍，然后可炼熟而为镴。计炒铁之肆有数十，人有数千，一肆数十砧，一砧有十余人，是为小炉。炉有大小，以铁有生有熟也。故夫冶生铁者，大炉之事也。冶熟铁者，小炉之事也。"③ 可见，如果没有相应的人力和分工协作，这样的行业就无法生产。当然，作坊手工业的目的是营利，产品生产为满足市场需求，与商品经济有密切联系，其中部分作坊已有商人投资了。

明代民间手工业技术达到很高的水平，一些行业甚至超过官营手工业，成化年间就因官匠不得力而下令在民间"雇觅高手造作供应"④。其中，制瓷业具有代表性。明代官窑产品一直居领先水平，但民间也不乏高手，如嘉靖、万历年间景德镇的昊十九技艺精湛。他所制瓷器"妙绝人巧"，"尝作卵幕杯，薄如鸡卵之幕，莹白可爱，一枚重半铢"⑤。宜兴陶名传天下，与当地民间高手众多不无关系："宜兴罐以龚春为上，时大彬次之，陈用卿又次之。锡注以黄元吉为上，归懋德次之。夫砂罐，砂也；锡注，锡也。器方脱手，而一罐一注价五六金。则是砂与锡与价，其轻重正相等焉，岂非怪事！一砂罐、一锡注，直跻之商彝、周鼎之列而毫无惭色，则是其品地也。"⑥ 造纸业中纸的质

① （明）李东阳等：《大明会典》卷 17。
② （明）张瀚：《松窗梦语》卷 6。
③ （清）屈大均：《广东新语》卷 15。
④ 《明宪宗实录》卷 64。
⑤ （明）李日华：《紫桃轩杂缀》，影印文渊阁《四库全书》本。
⑥ （明）张岱：《陶庵梦忆》卷 2。

量和种类都空前提高，特种工艺纸也相当普遍。"近日吴中，无纹洒金笺纸为佳。松江潭笺，不用粉造，以荆川连纸，背厚研光，用蜡打各色花鸟，坚滑可类宋纸。新安仿造宋藏经笺纸，亦佳。有旧裱画卷棉纸，作纸甚佳。"① 四川薛涛笺亦负盛名。民间制糖业已熟练掌握了白砂糖、冰糖的制作技术，造船、园林、工艺等行业技术也都达到相当高的水平。明朝中央政府基本不介入民间手工业的生产环节，主要通过税收和法律制度进行管理。部分行业如民窑烧瓷、民矿开采等，政府掌控批准权，否则就算违法。

三、商业发展与管理思想

明代中叶以后，商品经济发展十分活跃，在广度和深度方面都迅速提升，全国各省区都有不少人从农业转投工商业，商人数量迅速增长。明代吕坤《去伪斋集》卷2指出，贫民"或给帖充斗秤牙行，或纳谷作粜粜经纪，皆投揣市井间，日求升合之利，以养妻孥"，"此等贫民天下不知几百万矣"②。可见当时商人众多。商人的活动将全国各地市场连为一体，他们的足迹遍及大江南北甚至海外，"燕赵秦晋齐梁江淮之货，日夜商贩而南，蛮海闽广豫章南楚瓯越新安之货，日夜商贩而北"③。其中，江南、东南沿海及运河沿岸尤为商贾聚集。同时，商品种类迅速增长。景泰二年（1451年），大兴、宛平二县曾召集各行商人制订"收税则例"，罗列当时商品230余种，包括罗棉绢布、巾帽衣服、陶瓷制品、矿冶产品、文具纸张、日用杂货、药材以及各类农副产品④。当然，这只是当时北京市场上的主要商品，只是当时全国所有商品的一部分。明代中后期，在商品经济十分发达的情况下，任何东西都可能成为商品。其中，除国家垄断的盐、茶等之外，流通量和交易额最大的是粮食、棉花、棉布、丝和丝织品。随着商品经济的发展，明代前期一直被禁用的白银在正统以后取代纸钞和铜钱成为主币。同时，明代的海外贸易也进入了一个新发展阶段。明代前期由于朝廷严禁私人从事海外贸易，朝贡贸易成为当时对外贸易的唯一合法形式。在郑和下西洋的影响下，这种贸易在永乐至宣德年间达到鼎盛，郑和所经各国纷纷与明廷建立朝贡关系。正统以后，朝贡贸易趋于衰微，弘治元年（1488年）至弘治六年（1493年），自广东入贡的仅占城、暹罗各1次。于朝贡贸易衰落的同时，私人海外贸易逐渐发展起来，中央政府也

---

① （明）项元汴：《蕉窗九录》"纸录"之"国朝纸"。
② （明）吕坤：《去伪斋集》，影印文渊阁《四库全书》本。
③ （明）李鼎：《李长卿集》卷2。
④ （明）李东阳等：《大明会典》卷35。

在隆庆元年（1567 年）部分解除海禁，这样，一直被视为非法的私人海外贸易取得了合法地位并进入了一个新的发展阶段。进口中国的商品以海外各国的特产和香料为主，也有暹罗红纱、番被、嘉文席、西洋布等少量手工业品。从中国出口的商品有生丝、丝绸、铜器、铁器、瓷器、食品、各种日常用具以及牲畜等，尤以生丝、丝织品、瓷器为大宗。

随着明代中后期商品经济的发展和商业资本的活跃，一些地区性商帮开始崛起，如广东商帮、福建商帮、徽州商帮、江西商帮等，这些商帮以血缘、乡谊为纽带，以会馆为联系场所，互帮互助，纵横商界，甚至操纵着某些地区和某些行业的商业贸易。其中，论资本之雄厚、人数之众多、经营范围和活动地域之广阔，首推徽州商帮和山陕商帮。徽商活动"尽天下通都大邑及穷荒绝徼，乃至外薄戎夷蛮貊，海内外贡朔不通之地"，"足迹无或不到"[1]，他们经营盐、粮食、木材、茶叶、陶瓷、纺织品、书籍、文房四宝等商品。山陕商帮最初活动局限于黄河流域，随着盐法的有利变化和实力的增强，他们逐步向南推移，足迹遍布天下，经营商品也日益增加，主要有盐、粮食、棉布、丝绸、茶叶、铁器、陶瓷、牲畜、木材、金融典当等。同时，一批工商业市镇也随着商业发展崛起。这类市镇遍布全国，但以商品性农业和手工业发达的江南地区数量最多，分布也十分密集。各个市镇常常具有很强的专业性，如松江府的朱泾镇、枫泾镇、七宝镇、朱家角镇，苏州府的璜泾镇、南翔镇、娄塘镇、外冈镇等，是著名的棉织业市镇；苏州府的盛泽镇、震泽镇，湖州府的南浔镇、乌青镇、菱湖镇、双林镇，嘉兴府的濮院镇、王店镇、王江泾镇等，是著名的丝织业市镇。这些密集的市镇网络之间相互支持，有效地节约了经营成本，充分发挥了商品集散中心的功能，促进了不同地区之间经济的分工、合作，也加强了地方市场与全国市场的联系，代表了当时中国经济的发展趋势和方向，这也是商品经济发展的必然产物。

随着商业的发展，商品经济在明代整个社会经济中的地位得到提高。明中叶以后，商税已成为国家财政收入的重要来源，在国家财政中的比重与日俱增。以钞关为例，弘治十五年（1502 年）全国钞关收入 2719 万余贯，折合白银约 8 万两，在当年太仓收入中约占 3%；至万历六年（1578 年），钞关收入增至 325000 两，为当年太仓库收入的 8%；万历二十五年（1597 年）达 407500 两，约占太仓收入的 10%[2]。万历中期以后，朝廷大兴土木，加之皇

---

① （明）金声：《金忠节公文集》卷 7。

② 何本方：《明代榷关浅析》，载《商鸿逵教授逝世十周年纪念论文集》，北京：北京大学出版社 1995 年版。

室奢靡，国用陡增。不久，辽东战事又起，为了支付军饷，朝廷决定用加派的形式重敛百姓。商税又成为加派的对象。据明末孙承泽《天府广记》记载，天启五年（1625 年）全国 8 个钞关岁入商税总额高达 480 余万两[①]，是万历中期钞关岁入正银的 12 倍，可见商税在国家财政中的重要地位。

明代社会在较长时期保持了和平稳定，农业、手工业生产水平的提高，全国交通的顺畅，都为商业的发展繁荣创造了有利条件。为了有效管理商业，明代建立了一套较完整、系统、严格的商业制度。这一制度结合当时社会政治经济的需要，在继承之前尤其是宋元时期的商业制度的基础上又有所创新。从其形成过程看，具有前简后繁、前虚后实、前弛后严，由零散到系统，从有较大随意性到逐渐有序的特点。这一整套商业制度主要由朝廷制定颁布，是国家对长期商业活动中自然形成的一些行业守则、条规的制度性规范。明中叶以后，随着明朝统治危机的加深，统治者利用订立制度的权力加强对商业的剥削和对商人的控制，在许多方面压抑了蓬勃发展的商业活动。在这样的形势下，一些商业制度在保障商务活动有序进行、保障商品公平交易等方面还是起着积极作用的。

（一）市场管理

元末明初连年战乱，严重破坏了社会生产力，加之明初政府重农抑商，导致全国商品交易总量微小。到宣德年间，经过数十年的恢复和发展，社会经济状况明显改善，许多富余的农产品和手工业产品成为商品进入流通领域，刺激了市场的发展。到了明中叶以后，随着商业活动更加频繁，各地市场呈现出繁荣、成熟的局面：不仅商品种类繁多、市场规模巨大，商业结构也向多层次、多方位、行业化方向发展。明政府在不同时期先后颁布了一系列政策措施，加强国家对商业贸易的管控。同时，市场也在自身的发展过程中形成了一些贸易参与者务必共同遵守的条规、守则，这样就形成了一整套比较完备的市场管理制度。

明代城市的市场由兵马司兼管。洪武元年（1368 年），朱元璋下令在京（南京）兵马司兼管市司，并规定在外府州各兵马司也"一体兼领市司，核定当地物价"[②]。永乐二年（1404 年），北京也设城市兵马司。朱棣永乐十九年（1421 年）迁都北京后，分置中、东、西、南、北五城兵马司分领京师坊铺，行使市司实际管辖权。明朝中央政府将市司的实际管辖权归兵马司，兵马司属城市治安管理机构，这样做的目的是因为城镇市场商贾流动性大，不易管理，

---

① （明）孙承泽：《天府广记》卷 13。
② 《明太祖实录》卷 37。

市司管理权归属兵马司则能更有效地维持治安和市场秩序。农村集市由地方官府管理，集市的开设、分辖、废销以及集期的调整等都由当地官府批准或指定。城乡许多官、私牙也参与市集管理。明初朝廷曾打算取缔牙行，以完全掌控市场管理权，但随着市场的日趋扩大，牙商普遍存在并活跃于城乡各市集之间，地方政府、富商等势力又依赖他们的协管作用，因此牙商非但未能取缔，而且中央政府也不得不承认甚至保护他们，使得牙商在市场管理中占有一席之地。有些地方的集市还有集头参与管理，"市之在乡者，恒有集头，以把持其中"①，"诸市皆官为校勘斛斗秤，又有牙役以分之，集头以总之。山市则县倅亲往治焉"②。

第一，市场管理项目。明代市场管理项目众多，除商税之外，主要包括度量衡管理和物价管理。度量衡统一才能保证市司的公平交易，朝廷对此高度重视。洪武元年（1368 年），朱元璋下令铸造新的标准量器铁斛、铁升。第二年又下令："凡斛斗秤尺，司农司照依中书省原降铁斗铁升，较定则样制造。发直隶府州及呈中书省、转发行省，依样制造，校勘相同。发下所属府州，各府正官提调依法制造，校勘、付与各州县仓收支行用。其牙行、市铺之家，须要赴官印烙。乡村人民所用斛斗秤尺与官降相同，许令行使。"③ 明令市场交易所用的度量衡必须与官定标准相吻合，且经官府核定烙印后方可使用。之后每隔数年，如洪熙元年（1425 年）、正统元年（1436 年）、景泰二年（1451 年）、成化五年（1469 年）等，朝廷都颁布核校度量衡的法令。后来司农司被取消，制作、校定标准量器由工部负责："凡度量、权衡，（工部）谨其校勘而颁之，悬式于市，而罪其不中度者。"④ 然后各级地方政府依照朝廷统一下发量器标准逐级严格依样制造，"立平准，悬于市肆，谕贸易之人，有大小低昂，听其较量"⑤。朝廷也对度量衡严格监管，不仅派兵马指挥司 2～3 日定期"校勘街市斛斗秤尺" 1 次；还针对违法作弊者依照相关法律给予处罚："凡私造秤尺不平在市行使，及将官降斗秤尺作弊增减者，杖六十，工匠同罪"；"若官降不如法者，杖七十；提调失于校勘者，减一等，知情而同罪"；"其在市行使斛斗秤尺，虽平而不经官司校勘印烙者，笞四十"⑥。度量衡统一标准，保障了公平交易的进行，有利于商品市场的发展。

---

① 乾隆《夏津县志》卷 2《建置志》"镇集"。
② 万历《安丘县志》卷 5《建置考》"街市"。
③ （明）李东阳等：《大明会典》卷 37。
④ （清）张廷玉等：《明史》卷 72《食货一》。
⑤ 嘉靖《六合县志》卷 1《地理志》。
⑥ 《大明律集解附例》卷 10《市廛》。

平稳、合理的物价是市场有序进行和国家安定的表现，也是市场贸易畅通的关键之一，朝廷对此也十分重视。洪武元年（1368 年）朱元璋针对当时物价不稳定的情况下令在京、在外兵马司每隔 2～3 日确定物价并向民间公布，以此来稳定物价。第二年又制定"时估"制：命"府州县行属"，"务要每月初旬取勘诸物时估，逐一覆实，依期开报，毋致高抬少估，亏官损民。上司收买一应物料仰本府州县，照依按月时估两平收买，随即给价，毋致亏损于民"；如果"物货价直高下不一，官司与民贸易，随时估计"①。洪武二十六年（1393 年）又规定民间市肆货物价格，"须从州县亲民衙门，按月从实申报合于上司"②。宣德元年（1426 年）朝廷颁布命令，凡"藏匿货物、高增价值"者都要罚钞③。明朝廷通过国家行为，如建立预备仓，实行收籴、平粜等制度来保证物价平稳，掌握平抑物价的主动权。

第二，商品质量管理。商品质量通常由各行业商品经销者来把握，但政府也制定了相关原则性的法律。《明律》定："凡造器用之物，不牢固、真实，及绢布之属纰薄、短狭而卖者，各笞五十，其物入官。"④ 规定伪劣、不合格商品不得进入市场，否则要受到法律惩处。平抑物价和质量管理对于约束奸商、维持市场秩序都起了积极作用，但由于体制的原因，有令不行、有禁不止的现象比较严重，高抬物价、弄虚作假、欺诈行骗的行为也屡见不鲜。明中叶后，不法商人更和贪官污吏沆瀣一气，使物价、质量管理等制度成为一纸空文，也进一步加深了明王朝的社会危机。

第三，货币管理。明政府对货币的管理十分严格。为了维护正常的贸易秩序，明政府根据时代发展的特点制定了相关的规定，或对已有措施进行修正，以加强对货币的管理。洪武初年，规定铜钱和大明宝钞同为合法流通货币。洪武七年（1374 年）规定不同钱币之间的比价："钞一贯，准钱千文，银一两；钞四贯准黄金一两。禁民间不得以金银物货交易，违者罪之；以金银易钞者听。"⑤ 洪武十三年（1380 年），由于纸钞在流通过程中破损严重，朝廷颁布了"倒钞法"："许军民商贾以昏钞纳库易新钞，量收工墨直。"⑥推动市场使用纸钞，并确保政府对纸钞发行权的掌握。之后，为了规范货币使用，明廷又多次出台政策："（洪武）二十二年（1389 年）诏更定钱式：生铜一斤，铸小钱百六十，折二钱半之，'当三'至'当十'，准是为差。更造小钞，自十文

---

① ② （明）李东阳等：《大明会典》卷 37。

③ （明）李东阳等：《大明会典》卷 31。

④ （明）李东阳等：《大明会典》卷 164。

⑤ ⑥ （清）张廷玉等：《明史》卷 81《食货五》。

至五十文。二十四年谕榷税官吏，凡钞有字贯可辩者，不问烂损，即收受解京，抑勒与伪充者罪之。二十五年设宝钞行用库于东市，凡三库，各给钞三万锭为钞本，倒收旧钞送内府。令大明宝钞与历代钱兼行，钞一贯准钱千文，提举司于三月内印造，十月内止，所造钞送内府充赏赉。"① 但是，当时两浙、江西、闽、广等地商民重钱轻钞，"有以钱百六十文折钞一贯者，由是物价翔贵，而钞法益坏不行"②。于是，洪武二十七年（1394 年）明廷为扭转这种趋势，限军民商贾在半月之内将所有铜钱交有司收归官，依数换钞，不许使用铜钱，并对"敢有私自行使及埋藏弃者，罪之"③。但实际上这成了一纸空令，民间依然使用铜钱、金银。之后从永乐至正统年间，明廷又多次严禁金银、铜钱，但都不能挽救钞法。因为明廷滥印滥发纸钞，发行中并未以贵金属作为储备，造成纸钞大幅贬值，百姓对纸钞完全失去了信任，其必废之势已非出台几个政策就可以挽救的。到了英宗即位，"收赋有米麦折银之令，遂减诸纳钞者，而以米银钱当钞，弛用银之禁。朝野率皆用银，其小者乃用钱"④。宪宗"令内外课程钱钞兼收，官俸军饷亦兼支钱钞"⑤，但这时"钞一贯不能直钱一文，而计钞征之民，则每贯征银二分五厘"⑥，给广大百姓造成更大损失。在纸钞使用式微的情况下，明廷规定市场上可以通行明朝各代的"制钱"，也可用"前朝旧钱"，但因私铸钱币可获大利，所以市场交易大量使用私铸钱币。明廷为此多次下令禁止使用伪钱。隆庆元年（1567 年），明廷颁定买卖货物，"值银一钱以上者，银钱兼使。一钱以下者，只许用钱"⑦。肯定了白银在交易中为主要货币的地位。这样，流通领域银钱并用导致了专门兑换货币的机构——钱庄（也称钱铺、钱肆、钱桌等）的产生。为使货币交换中基本等价，明廷对钱庄的经营作出了相关规定：一是钱庄进行钱银兑换，要遵守官方规定的比价及其他有关法令、章程，不得从中舞弊，亏损官府和商民；二是钱庄营业必须要承领官府一定的借贷款项。⑧

第四，对牙行的管理。牙行也称牙侩、经纪、牙人、驵侩等，是市场贸易中为买卖双方说合的中介人。他们协助政府参与街市校勘度量、平抑物价、辨识假银伪币、征收商税等市场管理工作，为买卖双方牵线说合，并为卖方提供膳宿、货栈、交通方便等，尤其在大宗贸易中充当重要角色。商人认为"买卖要牙"："买货无牙，称轻物假；卖货无牙，银伪价盲。所谓牙者，权贵贱，

---

①②④⑤⑥ （清）张廷玉等：《明史》卷81《食货五》。

③ 《明太祖实录》卷234。

⑦ （明）李东阳等：《大明会典》卷31。

⑧ 韩大成：《明代城市研究》，北京：中国人民大学出版社1991年版，第214~218页。

别精粗，衡重轻，革伪妄也。"① 正因为牙行如此重要，所以不少牙商就利用政府给予的相关特权和对市场行情的经验把持行市，扰乱正常的市场贸易秩序，从中谋利。洪武二年（1369 年），极其专制的朱元璋曾有意取缔一切官私牙行，但实际上根本做不到，只得撤销原议，在承认牙行合理存在的同时对他们设定限制，对"高抬低估"物价、"刁蹬留难"商贾、"使客商不得其便"的牙商给予严处："拿缚赴京，常枷号令，至死而后已，家迁化外。"（《御制大诰三编·私牙骗民第二十六》）② 洪武三十年（1397 年），朝廷"命户部申明牙侩朘剥商贾私成交易之禁"③，加强对不法牙行的管制。进入明代中期之后，国内大宗商贸都通过牙行进行，牙行完全合法化。明朝中央政府允设官牙与私牙两类：官牙是官僚、诸王开设在各地的官店、市镇中协助地方官府征收商税、管理市场的牙行；私牙即是一般的经纪人。政府对他们有明确的规定，必须具有相应财产抵押的人才能从事牙行，还要得到官府的认可，缴纳帖价，获得牙帖（牙行经营时用的营业执照）方可营业。牙帖的有效期为 1 年，期满后如果想继续从事该业就要换帖，即重新纳价申请牙帖。若不再从事该业就须上缴牙帖。此外，有的地方政府还允许军兵充当牙行。明代规定牙行可以从事的合法活动如下：一是领到官府颁发的印信文簿后，驻扎在关津要口，并如实填写商人、船户的住贯、姓名、路引字号、物货数目，"每月赴官查照"④；二要如数开报收税，并将收来的税款如数交付主管他们的监察御史、主事稽考；三是说合买卖，代商贾买进卖出商品，帮助雇请车船、脚夫，解决客商商品停放、食宿供应等问题，并收取牙佣；四是评估物价，缴纳牙税等。明朝还对违法牙商规定了处置的办法：一是私充牙行，没有得到官府批准就发给牙帖者，杖八十⑤；二是在评估物价时令价不平者，"计所增减之价，坐赃论，入己者准窃盗论"⑥；三是代为隐瞒客商商货，则没收所得牙钱，笞五十，取消从牙资格；四是与商贾勾结，"卖物以贱为贵，买物以贵为贱者，杖八十"⑦；五是强行邀截客商货物者，"不论有无诓赊物，问罪，俱枷号一个月。如有诓赊货物，仍监追完足发落。若监追年久无从赔还，累死客商，属军卫者发边卫，属有司者发附近俱充军"⑧，等等。规定了对不法牙商的诸多惩罚，但是牙商违法依然很普遍，成为明代城镇商业的一大祸害。

第五，城乡市集管理。市集是各地进行商品交易的主要场所，分城集和乡

① （明）程春宇辑：《士商类要》卷 2。转引杨正泰：《明代驿站考》，上海：上海世纪出版股份有限公司、上海古籍出版社 2006 年版。

② 张德信、毛佩琦：《洪武御制全书》，合肥：黄山书社 1995 年版，第 911 页。

③ 《明太祖实录》卷 251。

④⑤⑥⑦⑧ 《大明律集解附例》卷 10《市廛》。

集。市集的大小、多少体现了地方商品经济的发展程度，而不是地方当局随心所欲设置的。明代地方政府为掌控这种自由交换的集市贸易，对市集采取了严格的管理：一是定点，即由知州、知县确定市集开设的地点。二是定期，即城乡集市都由地方政府确定开市日期及周期，集期长短、稀密根据各地经济发展水平而有所差别。明初经济萧条，集期间隔较长，一般为 10 日一集。随着经济的发展，明中叶以后，与商品经济发展密切关联的集市贸易日趋兴旺，地方政府所制定的集期间隔缩短，从 10 日一市改为 3 日一市、隔日一市，并向日市方向发展。三是一些地方政府对市集规模、经营商品等也有规定，如有大市小市之分，不同的市集区域交易不同类的商品，分城而治，等等。明中叶以后，在经济发达地区尤其是长江三角洲一带，市集逐渐向市镇化转型，松江、吴江等地的集市在居民日盛、商贾辐辏的情况下纷纷自成市镇，地方政府也随之将其纳入了城市管理之中。

此外，明代商人、商店自定的经营管理制度也是市场管理的一项内容。商人们在长期的经营实践和激烈的市场竞争中为了生存发展，他们在总结经营经验的基础上为自己立下了许多训诫、条规，随着时间的发展，部分训诫、条规逐步制度化。明代行商中有"客商规略"、"为客十要"等，坐贾铺店中也有行规、店规，具体包括质量管理制度、商业道德规范制度、商业礼仪制度、商品分级分类销售制度、商业广告制度等。由这些店规、守则所形成的制度，有不少是明代前朝少有的，只有在商品经济发展到一定程度才出现的新的经营管理模式，主要有合资制度、伙计制度、掌事制度、账目制度等。这些新的经营管理模式不仅体现了明代商业的新水平，也推动了民间商贸的发展。

（二）对商人的管理

明初，朱元璋为了加强对商人的控制，实行重农抑商的政策，颁布了贱商令。洪武十四年（1381 年）朱元璋下令："商贾之家只许穿布，农民之家但有一人为商贾者，亦不许穿绅纱。"[1] 着装在当时代表了一个人的社会等级，这一法令体现了明廷对商人的蔑视和压制。同时，明廷除了对商人进行经济剥削之外，还对他们进行严格的人身控制，实行超经济的强制。进入明中叶，随着商业的繁荣发展，统治阶级不仅对商人在经济上重盘苛征，而且也未放松对商人的超经济的人身控制，直至明朝灭亡。不仅将商人们置于困境，最后几乎窒息了明代中后期活跃的商品经济，在一定程度上阻碍了中国历史发展的进程。明朝中央政府为了控制商人而制定的一整套管理制度主要如下：

---

[1] （明）徐光启：《农政全书》卷 3《国朝重农考》。

第一，占籍和清审。明代商人大致可分为行商和坐贾两大类，不论是行商，还是坐贾，政府都要对他们的户籍进行归类、登记，以掌握其个人、家庭人口及资产等情况，便于佥派徭役。坐贾又称铺户、行户或铺行，是在城镇开店设铺卖货者。坐贾成分比较复杂，他们中有的世代开店，有的从行商改为铺户，有富民、小手工业者，还有军人、官员、士大夫及皇亲贵戚等经营店铺的。既有民户，又有军、匠户。明代坐贾的人数也比行商多，遍布全国各大中城市和新兴城镇。明中叶后，坐贾人数有大幅增加。长江中游、两京人口稠密地区，铺户密集。根据万历年间宛平知县沈榜记载，仅宛平一县铺户就有39402户。可推知当时整个北京就有铺户近8万余户。明政府将这些商户纳入册籍进行管理。明代沈榜《宛署杂记》云："盖铺居之民，各行不同，因以名之。国初悉城内外居民，因其里巷多少，编为排甲，而以其所业所货注之籍。遇各衙门有大典礼，则按籍给值役使，而互易之，其名曰行户。"[1] 政府还根据习惯将经营同一类商品的店铺集中在一处。明代顾起元《客座赘语》记载了明初南京店铺的情况："南都大市为人货所集者……铜铁器则在铁作坊；皮市则在笪桥南；鼓铺则在三山街口，旧内西门之南；履鞋则在轿夫营；帘箔则在武定桥之东；伞则在应天街之西；弓箭则在弓箭坊；木器南则钞库街；北则木匠营。盖国初建立街巷，百工货物买卖各有区肆。"[2] 政府对坐贾单独编排，注籍登记，将其归属五城兵马司的管辖。在完成这一套手续后商贾们才取得合法的居住权和营业权，这就是针对坐贾的占籍制度。铺商注籍后被编成铺行，政府对他们严密管理。

行商流动性大，他们通常在其原贯或原籍地注籍登记，承担相关的徭役和义务。明前期对行商的占籍制度并不十分严格。明中叶后有所改变，若他们定居某地年久，并置下房屋、产业后，政府就要强制他们在新地或常居地附籍。因此，无论行商还是坐贾，只有占籍之后才取得合法贩运经营的资格。也无论之前身份户籍，要经商都必须占籍，并接受政府佥派的庸役。因为占籍费用高昂，有不少铺商一入商籍，家产立尽，所以他们竭力逃避入籍，有的改名更姓，有的逃离占籍地，有的冒充其他职户，等等，结果入籍商户的数目大大小于坐贾的实际人数。大批商贾逃匿，沉重的负担被摊派到少数商户身上，他们也不堪重负，只得逃匿，遂形成恶性循环。朝廷对未占籍的商贾，如隐、脱、漏、逃避市籍者，许其自首，而对不自首者"令户部登记天下户口并发户帖，

---

① （明）沈榜：《宛署杂记》卷13《铺行》。

② （明）顾起元：《客座赘语》，北京：中华书局1987年版，第23页。

着有司点闸比对，有不合者发充军"①，或惩罚后再逐出城。铺户未占籍者过多，对政府税收、派役等带来较大影响，于是永乐年间，明朝廷制定了以两京为代表的定期清审制度："铺行清审，十年一次，自成祖皇帝以来则已然矣。"②每10年一次清查核对商贾的占籍情况，将亡故、破产者除名；重新登记注籍新开店铺或未占籍者，并编排在册。清审制度强化了官府对商贾的人身控制。进入明中叶，随着商品经济日趋活跃，商铺队伍亦变化瞬息，遂有外逃、迁徙者，新开、暴发者，冒名顶替者，等等。10年一审，政府无法随时动态掌握商贾们的活动情况，致使弊端丛生。嘉靖四十年（1561年），明政府下令："应天府各色商人清审编替五年一次，立为定例。如遇该审年分，该部预先一年题请。不分军民之家，一体编审。"③万历年间，两京之外的其他地方甚至边防重镇，亦都不同程度地实行清审制度。

第二，路引和店历。行商们长途贩运，其贸易流动性大，给管理带来许多困难，明朝对此主要制定了路引和店历制度。所谓路引制度，就是行商出外经商之前要向政府交一笔钱，申请路引（也叫关券），取得政府批准并领到政府签发的凭证后，方可外出经商，这个凭证就叫"路引"，这笔交给政府的钱叫路引钱。明代丘濬《大学衍义补》云："凡商贾欲赍货于四方者，必先赴所司起关券。"④明代程春宇《士商类要》亦云："凡出外，先告路引。"⑤明后期的商人制定的经商"规略"中，也都强调外出经商首要条件是必须带路引，《士商类要》对此多有记载。政府发给路引不仅多收了行商的钱，也有效控制行商贩运的规模和路线等。路引上要注明行商的姓名、乡贯、去向、出行日期、资本数目、货物重轻、水运还是陆行等以及监运者的体貌特征，以便沿途关卡和旅店的查验。运货的客商每在一码头、关卡或停靠地，都有专门负责的牙行查验路引，并登记行商及所带货物，这些登记簿册每月都要"赴官查照"，即与官府所掌握的路引核实，防止诈冒。行商每到一地出卖货物也要向当地政府呈上路引，无引或引目不符、持假引者，官府都要逮捕治罪。据明代刘辰《国初事迹》记载，洪武年间，南京检校高见贤与兵马指挥丁光眼等，"巡街生事，无引号者，拘拿充军"⑥。成化年间，京师曾对商铺无引者进行过

---

① （明）王圻：《续文献通考》卷20《户口考》。

② （明）沈榜：《宛署杂记》卷13《铺行》。

③ （明）李东阳等：《大明会典》卷42。

④ （明）邱濬：《大学衍义补》卷30。

⑤ （明）程春宇：《士商类要》卷2。转引杨正泰：《明代驿站考》，上海：上海世纪出版股份有限公司、上海古籍出版社2006年版。

⑥ （明）刘辰：《国初事迹》。

大规模搜索，凡遇寄居无引的商户"辄以为盗，悉送兵马司"① 惩罚。到了嘉靖、万历年间，随着商品经济的发展，更多人加入商人队伍，经商手段提高，但是官场腐败日甚一日，官员私出、伪卖路引，商人贿买官文及假充亲族势要，无引经商的情况变得普遍起来。明廷对此又制定一系列措施，加重对违法官吏和商贾的惩处，对"不应给路引之人而给引"、"冒名告给及以所给引转与人者"、"经过官司停止去处倒给路引及官豪势要之人嘱托军民衙门擅给批帖影射出入者"、"不立文案，空押路引，私填与人者"，都分别处以鞭笞、流放、物货入官、入狱乃至处斩等刑罚。② 关于行商的路引制与明代几乎相始终。路引制实施初期在维护商业秩序方面曾起过一定积极作用，但随着商品经济的发展而逐渐成为限制商人的桎梏，成为阻碍社会经济发展的障碍。

行商贩卖货物尤其是陆路运输途中总要投店住宿，因此旅店、客栈成为官府管理行商活动情况的又一重要环节。明朝政府规定，凡行商住店都必须备有官府署发的"店历"，"凡客店每月置店历一扇，在内赴兵马司、在外赴有司署押讫，逐日附写到店客商姓名、人数、起程月日，月终各赴有司查照"③，即客店要详细登记投宿的商人的相关情况，并按月上报所辖官衙查照。官府通过"店历"就可以全面掌握客商经营情况和行商路线。与店历制度相似，明朝还在行商贮存货的地方即塌房，建立了登记制度详细登记商人姓名、字号、货物品类、数量、从何处来等内容，并规定要定期上报官府。塌房登记除了可掌握行商的相关情况外，还可以征收商税，通常由塌房代征。此举亦是对商人的有效管理。

第三，商役。明代的社会分工已经相当精细，统治集团可以根据其不同需要征召相应职业的人来服务。他们除了向商人征收高额商税外，还强迫商铺承担相关的义务，为皇室、朝廷及各级政府部门提供无偿劳役和货物。通常皇室、官府所需之物，小件如灯盏、器皿、麻绳、笔墨纸砚、水果等，"大者如科举之供应与接王选妃之大礼，而各衙门所须之物，如光禄之供办，国学之祭祀，户部之草料"，甚至宫殿营造等，"无不供役焉"；"初令各行自以物输于官，而官给其值，未遽而厉也。第一入衙门，则胥徒便视为奇货，捎抑需索，无所不有，或价不时给，或给不偿本，既有亏折之苦，又有奔迸之劳……两县思以应上司之急，乃籍其人于官以备呼唤"。④ 这种必须由铺商承担的庸役就

---

① （明）陆容：《菽园杂记》卷10。
② 《大明律集解附例》卷15《关津》。
③ （明）李东阳等：《大明会典》卷35。
④ （明）顾起元：《客座赘语》，北京：中华书局1987年版，第66～67页。

叫商役，是一种强制性的劳役或变相劳役。商人承担商役在两宋时期就有"和买"、"和雇"。明初朱元璋与民休息，躬行节俭，洪武二年（1369 年）他曾下令"凡内外军民官司并不得指以和雇、和买，扰害于民"①，禁止官府向商铺征买物货及指派商铺为皇室或政府部门采办物品。永乐时期，开始弛禁，允许政府部门去市场采购，原则是"佐解纳之不继，抵坐派之原数，非召买在正数之外"②，即对朝廷粮食需求不足部分补充采购，数量不多，规模亦不大。弘治以后，随着统治集团奢侈之风日盛，采办日多，诛索无止，商役日繁，商铺负担日重。嘉靖、万历年间，不少商铺因此资产告罄甚至家破人亡，商役成了明末商人的一大灾难。

明代商役最初是买物当行。当行的一种形式是官府买物，铺户"一排之中，一行之物，总以一人答应"③，"答应"即是每行由一家商铺出面提供本行销售的商品，并以排甲次序轮流应答；官府则出具"官牌"，索取物品，"官牌"就是官价之代用票，也称由票、牌票、印票。据《明世宗实录》，户部"大小诸司物料，取具本府印票出买"④。官票并不能在市场自由流通，铺户拿到官票后只能在规定时间内去官府兑现钱钞，但兑到的钱钞数远低于其上缴物料的实际价格，有的只给半价，这就成了一种变相的勒索和庸役。当行的另一种形式是"遇各衙门有大典礼，则按籍给值役使，而互易之"⑤，官府出钱按籍召唤铺户，让他们提供力役，用政府的钱轮流去为官府买办。当行周期有一岁一轮的，也有一月一变的。为买物便利对口，京师将油、乳、饼、茶果、牲口、器皿等物料行隶属光禄寺，草料商行等归属户部，竹木商行等归属工部，等等。地方上亦仿效这类做法，将铺行也分配给官府各部门管辖。

到了成化、弘治年间，富商大贾们大都以贿赂逃避当行，应役的多是资本人力都有限的穷小商户，他们不堪赔赃役使，为减轻重负而出银代差。嘉靖四十五年（1566 年）有人奏请：在审行的基础上将京师宛平、大兴两县的铺户按其资产多少分为三等九则，"上上、上中两则免征其银，听有司轮次金差，领价办供。其余七则，令其照户出银……以代力差"⑥。朝廷只不同意奏书中"独责上上、上中两则买办"一条，其余都批准，并由户部颁布实施："原编九则铺行皆征银入官，官为招商市物。"⑦ 首开征银代役招商买办的先例。这

---

① （明）李东阳等：《大明会典》卷 37。
② （明）陈子龙等辑：《明经世文编》卷 363。
③⑤ （明）沈榜：《宛署杂记》卷 13《铺行》。
④ 《明世宗实录》卷 306。
⑥ 《明世宗实录》卷 336。
⑦ 《明世宗实录》卷 557。

种征银代役首先在两京实行，大兴、宛平的做法：先将辖内铺户分成三等九则，然后按则征银，标准是上上则征白银九钱，以下每则以次递减一钱，至下下则征银一钱。① 南京的情况与北京基本相类。所征收的银两，北京称为"行银"，南京称为"则例银"。行银"专预备官府各衙门支用"，主要用于召买大宗物料，也用于其他种类繁多的支出。据明代沈榜《宛署杂记》记载：京师大小衙门及顺天府、大兴、宛平县各衙门，日常用品用具也都由行银支付。明代以银代役、招商买办并非在全国各地同步实施，甚至一些城镇从未施行过，但仍是历史的进步：解放了广大商户，他们的应役由力役向银差转化，政府的行为也从无偿强索转变为征银后再行购买，这种变化适应了当时社会经济发展的需要。

明朝中央政府在实施征收行银的措施后，分配下属各部门自行招商买办，应招者多为富商大贾，也有一般铺户。他们向官府领银后帮助官府买办。开始时应招的商人基本是自愿的，万历前期官方也强调商人要自愿应招。因为一些招买项目如买草料、木料等有利可图，商人们还争相承办，政府相关部门还要挑选应招商贾。如万历年间皇宫御用木板数多利大，商人们争着应招买办，负责此事的工部还得"每年先期行芜湖厂主事，拣选真正多木商人，送部阅认"（杨成《厘正起运板木疏》）②。开始时当行买办有"会估"一项，即由官府和应役商户一起对需办物料的价钱进行一个大致估计，之后官府再将钱交给应役商人去买办。如此商人所支付的钱与官府预给他们的钱比较接近，因此商户也比较乐意去办。但是，由于经手的官吏贪赃舞弊，这些制度在实施过程中逐渐走样：先是低价"会估"；到招商买办时大多少给或不给预付钱，商人垫款后基本不可能再全部领回所支付的款数；甚至铺商交差时，验收官与内监要向商人索取贿赂后方给验收。这样，许多应招商人被弄得走投无路，他们视买办如瘟疫，唯恐避之不及。到了万历年间，政府对商人实行强制性的"佥商买办"，所佥对象都是资产雄厚的大铺商。佥点办法有"差官佥选"，"押解着役"；有坊厢"里甲报名"；有在编审之期"著旧役商人各自查访，每一个人许报二名，二名择佥一名。如报者不堪，即著旧商仍自充役"③。各衙门佥商通常秘密进行，避免商户逃走，"薄夜拘之，如缉巨盗"④。可见，佥商制已经严重摧残了明代商业的发展。商铺们在缴纳行银后仍要被官府役用，"官府不

---

① 《明世宗实录》卷557。

② （明）陈子龙等辑：《明经世文编》卷361。

③ （明）王圻：《续文献通考》卷25《市籴一》。

④ 《明神宗实录》卷440。

时之需，取办仓卒而求之不至，且行银不敷，多至误事"，"不得已复稍稍诿之行户，渐至不论事大小，俱概及之"；凡官府买物"仍责铺户领价"，铺户因此要承受"赔铺之苦"。① 但是，有明一代，始终未废止铺户当行、招商买办的制度。

第二节　明代政治与管理思想

明朝作为中华帝国时期的一个王朝，具备之前王朝的典型特点，如皇权与相权、皇帝与藩王之间的关系协调甚至矛盾冲突，等等。明朝又是一个出现了诸多新因素的朝代，商品经济的发展、资本主义萌芽和与之相适应的启蒙文化思潮，在政治和管理上都有所反映。

一、集权、分权与管理思想

明朝初年的政治管理基本沿袭元朝旧制，中央设中书省，置左右丞相；中书省下设六部，各部设尚书、侍郎。地方设行中书省、置平章政事和左右丞。中书省"百司纲领，总率郡属"②，所有事务必先"关白"丞相，然后奏闻皇帝。行中书省总管一省民政、军政和司法。但不久朱元璋就发现丞相和行中书省的权力过大，决心改革。洪武九年（1376 年），他废除行中书省，在全国陆续设置了 13 个承宣布政使司，同时又设提刑按察使司、都指挥使司，分别管理一省的民政、司法和军队。布政司设左右布政使各一人，从二品；左右参政，从三品；左右参议，从四品，均无定员；其所属机构：经历司收发文移，照磨所磨勘卷宗，还有理问所、司狱司、仓库使、杂造局、宝泉局、织染局、军器局等部门。布政使掌一省之政，主要负责传布朝廷政令、考核属下官员和征收赋役；参政、参议分守各道，掌管粮储、屯田、清军驿传、水利、抚民诸事。布政司下又设府（直隶州）、县（州）二级地方政权，长官称知府（知州）、知县（知州）。都指挥使司管辖本省卫所，负责军务，设都指挥使一人，正二品，是省最高军事长官。提刑按察使司设按察使一人，正三品；副使，正四品；佥事，正五品，均无定员；其所属机构有经历司、照磨所、司狱司。按察使负责本省刑狱与监察，"纠官邪、戢奸暴，平狱讼，雪冤抑，以振扬风

---

① （明）沈榜：《宛署杂记》卷 13《铺行》。
② 《明太祖实录》卷 15。

纪，而澄清其吏治。大者暨都、布二司会议，告抚、按，以听于部、院"①。
上述都、布、按并称三司。设立三司，不仅使地方机构职权趋向专一化，加强
了办事效能，而且由于三司地位平等，虽共掌一省政务，但互不统属，分归中
央有关部门管辖，从而有效地达到了权力制衡，强化了中央集权。

洪武十年（1377 年），朱元璋设通政使司，长官称通政使，主管章奏出纳
和封驳，稍夺中书省"关白"之权；第二年又下令凡奏事不得先"关白"中
书省。洪武十三年（1380 年），朱元璋以"谋不轨"罪名杀左丞相胡惟庸，
罢中书省，"析中书省之政归六部，以尚书任天下事"②。六部即吏、户、礼、
兵、刑、工，六部尚书执行皇帝命令，直接对皇帝负责。六部各设尚书一人，
正二品；左右侍郎各一人，正三品；下置各司设郎中一人，正五品，员外郎一
人，从五品。其中，吏部下辖文选、验封、稽勋、考功四清吏司，尚书掌天下
官吏选授、封勋、考课之政令，以甄别人才，赞天子治；文选司掌官吏班秩迁
升、改调之事；验封司掌封爵、袭阳、褒赠、吏算之事；稽勋司掌勋级、名
籍、丧养之事；考功司掌官吏考课、黜陟之事。户部下辖浙江、江西、湖广、
陕西、广东、山东、福建、河南、山西、四川、广西、贵州、云南十三清吏
司，尚书掌全国户口、田赋之政令；十三司各掌其分省之事，兼领所分两京、
直隶贡赋，及诸司、卫所俸禄，边镇粮饷，并各仓场盐课、钞关。每司分为四
科：民科掌管所属省府、州、县地理、人物、图志、古今沿革、山川险易、土
地肥瘠、宽狭、户口、物产多寡登耗之数；度支科掌管会计夏税、秋粮、存
留、起运及赏赉、禄秩之经费；金科掌管市舶、鱼盐、茶钞锐课及赃罚之收
析；仓科掌管漕运、军储出纳料粮。礼部下辖仪制、祠祭、主客、精膳四清吏
司，尚书掌天下礼仪、祭祀、宴飨、贡举之政令；议制司掌诸礼文、宗封、贡
举、学校之事；祠祭司掌诸祀典及天文、国恤、庙讳之事；主客司掌诸蕃朝贡
接待给赐之事；精膳司掌宴飨、牲豆、酒膳之事。兵部下辖武选、职方、车
驾、武库四清吏司，尚书掌全国武卫官军选授、简练之政令；武选司掌卫所土
官选授、升调、袭替、功赏之事；职方司掌舆图、军制、城隍、镇戍、简练、
征讨之事；车驾司掌卤簿、仪仗、禁卫、驿传、厩牧之事；武库司掌戎器、符
勘、尺籍、武学薪隶之事。刑部下辖浙江、江西、湖广、陕西、广东、山东、
福建、河南、山西、四川、广西、贵州、云南十三清吏司，尚书掌天下刑名及
徒隶、勾复、关禁之政令；十三司各掌其分省及兼领所分京府、直隶之刑名。
工部下辖营缮、虞衡、都水、屯田四清吏司，尚书掌天下百官、山泽之政令；

---

① （清）张廷玉等：《明史》卷75《职官四》。
② （清）张廷玉等：《明史》卷72《职官一》。

营缮司掌经营兴作之事；虞衡司掌山泽采捕、陶冶之事；都水司掌川渎、陂池、桥道、舟车、织造、券契、量衡之事；屯田司掌屯种、抽分、薪炭、夫役、坟墓之事。①

明代以前，历代的中央辅政体制是丞相制，丞相的基本权力主要是决策权和行政执行权，丞相既"掌承天子"，直接握有一定的决策权，又"辅助万机"，作为百司首脑主持对决策的实施。朱元璋废除丞相制，将原来属于丞相的行政执行权分别归属六部，将决策权全部收归皇帝，从而大大加强了皇帝权力。同时，朱元璋在军队管理方面实行"分权制衡"。明初基本的军事力量是卫所军："明以武功定天下，革元旧制，自京师达于郡县，皆立卫所。外统之都司，内统于五军都督府，而上十二卫为天子亲军者不与焉。"② 大致5600人为一卫，1120人为一千户所，112人为一百户所，卫所设有卫指挥、千户、百户等官。洪武初年，由大都督府的大都督节制中外诸军。洪武十三年（1380年）改大都督府为中、左、右、前、后五军都督府，分领在京卫所和在外都司。都督府不能直接统率军队，只管理兵籍和军政。军官选授权在兵部，而军队的调遣和最高指挥权则属皇帝。发生战事时兵部奉旨调兵、任命总兵，发给印信；战后总兵官交还印信，士兵回归原来卫所。这样，兵部、都督府、总兵官都不能独专军权。③

洪武十三年（1380年），朱元璋废省罢相之后，因为政务需要于同年九月设置了四辅官："置四辅官，告太庙，以王本、杜佑、袭斆为春官，杜斆、赵民望、吴源为夏官，兼太子宾客。秋、冬官缺，以本等摄之。一月内分司上中下三旬。位列公、侯、都督之次。"④四辅官官阶为三品，负责"协赞政事，均调四时"⑤。但因为朱元璋废相不远，不愿赋予王本等人实质性的权力，只让他们侍奉左右，以备顾问，加之王本等人多是来自民间的儒生，没有从政经历，且年寿已高，难以胜任繁杂的行政工作。于是到洪武十五年（1382年），朱元璋废除了四辅官。四辅官虽废，但政务压力依然存在，朱元璋稍候又设置了殿阁大学士。殿阁大学士与四辅官的职权大致相同，也是备皇帝顾问，不参与国家机务。但殿阁学士的官阶比辅官低，而且均出自翰林，与四辅官多来自田间不同，此开后代非翰林不得入内阁之先河。因此，人们多将殿阁大学士视为内阁制的发端。之后，朱元璋于洪武十七年（1384年）对宦官机构进行第一次调整，增设了司礼监："掌宫廷礼任：凡正旦、冬至等节，命妇朝贺等

---

①④ （清）张廷玉等：《明史》卷72《职官一》。

②③ （清）张廷玉等：《明史》卷89《兵一》。

⑤ （清）张廷玉等：《明史》卷137《安然传》。

礼，则掌其班位仪注，乃纠察内官人员违犯礼法者。设令一人，正七品；丞一人，从七品。"① 洪武二十八年（1395 年）朱元璋对宦官机构第二次全面调整，司礼监职掌改为："掌冠婚丧祭礼仪、制帛与御前勘合、赏赐笔墨书画，并长随当差内使人等出门马牌等事，及督光禄司供应诸筵宴之事。"② 虽然此时的司礼监仍排列在内官监之后，但新增掌"御前勘合"、"内使人等出门马牌"等机要工作，这就提高了司礼监的地位。

明代内阁制度在永乐至宣德时期基本形成，这主要表现在以下三个方面：一是预机务。"成祖即位，特简解缙、胡广、杨荣等直文渊阁，参预机务。阁臣之预务自此始。然其时，入内阁者皆编、检、讲读之官，不置官属，不得专制诸司。诸司奏事，亦不得相关白。"③ "时上（成祖）念机务殷重，欲广聪明，措天下于理也，乃开内阁于东角门，简诸臣为耳目。复每日百官奏事退，内阁臣造膝前密勿漠画，率漏下数十刻，诸六部大政，咸共平章。秩五品，而恩礼赐赉，率与尚书并"④。二是置僚属。虽然永乐初年入阁者不置官属，但到了仁宗时期"阁职渐崇"，"景泰中，王文始以左都御史进吏部尚书，入内阁。自后，诰敕房、制敕房俱设中书舍人，六部承奉意旨，靡所不领，而阁权益重"。⑤内阁所掌凡制敕、诏旨、诰命、册表、宝文、玉牒、讲章、碑额及题奏、揭贴等项一应机密文书，及王府敕符底簿，皆制敕房书办，"文官诰敕及翻译、敕旨，并四夷来文揭贴，兵部纪功勘合底簿等项，皆诰敕房书办"⑥。三是具票拟。明制规定：外廷臣员章疏经通政司呈文廷交皇帝阅览后发至文渊阁，由内阁大学士以皇帝名义作批答草稿，用小票墨书贴在奏疏上进呈皇帝，称为票拟。何良俊《四友斋丛说》云："各衙门章奏皆送阁下票旨，事权所在，其势不得不重。后三杨在阁既久，渐兼尚书。其后散官加至保傅，虽无宰相之名，而有宰相之实矣。"⑦ 杨士奇《御书阁序》曾自述云："所职代言，属时更新，凡制、诏、命、令、诫、敕之文曰夥，而礼典庶政之议，及事之关机，咸属焉。"⑧ 与内阁权力逐步扩大、体制日渐完备基本同步，宦官机构的司礼监职权也在不断扩大。永乐时期司礼监只是宦官的一般衙门，但到宣宗时期司礼监的地位得到提升。宣德元年（1426 年）七月，"改行在刑部、陕西清

① 《明太祖实录》卷 161。

② 《明太祖实录》卷 242。

③⑤ （清）张廷玉等：《明史》卷 72《职官一》。

④ （明）涂山：《明政统宗》卷 70。

⑥ （明）廖道南：《殿阁词林记》卷 9，影印文渊阁《四库全书》本。

⑦ （明）何良俊：《四友斋丛说》，北京：中华书局 1959 年版，第 58 页。

⑧ （明）杨士奇：《杨文贞公集》卷 1。

吏司主事刘翀为行在翰林院修撰……令专授小内使书"①。清人赵翼《廿二史札记》云:"明史载太祖制:内官不许读书识字。宣宗始设内书堂,选小内侍令大学士陈山教之,遂为定制,用是多通文义。"② 这样就废除了朱元璋不许宦官读书识字的制度。内书堂直属司礼监。明代刘若愚《明宫史·内书堂读书》云:"宣德年间创始,命大学士陈山教授之,后以内臣任焉。凡奉旨收入官人选年十岁上下者二三百人拨内书堂读书。本监提督总其纲,掌司分其劳。"③ 内书堂的主要任务是为二十四衙门提供文化人:"凡各衙门缺写字者,即具印信本奉讨,奉旨拨若干,即挨名给散。"④可见负责记录御前文字的司礼监和掌封进本章、发行谕批的宦官均出自内书堂。随着宣德年间内阁票拟的出现,代替皇帝批红的角色自然落到经内书堂训练的司礼监秉笔承担。其后,正统年间司礼监王振专权,遂确立并巩固了司礼监作为二十四衙门第一署的地位。

票拟始于宣德,但其时尚不专属内阁。明代王世贞《弇山堂别集》卷45云:"宣德中,诏少师、吏部尚书蹇义,少保、太子太傅、户部尚书夏原吉辍部事,朝夕侍左右顾问赐珊瑚笔格玉砚条旨,然不与阁臣职。"⑤ 当时蹇义、夏原吉并未入阁,但可参与票拟,可见票拟尚未成为定制。票拟成制,大抵在英宗正统初年。"宣德时,始令内阁杨士奇辈及尚书兼詹事蹇义、夏原吉于中外章奏许用小票墨书贴各疏面以进,谓之条旨,中易红书批出。及遇大事,犹命大臣面议。议既定,传旨处分,不待批答。自后始专命内阁条旨。"⑥ "英宗以九岁登基,凡事启太后,太后避专,命阁臣议行。此内阁票旨所由使也。"⑦ 蹇义、夏原吉相继在宣德、正统之际去世,其后票拟遂专出内阁。票拟之专属内阁标志着内阁制度的最终形成。伴随着内阁票拟的制度化,司礼监秉笔太监"批红"制度依势形成。票拟出现之后,阁票理应由皇帝亲自批答,但实际早在宣德年间皇帝已不能做到这一点:"宣德时,始令内阁杨士奇辈……凡中外章奏,许用小票墨书贴各疏面以进,谓之条旨,中易红书批出,上或亲书或否。"⑧ 这样,就出现了经过内书堂训练能代替皇帝批红的司礼监秉笔太监。正统以后"专令内阁条旨","君或不识其臣,臣或不得交一言于君,上下之

---

① (明)廖道南:《殿阁词林记》卷9,影印文渊阁《四库全书》本。

② (清)赵翼著,王树民校证:《廿二史札记校证》,北京:中华书局1984年版,第809页。

③④ (明)吕毖:《明宫史》卷2,影印文渊阁《四库全书》本。

⑤ (明)王世贞撰,魏连科点校:《弇山堂别集》,北京:中华书局1985年版,第849页。

⑥ (清)纪昀等:《钦定历代职官表》卷4,影印文渊阁《四库全书》本。

⑦ (明)孙承泽:《春明梦余录》卷23,影印文渊阁《四库全书》本。

⑧ (明)黄佐:《翰林记》卷2,影印文渊阁《四库全书》本。

间，不过章奏批答相关接，刑名法度相把持而已"①，批阅章奏成为皇帝治国理政的主要形式，"凡每日奏文书，自御笔批数本外，皆众太监分批，遵照阁中票来字样，用硃笔楷书批之，间有偏傍偶误者亦不妨略为改正，最有宠者一人以秉笔"②。伴随票拟制度的形成而产生了宦官批红制度。至此，内阁与司礼监分权共理朝政的格局正式形成。

正统以后，内阁制度的最大变化是出现了首辅。永乐至景泰年间，阁臣列名虽有先后，但无首辅之说。最早被称为首辅的是天顺年间的李贤。据《明史·李贤传》记载："帝既任（李）贤，所言皆见听……贤外筹边计，内请宽百姓，罢一切征求。帝用其言，四方得苏息……天顺之世，李贤为首辅，吕原、彭时佐之，然贤委用最专。"③ 孙承泽《春明梦余录》亦载："李文达贤，以吏侍领吏部尚书，而彭文宪时，商文毅辂、万安，相继领吏部尚书，自后遂沿为首辅故事。"④ 内阁开始时是一个辅政集体，成员之间权力地位大致平等。但首辅出现后，阁臣之间的权力地位出现了很大差异："然同在内阁中亦有差等，大事皆首辅主持，次揆以下不敢与较。"⑤ "旧制，红本到内阁，首辅票拟，余唯诺而已。"⑥

随着内阁体制的日益严密，内阁权力也日渐上升，阁权超越部权始于仁、宣年间："自洪武十三年罢丞相不设，析中书省之政归六部，以尚书任天下事，侍郎贰之。而殿阁大学士只备顾问，帝方自操威柄，学士鲜所参决。其纠劾则责之都察院，章奏则达之通政司，平反则参之大理寺，是亦汉九卿之遗意也。分大都督府为五，而征调隶于兵部。外设都、布、按三司，分隶兵刑钱谷，其考核则听于府部。是时吏、户、兵三部之权为重。迨仁、宣朝，大学士以太子经师恩，累加至三孤，望益尊。而宣宗内柄无大小，悉下大学士杨士奇等参可否。虽吏部蹇义、户部夏原吉时召见，得预各部事，然希阔不敌士奇等亲。自是内阁权日重，即有一二吏、兵之长与执持是非，辄以败。"⑦ 但是，内阁权力全面超越六部权力、压倒六卿，则在正统之后。"仁宗以杨士奇、杨荣东宫旧臣，升士奇为礼部侍郎兼华盖殿大学士，荣为太常卿兼谨身殿大学士，谨身殿大学士，仁宗始置，阁职渐崇。其后士奇、荣等皆迁尚书职，虽居内阁，官必以尚书为尊。景泰中，王文始以左都御史进吏部尚书，入内阁。自

---

① （明）廖道南：《殿阁词林记》卷12，影印文渊阁《四库全书》本。

② （明）吕毖：《明宫史》卷2，影印文渊阁《四库全书》本。

③ （清）张廷玉等：《明史》卷176《李贤传》。

④⑥ （明）孙承泽：《春明梦余录》卷23，影印文渊阁《四库全书》本。

⑤ （清）赵翼著，王树民校证：《廿二史札记校证》，北京：中华书局1984年版，第767页。

⑦ （清）张廷玉等：《明史》卷72《职官一》。

后，诰敕房、制敕房俱设中书舍人，六部承奉意旨，靡所不领，而阁权益重。世宗时，三殿成，改华盖为中极，谨身为建极，阁衔因之。嘉靖以后，朝位班次，俱列六部之上。"① 至嘉靖中叶，"夏言、严嵩迭用事，遂赫然为真宰相，压制六卿矣"。②万历初年，张居正为首辅，内阁权力达到顶峰。"神宗即位，保以两宫诏旨逐拱，事具拱传，居正遂代拱为首辅……慈圣徙乾清宫，抚视帝，内任保，而大柄悉以委居正。"③与内阁权力上升相对应，正统以后，司礼监的权力和结构逐渐上升和严密：一是司礼监将宦官各衙门的主要权力逐步集中到自己手中，凡派遣镇守太监，同三法司录囚，提督京营、东厂等大权，皆归属司礼太监；二是司礼监在组织形式上已经形成为一个以掌印、秉笔太监为首脑的，与内阁各部院相对应的庞大官僚机构。《万历野获编》记载："司礼今为十二监中第一署，其长与首揆对柄机要，金书秉笔与管文书房，则职同次相。其僚佐及小内使，俱以内翰自命，若外之词林且常服亦稍异。其宦官在别署者，见之必叩头称为上司，虽童稚亦以清流自居，晏然不为礼也。内官监视吏部掌升选差遣之事，今虽称清要，而其权俱归司礼矣。"④《明宫史》亦云："最有宠者一人，以秉笔掌东厂；掌印秩尊视元辅；掌东厂权重，视总宪兼次辅。其次秉笔，其次随堂，如众辅焉。"⑤ 正统之后，司礼监实际成为内廷的另一内阁，司礼掌印太监也成了与内阁首辅对掌机要的"内相"。明代内阁与宦官分权共理朝政格局形成的过程中，内阁与司礼监自身地位的变迁呈现出惊人的一致。

明代内阁和司礼监分权共理朝政格局形成之后，因为内阁与司礼监来自两个不同的组织系统，从而保证明朝中央政府中枢机构处理国务正常进行的一个必要前提，就是双方相互合作。除少数几个特殊时期之外，内阁和司礼监在正统以后的绝大部分时间内，相互合作成效显著，应该说明朝中枢系统的决策是程序化和正常的。这正是在明朝中叶以后，在皇帝极少或完全不批答章奏和绝少上朝或召见大臣面议的情况下，明朝中枢系统仍能正常处理各种日常政务，以及庞大的国家机器能正常运转的原因。但是，在分权共理朝政格局形成开始，其体制内部就包含了一个能导致其自身功能被破坏的可能：在内阁与司礼监不能相互合作，即双方权力出现不平衡时，国家管理的中枢系统就会出现混乱，并进而酿成政治危机。由于制度上的原因：内阁之拟票不得不决于内监之批红，导致内阁和司礼监政治地位上的差异，这种权力的不平衡更多表现为司

①②③ （清）张廷玉等：《明史》卷72《职官一》。
④ （明）沈德符：《万历野获编》补遗卷1，北京：中华书局1959年版，第814页。
⑤ （明）吕毖：《明宫史》卷2，影印文渊阁《四库全书》本。

礼监势压内阁。正统年间王振专权、成化年间汪直暴虐、正德年间刘瑾专横、天启年间魏忠贤阉党都是这种不平衡状态的表现。这就使明朝国家管理中枢系统的权力组成机制遭到破坏，国家政治生活处于不正常状态和内外廷斗争的危机之中，并由此引起政府权力结构上层重要的人事变动和政治权力的重新组合，出现为自身集团利益的重大决策失误。

二、宦官、厂卫制度与管理思想

在中国古代诸朝中，明代宦官势力最强，宦官带来的政治腐败、法制衰微也达到顶峰，对明代国家管理产生了重要影响。

在明朝建国之初，朱元璋对于宦官干政的危害有着比较清醒的认识，保持着相当的警惕，对宦官严加防范，禁止其干预政事，还制定了一系列禁止宦官干政的条例。但为了加强中央集权和对官僚集团的监督，朱元璋却加强了宦官机构的设立并赋予了其广泛的权力：从至正二十七年（1367年）始置内使监，到洪武三十年（1397年）增设都知监、银作局，建成了包括十二监、四司、八局即所谓二十四衙门的庞大宦官机构。十二监指司礼监、内官监、御用监、司设监、御马监、神宫监、尚膳监、尚宝监、印绶监、直殿监、尚衣监、都知监，四司指惜薪司、钟鼓司、宝钞司、混堂司，八局则为兵仗局、银作局、浣衣局、巾帽局、针工局、内织染局、酒醋面局、司苑局。同时，朱元璋又经常给予宦官一些超越其职权以外的权力：洪武八年（1375年）五月他派宦官赵成往河州市马[①]；武洪十一年（1378年）正月派宦官陈能至安南国吊祭国王陈端之丧；洪武十二年（1379年）三月派宦官陈景及校尉向靖江王朱守谦宣读谕旨，令其守法正身，并当场逮捕了朱守谦身边的一些人；等等。建文帝在位期间对宦官的约束很严，即位之初就晓谕各处地方官吏对外出内侍严加监督，可将不法宦官械送治罪。内监稍有违忤即严惩不贷。这些严厉的措施引起许多宦官的不安，因此在"靖难之役"期间，不少宦官投奔了朱棣或给朱棣提供军事情报。因为宦官在"靖难之役"建立了功绩，所以朱棣即位后宦官愈加受重用，权势越来越大：永乐元年（1403年）"命内臣齐喜提督广东市舶"[②]；永乐八年（1410年）内宫王安都督谭青营、内宫马靖镇守甘肃；永乐十八年（1420年）置由宦官担任首领的东厂。宦官先后掌握了市舶、监军、分镇、刺探臣民隐私等大权，权势大为扩张，在安抚军民、出使他国、查勘仓库、检免税收等都比洪武年间更为广泛、频繁。随着宦官权势的扩张，宦官横

① （清）张廷玉等：《明史》卷304《宦官一》。
② （明）徐三重：《采芹录》卷3。

行不法接踵而至，假传圣旨屡有发生。在成祖首开宦官专权之端后，宦官势力在宣宗、英宗等朝中逐步增强。宣德年间，"宣宗设内书堂，选小内侍，令大学士陈山教习之，遂为定制"①。此后，明内宫宦官"多通文墨，晓古今，逞其智巧，逢君作奸"②，开始掌控朝廷大权，代表人物如王振、汪直、刘瑾等，最显著者当推魏忠贤。明代宦官从明初的"不及百人"发展到明末总数超过两万人③；品秩从"五品至七品不等"发展到与最高级的文武官员相埒；从不识字、不得干预政事发展到通文墨、晓古今，司礼掌印太监成为皇帝的机要秘书。随着宦官势力的膨胀，宦官专权擅政亦愈演愈烈。黄宗羲云："奄宦之祸，历汉、唐、宋而相寻无已，然未有若有明之为烈也。"④

明代宦官专权主要表现在以下几个方面：一是干预朝政。前已述及，明代各种重大事宜须由内阁票拟后进呈，然后再由皇帝用朱笔批红，但宣德年间皇帝已无法做到完全批阅全部奏章，宦官遂通过代批奏章来干预朝政，使"内阁之拟票，不得不决于内监之批红，而相权转归之寺人"，于是"朝廷之纪纲，贤士大夫之进退，悉颠倒于其手。伴食者承意指之不暇，间有贤辅，卒蒿目而不能救"⑤。二是钤束群臣。明代宦官集团与文官集团的斗争始终存在，宦官由于得到皇帝支持往往占据上风，不仅可以通过监理刑狱来控制获罪大臣的生死，而且其得势之时所有文武大臣包括内阁首辅及六部尚书都可以任意进退。成化年间，宦官梁芳"取中旨授官，累数千人，名传奉官"，"有白衣躐至太常卿者"⑥。天启年间的魏忠贤从内阁、六部到四方总督、巡抚遍置私人，几乎权倾帝王。三是经济上插手财政，横征暴敛，严重摧残社会经济。宦官管理皇庄，假托威势逼勒小民，致使许多百姓倾家荡产，怨声载道，逃移满路。宦官侵夺民田，仅谷大用一人即占民田万余顷，刘瑾修理庄田，不仅侵占不少公、私土地，还毁掉官民房屋3900余间，挖掉民间坟墓2700多座。⑦宦官在全国各地遍设税监，大肆搜刮，京师九门的税务都由宦官把持，每门坐镇轮收钱钞的宦官有的多达十余人。宦官提督市舶司，控制海外贸易，中饱私囊。宦官奏讨盐利甚至贩卖私盐，使盐法大坏。宦官还勒索贡品，弄得民不聊生。明神宗派至全国各地的矿监更是疯狂掠夺，洗劫社会财富，致使经济日益凋敝，进一步激化了阶级矛盾。四是监军统兵，直接担任指挥官来控制军权。永乐二

---

① ② ⑥ （清）张廷玉等：《明史》卷304《宦官一》。

③ 黄仁宇：《万历十五年》，北京：三联书店1997年版，第13页。

④ （清）黄宗羲：《明夷待访录·奄宦上》。

⑤ （清）张廷玉等：《明史》卷72《职官一》。

⑦ 杜婉言、王春瑜：《明朝宦官》，北京：紫禁城出版社1989年版，第15页。

年（1404 年）"始命内臣出镇及监京营军"①。英宗"土木堡之变"后，"各边防守之寄，益周于前。如各方面有险要者，俱设镇守太监、总兵官、巡抚都御史各一员"②。五是操纵厂卫。东厂、西厂、大内行厂及锦衣卫等特务机关为明代所独有，宦官集团在通过操纵厂卫完成皇帝交给的任务时，也利用厂卫凌驾于三法司之上的特殊侦查权、司法权来实现其意志及巩固其地位。明代宦官专权主要集中在行政权上，也涉及经济、军事、监察、司法等领域，司礼监之权往往超越内阁。黄宗羲《明夷待访录》云："今夫宰相六部，朝政所自出也；而本章之批答，先有口传，后有票拟；天下之财赋，先内库而后太仓；天下之刑狱，先东厂而后法司；其他无不皆然。则是宰相六部，为奄宦奉行之员而已。"③ 宦官专权破坏了明王朝的政治体制和国家正常的政治生态，引发、加剧了统治阶级的内部冲突，加重了明朝的政治腐败和社会危机。

　　与之前诸朝相比，明代产生了独具特色的厂卫制度。《明史》云："刑法有创之自明，不衷古制者，廷杖、东西厂、锦衣卫、镇抚司狱是已。是数者，杀人至惨，而不丽于法。踵而行之，至末造而极。举朝野命，一听之武夫、宦竖之手，良可叹也。"④ 从朱元璋设立锦衣卫开始而逐渐形成的厂卫制度，在中国历史上存在了二百余年，这是中国政治制度史上的独特现象。厂卫制度是极端专制的中央集权政治的产物，其出现标志着君主专制统治的加强。

　　厂卫是厂和卫的合称，是指明朝内廷的侦查机构。卫指锦衣卫，厂指东厂、西厂和内行厂，因二者关系密切，故后人将这两大系统合称为厂卫制度。锦衣卫是皇帝的侍卫机构。洪武十五年（1382 年）朱元璋设立锦衣。《明史》云："太祖即吴王位，其年十二月设拱卫司，领校尉，隶都督府。洪武二年，改亲军都尉府，统中、左、右、前、后五卫军，而仪銮司隶焉。六年，造守卫金牌，铜涂金为之。长一尺，阔三寸。以仁、义、礼、智、信为号。二面俱篆文：一曰'守卫'，一曰'随驾'。掌于尚宝司，卫士佩以上直，下直纳之。十五年，罢府及司，置锦衣卫。所属有南北镇抚司十四所，所隶有将军、力士、校尉，掌直驾侍卫、巡察缉捕。已又择公、侯、伯、都督、指挥之嫡次子，置勋卫散骑舍人，而府军前卫及旗手等十二卫，各有带刀官。锦衣所隶将军，初名天武，后改称大汉将军，凡千五百人。设千、百户，总旗七员。其众自为一军，下直操练如制，缺至五十人方补。月糈二石，积劳试补千、百户，

_____

① （清）张廷玉等：《明史》卷 6《成祖二》。
② （明）陆容：《菽园杂记》卷 5。
③ （清）黄宗羲：《明夷待访录·奄宦上》。
④ （清）张廷玉等：《明史》卷 95《刑法三》。

亡者许以亲子弟魁梧材勇者代，无则选民户充之。"① 锦衣卫下设经历司和镇抚司，经历司主管文卷；镇抚司分南北，南镇抚司管理本卫的法纪、军籍，北镇抚司专理诏狱。锦衣卫兵士通常选民间孔武有力、无不良记录的良民入充，之后凭能力和资历逐级升迁，官职可以世袭。《明史》又云："锦衣卫狱者，世所称诏狱也……至汉有侍卫司狱，凡大事皆决焉。明锦衣卫狱近之，幽系惨酷，害无甚于此者。"② 鉴于锦衣卫将"天下重罪逮至京者，收系狱中"，"数更大狱，多使断治，所诛杀为多"③，洪武二十六年（1393 年）朱元璋下诏书"申明其禁，诏内外狱无得上锦衣卫，大小咸经法司"④，取消锦衣卫的理狱功能。但"靖难之役"后，朱棣为了压制臣民，于永乐元年（1403 年）又重新恢复了锦衣卫诏狱之权。随着崇祯十七年（1644 年）明朝灭亡，锦衣卫才最终退出历史舞台。《明史》云："锦衣卫，掌侍卫、缉捕、刑狱之事，恒以勋戚都督领之，恩荫寄禄无常员。凡朝会、巡幸，则具卤簿仪仗，率大汉将军共一千五百七员等侍从扈行。宿卫则分番入直。朝日、夕月、耕耤、视牲，则服飞鱼服，佩绣春刀，侍左右。盗贼奸宄，街途沟洫，密缉而时省之。"⑤ 可见，锦衣卫与传统禁卫军的职能基本相同，而"诏狱"、"密缉"则是锦衣卫区别于其他朝代禁卫军的不同之处。朱元璋不仅提升了锦衣卫的保卫功能，使其成为皇帝的私人警察，还令其掌管刑狱，赋予巡察缉捕之权，下设镇抚司负责侦察、逮捕、审问等活动，且这些活动都不经作为国家司法机构的刑部、大理寺和都察院；锦衣卫负责侦缉刑事的机构是南北镇抚司，其中北镇抚司传理皇帝钦定的案件，拥有自己的监狱，可自行逮捕、刑讯、处决嫌犯。锦衣卫还"执掌廷杖"，即皇帝在朝廷上杖责臣下，是针对官吏的一种酷刑。东汉以来各朝都有廷杖的记录，但只是少数的。明代廷杖制度化，且次数之多、手段之狠世所罕见，极大摧残了士大夫的身心。正德十四年（1519 年）明武宗打算南巡，群臣纷纷劝谏，武宗大怒，下令廷杖劝谏的 146 位大臣，结果打死 11人。嘉靖三年（1524 年）明世宗"大礼仪"事件，受廷杖 180 余人，打死 17人，此不逐一列举。明代锦衣卫中尽管出过袁彬、牟斌这样比较正直的指挥使，但因为其主要职能是服务极端专制制度的，"诏狱，廷杖，立枷之下，士大夫不但可杀，而且可辱，君臣间的距离越来越远，天皇圣明，臣罪当诛，打得快死而尤美名之曰恩。礼貌固然谈不到，连主仆间的恩意也因之而荡然无

---

① （清）张廷玉等：《明史》卷 89《兵一》。
②③④ （清）张廷玉等：《明史》卷 95《刑法三》。
⑤ （清）张廷玉等：《明史》卷 76《职官五》。

存"①。专制统治者利用锦衣卫打压了士大夫和下层民众，也极大降低了明朝社会自身的活力。

东厂即东缉事厂，明代的特权监察机构、特务机关和秘密警察机关，也是世界上最早设立的国家特务情报机关，其分支机构远达朝鲜半岛。《明史》云："东厂之设，始于成祖……初，成祖起北平，刺探宫中事，多以建文帝左右为耳目。故即位后专倚宦官，立东厂于东安门北，令嬖昵者提督之，缉访谋逆妖言大奸恶等。"② 东厂首领称东厂掌印太监也称厂主或厂督，地位仅次于司礼监掌印太监。东厂设掌刑千户、理刑百户各一员，掌班、领班、司房40多人，具体负责侦缉工作的是役长和番役。东厂自永乐十八年（1420年）设立后，与锦衣卫并存直至明朝灭亡。东厂的职能是"访谋逆妖言大奸恶等"，起初东厂只负责侦缉、抓人，没有审讯的权利，抓捕到的嫌犯要交给锦衣卫北镇抚司审理。但到了明朝末期，东厂有了自己的监狱，其权力甚至超过了锦衣卫，只对皇帝负责，不经过司法机关批准就可随意监督缉拿臣民。东厂侦缉范围非常广，朝廷会审大案、锦衣卫拷问重犯，东厂都要派人听审；朝廷各衙门都有东厂人员坐班对官员进行监视；派人查看一些重要衙门的文件，如兵部的各种边报、塘报等；甚至连普通百姓的日常生活，柴米油盐的价格，也在东厂的侦察范围之内。东厂获得的情报可以直接向皇帝报告，比锦衣卫必须采用奏章的形式汇报方便得多。明中后期东厂的侦缉范围扩大到了全国，远州僻壤也出现了"见鲜衣怒马作京师语者，转相避匿"。③

西厂即西缉事厂，明宪宗时为了加强特务统治，于成化十三年（1477年）增设西厂。西厂与东厂及锦衣卫合称厂卫。《明史》云："至宪宗时，尚铭领东厂，又别设西厂刺事，以汪直督之，所领缇骑倍东厂。自京师及天下，旁午侦事，虽王府不免。直中废复用，先后凡六年，冤死者相属，势远出卫上。"④汪直被贬出京城后，大学士商辂、万安等集体奏请宪宗撤销了西厂。武宗继位后，太监刘瑾专权，西厂于正德元年（1506年）复开，其权势超过东厂。正德五年（1510年）刘瑾伏诛，西厂又被撤销。西厂存在前后约10年。成立西厂本来只是为了替皇帝刺探消息，但汪直为了升官发财，拼命地构置大案、要案，其办案数量之多、速度之快、牵扯人员之众都远超东厂和锦衣卫。西厂在全国布下侦缉网，主要打击对象是京城内外官员，一旦怀疑某人就立刻逮捕，且事先不必经由皇帝同意，之后严刑逼供，力争把案件弄得越大越好。一般百姓言行稍有不慎，就会被西厂以妖言罪从重处置。

① 吴晗：《吴晗史学论著选集》第一卷，北京：人民出版社1984年版，第503页。
②③④ （清）张廷玉等：《明史》卷95《刑法三》。

内行厂即大内行厂，又称内厂、内办事厂。正德年间刘瑾当权，西厂与东厂虽然都受他的指挥，但两者之间不是互相合作，而是互相拆台。为了便于控制，正德元年（1506年），"（刘）瑾又改惜薪司外薪厂为办事厂，荣府旧仓地为内办事厂，自领之。京师谓之内行厂，虽东西厂皆在伺察中，加酷烈焉"。① 武宗以前，厂、卫分立，更迭用事。此时刘瑾当权，东厂首领丘聚、西厂头领谷大用、锦衣卫指挥史石文义三人都是刘瑾的死党，以致厂、卫合势，特务遍天下，令官民谈虎色变，视之如虎狼。正德五年（1510年）刘瑾伏诛，内行厂被撤销，其存在前后不足5年。内行厂比东厂、西厂侦缉范围更大甚至包括东厂、西厂及锦衣卫；其权势也极大，其滥施刑狱较之东厂、西厂有过之无不及。内行厂还自创刑罚："且创例，罪无轻重皆决杖，永远戍边，或枷项发遣。枷重至百五十斤，不数日辄死。"② 当时锦衣卫、东厂、西厂、内行厂四大特务机构并存，缇骑四出，天下骚动。

明代从朱元璋设立锦衣卫开始，最终形成厂卫制度，"在组织形式上，厂卫是两个系统，但关系极为密切。且不论他们的直接的顶头上司，都是皇帝，俨然是一个猎人，手牵两条猎狗"③。厂、卫作为特务部门，可以不通过司法程序直接对皇帝负责，集保卫、侦查、控诉、审判、执行职权于一身，可以说二者的性质和任务是一致的，但二者也存在一些差异：一是锦衣卫是军队，东厂、西厂、内行厂则不是军队性质的组织，基本是纯粹的特务组织；二是锦衣卫的首领一般由外戚或功臣担任，东厂、西厂则由太监统领；三是厂、卫不是并行的，卫常在厂的监督之下。卫与厂常常相互勾结、相互倚重，将保卫职能、警察职能、行政职能结合起来，形成了一整套政警合一的特务组织系统，适应了维护皇权专制统治的需要。但由于锦衣卫属于外官，奏事需用奏疏，还有勋戚及其子弟参加，不如东厂太监亲近，故厂的势力总要大于卫的势力：锦衣卫侦伺一切官民，厂则侦察官民和锦衣卫（西厂有时还监视东厂，内行厂则监视官民和东厂、西厂和锦衣卫）。无论厂卫权势如何此消彼长，因二者同是特务机关，直接受皇帝的领导、监督。《明史》云："然厂卫未有不相结者，狱情轻重，厂能得于内。而外廷有扞格者，卫则东西两司房访缉之，北司拷问之，锻炼周内，始送法司。即东厂所获，亦必移镇抚再鞫，而后刑部得拟其罪。故厂势强，则卫附之，厂势稍弱，则卫反气凌其上。陆炳缉司礼李彬、东厂马广阴事，皆至死，以炳得内阁嵩意。及后中官愈重，阁势日轻。阁臣反比

---

①② （清）张廷玉等：《明史》卷95《刑法三》。

③ 杜婉言、王春瑜：《明朝宦官》，北京：紫禁城出版社1989年版，第31页。

厂为之下，而卫使无不竞趋厂门，甘为役隶矣。"① 厂卫制度对明朝政治、经济、管理及社会生活诸多领域都产生了不同程度的影响。

厂卫制度填补了明朝宰相废除后中央政府机制的权力真空。朱元璋废除宰相制度，取消中书省，由皇帝直接管理国家的各种政务，一切大权都由皇帝一个人掌管。但是，"废除宰相制度，集大权于皇帝一人，大臣既不被信任，政务丛脞，皇帝又管不了许多，于是政权便落到宦官身上"②。宰相制度的废除使得既能分担皇帝政务，又可以在一定程度上弥补帝王个人心智不足的机制不复存在。因此，可以说厂卫制度是明朝废除宰相制度后的补充，是中国帝制时代皇权高度集中的产物。厂卫制度的建立具有一定的积极意义：一是厂卫的侦查效率极高，在其设立初期具有反腐败的效果。《明史·循吏传》中只有5个循吏是嘉靖以后的人（即汤绍恩、徐九思、庞嵩、张淳、陈幼学），而明代前期就有35个，占了绝大多数，这从侧面说明明代前期吏治状况好的一面，也在一定程度上体现了厂卫高效的工作效率。二是厂卫制度在一定程度上体现了分权制衡的政治管理思想。厂卫内部形成一套制衡系统，即锦衣卫侦查文武百官和平民百姓；厂监察官民和锦衣卫；而在厂的内部则是西厂监督东厂，内行厂监督东厂和西厂。

《剑桥中国明代史》云："在永乐时期，宦官和锦衣卫对皇帝的安全来说是不可或缺的。但是，只有他们能被紧紧地控制住，他们才能为一位君主工作，像他们在刚强的永乐和他的父亲手下工作那样，没有这种制约，他们的广泛而不受限制的权力使得他们在后世君主手下能轻易地滥用自己的权力而损害皇帝的利益，因此为祸于百官，瓦解了他们的士气。"③ 因此，厂卫制度的负面影响是明显的，这种影响主要如下：一是对于国家政治管理而言，厂卫的设立是对司法、监察系统的破坏。厂卫的活动大大超出了正常的官僚机构，为了不可见人的政治目的，厂卫人为制造了许多的冤假错案。据《明世宗实录》，嘉靖二年（1523年）刑科给事中刘济上言："国家置三法司专理刑狱，或主鞠问，或主许审，权奸不得以恩怨出入，天子不得以喜怒重轻。其后乃有锦衣卫镇抚司专理诏狱，而三法司几于虚设。"④ 由于厂卫的活动常常不受法律约束，必然存在滥用权力的现象。事实表明，明朝皇帝想用厂卫来反腐败，结果厂卫却是腐败得最快最彻底的。二是对于官僚阶层而言，厂卫滥施淫威压制知识分

---

① （清）张廷玉等：《明史》卷95《刑法三》。

② 丁易：《明代特务政治》，北京：群众出版社1983年版，第5页。

③ ［美］牟复礼、［英］崔瑞德编，张书生等译：《剑桥中国明代史》，北京：中国社会科学出版社1992年版，第237~238页。

④ 《明世宗实录》卷33。

子的自由思想，导致官僚士大夫们人人自危。厂卫横行霸道，任何一个想建功立业的官僚都必须降心辱志、隐忍委屈地去笼络、巴结他们，江西严嵩之所以能进入内阁并当权嘉靖时期 20 余年，与厂卫紧密勾结是一个不可或缺的条件。三是因为厂的首领为宦官，厂卫的特权为宦官专权提供了有利条件。"这一凌驾于国家正常法律体系之外的刑罚和特务衙门一道成为他们扫除异己的一个十分有利的武器。宦官专权是促成明朝灭亡的重要原因。"① 随着明中叶以后宦官权势的迅速提升，卫依附于厂，厂权大于卫权。清初查慎行曾说："二百年阁臣与卫皆厂之私人，卫附厂以尊，而阁又附卫以重。"② 庞大的厂卫特务网络造成冤狱重重、怨声遍野。直到明朝灭亡，要求罢除厂卫的呼声从未中断。厂卫横行也在一定程度上加速了明王朝的灭亡。

厂卫制度是明朝皇权高度集中的产物。从朱元璋设立锦衣卫，到最终形成厂卫制度，厂与卫两大系统伴随着整个明王朝直至灭亡。虽然两大系统独立，职能也有些差别，相互之间还存在一定的排斥、竞争关系。但因为二者作为为皇帝服务的特务机关，其性质是一致的。因此，二者之间关系紧密，相互勾结依然是主流。厂卫制度虽然体现在一定程度上体现了集权之下的分权思想，在其产生初期也起到一定的反腐败作用，但更应看到其作为一项政治制度的严重缺陷和负面影响。

三、吏治腐败与管理思想

吏治腐败现象在明代可谓绵延不绝，愈演愈烈，最终成为明王朝衰亡的一个重要原因。明代吏治状况曾一度清明，但吏治腐败问题并未得到有效解决。明代吏治腐败从发生发展到日趋严重大致经历了以下几个时期：

（一）洪武至宣德时期

该时期实行"重典治吏"，吏治相对比较清明。明初官场承袭元末遗风，腐败丛生，甚至出现了"掌钱谷者盗钱粮，掌刑名者出入刑名"（朱元璋《大诰》）的现象。为了改变这种局面，朱元璋采取了"重典治吏"的措施：一是制定颁布了《大明律》、《大诰》等一系列法律文件，对官吏贪墨、失职、渎职等行为作了具体详细规定，处罚严厉，出现了"赃至六十两以上者，枭首示众，仍剥皮实草"③ 的严刑。二是建立了都察院、六科给事中、提刑按察司组成的检察系统，三者在监察百官的过程中相互配合、相互制约，不仅有利于

---

① 徐爽：《明朝廷杖探析》，载《法制与社会》2007 年第 9 期。

② 杜婉言、王春瑜：《明朝宦官》，北京：紫禁城出版社 1989 年版，第 32 页。

③ （清）赵翼著，王树民校证：《廿二史札记校证》，北京：中华书局 1984 年版，第 764 页。

提高督察效率，也为了严防反贪者贪污腐败。三是与上述监督机制相结合，建立和强化官吏任用、考核制度，堵塞贪腐者仕进之途。四是实行民告官制度，利用民众的力量对官吏进行更广泛的监督。五是颁布《铁榜文》、《资世通训》、《醒贪简要录》、《臣戒录》等垂戒文献警示天下官吏，并严惩贪官污吏，先后通过查办"空印"、"郭桓"等重大案件树立典型，给全国官民以警戒。六是大力推行礼义教化，重视对官吏的道德观教育和法制教育，提高臣民的法律意识和官员的执法水平。朱元璋通过贯彻施行这些措施，显著扭转了明初贪污腐败之风。《明史》评之曰："明太祖惩元季吏治纵弛，民生凋敝，重绳贪吏，置之严典……一时守令畏法，洁己爱民，以当上指，吏治焕然丕变矣。"[1] 对明初社会稳定和经济的恢复发展起了重要作用。但是，明代以来许多士人对朱元璋大开杀戒、严惩官吏的做法持批评态度。客观上，明代立国之初，吏治弊端重重，百废待举，朱元璋认为在这样特殊的历史时期依法治吏难以奏效，于是严之以刑，澄清吏治，适应了历史时代发展的需要，具有进步的历史意义。之后从永乐至宣德时期基本承袭洪武旧制，继续推行"重典治吏"，但力度有所缓和。朱棣大力发展经济，要求官员深入了解民间疾苦，赈灾济穷，其文治武功皆可称道。他还完善了文官制度，在中央逐渐形成了后来内阁制度的雏形。但到永乐后期，由于庞大的内外开支，财政负担异常沉重，吏治也一度失控，许多官吏依仗特权或横征暴敛，或敲诈勒索，或经商谋利。当时的左中允邹缉上疏云："贪官污吏，遍布内外，剥削及于骨髓。朝廷每遣一人，即是其人养活之计。虐取苛求，初无限量。有司承奉，惟恐不及。间有廉强自守、不事干媚者，辄肆谗毁，动得罪遣，无以自明。是以使者所至，有司公行货赂，剥下媚上，有同交易。"[2] 到仁、宣时期，采取宽松治国、息兵养民的政策，对官吏用人得当，严于考核，加之大学士杨士奇、杨荣、杨溥等人的悉心佐命，明朝社会出现了吏治清明、社会稳定、经济发展的良好局面。《明史》称赞宣宗时期："吏称其职，政得其平，纲纪修明，仓庾充羡，闾阎乐业。岁不能灾。盖明兴至是历年六十，民气渐舒，蒸然有治平之象矣。"[3] 出现了后世称道的"仁宣之治"。

（二）正统至万历前期

正统时期，伴随着"三杨"退出历史舞台，宦官王振专权，政治环境的渐趋恶化，明初建立的官吏铨选制度和法律制度逐渐遭到破坏，吏治腐败渐次

① （清）张廷玉等：《明史》卷281《循吏传》。
② （清）张廷玉等：《明史》卷164《邹缉传》。
③ （清）张廷玉等：《明史》卷9《宣宗本纪》。

凸显并趋于严重。景泰年间，皇帝虽有严肃吏治之雄心，但在位时间不长，吏治问题并未改观，加之英宗"夺门之变"严重扰乱了权力格局，从中央到地方黜旧用新，人事骤变，百官借此机会结党营私，腐败成风。成化初期，宪宗体谅民情，励精图治，俨然一代明君。但好景不长，宪宗好方术，终日沉溺于后宫，宠信宦官汪直、梁芳等人，导致佞臣当道，国政大乱，政局昏暗。宪宗还开始推行皇帝直接颁诏令封官的传奉官制度，致使传奉官泛滥，舞弊成风。汪直还设置特务组织西厂大肆冤杀官民，民愤四起。弘治时期，孝宗励精图治，在位期间先是将宪宗期间留下的一批奸佞冗官尽数罢去，逮捕治罪，并选用贤能，勤于政事，每日两次视朝。孝宗对宦官严加节制，厂卫也只能谨慎行事，用刑宽松。孝宗力行节俭，不大兴土木，减免税负。在其治理下，弘治时期吏治清明，百姓富裕，史称"弘治中兴"。但是到了正德年间，武宗贪图享乐，宦官刘瑾、马永成、张永等专权，把持朝政，百官趋势逐利，委曲求全甚至为虎作伥，就连作为内阁大臣的杨廷和、李东阳诸人也"委曲其间，小有剂救而已"①，致使土地兼并激烈，阶级矛盾和统治集团内部矛盾加深，变乱频发。从总体看，成化至正德年间皇权虽然下移权阉之手，吏治有了滋生腐败的土壤，但由于统治集团重视对地方权力格局的调整，尤其是巡抚制度的逐渐地方化和制度化，权力结构内部的相互制约，对吏治腐败得到一定程度的限制。逮至嘉靖时期，世宗朱厚熜以藩王身份继王，践祚之初即大刀阔斧力行改革，整顿朝纲、减轻赋役，尤其在抑制宦官权力、严肃吏治方面颇有成绩。但是，长达3年的"大礼议"之争，朝臣中反对者均受打击，有的被贬，有的入狱，有的被杀，中断了杨廷和在明武宗去世之后推行的政治和经济改革。之后，世宗日渐腐化，大肆兴建，崇信道教，明朝吏治风气越发颓废。自嘉靖二十一年（1542年）"壬寅宫变"后世宗即不视朝，信用首辅严嵩，致其当权20余年，造成纪纲废弛，贿赂公行，吏治败坏，贪腐之风遍及整个官吏系统。万历初，神宗年幼，缺乏执政能力，朝政遂落在首辅张居正手中。张居正审时度势，锐意革新，在内政方面提出"尊主权，课吏职，行赏罚，一号令"②，推行考成法，裁撤冗官冗员，严惩贪官污吏，整顿邮传和铨政。经济方面清丈全国土地，抑制豪强地主，改革赋役制度，推行一条鞭法，减轻农民负担。张居正改革澄清了万历初年的吏治环境，提高了行政效率，"虽万里外，朝下而夕奉行"③，对缓和日趋尖锐的社会矛盾产生了重要影响，民间工商业及文化得到较大发展。万历年间也成为明代经济最发达的时期，史称"万历中兴"。

---

① （清）张廷玉等：《明史》卷190《杨廷和传》。
②③ （清）张廷玉等：《明史》卷213《张居正传》。

总体看，嘉靖、万历时期，虽然吏治腐败的渐趋普遍化，但由于世宗、张居正的整顿、改革，此前宦官擅权的情况得到有效控制，吏治腐败未根本动摇明朝的统治基础。

（三）泰昌至崇祯时期

张居正去世后不久神宗开始怠政，从万历十四年（1586 年）神宗开始连续不上朝，皇帝委顿于上，百官党争于下，政府陷入空转，官僚队伍党派林立，互相倾轧，由此形成的党争一直持续到明朝灭亡。降至天启年间，以魏忠贤为首的阉党把持朝政，"内外大权一归忠贤"，"自内阁、六部至四方总督、巡抚，遍置死党"；① 阉党实行恐怖统治，打击东林党人，百官畏于魏党淫威，苟且偷生，"士大夫问钱谷不知，问甲兵不知"②，吏治腐败普遍化，从而加速了明朝的衰亡。1627 年，思宗即位，他锐意改革，励精求治，铲除魏党，欲重振朝政，严肃吏治。但明朝亡势已定，加之朝中大臣结党营私，党争不断，"日以鬻官爵、报私憾为事"③。上行下效，外臣更贪，地方巡按"富可敌国"④，各级官吏"无不刮民脂，以邀进取"⑤。崇祯皇帝无力改变这种吏治普遍腐败的状况，终成亡国之君。因此，清人王文奎云："明朝亡国之源，只有贿赂公行四字尽之。"⑥

官吏腐败是明代官僚制度的一大瘤疾，虽然以朱元璋为代表的个别统治者重视整饬吏治，甚至"重典治吏"，但吏治腐败在明代后期还是普遍存在。纵览终始，明朝的吏治腐败具有如下特点：一是广泛性。表现之一是参与官员众多，涉及领域广泛，从一品大员到九品小官至各级衙吏，从政府各部门到军队、狱司，朝廷内外大官大贪，小官小贪，以贪吃贪，贪腐遍及社会各个角落。明初朱元璋因"空印案"、"郭桓案"屠戮万人，不仅仅是朱元璋用刑严酷，也从侧面反映了当时参与贪污官员之多、涉及领域之广。表现之二是官员腐败形式多样，诸如巧取豪夺、敲诈勒索、贪污受贿、卖官鬻爵、经商牟利、渎职失职、盘剥百姓等应有尽有，都在明代吏治腐败中普遍流行。二是集团性。集团腐败是贪官们自我保护的重要方式之一，上层高官肆意攫取，下级属吏不甘落后，不仅上行下效、一贪俱贪、贪贪相庇，也建立起一种"潜在"的攻守同盟和利益群体，"廉耻都丧，货利是趋，知县厚馈知府，知府善事权

①　（清）张廷玉等：《明史》卷 305《魏忠贤传》。

②　（清）张廷玉等：《明史》卷 252《杨昌嗣传》。

③　（清）张廷玉等：《明史》卷 120《诸王五》。

④　（明）李清：《三垣笔记》卷中。

⑤　（明）李清：《南渡录》卷 5。

⑥　张伟仁：《明清档案》（第 1 册），台北：史语所出版社 1986 年版，第 358 页。

要，上下相蒙，曲加庇护，故恣行不法之事"①，往往形成极具危害的窝案、窜案。三是顽固性。明代吏治腐败现象虽在不同历史时期程度有所不同，但一直存在并愈演愈烈，具有极强的顽固性。其原因除了部分偶然因素或时代因素外，根本在于君主集权的专制制度、官僚制度以及国家的阶级性质。在君主集权专制达到高峰的明王朝，少数最高统治者采取的整顿、改革的措施虽然可以使吏治腐败暂时缓解，但绝不可能根除。朱元璋"国初编律，颁行各衙门遵守。岂忆犯法者多"，遂感叹曰："本欲除贪赃官吏，奈何朝杀而夕犯！"② 四是阶段性。明代不同的历史时期，吏治腐败的特点也有所不同，具有一定的阶段性。在王朝建立之初吏治相对清明，主要由于最高统治者能认真总结前朝覆亡之教训，以身作则，戒贪倡廉，采取了一系列防腐治贪的措施。而到明朝中后期，一些统治者追求安逸享乐，懒于朝政，党争不断，吏治制度失灵，加之奸宦、权臣把持朝政，助长了腐败之势，致使吏治腐败普遍化，加速了明朝衰亡。

第三节　明代文化与管理思想

在明代文化的诸多方面中，对明代管理思想影响较大的是明代文化专制和理学及反理学思潮。

一、文化专制与管理思想

明代文化专制是明代君主专制的重要内容，主要表现在以下三个方面：

首先，大兴文字狱，对文人实行恐怖统治。明代的文字狱主要发生在明初，因朱元璋对文人的猜忌制造了许多文字冤案，胡乱屠杀知识分子。因为朱元璋出身寒微，少年为牧童，青年为游僧，壮年从红巾军，几乎是九死一生，直至最终做了皇帝。他对自己的出身极为敏感、自卑，一旦他掌握了至高无上、生杀予夺的大权之后，这种敏感、自卑转化为极度的自尊，制造了许多极端残酷的文字狱。清代赵翼《廿二史札记》卷 32《明初文字之祸》根据明人黄溥《闲中古今录》所说的一条内容进行分析："是时文字之祸起于一言。时帝（即朱元璋）意右文，诸勋臣不平。上语之曰：'世乱用武，世治宜文，非

---

① 吴晗：《朝鲜李朝实录中的中国史料》（第 11 册），北京：中华书局 1980 年版，第 4810 页。
② （明）刘辰：《国初事迹》。

偏也。'诸臣曰：'但文人善讥讪，如张九四（即元末义军领袖张士诚）厚礼文儒，及请撰名，则曰士诚。上曰：'此名亦美。'曰：'《孟子》有"士，诚小人也"之句，彼安知之。'上由此览天下章奏，动生疑忌，而文字之祸起云。"① 道出了明初文字狱出自猜忌的事实。赵翼《廿二史札记》列举了许多朱元璋因用字之故而杀人的事例，吴晗《朱元璋传》列举得更多，此不赘述。朱元璋虽然因猜忌而屠杀文人，但又不能不用文人，还特别强调士大夫得随时服从君主驱使。《大诰三编·苏州人材》以苏州儒士姚叔闰、王谔一案为例来说明拒绝为朝廷服务便是"以禄为薄，以酷取民财为厚"，就是违背儒教真义，被杀头抄家也是罪有应得，遂有"寰中士夫不为君用"律。朱元璋不仅杀戮"为君用"的文人，也不放过"不为君用"的文人，为自圆其说，他对赵匡胤所说的与天下士大夫共治天下进行了修正，说成是他与天下贤士大夫共治天下，意谓凡愿意受其驱使并为其所容忍的就是贤士大夫，不愿受其驱使或虽然愿受驱使却仍被猜忌的则不是贤士大夫。当时的中书庶吉士解缙在《大庖西室封事》云："陛下进人择贤否，授职不量重轻。建不为君用之法，所谓取之尽锱铢；置朋奸倚法之条，所谓用之如泥沙……天下皆谓陛下任喜怒为生杀，而不知皆臣下之乏忠良也。"② 不仅批评朱元璋的用人政策，也是对文字狱的客观评论。

其次，禁止、销毁不符合文化专制政策的作品。《大明会典·律例六》云："凡私家收藏玄象器物、天文图谶、应禁之书，及历代帝王图像、金玉符玺等物者，杖一百。若私习天文者，罪亦如之。"③ 其中未对"应禁之书"作出明确说明，这就为随时禁书、毁书留下了极为随意的法律依据。而实际上在恐怖统治之下，洪武、永乐时期甚至不必颁布禁书、毁书之令而书籍自禁自毁。明初因猜忌而盛行文字狱，又因政治斗争而屡兴大狱。朱元璋为了加强皇权两兴大狱，即"胡蓝党狱"，牵连 10 万余人，杀死 3 万余人。在两案之外，还鞭死亲侄朱文正，毒死亲外甥李文忠，借故处死开国名将廖永忠、朱亮父子、胡美、周德兴、傅友德、谢臣、冯胜等人。朱棣以"靖难"而得皇位，建文旧臣多有不合作及抗争者，朱棣用诛"十族"、"瓜蔓抄"及侮辱"奸党"妻女等手段报复打击，宣布凡是不合作及公开抗争者均为"奸党"，以太常寺卿黄子澄、左副都御史练子宁、翰林院侍讲方孝孺为首的 53 人，其处置办法用朱棣的话："把这厮每都拿去同刑科审，近亲的拣出来便凌迟了，远亲的

① （清）赵翼著，王树民校证：《廿二史札记校证》，北京：中华书局 1984 年版，第 755 页。
② （清）乾隆敕辑：《御选明臣奏议》卷 1，影印文渊阁《四库全书》本。
③ （明）李东阳等：《大明会典》卷 165。

只发去四散充军。"① 方孝孺拒不拟即位诏，诛"十族"，此案杀 870 余人，谪戍充军者无数。在这种恐怖气氛之下，人们自保不暇，不待下禁书、毁书之令而自行禁毁。相对而言，明代禁书也主要集中在明初。明代的禁书可分为六类：第一类，禁天文图谶、邪教异说之书；第二类，禁"奸党"文字；第三类，禁亵渎帝王圣贤的词曲、小说、纪闻；第四类，禁民间私刻历书；第五类，禁冒犯程朱理学之书；第六类，禁八股文选本。② 一旦违反这些禁令，就要受十分残酷的惩罚。

在中国历史上，禁书、毁书之令要真正付诸实施必须调动强力的国家机器，编织严密的文禁网络，制造恐怖的高压气氛。明代除了洪武、永乐及天启魏忠贤当权之外，其余时期并不真正具备禁书、毁书条件。由于印刷术发达，禁毁之令可以频繁颁布，而且也可能在某个时期或某些地方产生作用，但多数情况是禁而不止、越禁越多。因此，只要文字、著作本身具有真正的价值，还是能够流布开来的。明代严厉的文化专制并非凡三百年如一日，宽松的时间还是比严厉的时间多，明清史专家傅衣凌甚至认为明代嘉靖、万历时期是自由奔放时期。

最后，编书注经，宣扬君主专制，崇奉程朱理学。修志、修史在一定意义上就是对社会思想进行整理、引导。朱元璋希望有效利用经书思想，身体力行编书注经。张德信为《洪武御制全书·序》列举了朱元璋"御制"和"敕纂"的著作近 60 种，其中"御制"的有《御制文集》及《文集补》（即《明太祖文集》）、《资世通训》、《祖训录》、《皇明祖训》、《御制大诰》（初、二、三编）、《大诰武臣》、《御注洪范》、《宪纲十四条》、《申戒公侯铁榜》、《御注道德经注》、《集注金刚经》等近 20 种，"敕纂"的有 40 余种。③ 在这近 60 种御制和敕纂的著作中，以礼书和律书所占比重最大，体现了他礼治与法治并重的思想。他亲自为《尚书·洪范》、《道德经》、《金刚经》作注或集注就是他"儒佛道皆为我用"的具体表现。最能体现其极端君主集权思想的则是《孟子节文》。孟子思想的突出特点是反对专制和暴力、提倡仁政民本，这与朱元璋思想形成鲜明对比。据《明史·钱唐传》记载："帝尝览《孟子》，至'草芥'、'寇仇'语，谓：'非臣子所宜言'，议罢其配享。诏：'有谏者以大不敬论。'唐抗疏入谏曰：'臣为孟轲死，死有余荣。'时廷臣无不为唐危。帝鉴

---

① （明）宋端仪：《立斋闲录》卷 2。
② 刘孝平：《明代禁书述略》，载《图书馆理论与实践》2005 年第 5 期。
③ 张德信、毛佩琦：《洪武御制全书》，合肥：黄山书社 1995 年版，第 52～66 页。

其诚恳，不之罪。孟子配享亦旋复。然卒命儒臣修《孟子节文》云。"① "草芥"、"寇仇"之语，见《孟子·离娄下》，孟子见齐宣王说："君之视臣如手足，则臣视君如腹心；君之视臣如犬马，则臣视君如国人；君之视臣如土芥，则臣视君如寇仇。"齐宣王当年为了网罗天下人才抗衡强秦，还能容听孟子的话。但是，朱元璋以布衣取天下，又重典治天下，更觉得孟子在批评自己。尤其是明代国子监和各地学校都以《孟子》为教材，科考也从《孟子》内容出题，加之《孟子》中诸如"民为贵，社稷次之，君为轻"、"君有大过，则谏；反复之而不听，则易位"、"闻诛一夫纣，未闻弑君也"之类的言论，与朱元璋君主专制思想相违背。虽因迫于清议压力，他让孟子重新配享孔庙，但20多年后，他又命翰林学士刘三吾对《孟子》进行删节。经过翰林学士们的反复揣摩，最后从《孟子》250余条中删去了85条，上文所举的都在删除之列，"梁惠王章"、"养气章"等更是尽行删除，还规定被删除的85条"课士不以命题，科举不以取士"。直到永乐九年（1411年）经孙芝等人力争，《孟子》才得以恢复原貌刊行。

朱棣下令编纂了三部"理学巨著"：《五经大全》、《四书大全》和《性理大全》。《明太宗实录》云："永乐十二年十一月甲寅，上谕行在翰林院学士胡广，侍讲杨荣、金幼孜曰：'《五经》、《四书》，倡圣贤精义要道，其传注之外诸儒议论有发明余蕴者，尔等采其切当之言增附于下。其周、程、张、朱诸君子性理之言，如《太极》、《通书》、《西铭》、《正蒙》之类，皆六经之羽翼，然各自为书，未有统会，尔等亦别类聚成编。二书务极精备，庶几以垂后世。'命广等总其事，仍命举朝臣及在外教官有文学者同纂修，开馆东华门外，命光禄寺给朝夕馔。"② 从永乐十二年（1414年）十一月朱棣发布"上谕"起，三书开始修纂，至第二年九月三书修完，前后约十个月。因为《五经》是儒家经典，故在三部《大全》中《五经》地位最高，卷秩也最多，占154卷。《五经大全》注解依据朱学，或依据朱熹本人著作，或依据朱熹推崇理学家的著作，或依据朱熹弟子的著作。《四书大全》（36卷）则是朱熹《四书集注》的翻版、扩大：《大学》、《中庸》全为朱熹集注，《孟子集注大全》、《论语集注大全》是在朱熹集注之后逐章逐节附入诸儒之说。至于《性理大全》（70卷）为宋代理学著作与理学家言论的汇编，所采宋儒之说共120家，以朱熹之说为最多。可见，三部《大全》都是在确立朱学的地位。惟其成书太速，不免庞杂冗蔓。但朱棣在为三部《大全》作序时则给予很高评价："书

---

① （清）张廷玉等：《明史》卷139《钱唐传》。

② 《明太宗实录》卷158。

编成来进，朕问阅之，广大悉备，如江河之有源委、山川之有条理，于是圣贤之道，粲然而复明。所谓考诸三王而不谬，建诸天地而不悖，质诸鬼神而无疑，百世以俟圣人而不惑。大哉！圣人之道乎？岂得而私之，遂命工锓梓颁布天下。使天下之人获睹经书之全，探见圣贤之蕴，由是穷理以明道，立诚以达本，修之于身，行之于家，用之于国，而达之天下。使家不异政，国不殊俗，大回淳古之风，以绍先王之统，以成熙皥之治，将必有赖于斯焉。遂书以为序。"① 可见，朱棣把编纂《大全》作为统一思想认识的重要途径，并规定全国学校必须以《大全》为教学内容，科考试题必须出自《大全》。清代纪昀《四库全书总目》云："有明一代士大夫学问根底具在于斯。"② 明代程朱理学官方地位的确立也是以三部《大全》的编定为标志的。朱元璋、朱棣父子编定并在全国颁行他们所提倡的律书、礼书和经书，从而确立了明王朝在全国统治的基本思想。

二、理学、实学与管理思想

从总体看，明代学术思想的发展大致经历了以下几个阶段：第一阶段，程朱理学为官方学术和王朝统治思想的确立；第二阶段，王守仁"心学"的崛起和广泛传播；第三阶段，反对圣贤偶像、礼教束缚的"异端"思潮，以及明后期反理学、心学空疏误国，倡导"实学"思潮的兴起。尤其是明代中后期各种学说并立，有识之士对理学或心学的批评、修正，具有启蒙色彩的新思想的出现，为明末清初黄宗羲、顾炎武、王夫之等进步思想家总结和终结宋明理学、批判皇权专制统治，为早期启蒙思想的进一步发展创造着思想条件，也助推了明清之际实学高潮的形成。

明初为了加强大一统的专制皇朝的统治、理学，主要是程朱理学被统治者奉为安邦治国的圣典，成为官方的哲学。程朱理学对于维护皇帝专制制度的作用自非汉唐儒学所能比拟。明王朝的开创者朱元璋非常懂得程朱理学的重要性，开国伊始就与刘基、宋濂等理学家一起论道经邦，议论礼乐之制。永乐年间，朱棣奉程朱思想为圭臬，汇辑经传、集注，编纂三部理学《大全》并颁行天下，企图"合众途于一轨，会万理于一原"，"使家不异政，国不殊俗"，以统一全国思想。三部《大全》编纂的完成，标志着程朱理学作为官方的统治思想及其独尊地位的确立。当时一批很有影响的学者如宋濂、方孝孺、曹端、薛瑄、吴与弼等理学家崇尚理学，他们著书讲学，门徒遍及大江南北，由

---

① 《明太宗实录》卷168。

② （清）纪昀：《四书大全提要》，影印文渊阁《四库全书》本。

此形成崇尚理学的风气，进一步巩固了程朱理学的统治地位。

到了明代中期，王阳明心学的异军突起及王学的广泛播扬。这一时期，程朱理学仍是官方的统治哲学，但其影响已渐居次要地位。其中，陈献章的"江门之学"为王学崛起的发端，他从"静坐"中直见心体的思想和方法，比朱学简易，因而成了由朱学转向阳明心学的过渡环节。王守仁祖籍浙江余姚，因筑室贵州修文县阳明洞而自号阳明子，故学者称他为阳明先生。他是明代心学的代表人物，也是明代最有影响的思想家、教育家。他的心学，人称王学或阳明心学，又称"姚江之学"。王守仁博通儒、释、道三家，一生经历成化、弘治、正德、嘉靖四朝，面对社会危机，他深感于"天下事势如沉疴积痿"，已到了"何异于病革临绝之时"，决心寻求一种能使天下事势"起死回生"的良方。他认为当时许多读书人沉溺于理学，把理学作为饵名钓誉之阶，这样无补于国家社稷。他力求建立有效的统治学说，提出与朱熹理学相对立的主观唯心论理论，著成《传习录》、《大学问》，继承、发挥了陆九渊"宇宙便是吾心，吾心即是宇宙"的观点，认为"心外无物，心外无事，心外无理，心外无义，心外无善"①，心是宇宙的本体，是第一位的，从而形成其主观唯心主义的宇宙观和心学体系。其心学体系主要包括"良知"是"心之本体"说、"知行合一"说和"致良知"说三个方面。

之后，王阳明的学生王艮一反理学倡导的"格物穷理"和王学的"格物"、"格心"以求达到对伦理道德纲常的格求而"存天理，去人欲"，把"格物"落到了由端正自身出发进而去实现对天下国家"正"的实处，提出"尊身"、爱身和保身的观点，主张人己平等和爱人，并从身、道统一出发提倡尊身立本，把"尊身"与他所倡导的"百姓日用之学"的"道"相结合。王艮和他创建的泰州学派以其独具新意的早期启蒙色彩和"异端"旗帜，在当时社会上造成了很大的影响。泰州学派后学何心隐同情百姓，提倡人人平等，他发展了王艮的思想，传道讲学，身体力行实验其社会理想，乃至公开反对帝王专制对书院的禁毁，号召"易天"，这些都不能为时所容，最后身遭残杀。将泰州学派推向顶峰的李贽继承和发展了王艮、何心隐的思想学说，提出"穿衣吃饭即是人伦物理"和"人即道"、"人必有私"的命题，以"人"为中心，具有明显的早期思想启蒙色彩。他认为人的本性即"童心"，是"绝假纯真"的"真心"，如果被"条教禁约"束缚便"失真"，故而必须冲破束缚求得"真心"的恢复；还认为人的本性有自觉，故"人能自治"，也应"听其

---

① （明）王守仁：《王文成公全书》卷4。

自治"。李贽的平等观和个性说从维护人们物质生活、社会地位和人格道德的平等出发，提倡个性发展和解放，与明代资本主义萌发时期的社会变化要求相适应。其后，还有罗钦顺、王廷相等也对理学和心学展开了批评。

随着15世纪后半叶以来社会危机的发展，在农民起义和新兴市民反对帝制斗争的影响下，以顾宪成、高攀龙为首形成东林学派。统治阶级内部亦发生分化，一部分在朝官吏、在野的地主士绅及知识分子指责朝政腐败，要求改革。在朝的正直官员如赵南星、李三才、邹元标等人往往与东林书院的"讽议朝政""遥相应和"，东林书院实际上成了一个社会舆论中心。东林学派的思想特征体现在政治上首先是反对皇帝专制独裁，反对和抨击宦官、官僚专权乱政，提出了具有民主色彩的口号；他们要求革新朝政，提出"利国"、"益民"的政治原则，把百姓看作社会的主体，抨击科举弊端，提倡不分等级贵贱破格用人；他们提倡"依法而治"，试图以法治限制君权和"不肖者"的贪赃枉法；在经济方面反对矿监税使的掠夺，提倡惠商恤民，尤其是赵南星提出"士农工商，生人之本业"，把"商"与"士农"并列为"本业"，是对"重农抑商"传统思想的突破。东林学派提倡"治国平天下"的"有用之学"，以能否治世、"有用"作为评价和衡量一切思想学说的标准和尺度，在一定程度上打破了脱离实际、言而无物的传统经院的不良学风。

明中期以后，在理学内部出现的批评理学、提倡实学的思想，到明代后期发展成为实学思潮，这是由东林学派开其端绪而出现的一股进步思想潮流。万历中期以后，明王朝社会危机进一步加深，地主阶级革新派和新兴市民阶层这两股势力的汇合，构成了实学思潮兴起主要的社会基础。一批进步思想家主要针对宋明理学的日趋空疏衰败、脱离实际，导致误国的弊端，尤其是"心学"的禅化，他们倡导"实学"，发扬儒家经世致用的优良传统，从事实事、实政，"贵实行"，力主改革弊政，提倡"有用之学"，并把儒学推向一个新的发展阶段。实学的基本特点是讲究"实用"，提倡"实学"、"实行"、"实政"，主张"实心"任事，重实证、讲求"经世致用"，反对空谈心性，力倡"务实"之风，更多关注国计民生之事诸如农田、水利、河漕、盐法等。这一思潮由学术思想领域进而影响政治、经济、科学和文学艺术等方面。东林学派正是在这样一个特定历史条件下出现的。东林学派从一开始就与皇帝、宦官、权贵、豪绅势力对立。他们从"济世"、"救民"的"实念"、"实事"观点出发，对朝政的腐败进行抨击，并在经济、政治、学术、文化等方面，提出了一套革新的思想和主张，吸引了在朝的部分正直官吏，形成了朝野呼应、南北相连的声势，从而推动了实学思潮的兴起。实学后来发展为对帝王专制主义和蒙昧主义的批判，具有早期启蒙思想的性质。

以顾宪成、高攀龙为首的东林学派把王学末流的空谈心性、不务实学看成是"以学术杀天下"，把能否治国平天下作为衡量学问是否有用的尺度。高攀龙还提出了"学问通不得百姓日用，便不是学问"①的观点。东林学派严厉批评"良知"学说，反对王学末流的"空言之弊"，而"贵实行"，重视"躬行"，提倡做学问要"参求"、"理会"、"判明"、"印证"、"体验"和坚持，要"讲"、"习"结合并进行"印证"。明清之际，顾炎武、黄宗羲、方以智等人则发展为"言必证实、言必切理"的重实践、重实证的一代新学风。刘宗周"离气无理"和"道不离器"的自然观，否定、批评王学的虚无。黄道周提倡"实测"和重躬行、重实践的思想也都丰富了实学思潮的内容。以张溥、张采、陈子龙为代表的复社名士踵武东林，提出造成明末吏治腐败、士人无行的原因在于"士子不通经术"，王学末流"其说汪洋，其旨虚渺"，他们从学术"务为有用"出发，立志事功、务为实学，提倡以通经治史为内容的"兴复古学"。当时的一些学者也从务实出发，在从事自然科学实践中为实学思潮推波助澜，如徐光启的富国强兵思想、《农政全书》以及开始引进西方历法、数学等"主于实用之学"，徐霞客《游记》中的实地考察之学，宋应星《天工开物》"成务"在人的科技观，乃至文学艺术方面反传统的市民文学艺术思想的兴起。徐渭强调"本色"，追求"自然"，提倡"即村坊小曲而为之"的市民通俗文艺；李贽力倡"童心说"，推崇"发于情性"的自然，荡除传统的观念和俗套；汤显祖的"因情成梦，因梦成戏"的至情论，等等，都成为实学思潮的组成部分。尤其可贵的是在实学思潮中出现了民主性的思想内容：东林学派除了在经济上提出"惠商恤民"和视工商与士农一样为"生人之本业"的进步观点外，还从"利国"、"益民"的政治原则出发，大胆提出"天下之是非，自当听之天下"的具有民主思想色彩的口号。高攀龙更把百姓看作社会的主体，指出"有益于民而有损于国者，权民为重，则宜从民"；黄道周提出"天下非一人之天下，乃天下人之天下"的观点；钱一本提出"大破常格，公天下以选举"的观点，这些闪烁着民主色彩的进步观点，启迪了明清之际的早期启蒙思想，也为明清之际实学高峰的到来创造了思想条件。

---

　　①　（明）高攀龙：《高子遗书》卷5。

第二章 明代财政赋役管理思想

在明朝所实行的政治、经济、军事、文化诸政策中，与百姓切身利益关系最直接、最密切的就是赋和役两项。明朝中央财政的收入也主要由赋和役两类组成，赋通常以粮食的形式征收，役通常以劳动力的形式征收；银虽不是明代赋税的通行标准，但有相当数量的赋税是以银子代替的方式缴纳的。朱元璋为了确保朱明王朝"久安长治"、"皇统万世不易"，非常重视财政赋役管理，花了许多时间、精力从各个方面对财政赋役制度进行了综合治理与整顿，取得了明显的效果。

第一节 赋役征管思想

在朱元璋在位的 31 年中，制定了一系列的政治经济政策措施，基本上奠定了明王朝的制度框架。他推行以民为本的财政赋役政策，轻徭薄赋，与民休息，不仅恢复了战后的国民经济，也促成"洪武之治"良好局面的形成。

一、赋役征收法规与原则

（一）赋役黄册与鱼鳞图册

朱元璋起兵后，曾在其辖区内实行了一套为战时服务的赋役政策，并废除了陈友谅在江西等处实行过的苛政。明朝建国之初，他又派人到全国各地清理、丈量土地，核定赋税。可见他对于财政赋役问题是比较了解的。但是，明代财政赋役制度的两个根本法规，即赋役黄册与鱼鳞图册却是在洪武中期才正式制定颁布出来，这既说明朱元璋对赋役问题的慎重态度，也说明赋役问题的复杂性。《明史·食货志》云："赋役之法，唐租庸调犹为近古。自杨炎作两税法，简而易行，历代相沿，至明不改。太祖为吴王，赋税十取一，役法计田出夫。县上、中、下三等，以赋十万、六万、三万石下为差。府三等，以赋二十万上下、十万石下为差。即位之初，定赋役法，一以黄册为准。册有丁有田，丁有役，田有租。租曰夏税，曰秋粮，凡二等。夏税无过八月，秋粮无过明年二月。丁曰成丁，曰未成丁，凡二等。民始生，籍其名曰不成丁，年十六曰成丁。成丁而役，六十而免。又有职役优免者，役曰里甲，曰均徭，曰杂泛，凡三等。以户计曰甲役，以丁计曰徭役，上命非时曰杂役，皆有力役，有雇役。府州县验册丁口多寡，事产厚薄，以均适其力。"① 说明了明代赋役的历史继承性、发展过程、种类、内容、原则及其立法依据，"丁口多寡，事产厚薄"就是根据成丁人数与田土亩数确定各家各户的赋役负担，"均适其力"就是均平赋役。但作为这些规定的集大成者，却是"赋役黄册"和"鱼鳞图册"。赋役黄册和鱼鳞图册是明代赋役征收的根本法则，前者偏重于户口，后者偏重于田土，两者互为补充，相辅相成，缺一不可。赋役黄册编于洪武十四年（1381 年），至洪武二十四年（1391 年）编成；鱼鳞图册编定于洪武二十年（1387 年），都是朱元璋在继承前代旧制的基础上，结合明初的政治经济形势，经过多年实践总结制定出来的。其主要精神如朱元璋所云："天下初定，百姓财力俱困，譬如初飞之鸟不可拔其羽，新植之木不可摇其根，要在安养生息。"② 既顾及百姓生产生活，又不损国家财政收支。

赋役黄册以户为单位攒造，大的类别分为"正管"户和"畸零"户（又称"带管"），家有资产应役者为正管，鳏寡孤独不应役者为畸零。每正管 110 户编为一图，附若干带管畸零户不等。在乡都以 110 户为里，里设里长；10 户为一甲，甲有甲首。里长、甲首负责一里一甲之事，均轮流担任。其先后次序以丁、粮多寡为定，每 10 年为一周，叫做"排年"。每里编为一册，册有丁、有田。丁有役，田纳租。租一年两征，叫做"夏税"、"秋粮"，皆以户为主。册首总为一图，登载该图田土和税粮总数。每户首载户长姓名、所属乡贯、户籍（军、民、匠、灶等）、户等（上、中、下）及应役年份。其下分为人丁和事产两大部分，列旧管、新收、开除、实在四大项目分别登载，俗称"四柱式"。人丁部分登其丁口，如男子成丁、不成丁，妇女大、小口等；事产部分载其田地、税粮与田土买卖推收事项，以及房屋、孳畜、车船等。每隔 10 年，由有关衙门重新核实编造一次，将人丁事产的变化情况呈报上级管理机关。里册一式四本，一本送户部，其余三本分别保存于省（布政司）、府、县。上户部的那本因以黄纸为册面，故名为"黄册"。里中钱粮、差役、公务，俱有专人督责；另每里还设有老人，由年高德望者担任，参议地方政事得失，评判是非曲直。城市居民也同样实行编制，城内称"坊"，近城叫"厢"，

---

① （清）张廷玉等：《明史》卷78《食货二》。

② 《明太祖实录》卷29。

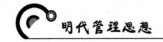

分设坊长、厢长，管束全城居民。差役由居民按户轮充。这样，从农村到城市的所有的人户都处于政府的严密管控之中，不得擅自变动，不得随意迁居或外出，出门须持有官府发给的"路引"（通行证），否则将受到严厉惩罚。其组织系统之完备，层层管制之严密，实为前所未有。赋役黄册的编制是明代地方基层建设日臻完善的一个标志。

由于赋役征发必须同时兼顾人丁、事产两项，但是赋役黄册侧重于户口，因此单有赋役黄册仍不完善。洪武十七年（1384 年），朱元璋谕户部群臣曰："今天下郡县民户以百一十户为里，里有长。然一里之内，贫富异等。牧民之官，苟非其人，则赋役不均而贫弱者受害尔。户部其以朕意谕各府州县官：凡赋役必验民之丁粮多寡、产业厚薄，以均其力。赋役均则民无怨嗟矣！"① 还云："民有田则有租，有身则有役，历代相承，皆循其旧。今民愚无知，乃诡名欺隐以避差役，互相仿效，为弊益甚。"② 为使"赋役均"而"民无怨"，必验之"丁粮多寡，产业厚薄"，即不仅要弄清户口，而且要弄清田土。为此，朱元璋在进行人口普查的同时，即开始核实田地顷亩。但是在明朝初年，江、浙等地豪民富户与朝廷争夺土地和劳力的现象十分突出，为了逃避赋役，他们大多将其田产隐瞒起来，诡寄于亲邻、佃仆之家，称为"铁脚诡寄"；久习成风，乡里欺州县，州县欺府，奸弊百出，称为"通天诡寄"。③ 这就大大加重了贫弱者的赋役负担，致使富者越富而贫者越贫，进一步加剧了社会矛盾。为了短期改变这种状况，确保国家赋役征发，实现赋役均而民无怨，洪武元年春，朱元璋针对两浙富民诡寄田产、逃避赋税之弊，就派遣周铸等 164 人往浙西核实田亩，并在松江编制鱼鳞图册。洪武二十年（1387 年）二月，他又令国子生武淳等人到全国各州县进行土地大普查，"随其税粮多寡定为几区，每区设粮长四人，使集里甲、耆民，躬履田亩以量度之，图其田之方圆，次其字号，悉书主名及田之丈尺四至，编类为册。其法甚备，以图所绘状若鱼鳞然，故号'鱼鳞图册'"④ 赋役黄册以户为主，详列旧管、新收、开除、实在之数四项，即"四柱式"，是为纬；而鱼鳞图册以土田为主，全国官民田土以及各种田质之差别毕具其中，是为经。经纬结合，明朝赋役之法遂定。这样，买卖田土、税粮科则俱有籍可查。欺隐户口、土地以及转嫁赋役、产去税存的现象有所减少。

虽然黄册和鱼鳞册的制定不可能扭转地主垄断大量土地、农民少地或无地

---

① 《明太祖实录》卷 163。
② 《明太祖实录》卷 165。
③④ 《明太祖实录》卷 180。

的根本局面，但还是部分调节了社会生产关系，使农村土地占有关系趋于相对稳定，赋役佥派有法可依，在一定程度上减轻了广大贫民的负担，有利于农村经济的恢复发展。通过编制黄册和鱼鳞册，也清出了一些漏、脱、欺隐的户口和土地，打击了豪民大户转嫁赋役的行为，使国家控制的人口数和土地数有所增加，税粮收入亦随之增长。洪武十四年（直隶及十二布政司），"天下官民田计三百六十六万七千七百一十五顷四十九亩，岁征麦米豆谷二千六百一十万五千二百五十一石，钱钞二十二万二千三十六贯，丝棉棉花蓝靛一百三万六百二十九斤"①。至洪武二十三年，"收天下税粮米麦豆谷三千一百六十万七千六百余石，绸绢布七十三万五千八百三十余匹，丝棉棉花绒茶矾锭铁朱砂水银等物一百三十六万三千八百九十余斤，钱钞四百七万六千五百九十八锭，黄金二百两，白金二万九千八百三十余两"②，钱粮都比洪武十四年有很大增加。虽然黄册和鱼鳞图册是明代佥派赋役的法律依据，但事实上从两种册籍颁定的第一天起就没有完全真正实行过。究其原因，一是因为制定两册的根本出发点是为了维护统治阶层的利益，确保国家的赋役征发；二是包括明朝皇帝在内的历代帝王，他们的话就是法律，而又常言行不一，朝令夕改，为其所需随意征派，把"杂役"界定为"上命非时"就是这种随意性的一种表现；三是遭到官僚地主们的反抗、阻挠，因为其中一些规定触犯了他们的利益，如禁止隐瞒户口、田产等；四是赋役经办者往往从中作弊，贪污勒索。因此，明初制定黄册和鱼鳞图册虽然有其历史进步意义，但因为得不到真正的贯彻执行，百姓的赋役负担依然非常沉重。

（二）赋税减免

减免田赋是减轻农民负担的一个极重要方面。就在明朝初年，随着战事逐渐减少，社会逐步稳定，百姓生活状况也随之有所改善。为了进一步解放和发展社会生产力，朱元璋一方面下令减轻徭役，另一方面实行比较宽松的赋税政策，部分减免农民田赋。田赋减免的形式有固定性的和临时性的两种，前者与明朝的土地制度有关，后者多数是因为战争破坏、气候及环境因素。自汉代以来通常将田土分为官田和民田两种，一般认为官田为国有土地，民田为私有土地。明代亦如此，只是官、民田在各地所占比例不一样。官田分为许多种类："明土田之制，凡二等：曰官田，曰民田。初，官田皆宋、元时入官田地。厥后有还官田，没官田，断入官田，学田，皇庄，牧马草场，城壖苜蓿地，牲地，园陵坟地，公占隙地，诸王、公主、勋戚、大臣、内监、寺观赐乞庄田，

① 《明太祖实录》卷140。
② 《明太祖实录》卷206。

百官职田，边臣养廉田，军、民、商屯田，通谓之官田。其余为民田。"①

朱元璋初定全国田赋时除了区分官田和民田外，对官田的田赋也进行分类，并依其类而定其租额："初，太祖定天下官、民田赋，凡官田亩税五升三合五勺，民田减二升，重租田八升五合五勺，没官田一斗二升。惟苏、松、嘉、湖，怒其为张士诚守，乃籍诸豪族及富民田以为官田，按私租簿为税额。而司农卿杨宪又以浙西地膏腴，增其赋，亩加二倍。故浙西官、民田视他方倍蓰，亩税有二三石者。大抵苏最重，松、嘉、湖次之，常、杭又次之。洪武十三年命户部裁其额，亩科七斗五升至四斗四升者减十之二，四斗三升至三斗六升者俱只征三斗五升，其以下者仍旧。时苏州一府，秋粮二百七十四万六千余石，自民粮十五万石外，皆官田粮。官粮岁额与浙江通省埒，其重犹如此。"②不同地区每亩税额不一样，官田、民田的税额也不一样，重赋地区也"苏最重，松、嘉、湖次之，常、杭又次之"。据《大明会典》统计，洪武二十六年全国田赋收入 28453350 石，其中苏州一府占 2810490 石，松江 1219896 石，二府合计约占是年全国田赋总额的 1/7。③ 明人邱濬《大学衍义补·经制之义》云："东南，财赋之渊薮也，自唐宋以来，国计咸仰于是。其在今日，尤为切要重地。韩愈谓赋出天下，而江南居十九。以今观之，浙东西，又居江南十九，而苏、松、常、嘉、湖，五郡又居两浙十之九也。"④ 其中官田租额较重，粮额亦较多。洪武初年，苏州府每年交纳的税粮为 274 万余石，民田粮只有 15 万石，其余近 260 万石皆为官田税粮。⑤加之税粮较轻的民田多为豪民富户所有，租额特重的官田则多由贫民佃种。因税粮沉重，许多贫民无力承受，遂出现了贫民拖欠税粮甚至逃亡的现象。从洪武年间开始，朱元璋就多次下诏减免官田租额，此即固定性减免。洪武七年（1374 年）他以苏、松、嘉、湖四府近年所籍之田租额太重，特令"户部计其数如亩税七斗五升者除其半，以苏民力"⑥，减免官田租额。洪武十三年（1380 年）又令户部降低苏、松、嘉、湖四府"旧额官田"重租粮额："比年苏松各郡之民衣食不给，皆为重租所困。民困于重租而官不知恤，是重赋而轻人……其赋之重者宜悉减之。于是旧额田亩科七斗五升至四斗四升者减十之二，四斗三升至三斗六升者俱只征三斗五升，以下仍旧。自今年为始，通行改科。"⑦ 其后的明代诸帝继承了朱元

① （清）张廷玉等：《明史》卷 77《食货一》。
②⑤ （清）张廷玉等：《明史》卷 78《食货二》。
③ 《大明会典》卷 24。
④ （明）邱濬：《大学衍义补》卷 24。
⑥ 《明太祖实录》卷 89。
⑦ 《明太祖实录》卷 130。

璋的这一政策。建文二年（1400 年）下诏：“江、浙赋独重，而苏、松准私租起科，特以惩一时顽民，岂可为定则以重困一方。宜悉与减免，亩不得过一斗。”① 宣德五年（1430 年）下诏：“旧额官田租，亩一斗至四斗者各减十之二，四斗一升至一石以上者减十三。”②于是“江南巡抚周忱与苏州知府况钟，曲计减苏粮七十余万，他府以为差，而东南民力少纾矣”。③正统元年（1436年）下令：“苏、松、浙江等处官田，准民田起科，秋粮四斗一升至二石以上者减作三斗，二斗一升以上至四斗者减作二斗，一斗一升至二斗者减作一斗。盖宣德末，苏州逋粮至七百九十万石，民困极矣。至是，乃获少苏。”④之后由于官田经过赋税改革逐渐私有化，其税额也逐渐与民田合而为一，不分官、民，一律按田亩定则。

赋税税额的多少取决于租额（科则）的高低，一个地方一旦降低租额成为定制，该地的纳税总量也随之同步固定下来，每年都依所定租额缴纳。但是，这种固定性的减免只限于局部地区。但由于自然灾害等因素造成百姓生活艰困，不仅不能按期纳完赋税，而且朝不保夕，甚至可能出现大批民众死亡的现象。明政府为此制定了临时性减免赋税的措施。这类减免相当普遍，不仅数目可观，而且见效较快，几乎年年发生：第一类减免赋税的地区是兴王之地，这类减免具有政治目的。朱元璋是濠州钟离（今安徽凤阳）人，起兵于临濠，先后转战于太平、宁国、广德、镇江等地，并在应天（南京）建立西吴政权，之后又以应天城为国都。他能夺取天下，与这些兴王之地百姓的支持密切关联。因此他登上皇位后，首先就对凤阳、临濠及其先祖曾居住的泗州等地施以恩惠。至正二十七年（1367 年）五月命临濠、泗州、宿州、徐州等地税粮通免 3 年。洪武十六年（1383 年）三月宣布永免凤阳、临濠二县税粮与徭役。至正二十七年正月，以太平、应天、宣城诸郡为“渡江开创之地，供亿先劳之民”⑤，免太平府租赋 2 年，应天、宣城等处 1 年。洪武三年（1370 年）三月免应天、徽州等十六府州河南北平山东三省税粮，并下诏云：“自古帝王之兴，必有赖于武功……各处郡邑供给有先后，丰歉有不同，虽尝免其租税，犹虑凋弊之余，未能苏息。其应天、太平、镇江、宁国、广德、滁州、和州，朕兴师渡江时，资此数郡以充国用，致平定四方。朕念其勤劳，未尝忘之，仍免今年夏秋税粮。其徽州、严州、金华、衢州、处州、广、信、池、饶、庐等郡，以次归附，供亿军国之需，亦甚烦劳；河南、北平近入版图，重念其民久罹兵革，疲困为甚；山东、河南壤地相接，宜优恤其民，使懋迁有无，相资为

①②③④ （清）张廷玉等：《明史》卷78《食货二》。
⑤ 《明太祖实录》卷22。

生，今年三处租税再行蠲免，以苏民力。"① 据《明太祖实录》，其后朱元璋又多次诏免除许多地方的赋税：洪武十一年（1378 年）八月下令全免应天、太平、镇江、广德诸府今年田租；洪武十四年（1381 年）十月下诏全免应天、太平、广德、镇江、宁国五郡全年秋粮，官田减半征收，民田全免；洪武十六年（1383 年）五月下令再免应天、太平、广德、镇江、宁国全年秋粮；洪武二十四年（1391 年）七月下令全免应天等五府民田之赋，官田则征其半；洪武二十八年（1395 年）九月下令全免五府今年官、民田税粮；洪武二十九年（1396 年）八月又免五府今年官、民田租。据《明太宗实录》，朱元璋去世后应天五府仍然享受特殊的免税政策：洪武三十五年（1402 年，即建文四年）八月，"工部右侍郎黄福言：'旧制：应天、太平、镇江、宁国、广德五府州例免税粮，但每岁农隙召其丁夫役京师一月。今当如例征赴京。'上（朱棣）曰：'五府州兴王之地，先帝时特加优恤。近年兵兴，烦于供给，今方遂宁息，未宜劳之，可蠲今年之役。'"②

第二类减免租额的地区主要是山东、河南等元明之际遭受战火的地区。山东、河南地处元都北京附近，山东为元王朝屏蔽，河南则为其羽翼，都具有极重要的战略地位，而且赋役供应十分频繁。同时，山东、河南又是黄河水患最严重的地方。由于元末明初惨烈的战火，山东、河南多地几成无人之地。朱元璋西吴元年（1364 年）下令："中原之民，流离颠沛，尚无所归。吾乃积粟控弦于江左，坐视民之涂炭而莫之救，岂不负上帝好生之德，而有愧古圣人爱民之心哉！今特命中书省：凡徐、宿、濠、泗、寿、邳、东海、安东、襄阳、安陆郡县，及今后新附土地人民桑麻谷粟税粮徭役，令有司尽行蠲免三年。"③洪武二年（1369 年）下诏免除山东、北平、燕南、河东、山西、北京、河南、潼关、唐、邓、光、息等处税粮，朱元璋在诏书中云："朕本淮右布衣，因天下乱，率众渡江……齐鲁之民欢然来迎，馈粮给军不辞千里。朕思其民当元之末疲于供给，今既效顺，何忍复劳？已将山东洪武元年税粮免征。不期天旱，民尚未苏，再免今年夏秋税粮。近者大军平燕都、下晋冀，朕念北平、燕南、河东、山西之民久被兵残，困于征敛，尤甚齐鲁，今年税粮亦与蠲免。其河南诸郡自归附以来久欲济之，奈西北未平，出师所经拟资粮饷，是以未遑。今晋冀既平，理宜优恤，其北京、河南除、徐、宿等州已免税粮外，西抵潼关，北

---

① 《明太祖实录》卷 50。
② 《明太宗实录》卷 11。
③ 《明太祖实录》卷 23。

界大河，南至唐、邓、光、息，洪武二年夏秋税粮一体蠲免。"① 洪武三年（1370 年）免除"应天、徽州等十六府州，河南、北平、山东三省税粮"，朱元璋云："河南、北平近入版图，重念其民久罹兵革，疲困为甚，山东、河南壤地相接，宜优恤其民，使懋迁有无，相资为生，今年三处租税再行蠲免，以苏民力。"② 据《明太祖实录》所载，之后朱元璋多次下令减免山东、河南租税：洪武九年（1376 年）免河南税粮；洪武十五年（1382 年）免除山东税粮；洪武十七年（1384 年）全免除河南等省拖欠的赋税；洪武十八年（1385 年）免除河南税粮 237500 余石，山东、北平 2555900 余石；洪武二十二年（1389 年）免除山东受灾田租；洪武二十四年（1391 年）免除山东登、莱、青、兖、济南受水灾田租；洪武二十八年（1395 年）免除山东官民田秋粮，免除河南、山东自洪武二十六年（1393 年）以后栽种桑枣果树以及新垦田土租税；等等。

第三类减免赋税的地方主要是江南苏松诸府等重赋地区。宋元以来江南的苏州诸府就是国家的财赋重地。朱元璋为了促进江南农业经济的健康发展，对苏松诸府不遗余力，从移民垦荒到复核田亩、清理赋役，从锄豪强、惩贪官到明法度、简守令，也包括降低官田赋税。据《明太祖实录》，朱元璋多次减免对苏、松诸府田赋：洪武元年（1368 年）闰七月下令免吴江县受灾田租 49500 石；洪武三年（1370 年）五月免除苏州逋负秋粮 305800 余石；洪武四年（1371 年）五月免除苏、松、嘉、湖诸府当年秋粮以及没官田田租；洪武七年（1374 年）七月不仅免除苏、松诸府夏税，还给粮 392100 余石救济苏州府饥民 298699 户；洪武九年（1376 年）七月免除苏、松今年被水田租 299490 余石；洪武十年（1377 年）九月免除浙西遭水灾百姓当年田租；洪武十一年（1378 年）五月免除遭受水灾的苏、松诸府欠赋 65 万石；洪武十九年（1386 年）三月免除苏州吴江县当年遭水灾田租；洪武二十九年（1396 年）三月免除苏州崇明县遭受水灾的官、民田租。之后的永乐、洪熙、宣德、正统诸朝，也多次减免苏、松诸府税粮：如永乐元年（1403 年）免除苏、松、嘉、湖四郡遭受水灾农田当年租税③；工部左侍郎周忱奏请免除了南直隶并浙江苏松嘉湖等十四府州租税 493563 石④；等等。

第四类是免除北平、山西、陕西等新归附的地区租税，这也具有政治目

---

① 《明太祖实录》卷 38。
② 《明太祖实录》卷 50。
③ 《明太宗实录》卷 21。
④ 《明英宗实录》卷 132。

的，即争取百姓尽快归附。洪武元年（1368年）闰七月平定原元都北平，洪武元年十二月平定元朝军阀扩廓帖木儿占领的山西，洪武二年（1369年）八月平定元军阀张思道、李思齐占据的陕西。这些地方都是明王朝建立后新归附的地区。朱元璋西吴元年（1364年）特别下了一道关于新归附区的经济政策，规定："今后新附土地、人民、桑、麻、谷、粟、税粮、徭役，令有司尽行蠲免三年。"[①] 洪武二年下诏免除山东、北平、燕南、河东、山西、北京、河南、潼关、唐、邓、光、息等处税粮。据《明太祖实录》，朱元璋之后多次下诏减免新归附地区的赋税：洪武四年（1371年）十一月，免除陕西等处遭受水灾地方的田租；洪武六年（1373年）六月免除北平、陕西延安等地受灾地区的田租；洪武七年（1374年）二月以旱蝗成灾免除山西太原租税，五月免真定等四十二府州县受灾田租，六月以陕西雨雹与山西、北平等处蝗灾免除这些地方田租，八月因河间、广平、顺德、真定等处饥荒免除这些地方租税，并给米赈济；洪武八年（1375年）四月免除陕西临洮、平凉、河州等处受灾地方的田租；洪武九年（1376年）三月免除山西、陕西二省民间夏秋税粮；洪武十年（1377年）十一月免除陕西诸省田租；洪武十二年（1379年）五月免除北平遭受旱灾地方的夏秋二税；等等。

固定性降低、减免租额主要在全国田赋较重的江南苏、松、嘉、湖地区执行，及重租的官田，不仅减免数量可观，且政治影响也较大，有效维护王朝重要的财政来源。临时性的减免重点在南北二京周围遭受战争和水、旱、蝗等自然灾害的地区，目的是抚平战争伤痕和克服自然灾害。洪武年间减免赋税大多数集中于上述四类地区，而且集中于洪武前期。随着社会经济的逐渐恢复和发展，各地抗御自然灾害的综合能力的提高，洪武后期减免赋税的措施就逐步减少了。加之随着政权的日益巩固，明王朝渐趋专制，在一定程度上抛弃了争取民心、关心民生的政策。

在减免赋税的同时，朱元璋等统治者还相应采取了田赋折色、发放钱粮救灾等措施，不仅推动了农业的恢复和发展，也促进了手工业、商业的发展。

（三）田赋折色征收

田赋折色征收，即折征，就是民户将应上缴的税粮折成钞、银或其他物品。这是为了确保国家财赋收入而采取的一项灵活措施，也是明初田赋征收方式的一项变革措施。明初赋税制度承袭前代旧制，征收实物，夏税交麦，秋粮纳米。但是，由于全国各府县的土壤、环境、气候等因素相差甚远，农产品各

---

① 《明太宗实录》卷23。

有所别，这种规定就造成许多地区农民所产非朝廷所需，北方多产麦，南方多种稻，有些地区则麦、稻都不产，这显然不利于农民如期纳完赋税。朱元璋很快认识到这些不便，于是洪武三年（1370 年）九月首先在家庭手工业比较发达的江南地区做了适当变通：批准户部奏请，令盛产棉的松江府可以布代输秋粮①，这是明代地租折色征收的开始。洪武三年十二月，批准福建以土产物代输盐税②。洪武六年（1373 年）九月诏令"直隶府州及浙江、江西二行省，今年秋粮令以绵布代输，以给边戍"③。洪武七年（1374 年）诏令"徽、饶、宁、国等府不通水道，税粮输纳甚艰，今后夏税令以金银钱布代输，以宽民力"④。洪武九年（1376 年）四月朱元璋将代输的范围扩大到全国，"命户部天下郡县税粮除诏免外，余处令民以银、钞、钱、绢代输今年租税"，并批准户部奏请："每银一两、钱千文、钞一贯，折输米一石，小麦则减直十之二；棉苎布一匹，折米六斗，麦七斗；麻布一匹，折米四斗，麦五斗。以丝绢代输者亦各以轻重损益。愿入粟者听。"⑤ 洪武十七年（1384 年）十二月批准云南"今后秋租以金、银、海贝、布、漆、朱砂、水银之属折纳"⑥。原先规定赋税缴纳的米、麦称为"本色"，代替米、麦而折纳的金、银、钱、钞、绢等称为"折色"。洪武三十年（1397 年）根据行人高稹的建议，朱元璋下令自洪武二十八年（1395 年）以前全国各地拖欠的税粮"皆许随土地所便，折收布、绢、棉花及金、银等物"，并从此成为定制；户部议定的折征之法为：每钞一锭折米一石，金一两折十石，银一两折二石，绢一匹折一石二斗，棉布一匹折一石，苎布比棉布减三斗，棉花一斤折米二斗。但朱元璋认为："折收逋赋，盖欲苏民困也。今如此其重，将愈困民，岂恤之之意哉！"遂下令金一两折米二十石，银一两折米四石，钞二贯五百文折米一石。⑦ 因为洪武以后粮价时有起伏，布贱米贵，一些地方奏请更改朱元璋钦定的米、布折征比例，改为米一石折布二匹，甚至恢复米一石折布一匹的旧制。

正统元年（1436 年）八月，都察院右副都御史周铨奏："行在各卫官员俸粮，在南京者差官支给，本为便利。但差来者将各官俸米贸易物货，贵卖贱酬，十不及一。朝廷虚费廪禄，各官不得实惠。请令该部会计岁禄之数，于浙江、江西、湖广、南直隶不通舟楫之处各随土产折收布、绢、白金，赴京充

———————

①② 《明太宗实录》卷 56。

③ 《明太宗实录》卷 85。

④ 《明太宗实录》卷 105。

⑤ 《明太宗实录》卷 88。

⑥ 《明太宗实录》卷 169。

⑦ 《明太宗实录》卷 255。

俸。"巡抚江西侍郎赵新亦言:"江西属县有僻居深山不通舟楫者,岁赍金帛于通津之处,易米上纳。南京设遇米贵,其费不赀。今行在官员俸禄于南京支给,往返劳费,不得实用。请令江西属县量收布、绢,或白金类销成锭,运赴京师以准官员俸禄为便。"少保兼户部尚书黄福亦有是请。① 英宗接受了户部尚书胡濙的建议,下诏仿洪武折征之例实施:"每钞二贯五百文折米一石,黄金一两折二十石,白金一两折四石,绢一匹折一石二斗,布一匹折一石。"② 这样南直隶、浙江、江西、湖广、福建、广东、广西等地的米、麦共 400 余万石折银 100 余万两,解入京师,除了做官员俸禄之外,其余专供内廷支用,"远近称便然,自是仓廪之积少矣"③。但是,北方各省仍以实物地租为主,直到成化二十三年(1487 年)北方夏秋两税才可以都折征银两。

从全局看,税粮折色利大于弊:于国不亏,与民方便,更助推了社会进步。税粮折色顺应了商品经济发展的潮流,促进了硬金属货币的生产和流通。随着折色的出现和推广,必然要求农民拥有更多的金、银、布、绢等物来满足折纳税粮的需要;加之种田利最薄,单纯种粮收入最低,难以满足家庭生活需求和完纳税粮。明代农学家徐光启《农政全书》卷 35 论及松江府时云:"(松江府)所由供百万之赋,三百年而尚存视息者,全赖此一机一杼而已。非独松也,苏、杭、常、镇之币帛枲枲纭纭,嘉、湖之丝纩,皆恃此女红末业,以上供赋税,下给俯仰。若求诸田亩之收,则必不可办……以家纺户织,远近通流,遂以为壤奠,为利源也。"只有在种粮的同时又大力发展以交换为目的商品生产,才能使农民为获得折色所需的各种货币和手工业品,逐渐改变单一种田的习惯,发展多种经营,从而促进了农村经济结构的调整,为明后期实行"一条鞭法"、"计亩征银"创造了条件,为实物地租向货币地租转型开辟了道路。总之,税粮折色本着从实际出发,因地制宜、"任土所产"、产供一致的原则,有利于节约民力和松解人身依附关系,也有利于中国古代地租形式的发展和转变。可以说,明代是中国古代商业性农业发展的一个重要变革阶段。但是,税粮折色也引发一些弊端:一是各地赋入折银导致仓粮储备渐少,发生饥荒时兵民大多无食,不利于社会稳定;二是一些地方农民得银艰难,为了纳税必须临时易换而遭到中间剥削;三是米麦贵贱无时,银折之例混乱,百姓利益多受损失,甚至一些地方要求照旧输纳米麦。

明初实行税粮折色不仅必要而且也有一定基础。朱元璋起兵后高度重视农业,视之为立国之本,并提倡农业应该发展多种经营,把经济作物的种植当作

---

①②③ 《明英宗实录》卷 21。

恢复社会经济的一个要务。《明史》云："太祖初立国即下令，凡民田五亩至十亩者，栽桑、麻、木棉各半亩，十亩以上倍之。麻亩征八两，木棉亩四两。栽桑以四年起科。不种桑，出绢一匹。不种麻及木棉，出麻布、棉布各一匹。此农桑丝绢所由起也。"① 在朱元璋的提倡、督促下，朝廷大力推广经济作物的种植，全国各地种植桑、棉、麻等日趋普遍。《明太祖实录》中有多处这样的记载，还伴随着相关的免税措施。如洪武二十七年（1394 年），"工部移文天下有司，督民种植桑、枣，且授以种植之法。又令益种棉花，率蠲其税。岁终具数以闻"②。经过朱元璋等人的大力倡导，明初果树、棉、桑等经济作物的种植迅速发展起来，江南苏、松、嘉、湖诸府种植棉花、桑、麻等尤为广泛，为明中叶以后江南丝、棉纺织业的高度发展奠定了基础。

二、商税征管

商税是政府以强制手段向用于交换为目的的商品所征的税。商税自古有之，中国历代王朝对商税的征收和管理都十分重视，并为此制定了一系列的法规制度。明代尤其是明中叶以后，随着商品市场的繁荣发展和商业利润的提高，商税收入在国家财政中所占比重越来越大，成为政府的重要财源之一。为了保证国家对商业的管控和财政收入，明朝政府制定了比以往更健全完善的商税征收和管理制度。明朝的商税制度是整个商业制度中最重要、最详尽、最具时代特色的部分。

明代商税的征收机构可谓衙门林立，比较庞杂，主要有：一是税课司、局。早在元至正二十四年（1364 年），朱元璋就在其辖区内建立了宣课司、通课司作为商税征收机构。明朝建立后把全国各府的商税征收衙门改称税课司，州县的称税课局，都隶户部管理。同时，还在一些大的市镇及道路交通要道、桥梁、渡口处设立分司、分局征税。税课司局的职责是"以司市廛"，就是制定各类商品的纳税细则并收取商税，"其办课衙门所办钱钞、金银、布绢等物，不动原封，年终具印信文解明白，分豁存留，起解数目，赴所管州县，其州县转解于府，府解布政司，布政司通类委官起解，于次年三月以里到京"③。各税课司、局主管官员称大使、副使。洪武年间，大使、副使多由儒士担任，归属地方政府管辖。永乐以后，逐渐改由朝廷直接派御史、主事、监生等到各

---

① （清）张廷玉等：《明史》卷 78《食货二》。
② 《明太祖实录》卷 232。
③ 《大明诸司职掌·户科》"金科"，续修《四库全书》第 748 册。

处税务机构"闸办商税"①，从而加强了朝廷对商税的征管。大使、副使下还有攒典、巡拦，明朝规定各税课司局的巡拦"只取市民殷实户应当，不许金点农民"②，即巡拦等税务人员必须由市镇中富裕商民担任，他们不仅具体负责收税，还协助管理市场。二是竹木抽分局（厂、场）。洪武初年朝廷在通往竹木柴薪盛产区道路的关钥处设立竹木抽分局，从商人贩运的竹木等货物中抽取若干实物供朝廷土木营造之需。抽分起初为抽取实物，之后渐转化为等值货币，实际就是商税。当时苏州的阊门、葑门、太仓等地都设有抽分局，"抽分竹木、柴炭、茅草、芦柴等物"③。洪武十三年（1380 年）曾一度被罢止部分抽分局，但之后又陆续在南京、北京等地设置抽分局："抽分在南京者，曰龙江、大胜港；在北京者，曰通州、白河、卢沟、通积、广积；在外者，曰真定、杭州、荆州、太平、兰州、广宁。又令军卫自设场分，收贮柴薪。"④ 抽分局、场大抵隶属工部，有"明世竹木之税属工部"之说⑤。宣德年间，钞关普遍设立后，抽分局有时也被称为工部钞关。抽分竹木局、场开始时通常设大使、副使处理日常行政事务，后来在一些比较重要的地方由朝廷直接委派中央大员，如工部主事、给事中、御史等官监办抽分⑥。竹木局长官下设吏役人员有官攒军士、老人、书手等，都在抽分局长官领导下分工协作、各司其职。三是钞关。钞关是明中叶出现的，是明朝所特有的商税征收衙门。明初无钞关。宣德初年，由于朝廷滥发纸币而造成宝钞大肆泛滥和大幅贬值，为挽救宝钞，朝廷采取措施疏通钞法，其一就是在一些道路、关津处设立关卡对过往客商征收宝钞以强令宝钞流通，同时也缓解国家财政之急。宣德四年（1429 年），朝廷首先在南北二京间沿运河的重镇漷县、临清、济宁、徐州、淮安、扬州、上新河设立七个钞关，遂起钞关之名⑦。正统年间，朝廷移漷县钞关至河西务，即河西务钞关。之后，钞关开设渐多，有景泰元年（1450 年）设置的苏州浒墅钞关、湖广武昌金沙洲钞关、江西九江钞关、杭州北新钞关，及成化至正德年间设立的寿州正阳钞关、广东南雄太平桥梅关、赣州角尾赣关等。但是，这些钞关时闭时开，其中开设时间长且较有名的是河西务、临清、淮安、扬州、苏州、杭州、九江 7 处钞关。钞关主要向行商所雇舟船等运输工具征税，故又称"船料"，也称户部钞关，因钞关所收之税归户部，因此钞关是户部的

①⑦　（明）李东阳等：《大明会典》卷 35。

②　（明）王圻：《续文献通考》卷 16《职役考》。

③　民国《吴县志》卷 46。

④　（清）张廷玉等：《明史》卷 81《食货五》。

⑤　（明）刘洪谟：《芜关榷志》卷上。

⑥　（明）王圻：《续文献通考》卷 24《杂征敛》。

分司。钞关初设时，地方政府都委派地方官员节制管理，户部也不时派员监收。明中叶后，中央政府为控制権关之征，特别规定各处钞关由户部委派御史、主事主管，万历年间朝廷还派税监直接坐镇各钞关。钞关也置有众多吏役人员，如嘉靖年间浒墅钞关有府吏、老人、阴阳生、库夫、门子、馆夫、银匠、船埠头等共 106 人①，他们在关长统管下，从事开放关口、丈量船只、登录簿册、收兑钞银、解送饷银等有关工作。上述三类商税征收机构人员齐全，基本各有分管，独立行事，但也有少数互相交叉、替代的情况。如北新、临清钞关也兼收商税，浒墅钞关还兼辖周边税课司局九处，并征商税②，明中叶后淮安抽分厂、九江抽分所也征收商税。此外，塌房、官店、官牙也兼收商税。景泰之后，朝廷专门规定了官店的收税准则、细则，使之成为中央的又一征税机构。

永乐以后，宦官恃势横行，干预朝政。正统年间，有内官到张家湾宣课司崇文门分司抽盘，宦官开始染指商税。正德三年（1508 年），内监高魁督抽荆州商税③。嘉靖四年（1525 年），中官在京师九门收税，每门竟增至 10 余人，"轮收钱钞，竟为朘削，行旅苦之"④。真定抽分厂也常有内监盘踞其中。但是，这种宦官涉足税务还是小规模的，尚未形成制度。万历二十四年（1596 年）后，明神宗为搜刮矿业和商税所得，命令宦官充任矿监税使派往各地监收各地的矿税、商税："其遣官自二十四年始，其后言矿者争走阙下，帝即命中官与其人偕往，天下在在有之。真、保、蓟、永则王亮，昌黎、迁安则田进，昌平、横岭、涞水、珠宝窝山则王忠，真定复益以王虎，并采山西平定、稷山，浙江则曹金，后代以刘忠，陕西则赵钦，山西则张忠，河南则鲁坤，广东则李凤、李敬，云南则杨荣，辽东则高淮，江西则潘相，福建则高寀，湖广则陈奉，而增奉敕开采山东。通都大邑皆有税监，两淮则有盐监，广东则有珠监，或专遣，或兼摄。大珰小监纵横绎骚，吸髓饮血，以供进奉。大率入公帑者不及什一，而天下萧然，生灵涂炭矣。其最横者增及陈奉、高淮。"⑤ 商人顿遭税使大殃："自矿税出而百姓之苦更甚于兵，自税使出而百姓之苦更甚于矿。"⑥ 这些税使仗恃皇权凌驾一切，无所忌惮，横征暴敛，其搜刮民财名目之多、手段之毒皆前所未有。主要如下：一是重征叠税，即同一种商品在运

①② 　李龙潜：《明代钞关制度评述——明代商税研究之一》，载《明史研究》第 4 辑，合肥：黄山书社 1994 年版。

③ 　（清）朱睦𣐴：《皇朝中州人物志》卷 10。

④ 　（明）王世贞：《弇山堂别集·中官考》。

⑤ 　（清）张廷玉等：《明史》卷 305《宦官二》。

⑥ 　《明神宗实录》卷 340。

输、交易中多次被税使征税。税使及其爪牙在交通路道任意增设关卡征收商税，"水陆行数十里，即树旗建厂。视商贾懦者肆为攘夺，没其全赀。负载行李亦被搜索。又立土商名目，穷乡僻坞，米盐鸡豕，皆令输税"①。就连户部也认为："今榷税中使项背相望，密如罗网，严如汤火。"②二是增加税种、税目和税额。税使所到之处，"立土商名目，穷乡僻坞，米盐鸡豕，皆令输税"，"穷天索产，罄地伐毛，宇宙间靡有留利"③，"始犹取之商税，既则取之市廛矣；始犹算及舟车，既则算及间架矣；始犹征之货物，既则征之地亩，征之人丁矣"④。如浙江应税商品只凭宦官及其随从任意点派，"其最细者如民间卧床草荐，儿童作戏鬼脸，亦在税中，鄙琐极也"⑤。对家中有大厅者，宦官税监也要加征门槛税⑥。三是实行包税，即拘持商户，强迫他们包收一方税款。如宣府地区，税使沉重加征使得商贩稀疏，税额锐减，于是税使"递年佥报行户，责以包收"，结果被佥报者"大者破产，小者倾囊，每一践更，合镇骚然"⑦。有的地方本无物产可税，但税监却将商税矿税同时压在当地商民身上，"包矿者此民，包税者亦此民，吮髓吸血"⑧。有的地方包矿包税殃及里巷小民、村居茅房，几乎到了"无地无人无物不税，亦无地无人无物之税而非包"⑨的程度。四是税外掠夺，税使"视商贾懦者肆为攘夺，没其全赀。负载行李亦被搜索"，对稍殷实者也"罗而织之"，"非法刑阱备极惨毒，其人求死不得，无奈倾家鬻产跪献乞命，多则万金，少亦不下数千"⑩。税使制度受害最深重的自然是商业，无数商人在税使的威逼下或弃家逃窜，或倾产丧身，许多繁华的城市在税监的疯狂掠夺下店铺倒闭，商旅稀踪，市场萧条。税使制度的推行不仅因为直接损害了统治阶级的长远利益而遭到从朝廷到地方无数有识官吏的强烈反对，广大居民、商旅更为此发动了一起起声势浩大的反矿监税使的民变。迫于这种情形，明神宗终于在万历三十三年（1605 年）后对滥派税监有所收敛，也对有关政策做了一些调整，但终未彻底废除税使制度。直到神宗死，其子朱常洛即位，才"传令旨，命矿税尽行停止"，税监张晔、马堂、

---

① （清）张廷玉等：《明史》卷 81《食货五》。
② 《明神宗实录》卷 339。
③⑧ 《明神宗实录》卷 334。
④ 《明神宗实录》卷 553。
⑤ （明）李乐：《见闻杂记》卷 6。
⑥ （清）顾公燮：《消夏闲记摘抄》卷下。
⑦ 《明神宗实录》卷 468。
⑨ （明）何尔健：《按辽御珰疏稿》。
⑩ 《明神宗实录》卷 347。

胡滨、潘相等人"即行撤回"①,结束了实行20余年的税使制度。

明代中央和地方都制定过许多商税"则例",如《起条纳税例》、《户部议定船料则例》、《竹木征收则例》等,规定了当时商税的税种、税率、征课客体、征取方法等。明代商税税种大致可分为买卖交易税(即营业税)、关税、门摊税、储藏税等。交易税为从价税,明初规定民众日常用品、纤悉之物及书籍、农具免税,买卖其他货物要纳交易税。"洪武二年令:凡买卖田宅头匹、赴务投税……凡诸色人等踏造酒曲货卖者,须要赴务投税,方许货卖。"② 据《大明会典》,景泰二年(1451年),顺天府及大兴、宛平二县征税商品有罗、缎、绫、锦、布匹、肉类、蔬菜、水果、毛皮、纸张、糖、铜铁、盘、碗、竹帚、药材、各种海产水产等约300余种,"其余估计未尽物货,俱照价值相等则例收纳"③,税及百姓日常各种必需品,税率概为三十税一。洪熙元年(1425年),在户部尚书夏原吉的建议下,朝廷下令开始征市肆门摊税,即向坐贾或摊贩征收门面或摊位税。据《大明会典》,宣德四年(1429年)朝廷下令:"顺天、应天、苏、松、镇江、淮安、常州、扬州、仪真,浙江杭州、嘉兴、湖州,福建福州、建宁,湖广武昌、荆州,江西南昌、吉安、临江、清江,广东广州,河南开封,山东济南、济宁、德州、临清,广西桂林,山西太原、平阳、蒲州,四川成都、重庆、泸州,共三十三府州县市镇店肆门摊、税课加五倍。"④《明史》亦云:"宣德四年,以钞法不通,由商居货不税,由是于京省商贾凑集地、市镇店肆门摊、税课,增旧凡五倍。"⑤ 虽明确说明倍加的门摊等税"候钞法通"之后停止征收,但事实上门摊税终明未止,并成为常例正课。其征税标准多有变化,但却有增无减,嘉靖、万历以后还要根据铺户资产情况征收代役银等。抽分竹木局主要征收实物,凡舟、车装载竹木、芦柴等商品均须抽分。朱元璋规定抽分竹木局也为三十取一,但实际远多于此。如洪武二十六年(1393年),朱元璋就要求刚复设的龙江、大胜港两处竹木抽分局对客商贩卖的竹木柴炭等项照例抽分,并制定出一份较为详细的"抽分则例":"三分取一:芦柴、茅草、稻草、茭苗草、蒌草。三十分取二:杉木、软篾、棕毛、黄藤、白藤。十分取二:松木、松板、杉篙、杉板、檀木、黄杨、梨木、杂木、檐杪、锄头柄、竹扫帚、茭苗扫帚、毛竹、水竹、杂竹、木炭、煤炭、竹交椅、笙竹、黄藤鞭杆、木柴、箭竹。"⑥ 永乐十三年(1415

---

① 《明神宗实录》卷596。

②③ (明)李东阳等:《大明会典》卷35。

④ (明)李东阳等:《大明会典》卷31。

⑤ (清)张廷玉等:《明史》卷81《食货五》。

⑥ 《诸司职掌·抽分》,《续修四库全书》第748册。

年），通州、白河等抽分局规定松木、杉木板、水竹等"三十分取六"，蒿柴、豆稭等"三十分取三"，杉木、白藤等"三十分取二"，稻草、茅草"三十分取一"，芦苇"三十分取五"①。抽分局除征竹木外，还对砖瓦、铁料等征税。为了方便，明中叶后竹木抽分局的税开始折银，向货币税过渡，不久就以货币代替实物。钞关的课征定额，户部在宣德四年（1429年）规定，以装载物货舟船"所载料多寡、路近远纳钞"②，即以货船载货多少及路程的远近为计税标准，空船不征，"自南京至淮安，淮安至徐州，徐州至济宁，济宁至临清，临清至通州，俱每一百料纳钞一百贯；其北京直抵南京，南京直抵北京者，每百料纳钞五百贯"③，即同样大小的船只，分段行驶和直达所交的税都一样。"100料"为货物的体积单位，通常根据商船船头长度和梁头座数估算。以转漕于海的遮洋船为例，头长1丈1尺，梁头16座，计为100料。"始时钞关估船料定税，既而以估料难核，乃度梁头广狭为准，自五尺至三丈六尺有差。"④因为货船形状大小各异，以每百料起征数目又太大，后来改为按梁头广狭征收。嘉靖年间世宗规定，度梁头时"以成尺为限，勿科畸零"⑤，即以舟船梁宽、单位以尺累征，尺以下不计。明代钞关对舟船以梁头广狭征税的原则和制度，基本上变动不大。商人将商品运到销售地后必须按规定将货物存入塌房、官店，还要交塌房税等。景泰二年（1451年）朝廷规定大兴、宛平的收税则例，共有200多种商品要缴纳商税、牙钱钞、塌房钞："上等罗（土商）每匹税钞、牙钱钞、塌房钞各二十五贯；中等罗（土商）每匹税钞、牙钱钞、塌房钞各一十五贯；上等纱绫锦每匹、青红纸每一千张、篦子每一千个税钞、牙钱钞、塌房钞各六贯七百文；中等纱绫锦每匹、细羊羔皮袄每领、黄牛真皮每张、扇骨每一千把税钞、牙钱钞、塌房钞各五贯……干梨皮、荸荠、芋头、鲜菱、乌菱、鲜梨、鲜桃、杏子、李子、鲜柿、柿花、焰硝、皂白矾、沥青、生铁每斤，干葱、胡萝卜每十斤，冬瓜每十个，萝卜、菠芥等菜四十斤，税钞、牙钱钞、塌房钞各六十五文。其余估计未尽物货俱照价值相等则例收纳。"⑥明初规定商税税率为三十税一，此处三种税并收，实际税率变为十税一了。塌房、官店也要纳税。据《大明会典》，永乐七年（1409年）朝廷令"京城官店、塌房照南京三山门水塌房例，税银一分，宣课分司收"⑦。一些私营的塌房、库房、旅店等与商品流通有关的服务行业也必须缴纳营业税，"其塌坊、

---

① 光绪《荆州府志》卷10。
②④⑤ （清）张廷玉等：《明史》卷81《食货五》。
③ 《明宣宗实录》卷55。
⑥⑦ （明）李东阳等：《大明会典》卷35。

库房、店舍停塌客商货物者，每间月纳钞五百贯"①。还有车马过税，"驴骡车受顾装载物货或出或入，每辆纳钞二百贯"②。明中叶以后，国库空虚，国用激增，统治阶级遂任意开设税种，对商人重盘苛征，到万历年间各种商税更是多如牛毛。繁杂苛重的商税极大损害了明代商业的健康发展。

明代在商税征收、管理方面确立了许多制度，比较正规和成体系的如下：

一是申报制。明朝政府规定，所有商贾都要向税务机构如实填表申报其出售、贩运的物货及其数目，这就是申报制度。坐贾在申请占籍时，须向当地官府或税课司局自报所货所业。行商持货出发前，在向当地申办填写路引时必须将其资本、货物等"明于引间"，途经水陆关卡，在钞关设置前须在广济、长淮等关填写商船物货，并送税课司征税；建立钞关后须填写船单，船单中须开列船户籍贯、姓名，货物名称、数量、起止地点以及船只式样、梁头尺寸和该纳钞银若干等。船户报单后，钞关据报单征税并放行。行商住店时，必须在店历上填清经销货物名称，牙店主人及船埠头还要对过关的报单进行核查并上报，税课司局照报单所填商品数量、品种，与本部门纳税登记互为参照确定税银。客商交税后，商人持司局开出税票才能进入市场进行交易。

二是时估制。永乐六年（1408 年），朱棣下令顺天府及宛平、大兴二县集中铺户估定各商品时价，然后按时价收取三十分之一的交易税③，这就是征税前的时估制。景泰二年（1451 年）朝廷重申这一规定，令顺天府及上述二县"俱集各行，依时估计物货价直，照旧折收钞贯"④，各种商品皆估价收取，并强化由官商合作估定商品价值进行征税。但在明中期之后，各级政府对商贾实行重征政策，税种税目剧增，这种以官商合作对商品估价再征税的做法已不合时宜，加之朝廷在招商买办大宗物料的会估制名存实亡。因此，税前的时估制终被弃置而消亡。

三是定额制。明初商税虽有定额，其数目通常以所设司局第一年或某一年的征收数为准，但并不严格执行，有的税课司局就从实征收。永乐二十一年（1423 年），朱棣派员在京城及淮安、济宁、东昌、临清、德州、直沽等地"监榷商税一年，以为定额"⑤，将商税定额定为制度。朝廷对商税定额管理严格，如征不及额者，要么责令巡拦或当地百姓赔纳，或罢黜差额过大的税课司局官员，直至撤销司局，改由当地府州县政府直接征收。中央还经常派员到各

---

①② 《明宣宗实录》卷 55。

③ 《古今图书集成》卷 223 "杂税部"。

④ （明）李东阳等：《大明会典》卷 35。

⑤ （明）王圻：《续文献通考》卷 18《征榷考》。

地核实定额标准，免除不再经商者税额，及令新开张者申报纳税，每过若干年要根据实情重新核定税额。可见，税由定额且税额随着商品流通量的增加而增加。明前期钞关也无定额，而是量实而征，临清钞关在景泰、弘治年间就课无定额。后来各钞关都建立起定额。成化十六年（1480 年），户部官员向朝廷题奏钞关事宜时说："各钞关每年大约收钞二千四百余万贯，近年委官多方作弊，以致数不及原额。"① 证明至少在成化年间户部钞关已有定额。工部钞关（竹木抽分局）在明中叶后也仿效户部钞关实行定额。钞关定额也与其他商税定额一样呈逐渐上升的趋势。弘治十五年（1502 年），户部统计各钞关船料钞年入达 3719 万余贯，经过 20 多年，比成化年间增加了一半以上。这种趋势到嘉靖年间更加明显：这不仅因为商品经济更加发展，商品流量增加，可征税商品增加；更因为中央将所征税额作为考核税官的重要内容，规定钞关官员征收逾额就破格优录，若不及定额则不予考核，且要受到处②。于是各钞关官员为争取优录竞相搜刮以示业绩，中饱私囊，使钞关征课大大超过正额。这就大大加重了商人的负担。嘉靖四十一年（1562 年），朝廷下令："荆州、芜湖、九江、两浙、浒墅、扬州、淮安、临清、河西务各关主事岁额定数外，务将余饶悉入公帑。"③ 朝廷此举不仅企图整肃钞关官员贪横，遏制各关过多超征，而且乘机将超过定额的税款充为国用，以解财政之急，并逐步将此项收入变为"常额"，公开向各钞关和税课司局征收，使得商税中有"正余银"之称（正即正额，余即正额外多征的部分）。公开向商人征收"正余银"，表明明政府废弃了商税定额制。

四是起条预税制。这是明朝中期朝廷为防止商人偷逃税款，多敛早收商税而强行推行的税款预收制度。弘治元年（1488 年），朝廷下令："客商贩到诸货，若系张家湾发卖者，省令赴局投税。若系京城发卖者，以十分为率，张家湾起条三分，崇文门收税七分；如张家湾不曾起条，崇文门全收。"④ 即张家湾的货物若要发往京师出卖，则先在张家湾交 3/10 的商税，并由张家湾税课司开具税票（起条）；商货到京城崇文门税课司，凭张家湾税票再交剩余的7/10，这就是起条预税制。这一制度因明显不合理在正德元年（1506 年）曾被取消，但到嘉靖年间因为国家财政紧张又给予恢复。嘉靖十年（1531 年），朝廷颁布例令：凡经"崇文门客货，例该二百五十贯以上起条，赴店者止照

---

① 《明宪宗实录》卷 199。
② 李龙潜：《明代钞关制度评述》，《明史研究》第 4 辑，合肥：黄山书社 1994 年版。
③④ （明）李东阳等：《大明会典》卷 35。

分司原税之数送纳，不许加收"①。万历十一年（1583年），朝廷进一步议准，在临清实行预税制："一应商货，如在临清发卖者，照旧全税。在四外各地发卖者，临清先税六分，至卖处补税四分。其赴河西务、崇文门卸卖者，临清先税二分，然后印发红单，明注某处发卖，给商执至河西务补税八分，共足十分之数。仍刻示关前，示谕各商遵守。"②按规定，预税并不加收税额，但事实上多增加一道税卡就增加一道搜刮，故嘉靖十年的规定特别强调起条之后各收税衙门"不许加收"。可见，加收在当时已经比较普遍。

五是监察稽考制。这是政府为执行商税制度、保证商税收入而对纳税人和征税机构税官采取的一种行政督察措施。明代对纳税人的监督主要由地方政府及当地税务部门负责，商贾们在申请占籍、路引时所填报的资产与经营情况，贸易过程中所申报的记录，停塌客店中所登记的明细，直到他们到税务衙门的纳税记录，各税务机关都持各布政司所发的印信簿籍一扇，"将日逐税过商人货物姓名逐一附记，按季解赴布政司呈报抚按衙门查考。商税自南而北、自北而南各不许违例重征，守巡官亦要不时查访奸弊。"③因此，能否最后完成国家商税数额，是否及时如数上缴国库，很大程度上取决于各级税务机关和主要税务官员是否严于职守。但是，明中叶以后各级官员腐败成风，税官横征暴敛、中饱私囊成为影响国家商税收入的障碍。如钞关、抽分厂掌官"或将在官钱钞隐漏侵克，乃藏其所收簿籍，致使无从查考"④，致使国库日匮，朝廷不得不对各级税务机关、官员进行必要的规范约束。这方面的监察稽考制度主要有簿籍稽考制和遣官制。

簿籍稽考制是在嘉靖年间，户部尚书梁材针对税务机关、官员渎职腐败问题，提出的改革、完善钞关的制度。梁材重建了两种文簿：一是挂号文簿，此簿类似现在的存根发票册，每样装订为二扇（原来只设一扇，由钞关收掌），与收料文票挂号相联，又都在官司编号，用印钤记后才能交委官使用。其中一扇由钞关委官收执，"遇有船户纳料，就将船梁丈尺并料银分两，明开票内，仍照票数目填写在簿，挂号对同无差，将票给付船户收照"⑤；另一扇送地方官府收掌以备查核。二是稽考文簿：此簿共设三扇，由户部加印后逐级发给各钞关。其中一扇规定必须转发给选委的地方佐贰官，令他们在每天闭关时负责"将收过钱粮登记印信文簿"⑥，然后呈报户部主事查核实数后，再在另外两扇

---

①②③ （明）李东阳等：《大明会典》卷35。

④ 《明孝宗实录》卷161。

⑤⑥ 嘉靖《浒关志》卷11《禁令》。

文簿上"亲笔于前件项下照款填注明白"①。待他任满之日将这三扇文簿中的一扇存留本关备照，一扇由新委地方佐贰官收执，一扇送部查考。每天商人纳交货税时，钞关长官要根据挂号簿存根所记将船梁阔狭、料银多寡等累计后，逐一登记在稽考文簿中；再定期将一扇用过挂号簿籍送钞关所在官府收贮。每逢钞关按季起解税银，户部主事要根据稽考文簿，地方委官则根据挂号文簿，分别开列船梁丈尺和料银分两等项数目呈报户部；钞关所在的地方官府则将收贮的一扇原填挂号文簿钤封后，交付解银官员赍送户部，由其逐一查对核算相符后，方准缴销解进。隆庆年间抽分厂、场也仿钞关实行簿籍制度。虽然簿籍稽考制度规定得非常严密细致，但到明朝后期，政治腐败，各级官吏贪赃枉法，"所司玩视成风，往往入多报少；委用府佐徒相比为奸，致亏国课"②，这一制度也成了一种表面形式。

遣官制是朝廷或地方政府派遣特派官员对税课机关进行监察的一种制度。永乐十年（1412年），朱棣下令"各处巡按御史及按察司官体察闸办课程，凡有以该税钞数倍增收及将琐碎之物一概勒税者，治以重罪"③。此为明代遣官督察商税的开始。弘治六年（1493年），朝廷专门派遣官员到"江西、浙江、苏州、扬州、淮安、临清税课司局照旧定则收税，按月稽考"，且"不许再委隔别衙门官员侵管、重复扰民，仍各照额办岁办之数，年终通照钞关事例造册奏缴"④。这是朝廷直接派员对税课机构进行监察、稽考。另一种是朝廷责令地方政府遣官监察。弘治元年（1488年），朝廷下令："顺天府委官二员，分给印信簿籍，于草桥、卢沟桥宣课司监收商税。"⑤嘉靖元年（1522年），朝廷下令："广东、江西巡按衙门委南雄、南安二府知府督同税课司官吏，综理商税。"嘉靖十二年（1533年）又下令："陕西委官于潼关、大庆关验税商货，以补王府拖欠禄米，并赈济边储等用。"⑥宣德年间设立钞关后，朝廷也在南京至北京沿河各关派遣官员监察征收。正统至景泰年间，又派主事分别至淮安、临清、湖广金沙洲、苏松二府、上新河等地监收船料。为对委官进行监督，嘉靖四年（1525年）朝廷议准："各处钞关巡按御史按季选委属内佐贰官一员每日赴厂，听钞关主事督同公平秤收，倾煎银两，以候类解。"⑦对抽分局官员监察的情况大致与此相类。明朝中央推行遣官制，目的是加强对各级税务机构、官员的监督，但在明王朝吏治败坏的情况下，差官、遣官与地方税官常常互相勾结，狼狈为奸，反而加速了税法的败坏。

---

① 嘉靖《浒关志》卷11《禁令》。

② 《明世宗实录》卷534。

③④⑤⑥⑦ （明）李东阳等：《大明会典》卷35。

此外，还有惩处制度，不仅处罚违背税制的纳税人，也处罚违纪犯法的征税官员。这方面明朝政府订立了处置匿、偷、漏税商人的法律条例。在明代的基本律令、典制中都列有"匿税"律条："凡客商匿税及卖酒醋之家，不纳课程者，笞五十。物货酒醋一半入官……若买头匹不税契者，罪亦如之，仍于买主名下，追征价钱一半入官。"① 宣德四年（1429 年），朝廷根据北京纳税情况下令："今后课钞过期不纳者，令顺天府兵马司催督。私匿货物者，取勘各追罚钞一千贯。油坊、学坊如塌坊之例，除额课外别纳钞五百贯……其在外州郡城市多有豪猾军民居货在家，一如塌坊。或就船相与交易，俱要金银，请遣官点勘居货之家，每房一间月追钞五百贯。又于各处河岸检闸往来舟船载物货者，量地远近，盘货多少，每船百料追钞或二百贯、三百贯，俱就本处有司收贮。"② 对于年终尚未交齐商税者，"计不足数，以十分为率，一分笞四十；每一分加一等，罪只杖八十"③。从海路贩货的商贾，待商品到岸后也必须及时将货物如实报官抽分，若匿塌于沿港土商私牙家中不报官者处"杖一百"；不如实申报即"虽供报而不尽者"，"罪亦如之，货物并入官，停藏之人同罪"；对举报上述违法行为的"告获者"，"官给赏银二十两"④。景泰年间，原先不征税的细民纤悉之物以及日常生产生活用品也开始"例当抽分"，有匿不报者"以舶商匿番货罪，尽没入官"⑤。可见，明朝对匿逃商税处罚之严厉。但在地主阶级专制时代常因人废法，许多亦官亦商的达官显贵及其亲友门生不仅不受这些律令的约束，反而受到保护。弘治年间，户部尚书李敏奏云："大凡税课，皆势要京官之家，或令弟侄家人买卖，或与富商大贾结交，经过税务，全不投税。一旦差官监收，不得遂其私，意切齿恨。"⑥ 因此，到明中后期就出现了行商夤缘达官显贵，或借其官牌贩运商货，或伺机随显官官船同行而免一路商税。明代冯梦龙小说集《警世通言》就描写了类似之事⑦。

明代还制定了处罚负责征税的税务机关、税官、权豪利用职权勒索、侵占税款、破坏税法的制度。朱元璋为吴王时就曾令中书省："凡商税三十税一，过取者以违令论。"⑧ 洪武年间对此也严格执行。《明律》进一步规定税务官员对应征缴之商税，"若茶盐运司、盐场、茶局，及税务河泊所等官，不行用心

---

①③④　黄彰健：《明代律例汇编》卷 8《户律》。

②　《明宣宗实录》卷 56。

⑤　《明英宗实录》卷 224。

⑥　《明孝宗实录》卷 22。

⑦　黄仁宇：《从〈三言〉看晚明商人》，见《黄仁宇全集》第 7 卷《放宽历史的视界》，北京：九州出版社 2007 年版。

⑧　《明太祖实录》卷 14。

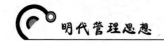

办课，年终比附上年课额亏兑者，亦以十分论，一分笞五十。每一分加一等。罪只杖一百。所亏课程，著落追补还官。若有隐瞒侵欺借用者，并计赃，以监守自盗论"①。弘治十三年（1500年）奏准："在京在外税课司局、批验茶引所，但一应税纳钱钞去处，省令客商人等自纳。若权豪无籍之徒结党把持，拦截生事，及将烂钞低钱搪塞，搅扰商税者，问罪。"② 嘉靖年间，朝廷不仅严格各地商税呈报制，还规定"守巡官亦要不时查访奸弊。其委官侵欺挪移，坐以监守自盗"③。但是，到了明代中期以后，税务官员及权豪们玩视法规成风，以增税为能，侵吞渔利的现象司空见惯，致使相关律令多成空文。

明初实行钱钞并行的双重货币制度，但因为宝钞钞本非常小，朝廷为开支需要不加节制的随意滥发，导致发行数年便壅塞不行。朝廷采取保障钞法执行系列措施，包括多次发布禁用铜钱、金银交易，甚至禁用银作货币等命令，但收效甚微，因此到明后期钞法完全崩溃。此时，朝廷商税征钞已没有实际意义，遂改征银代替征实物和征钞，白银就实际上成为流通货币。这些变化反映在商税征课客体上，就出现了本色与折色之征。洪武八年（1375年），朝廷下令："禁民间不得以金银物货交易，违者治其罪。有告发者就以其物给之。若有以金银易钞者听。凡商税课程，钱钞兼收，钱什三，钞什七，一百文以下则只用铜钱。"④ 此时商税所征之钞、钱谓之"本色"。洪武二十七年（1394年），朱元璋下诏禁用铜钱，但是当时民商"重钱轻钞，多行折使"，他遂强令"有司悉收其钱归官，依数换钞，不许更用，铜钱行使限半月内。凡军民商贾所有铜钱悉送赴官，敢有私自行使及埋藏弃毁者，罪之"⑤。这时征纳商税只许以钞，就是所谓的商税本色即指宝钞了。但由于实际生活中金银是最可信的量价货币，且便于携带保存，朝廷也有所变通，洪武年间就规定："各府州县税课司、局及河泊所收商税钱钞，著为定例。若便于起解者，解本色。路远费重者许变卖金银，金每两价钞六锭，银每两价钞一锭。"⑥ 这就为地方商税征银提供了依据。此时商税也有征实物的，就是以应收钱钞折合成实物，主要是粮食。如洪武十年（1377年），太平府上言其下属的繁昌县获港镇"商贾所集，户部委官收课，岁计米八百九十余石"⑦。洪武十三年（1380年），朱

---

① 黄彰健：《明代律例汇编》卷8《户律》。
②③ （明）李东阳等：《大明会典》卷35。
④ 《明太祖实录》卷98。
⑤ 《明太祖实录》卷234。
⑥ 《明宣宗实录》卷80。
⑦ 《明太祖实录》卷115。

元璋批准了吏部请求的以课额米是否满 500 石，作为税课司局设罢与否的标准①。征实物除粮食外，还有油料、布帛等物，如宣德十年（1435 年）"令各税课司添收麻油等物料"②。各抽分竹木局则征收竹木、器皿等。永乐至宣德年间，由于钞法不行，为强制推行钞法，朝廷银禁转严。宣德四年（1429年），朝廷下令："湖广、广西、浙江商税课纳银者，折收钞；每钞一百贯准银一两。"③但是征银之法并未禁绝，一些地方甚至上述诏令中所说的浙江温州等地商税仍征银。宣德九年（1434 年），朝廷再次下令："各处诸色课程旧折金银者，照例收钞。"④明中央推行钞法的另一措施是设立钞关向过往行商征钞，达到聚敛财富且疏通钞法的双重目的。朝廷下令舟船受雇装载者，计所载物料多寡、路远近纳钞："自南京至淮安，淮安至徐州，徐州至济宁，济宁至临清，临清至通州，俱每百料纳钞一百贯。其北京直抵南京，南京直抵北京者，每百料纳钞五百贯。若只载柴草粮米及空船回还者，不在纳钞之例。"⑤朝廷还提高门摊税和增收车马税、塌房库房等税征收宝钞，然均未能挽救宝钞在广大民众心中的信用。正统年间，朝廷弛金银之禁，之后由于边事和大兴土木，国家财政出现巨亏，遂再次滥印纸钞，导致宝钞进一步贬值。成化元年（1465 年），朝廷被迫宣布商税允许钱钞兼收："凡征商税课程，钱钞中半兼收，每钞一贯折钱四文，无拘新旧年代远近悉验收，以便民用。"⑥"各处船料钞俱钱钞中半兼收，每钱四文折钞一贯。"⑦钱钞兼收加剧了民间私铸铜钱，低劣钱币充斥市场，加之朝廷规定的钱、钞、银三者的比率与市场实际情况相去很远，商税"钱钞中半兼收"使朝廷很少获益。因此从弘治元年（1488 年）起，朝廷又下令向各税课司、局商税改折银征收。弘治六年（1493 年）又下令各钞关："令各关照彼中则例，每钞一贯折银三厘，每钱七文折银一分。"⑧商税征收中钱钞折银计价谓之折色。嘉靖以后，商税征收通行折银，而以本色钞、钱为辅，直到明亡。

第二节　国家财权分配思想

明代财政制度的核心是赋税的起运与存留，这二者之间的关系是中央与地

---

①　《明太祖实录》卷 129。

②③④⑤⑦⑧　（明）李东阳等：《大明会典》卷 35。

⑥　《明宪宗实录》卷 19。

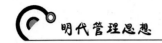

方财政关系的主要体现，也反映了明代财政支出的两大方面。明代赋税主要收归朝廷，这部分要从各司、府、州、县等按中央的指派，定期定额将其运送至中央及九边的仓库。地方政府只存留余下的一小部分，这是地方政府有权自由支配的部分，称为存留。明代这种财权分配原则虽然有利于中央统揽财政大权，但却以牺牲地方利益为代价。

一、赋税起运

《大明会典》云："起运京、边，各有定数。"① 起运包括中央和九边两项。起运中央的赋税主要储存于五类仓库：户部太仓、皇帝御用库、运河沿岸的中转库、北京户部以外诸部寺仓库以及南京仓库。

户部太仓是明朝国库，包括粮库和银库两部分。太仓粮库位于北京和通州两地，建于永乐时期，宣德时加以扩建，其规模很大。正德、嘉靖时通州"大运仓厫不下七百余座"（阮鹗《严防卫以慎储蓄》)②。京、通仓起初由户部员外郎或主事等管理，宣德五年（1430年）后以户部尚书或侍郎总督仓场并成为定制。太仓粮库储存夏税、秋粮中的漕粮。明代每年指派湖广、山东、河南、江西、南京等地将一部分税粮沿运河运送至京，称漕粮。据《明史》，漕粮总额起初并不固定，永乐十六年（1418年）为460万石，宣德八年（1433年）500余万石，正统二年（1437年）450万石，景泰三年（1452年）423万石，天顺四年（1460年）435万石。至成化八年（1472年）始定为400万石，遂为成例③，其中兑运（运军长运至北京、通州）米330万石，改兑（由支运④改为兑运）米70万石。⑤ 由于灾害、战争、漂流等原因常不足400万石。隆庆元年（1567年）实入太仓364万余石，万历三十年（1602年）仅138万余石，崇祯时期实入京、通仓200余万石。⑥总体呈下降趋势。成化八年以前多超过400万石，成化八年以后虽减为400万石，但仍不能保证原额。太仓粮库主要供给京营官兵月粮。隆庆时都给事中陆树德《民运困极疏》云："夫东南财赋之来，有军运，有民运。军运以充六军之储，民运以供百官之禄。"⑦ 万历三十年（1602年），"漕运抵京，仅百三十八万余石。而抚臣议载

---

① （明）李东阳等：《大明会典》卷26。

② （明）陈子龙等辑：《明经世文编》卷269。

③ （明）郑晓：《今言》卷3。

④ （清）张廷玉等：《明史》卷79《食货三》云："支运之法，支者，不必出当年之民纳；纳者，不必供当年之军支。"

⑤⑥ （清）张廷玉等：《明史》卷79《食货三》。

⑦ （明）陈子龙等辑：《明经世文编》卷291。

留漕米以济河工，仓场侍郎赵世卿争之，言：'太仓人不当出，计二年后，六军万姓将待新漕举炊，倘输纳愆期，不复有京师矣。'"①　太仓粮库虽以供给京营军饷为主，但在嘉靖四十二年（1563 年）以后设专属太仓粮库的禄米仓，以发放百官俸粮②。

　　太仓银库正统七年（1442 年）设于北京，一般称太仓（狭义太仓专指银库），也称太仓银库。该库收入项目，《明史·食货三》载有 8 项，《罪惟录·贡赋志》于苏州府下所列达 13 项。综合上述两书并参考其他资料，太仓银库收入主要包括：夏税秋粮折银、盐课折银、户口盐钞、商税、马草折银、银课，其余还有赃罚银（包括没官银和赎罪银）、吏承班银③、捐纳事例等杂项。据《明经世文编》、《古今图书集成》等史料，明代太仓银库的总收入在波动中呈上升趋势：正德初年为 149 万两，嘉靖十一年（1532 年）为 243 万两，嘉靖二十八年（1549 年）为 295 万余两，隆庆元年（1567 年）为 231 万两，万历五年（1577 年）为 435 万余两，天启时 327 万余两，崇祯八年（1635 年）为 1281 万余两。太仓银库的支出主要如下：一是九边年例，又称京运年例，这是太仓支出中最大的一项；二是官俸与军饷，是仅次于九边年例的支出项；三是供应内府。此外，太仓银库还要支付赈灾、太常寺猪价、钦赏等费用，个别时期数额也很大，如正德初年赏赐京军银达 79 万两（明代韩文《为缺乏银两库藏空虚等事》）④。

　　起运中央的第二类仓库是皇帝御用库，准确说是为内廷服务的仓库。明代刘若愚的《明宫史》对该类仓库记载较明晰，明代御用库分为两种：一是完全为内廷服务的仓库，包括内承运库、内供用库和天财库三库；二是部分为内廷服务的仓库，统称内十库。内承运库包括里库、外库、总库三部分。内承运库及所属各库主要储存金花银及珠宝等，金花银初为 100 万两，万历时增加至 120 万两，除给武臣禄 10 万两外，其余皆为御用，个别时期也用于犒边和赈济。内供用库主要储存苏、松、常、嘉、湖等地民运的白粮 18 万石，专供宦官食米。司钥库俗名天财库，储存钱和内廷诸门钥匙。以上三库由宦官管理，外臣不得染指。内十库包括甲字库至戊字库、承运库、广盈库、广惠库、广积库和赃罚库等十座仓库，主要储存颜料、鞋袜、丝棉、生绢、牛皮、兵器、钱

---

　　①　（清）张廷玉等：《明史》卷 79《食货三》。

　　②　（明）李东阳等：《大明会典》卷 14。

　　③　隆庆初，户部尚书马森建议各司府衙门承差吏农"候缺空闲者，令上纳班银，承差每名四两，吏农每名三两"，候缺空闲的吏员在交纳班银后允其回籍，该项银两岁解太仓。

　　④　（明）陈子龙等辑：《明经世文编》卷 85。

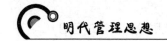

钞、火药及没官物等，源于各司府供纳及钞关，主要供内官之用、装备京军、备"奏准支给"。内十库由宦官掌管钥匙，户部派有大使、副使等参与管理，主事、科道定期巡视（韩文《题为开读事》）①。

起运中央的第三类仓库是运河沿岸的中转库，会通河修通后，明朝廷在运河沿岸的徐州、淮安、德州、临清等地设仓。起初漕运行支运法②，漕粮分别经四仓中转，四仓存储颇多。宣德八年（1433 年）后，大部分漕粮实行兑运而不经四仓中转，至成化七年（1471 年）又将原来仍行支运的 70 万石改为兑运，称改兑。此后徐州、淮安二仓不再储粮，至万历时"无粒米"；临清、德州二仓嘉靖时又改兑一部分，耗米（给运军作运费）羡余折银存入二仓至 44 万余两，万历时二仓仍岁受储税粮至 50 万石。四仓分别设主事和监督太监管理，监督太监于嘉靖时诏回③。

起运中央的第四类仓库是户部以外诸部寺仓库，主要包括工部节慎库、兵部太仆寺库、光禄寺库、刑部库等。节慎库作为工部的主要仓库，是嘉靖八年（1529 年）改造工部旧库而成，贮存矿银及筹集的料价，主要用于营建④。工部也接受全国的抽分、赃罚银、摊派等，如隆庆三年（1569 年）"岁派各省料银计 50 万两"⑤。太仆寺常盈仓建于成化四年（1468 年），专储马价、草场地租等，万历时岁入达 60 万两，支出主要有京营买马、"各边之请"、营建、赏赉、马市等⑥。光禄寺负责供奉内府御膳及备办使臣、外夷宴享，嘉靖时该寺岁费 40 万两，主要出于各司府岁贡。刑部的收入源于囚犯，"俱追收纸札及赃罚等项，以候各衙门公用。"（明代彭韶《灾异上陈疏》）⑦ 公用即充办公经费。

起运中央的第五类仓库为南京诸库，"南京各仓"中每年指派税粮 108 万余石上纳。由于永乐以后南都并无实际职能，故派往南京的税粮后又部分改解北京、九边。总体上，明代中央诸仓以太仓为主，御用库也有可观的收入，其余仓库在国家财政中起辅助作用。

起运边方的赋税包括民运税粮和盐引两大部分，与军屯、京运构成边费的四项来源。民运税粮是户部每年指派北方诸省将税粮运至指定边仓，其中本色

---

① （明）陈子龙等辑：《明经世文编》卷 85。

② 明代漕运方式之一。明成祖永乐十三年（1415 年），征调南粮，改海运为河运。在淮安、徐州、临清等地设仓收囤，由官军分成淮安到徐州、徐州到德州、德州到通州（今北京市通县）等段节节接运，名为支运。

③④ （清）张廷玉等：《明史》卷 79《食货三》。

⑤ 《明穆宗实录》卷 28。

⑥ （清）夏燮：《明通鉴》卷 67。

⑦ （明）陈子龙等辑：《明经世文编》卷 80。

有米、麦、豆，折色为草、布、钞、花绒等，后多折银。嘉靖二十八年（1549 年），起运北边诸镇（不包括辽东）粮料共计 266 万余石。隆庆元年（1567 年），山东、河南、北直、山西、陕西等省民运九边的粮料"共本折约银" 364 万余两。明后期山西、山东、河南、四川、北直共解边 267 万余两①。民运税粮主要支付九边卫所、营堡官兵军粮及战马草料等。起运边方的另一项是盐引，盐引即垄断运销盐的凭证，通过开中制②实粮九边。盐引除扣解太仓外，还派给九边各镇。成化、弘治年间，每年派给九边、两浙、两淮、山东、长芦等盐运司共 124 万余引，折银 57 万两。弘治以后，开中法大坏。至嘉靖、隆庆时期又增加了解边盐引份额。开中法的实施面临重重困难，甚至"各边开中至无人应诏"③。起运属中央财政范畴，其中最大支出是边费，这是必不可少的国防开支；其次是内廷靡费。明王朝将大部分赋税定为起运，并规定不许拖欠，支出由户部把关，体现了财政管理体制的中央集权。

二、赋税存留

存留是指一部分赋税留于地方用作常规支出，分别储存于司、府、州县、卫所仓库。据《明史》、《大明会典》等史料，存留赋税主要源于如下几项：一是夏税秋粮。弘治时全国税粮存留 1176 万余石，万历时 1137 万余石。二是马草。万历六年（1578 年）全国存留 410 万余束，后改草折银征收。三是盐课。明代盐课绝大部分起运，地方仅有一小部分存留，如广东盐课"岁人不下一二十万金"，"兵饷之费，不俟他而足"（马森《奏盐法事宜》）④。弘治十五年（1502 年）天下户口盐钞存留 7352 万余贯。四是商税（包括地方抽分）。五是赃罚银。六是卫所屯田子粒，除小部分起运外，绝大部分存留当地支给官兵月粮。地方存留的来源与起运的来源大同小异，只是数额较少。

---

①④ （明）陈子龙等辑：《明经世文编》卷 298。

② 洪武时期为了防卫瓦剌和鞑靼对中原的袭扰，设立九边进行防御。九边即明朝在东起鸭绿江、西抵嘉峪关的漫长北部边防线上相继设立了辽东、宣府、蓟州、大同、太原、延绥、宁夏、固原、甘肃九个边防重镇，史称"九边重镇"，是明朝同蒙古残余势力防御作战的重要战线。由于九边距离帝国的统治中心遥远，后勤补给困难重重，为了减少这种负担，洪武三年（1370 年）与山西商人达成了一个协议：山西商人向大同、居庸关等几大边关要塞输送粮食，山西商人因此获得了合法贩卖"官盐"的资格。这一举措虽然在一定程度上减轻了朝廷补给九边的负担，却损失了相当大份额的盐税。山西商人不仅获得了河东盐池的盐引，也迅速地垄断了两淮的盐引。明帝国虽然节约了每年九边的 500 万石的后勤供给，却损失了大量盐税，在很大程度上减少了国家的财政收入。简言之，明初是商人把内地的粮食、粮仓运到边防，然后官府用盐引来补偿，相应的运多少粮食给多少盐引，然后拿这个盐引到盐场去领盐、销售，商人赚的是差价（输粮换引），这叫开中制。

③ 《明世宗实录》卷 125。

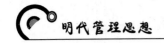

存留支出最多的一项是藩王禄米，据相关史料，除南京、苏、常等府外，其余各省藩禄均从存留中支出；存留支出还有军饷、官俸、教育经费。这四项是地方的常规支出，这类支出要严格按户部的规定数额、时间发放，由司、府、州、县长官具体主管。此外，赈灾、营建、水利等非常规支出若动用存留钱粮，须事先请示中央，地方不得擅支。

在存留之外，地方还有独立支配的小金库，是地方起运以外诸项收入用于常规支出后的结余。这类小金库的名称在制度上未作特别规定，通常称为"羡余"。明代地方羡余主要来源如下：一是存留田赋加耗，是为运送田赋而加征的损耗。成化年间嘉兴府加耗为每石四五斗，"多则倍而征之"①。二是赃罚银。如明中叶山东府县官员滥收赃罚，"民率破产输纳"②。明代法律规定地方政府可以赃罚，造成许多地方官为贪赃而多征。三是商税。如陆化淳任江西虔州知府时，境内两桥商税"羡余四千有奇"，都被放入官库③。四是徭羡银。多征银差在雇役之后还有剩余，称徭羡银，数目仍然可观；此外冠以徭役的各种"无名之征"，一县仅里甲岁节供应一项就可达"几千百计也"④。其余诸如"吏员新参"、"盐引钱"、"网罟之征"等也是羡余的来源⑤。

根据《明通鉴》、《献征录》等史料，明代羡余支出主要如下：一是行政办公经费。二是赈灾。地方动支存留要请示中央，但可以自主使用羡余。三是水利。府县修建水利工程，不仅可以动支羡余，还可以请示上级督、抚支持。四是营建。小规模营建或修缮，如修缮护城堤、书院、学校、孝节坊等，府县长官动支羡余即可解决；大工程如修城等就要请示督、抚。五是宴饮。司、府、州、县官员可以动支羡余招待上级或其他宾客，实际是公款吃喝。六是送礼。地方官员往往以羡余银讨好上级。七是贪污。明代俸禄较低，官员贪污羡余银的现象司空见惯。八是抵补正额钱粮或上缴。部分府县以秋粮羡余抵补夏税，或以羡余"抵额外之征"，甚至有知府将羡余上纳太仓。虽然明代地方羡余完全属于地方财政范畴，本级长官有权支配，但数额较大的羡余支出通常需要上级指导。作为一种财政现象，明代尚未形成羡余支出的正式制度。

三、起运与存留的分配

第一，明代中央政府对赋税的起运和存留在数额方面都有相应的规定。嘉

---

① （明）焦竑：《献征录》卷63。
② （明）焦竑：《献征录》卷61。
③⑤ （明）焦竑：《献征录》卷87。
④ （明）焦竑：《献征录》卷88。

靖六年（1527 年）太子少保刑部尚书李承条陈足兵足食八事，其中"足食"条云："各州县税粮开仓收受，各有定期；起运、存留各有定数；本色、折收、加耗、灾免之类，各有定法。"① 嘉靖二十八年（1549 年），给事中张秉壶以为："言户部覆议天下财赋，每年实征起存之例，夏税、秋粮、马草、屯田地租、食盐钱钞、税课、盐课、门摊之类，各有定数。"②

　　第二，明代夏税、秋粮大部分起运京边，起运大多时间高达 60% ~ 70%，至少不低于 40%。马草则绝大部分起运京边。永乐二十年（1422 年）八月，户部尚书郭资言天下郡县所上："永乐十七年至十九年实征之数，分豁本色、折色内，存留本处军卫有司等仓米九百七十六万二千三百五十三石有奇，其输运南北二京及交趾等处仓米一千二百七十七万一千四百二十石有奇，丝二万斤折米二万石，苎布八万九千二百八十二匹折米六万二千八百四十七石，绵布一百七万五千九百七十匹每匹折米一石，钞五百七十万三千一百一十六锭折米九十五万五百一十九石有奇，白梭布五千匹折米七千五百石，棉花绒六十万斤折米六万石。率未完，宜差官催征。"③ 弘治年间，"每岁天下税粮存留一千一百七十六万四千八百六十五石有奇，起运一千五百三万四千四百七十六石有奇；马草存留四百九万三千五百六十四束，起运二千一百八十五万二千七百四十八束；绢二十七万八千二百八十七匹，布五十七万六百三十七匹，棉绒三十七万四千九百三十五斤；户口食盐钞存留七千三百五十三万三千三百七十九贯，起运四千四百万七千四千七十九贯；钞关船料钞大约三千七百一十九万三千六百一十一贯，各运司额办盐课一百九十五万四千三百五十五引，屯粮大约三百七十七万六千二百九十三石。"④ 万历年间，"官民田总七百一万三千余顷，夏税，米麦总四百六十万五千余石，起运百九十万三千余石，余悉存留；钞五万七千九百余锭，绢二十万六千余匹。秋粮，米总二千二百三万三千余石，起运千三百三十六万二千余石，余悉存留；钞二万三千六百余锭。"⑤ 《明史》载明代"岁入之数"，其中太仓银库："南北直隶、浙江、江西、山东、河南派剩麦米折银二十五万七千余两，丝棉、税丝、农桑绢折银九万余两，棉布、苎布折银三万八千余两，百官禄米折银二万六千余两，马草折银三十五万三千余两……所载岁入，但计起运京边者，而存留不与焉。"⑥ "马草折银"是"百官禄米

①　《明世宗实录》卷 83。
②　《明世宗实录》卷 351。
③　《明太宗实录》卷 250。
④　《明孝宗实录》卷 192。
⑤⑥　（清）张廷玉等：《明史》卷 82《食货六》。

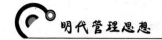

折银"的 13 倍多。可见，明代起运京边马草数量之巨。弘治十五年（1502年），各司府州实征马草数："浙江布政司：马草八十七万四千三百九十一包八斤二两三钱；山东布政司：马草三百八十一万九千五百一十三束一十四斤一十四两九钱零；山西布政司：马草三百五十四万四千四百四十八束九分零；河南布政司：马草二百二十八万八千三百九十六束九千九两一钱零；陕西布政司：马草一百五十一万四千七百一十二束一十一斤五两二钱零；顺天府：马草二百万七千九百二十三束七分零……"①

第三，通常情况下，地方征收的盐钞一半起运京边，一半留本处备用。俱存留地方备用，或尽起运京边，都属于特殊情况而作出的特殊规定。《大明会典》记载了明代盐钞起运和存留数量的相关规定："盐钞起存数目：陕西、山西、四川、云南、广东、广西、贵州七布政司，及应天府并直隶隆庆、保安二州，该征钱钞，俱存留本处备用。浙江布政司及顺天府，北直隶真定、保定，南直隶苏州、松江、镇江、常州、淮安、扬州、徽州、池州、庐州、凤阳、太平、宁国、安庆一十五府，滁、徐、和三州，该征钱钞，一半存留本处备用，一半起运京库。江西、福建、湖广三布政司钱钞，一半存留本处备用，一半起运南京该库。河南、山东二布政司钱钞，一半存留本处备用，一半起运京库。（起运）数内摘发钞八十万一百三十四贯、钱一百六十万二百六十八文解赴宣府，以备开平等卫所官军折支俸粮。北直隶河间府钱钞，本府存留钞六十五万贯，准折本处官军俸粮。其余俱解京库。大名府钱钞，一半起解京库，一半起解保定府。起解京库数内改拨钞三十八万八千一十一贯、钱七十七万六千二十三文解宣府，折支开平等卫所官军俸粮。起解保定数内分拨钱二十八万五千七百六十文、钞一十四万二千八百四十贯解赴户部，转发蓟州库交收，以备营州左、右、中、前、后五屯卫并宽河一所官军折俸。南直隶广德州、并北直隶顺德、广平二府钱钞尽数解京。其永平府所收钱钞该解辽东者，照例折银，送广宁等库交收。"② 据《大明会典》，成化六年（1470 年）明宪宗下令："顺天府河西务、山东临清、直隶淮扬等关钞关暂且折收粳粟粮米，俱以十分为率，各存留三分；其余七分，河西务运至天津卫沧州等处，临清运至东昌府德州等处，淮安运至济宁州徐州等处，扬州运至邳州桃源县等处，俱各收贮预备官仓赈济。待明年丰稔仍各收钞。"③ 可以推断，明代关钞通常也大部分起运京边。

---

① （明）李东阳等：《大明会典》卷 25。
② （明）李东阳等：《大明会典》卷 41。
③ （明）李东阳等：《大明会典》卷 22。

第四，赃罚银起运中央的占4/5，地方存留的占1/5。《大明会典》卷30"赃罚"条下记云："宣德十年奏准：各处司府州县卫所衙门，凡在库赃罚，除金银、珠翠起解京库，其余铜铁、油麻、罗（土商）、布匹、衣服之类，及寄养赃罚马骡驴牛等畜，俱易米麦谷豆上仓。正统三年奏准：凡在外府州县并军卫等衙门赃罚，俱解布政司并直隶府州官库，候年终，直隶府州会巡按御史，各布政司会按察司，盘点见数。其金银及堪中（土商）匹起解京库，仍具起解存留数目，造册送部查考。按察司所追赃罚及不堪（土商）匹亦送布政司官库。金银并堪中（土商）匹每岁类解都察院，转送京库……（嘉靖）四十三年题准：以后抚按并各差御史赃罚，每十分著解户、工二部各四分济用外，其二分并司府者存留备赈。不许私馈妄费及因而科扰，该部年终将收过银数具奏……万历八年，令各抚按赃罚银两互相稽查，原额应解八分之外，明开有无多寡；其二分备赈者要详收贮何处，曾否动支。另酌地方大小、量纸赎多寡各议加增，登入考成查比。"[1]

明代地方的起运和存留并不是一成不变的。《大明会典》详细记载了弘治十五年（1502年）和万历六年（1578年）全国各地夏税、秋粮、马草、各类绢棉等物料的实征、起运数额，不同年份的数额略有变化，尤其是遭遇水旱灾伤的年份，中央政府不仅要遣官赈济，还要蠲免租税。《大明会典》云："成化十九年奏准：凤阳等府被灾，秋田粮以十分为率，减免三分，其余七分除存留外，起运者照江南折银则例，每石征银二钱五分送太仓银库另项收贮备边，以后事体相类者俱照此例。弘治三年议准：灾伤应免粮草事例，全灾者免七分，九分者免六分，八分者免五分，七分者免四分，六分者免三分，五分者免二分，四分者免一分。只于存留内除豁，不许将起运之数一概混免。若起运不足，通融拨补。十七年议准：苏松灾伤，起运不前，暂将一年在京各衙门官员月粮米每石折银八钱，该在南京本色禄俸每石照旧折银七钱；其南京各衙门官员俸粮每月除米一石折银八钱，其余并南京各卫仓粮俱每石折银七钱；漕运粮米折银二十万石，每石兑运七钱，改兑六钱。各解交纳。嘉靖五年令：凤阳等处被灾，州县税粮照例除免，应解物料暂且停征，两广盐价留四万两接济应用。七年奏准：北直隶八府灾伤，将本年份夏税不分起运存留，尽数蠲免。其秋粮视被灾分数，仍照旧例行。十六年题准：今后凡遇地方夏秋灾伤，遵照勘灾体例定拟成灾应免分数，先尽存留，次及起运。其起运不敷之数，听抚按官将各司府州县官库银两钱帛等项通融处补，及听折纳轻赍。存留不足之数从宜

---

① （明）李东阳等：《大明会典》卷30。

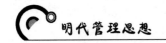

区处，不许征迫小民，有孤实惠……"① 可见，明代中央财政（起运）与地方财政（存留）分配的宗旨是以中央为中心，兼顾地方利益。明政府推行的蠲免及其相关政策也可以证明这一点：明政府制定的成灾蠲免原则虽然是先尽存留，次及起运。但是，若起运不敷之数，地方政府须动支地方财力通融补足，或折纳轻赍；若存留不足之数，则酌情处理。若不是情非得已，中央绝不轻易减免起运，因为起运是中央财政的命脉及官兵俸禄军饷的主要来源。加之起运的伸缩性不如存留大，地方政府若存留不足可以征收相应的杂税徭役弥补。明代起运始终是地方政府优先完成的重要工作。

在这样的起运存留制度下，应该说地方政府还是有一定财政自主权的，能支配地方存留部分。但是，在实际运行过程中明中央紧握财政大权，对地方存留的支出从制度上进行严格控制。据《大明会典》记载："天下粮草等项，国初命有司按季开报。后以季报太繁，令每岁会计存留起运，申报上司，转达户部，俱从户部定夺。事例详后。洪武二十六年定：凡所在有司仓廪储积粮斛，除存留彼处卫所三年官军俸粮外，务要会计周岁关支数目，分豁见在若干、不敷若干、余剩若干，每岁开报合干上司，转达户部定夺施行。仍将次年实在粮米及该收该用之数，一体分豁旧管新收，开除实在开报。宣德七年令：浙江布政司等处递年实征文册，并缴到开豁钱粮勘合等项，内有埋没并重复者查追，革后者追究，奏请定夺。（宣德）八年令：各布政司、都司并直隶府州卫所，岁报税粮等项文册，查理明白，各造总册，差该吏亲赍俱限年终到部。违限及数目不清者先将差来吏送问，经该官吏，通行查问。正统三年奏准：各处岁报钱粮文册，贵州都司、陕西行都司限五月终，广东、广西、云南都司限六月终到部。景泰六年令：广东布政司并所属府州县实征并岁用总册，照旧年终造报。其岁支钱粮、年终仓库钱帛及户口总册，俱限次年八月终到部……"② 地方常规性支出需按中央规定的程序进行，非常规性支出必须事先奏请皇帝或户部批准，接受上级相关部门的审核。即使该年度地方财政出现盈余，也只能存留两年的粮食以备赈灾之用，余下部分由国家统一调拨支援其他用度不支的地区。

从明代中叶开始，中央对地方的临时性征取、调拨也成为一种经常现象，不仅严重损害了地方利益，也挫伤了地方征税的积极性。地方政府，尤其是基层府县为了维持行政开支及其他各项社会事务，开始努力使地方财政摆脱窘境，维持稳定的地方财赋存量，及减少地方财赋的外流等。这就在地方上出现

① （明）李东阳等：《大明会典》卷17。

② （明）李东阳等：《大明会典》卷24。

了一些与中央财政政策相悖的现象。一方面，各级地方政府并不严格执行中央规定的起运、存留政策，尤其是中央与地方利益发生矛盾时，地方政府消极作为：一是地方政府消极征税，拖欠成风。地方政府对盈余拥有独立支配权，当中央有关部门力图调拨这一款项时必然引起地方政府的反拨，一些地方遂消极征税，甚至拖欠。《大明会典》中相关记载较多，"宣德四年令：应天、苏、松并浙江属县等处远年拖欠税粮，每绢一匹，准米一石二斗；绵布一匹、丝一斤、钞五十贯，各准米一石……（宣德）五年令：自三年以前拖欠税粮，以十分为率，三分折布，三分折绢，四分折钞……（嘉靖）二十九年题准：浙江等处司府拖欠银两数多，查照旧规，选差户部属官催完。"① 宣德七年（1432年）下令："顺天府、霸州、东安等州县拖欠草束，每束每折纳钞五贯，就本处官库收贮备用。"② 万历元年（1573年）令："以后各州县见征起运钱粮，俱要当年完报。先年拖欠带征者每年限完二分。总计以十分为率，未完二分以上，住俸督作；未完四分以上，降俸二级督催，虽遇行取、升迁，俱不准起送，候完至九分以上，方准开复原俸；未完六分以上，降二级调用；八分以上，革职为民，朝觐官题参，俱照此行。其司府掌印管粮等官，总计所属州县完欠分数，一体查参。"③ "正德八年题准：将本运司盐课额办四十二万引外，另捞二十万引召商于偏头等关中纳粮草，将原派仓场粮草照数扣除，以补拖欠禄粮之数。"④ "嘉靖十年令：河东巡盐御史变卖在场新旧盐课，补还借欠户部及拖欠宣府年例，并山西布政司易换民粮之数，每引定价四钱。不许倡为余盐之说，朦胧奏讨。"⑤ 《明实录》中有关地方政府拖欠赋税的记载也屡见不鲜。可见，明代许多地方政府拖欠赋税已经成为常态。二是地方政府遇事请拖，截留起运。当府、州县出现天灾人祸时，这些地方政府往往借此机会奏请减免起运的钱粮。《明世宗实录》云："值四方有事，有司往往为地方奏留，且请免。"⑥ 甚至有的地方政府在未遇到大灾荒的情况下，也以各种名目将所需起运的款项截留，这在明代中后期司空见惯。如《明熹宗实录》记载，天启三年（1623年），"工部额编省直银两皆有关项，即使依期起解，分毫无欠。而不时之传奉、无名之取尚不能应，今采木者题留，织造者题留，建府者、军兴者题留，甚则有留至十余年，不留之数亦拖欠不解。"⑦ 各级地方政府消极作为，万历年间赋税一年减少百万。户部认为这主要因为："省直逋欠之不前，

①②③ （明）李东阳等：《大明会典》卷29。
④⑤ （明）李东阳等：《大明会典》卷33。
⑥ 《明世宗实录》卷456。
⑦ 《明熹宗实录》卷30。

而各处挪借折留，其侵越有不可言者在也。乃万历以来有题留者、有咨留者、有暂借者……有不题不咨而径行借用者。不曰偶值艰难，则曰适遇紧急。"① 明中央当然熟知此情，除罢黜个别官员之外，却颇为无奈。三是中央被迫免除地方赋税。当地方政府拖欠赋税过多而无法缴纳时，朝廷被迫免除一定赋税。这不仅因为地方政府长期以来每年都要承担沉重的起运负担，一些地方政府无法按期完成中央规定的任务，中央应该灵活应对；也因为中央强令地方缴纳多年积累的高额逋赋，地方政府和百姓都无法承受。《明史》云："是时天下财赋，岁入太仓库者二百万两有奇。旧制以七分经费而存积三分备兵、歉，以为常。世宗中年，边供费繁，加以土木、祷祀，月无虚日，帑藏匮竭。司农百计生财，甚至变卖寺田，收赎军罪，犹不能给。二十九年，俺答犯京师，增兵设戍，饷额过倍。三十年，京边岁用至五百九十五万，户部尚书孙应奎蒿目无策，乃议于南畿、浙江等州县增赋百二十万，加派于是始。嗣后，京边岁用，多者过五百万，少者亦三百余万，岁入不能充岁出之半。由是度支为一切之法，其箕敛财贿、题增派、括赃赎、算税契、折民壮、提编、均徭、推广事例兴焉。其初亦赖以济匮，久之诸所灌输益少。又四方多事，有司往往为其地奏留或请免：浙、直以备倭，川、贵以采木，山、陕、宣、大以兵荒。不惟停格军兴所征发，即岁额二百万，且亏其三之一。而内廷之赏给，斋殿之经营，宫中夜半出片纸，吏虽急，无敢延顷刻者。三十七年，大同右卫告警，赋入太仓者仅七万，帑储大较不及十万。户部尚书方钝等忧惧不知所出，乃乘间具陈帑藏空虚状，因条上便宜七事以请。既，又令群臣各条理财之策，议行者凡二十九事，益琐屑，非国体。而累年以前积逋无不追征，南方本色逋赋亦皆追征折色矣。是时，东南被倭，南畿、浙、闽多额外提编，江南至四十万。提编者，加派之名也。其法，以银力差排编十甲，如一甲不足，则提下甲补之，故谓之提编。及倭患平……而提编之额不能减。隆、万之世，增额既如故，又多无艺之征，逋粮愈多，规避亦益巧。已解而愆限或至十余年，未征而报收，一县有至十万者。逋欠之多，县各数十万。"② 因此，朝廷一方面推行一条鞭法，另一方面减免一些地方的赋税。据《明史》，天启元年（1621 年），"给事中甄淑言：'辽饷加派，易致不均。盖天下户口有户口之银，人丁有人丁之银，田土有田土之银，有司征收，总曰银额。按银加派，则其数不漏。东西南北之民，甘苦不同，布帛粟米力役之法，征纳不同。惟守令自知其甘苦，而通融其征纳。今因人土之宜，则无偏枯之累。其法以银额为主，而通人情，酌土俗，

---

① 《明神宗实录》卷 416。

② （清）张廷玉等：《明史》卷 78《食货二》。

颁示直省。每岁存留、起解各项银两之数，以所加饷额，按银数分派，总提折扣，哀多益寡，期不失饷额而止。如此，则愚民易知，可杜奸胥意为增减之弊。且小民所最苦者，无田之粮，无米之丁，田鬻富室，产去粮存，而犹输丁赋。宜取额丁、额米，两衡而定其数，米若干即带丁若干。买田者，收米便收丁，则县册不失丁额，贫民不致赔累，而有司亦免逋赋之患。'下部覆议，从之。"① 被迫减免一些地方政府的赋税，也减少了中央财政收入。因此，明代中央与地方的财政矛盾始终存在，有时还相当突出。

另外，中央为解决国家财政危机，采用高压政策强迫各级政府分担国家财政赤字，直接与地方争利，不仅加剧了中央与地方政府的矛盾，也加剧了明朝的阶级矛盾。弘治六年（1493 年），因内府承运库告缺，户部请借用太仓银十万两，并移文天下催取弘治二年至五年折粮银两充之，廷臣议拟上三事以为通融理财之法："折钱钞，谓天下户口食盐钱钞，今后每钞一贯折征银三厘，钱七文折银一分，当解京者，径入内帑；当存留者，留本处准官军俸粮。计解京之数，大约一岁可得银二十二万三千余两。清船料，谓河西务、临清、淮安、扬州、苏州、杭州、九江七钞关，往年尝差部官司其事，后止责成。彼处有司国课遂亏，请于河西务、苏州、九江，户部差属官各一人；淮安、扬州、杭州，南京户部差属官各一员，其钱钞如前拟，折银解京。起存积，谓天下诸司库藏所积金银，除河南、山东、山西、陕西已准籴谷备赈，贵州、两广见给军兴外，其浙江、江西、福建、湖广、四川、云南、应天、南直隶苏松等十三府，广德等四州，北直隶真定等七府，所贮并空月皂隶祗候及粮料等余银，于内各取三分之一以入内帑。"② 为了解决内府承运库，即皇室财政的困难，户部拟将本属于地方起运国家财政的钱钞折银直接交付内承运库，或直接将负担分给地方政府。明孝宗批准实行上述"三事"。万历三十年（1602 年），为筹备福王婚礼资金，于是中央移文："南京工部凑解二万五千两，浙江一万二千两，江西八千两，福建九千两，广东八千两，湖广八千两，四川四千两，山东六千两，山西三千两，陕西四千两，广西二千两，河南六千两，云南三千两，贵州二千两，差官星夜前往守催。"③ 中央财政将这笔开支直接分给地方政府负担。明中央还对田赋多次加征。《明史》云："其（万历）后接踵三大征，颇有加派，事毕旋已。至（万历）四十六年，骤增辽饷三百万。时内帑充积，帝靳不肯发。户部尚书李汝华乃援征倭、播例，亩加三厘五毫，天下之赋增二

---

① （清）张廷玉等：《明史》卷78《食货二》。
② 《明孝宗实录》卷74。
③ 《明神宗实录》卷374。

百万有奇。明年复加三厘五毫。明年,以兵工二部请,复加二厘。通前后九厘,增赋五百二十万,遂为岁额。所不加者,畿内八府及贵州而已……崇祯三年,军兴,兵部尚书梁廷栋请增田赋。户部尚书毕自严不能止,乃于九厘外亩复征三厘。惟顺天、永平以新被兵无所加,余六府亩征六厘,得他省之半,共增赋百六十五万四千有奇。后五年,总督卢象升请加宦户田赋十之一,民粮十两以上同之。既而概征每两一钱,名曰助饷。越二年,复行均输法,因粮输饷,亩计米六合,石折银八钱,又亩加征一分四厘九丝。越二年,杨嗣昌督师,亩加练饷银一分……"① 中央的强制性征取导致中央和地方政府利益冲突,也加剧了明代的阶级矛盾。崇祯年间,御史卫周胤言:"嗣昌流毒天下,剿练之饷多至七百万,民怨何极!"御史郝晋亦言:"万历末年,合九边饷只二百八十万。今加派辽饷至九百万。剿饷三百三十万,业已停罢,旋加练饷七百三十余万。自古有一年而括二千万以输京师,又括京师二千万以输边者乎?"②

第三节　财政赋役管理思想分论

一、邱濬的财政赋役管理思想

正统十四年(1449年),英宗听从宦官王振的建议,亲率大军50万人与蒙古族瓦剌部作战,在土木堡大败,明军全军覆没,英宗被俘,这就是"土木堡之变"。明王朝由此走向衰落并进入其中期。明代中期社会经济具有两个特点:一是随着其统治的衰败,社会矛盾日益尖锐;二是随着农业、手工业继续增长,商品经济空前繁荣,资本主义萌芽并明显发展。

明代中期,土地兼并日益严重,大批农民失去土地。明代土地兼并的一大特点是皇室大量占地,建立皇庄。明初燕王朱棣就在宛平占有土地,称为"王庄","盖成祖龙潜时私庄也"。朱棣称帝后,"有司请庄所属改称皇庄"③。《明史》云:"初,洪熙时,有仁寿宫庄,其后又有清宁、未央宫庄。天顺三年,以诸王未出阁,供用浩繁,立东宫、德王、秀王庄田。二王之藩,地仍归

---

① ②　(清)张廷玉等:《明史》卷78《食货二》。
③　(明)沈榜:《宛署杂记》卷7《黄堡仓》。

官。宪宗即位，以没入曹吉祥地为宫中庄田，皇庄之名由此始。其后庄田遍郡县。"① 到弘治二年（1489 年），"畿内皇庄有五，共地万二千八百余顷；勋戚、中官庄田三百三十有二，共地三万三千余顷。"② "徽、兴、岐、衡四王，田多至七千余顷。会昌、建昌、庆云三侯争田，帝辄赐之。武宗即位，逾月即建皇庄七，其后增至三百余处。诸王、外戚求请及夺民田者无算。"③ 同时，各地地主也大量兼并土地，不仅兼并民田，军卫屯田也被兼并。豪族地主不仅大量兼并土地，还为逃避田赋而大量隐瞒土地，导致为国家缴纳田赋的土地面积日益减少："（洪武）二十六年核天下土田，总八百五十万七千六百二十三顷，盖骎骎无弃土矣……弘治十五年，天下土田只四百二十二万八千五十八顷，官田视民田得七之一。"④ 嘉靖八年（1529 年），霍韬奉命修会典时说："自洪武迄弘治百四十年，天下额田已减强半，而湖广、河南、广东失额尤多。非拨给于王府，则欺隐于猾民。广东无藩府，非欺隐即委弃于寇贼矣。司国计者，可不究心？"⑤ 明政府在缴纳赋税的田亩减少的情况下，为了保证国家财政收入，就必须增加赋税，这就进一步加重了农民的负担。明政府还采取摊税的办法，把已经逃亡的农民应缴的赋税摊在其余农户头上，加速了尚未逃亡农民的逃亡。同时，徭役的管理也愈显混乱，豪强权势们与政府官员勾结，逃避徭役，而这些徭役都被派到贫民身上。地主对农民的剥削也进一步加重，地主所收私租的租额大都占农民收成的一半以上。许多农民在赋税、徭役、地租的沉重剥削下无法生活下去，不得不选择逃亡。《明史》记载："洪武二十六年，天下户一千六十五万二千八百七十，口六千五十四万五千八百十二。弘治四年，户九百十一万三千四百四十六，口五千三百二十八万一千一百五十八。"⑥ 导致人口减少的主要原因是有的农民离开土地逃亡，有的依附豪强权势之家，有的流入城市。其中，一些农民逃至官府势力难以到达的偏远山区，并在那里开荒维持生存，躲避纳税服役。明政府发现这种现象后实行禁山，即禁止农民到山中垦荒，并搜捕逃亡农民，此举激起了流民起义。虽然这些起义在明政府的残酷镇压下暂时平息，但由于没有从根本上解决社会矛盾，农民逃亡依然势不可止。

在这样的背景下，邱濬提出了一系列旨在改善民生、改善国家财政状况的财政赋役管理思想。

（一）薄赋敛

邱濬反对重税厚敛制度，认为政府应该制定合理的赋税政策，轻徭薄赋，平稳物价，与民休息。其《大学衍义补·市籴之令》云："为天下王者，惟省

---

①②③④⑤⑥　（清）张廷玉等：《明史》卷77《食货一》。

力役，薄赋数，平物价，使富者安其富，贫者不至于贫，各安其分，止其所得矣。"① 他以苏州府为例来说明田赋之重："苏州一府七县，其垦田九万六千五百六顷而居天下八百四十九万六千余顷田数之中，而出二百八十万九千石税粮于天下二千九百四十余万石岁额之内，其科征之重、民力之竭可知也已。"（《大学衍义补·经制之义（下）》）② 邱濬还反对重复征税："民种五谷已纳租税，无可再赋之理，非他竹木牲畜比也。竹木牲畜之类，原无征算，故商贾货卖于关市也，官可税之，今民既纳租于官仓矣，而关市又征其税，岂非重哉？此不独非王政，亦非天理也……谷麦既已纳税，用谷以为酒又税之，造麦为曲以酝酒又税之，用米与糟以为醋又税之，是则谷麦一类，农耕以为食，官既取之，商籴于农以为酒、为曲、为醋，官又取之，此一物而三四出税也。"（《大学衍义补·征榷之课》）③

邱濬批评重敛政策："凡国家之所以贫乏，府库空虚而多取厚敛于民，以驯致于财尽民离而宗社沦亡者，皆生于此二蠹也。"（《大学衍义补·经制之义（下）》）④ 认为重敛致使人民贫困破产、逃亡，国家财力日益匮乏。因此，邱濬赞美轻敛政策，并引用唐代李翱的《平赋书》来说明这一思想："人皆知重敛之为可以得财，而不知轻敛之得财愈多也，何也？重敛则人贫，人贫则流者不归而天下之人不来。由是土地虽大，有荒而不耕者，虽耕之而地力有所遗，人日益困，财日益匮，虽欲诛暴逆而威四夷，徒有其心，岂可得耶？故轻敛则人乐其生，人乐其生则居者不流而流者日来，则土地无荒，桑柘日繁，尽力耕之，地有余利，人日益富，兵日益强，人归之如父母……"（《大学衍义补·经制之义（下）》）⑤ 轻敛可以使人民安居乐业，国家强盛。邱濬还认为厚敛是造成社会动乱的一个重要根源："秦、汉之际，其所以兴亡者非止一端，大要在得民心与失民心而已，秦取民大半之赋，汉则十五而取一，其后乃尽除之焉。盖财者民之心，得其财则失其心，苟得民心，吾虽不得其财而其所得者乃万倍于财焉。"（《大学衍义补·贡赋之常》）⑥ 因为厚敛则民贫，民贫、无以为生则铤而走险。因此，邱濬痛斥历代政府横征暴敛的政策："若汉之告缗、算舟车之令，唐之借商税、开架之法，宋之经总制钱之类，是皆罔民取利之具，暂行尚不可，况常乎？"反对政府赋税竭泽而渔："盖以取税于民如取鱼于泽也，泽以养鱼必常有所养斯常有所生，苟取具目前，竭其所养之所，空其

---

① （明）邱濬：《大学衍义补》卷25。
②④⑤ （明）邱濬：《大学衍义补》卷24。
③ （明）邱濬：《大学衍义补》卷3。
⑥ （明）邱濬：《大学衍义补》卷22。

所生之物则一取尽矣，后何所继乎？后世取民大率似此而摊税之害尤毒，非徒一竭而已，且将竭之至再至三而无已焉，不至水脉枯而鱼种绝不止也，何则？中人一家之产仅足以供一户之税，遇有水旱疾厉不免举贷逋欠，况使代他人倍出乎？试以一里论之，一里百户，一岁之中一户惟出一户税可也，假令今年逃二十户，乃以二十户税摊于八十户中，是四户而出五户税也；明年逃三十户，又以三十户税摊于七十户中，是五户而出七户税也；又明年逃五十户，又以五十户税摊于五十户中，是一户而出二户税也。逃而去者遗下之数日增，存而居者摊与之数日积，存者不堪，又相率以俱逃，一岁加于一岁，积压日甚，小民何以堪哉？非但民不可以为生而国亦不可以为国矣。"(《大学衍义补·贡赋之常》)[1] 他指出明政府推行的摊税政策就是一种竭泽而渔的苛政，并痛斥其害。这也反映了明朝中叶在土地兼并严重、赋税严苛的情况下贫民流亡、社会动乱的现实。

（二）实行国家预算制度

为了限制君主任意挥霍国家财富，使"国家用度有所稽考"，邱濬提出了实行国家预算制度的主张。其具体做法如下：第一步，先确定下一年国家所需经费的数量，即国家财政支出数量："每岁于年终之时、五谷皆入之后，俾其视今岁之所入以制来年之所出，而定国家一岁多少之用焉。用地小大视年之丰耗者，谓地之小者入亦小、地之大者入亦大，地小而入大则年之丰可知，地大而入小则年之耗可知。每岁以地所入而定其年之丰耗，年丰则国用随之而隆，年耗则国用亦随之而啬……每岁户部先移文内外诸司及边方所在，预先会计嗣岁一年用度之数，某处合用钱谷若干，某事合费钱谷若干，用度之外又当存积预备若干，其钱谷见在仓库者若干，该运未到者若干，造为帐籍，一一开报。"第二步，核定本年财政收入数量和库存数量："又预行各处布政司并直隶府分，每岁于冬十月百谷收成之后，总计一岁夏秋二税之数，其间有无灾伤、逋欠、蠲免、借贷，各具以知。""以三十年之通制国用者，每岁所入析为四分，用度其三而储积其一，每年余一，三年余三，积三十年则余十年矣。"第三步，根据预算的支出数与本年的实际收入数，量入为出，确定下一年的财政实施方案："至十二月终旬，本部通具内外新旧储积之数，约会执政大臣通行计算嗣岁一年之间所用几何，所存几何，用之之余尚有几年之蓄，具其总数以达上，知不足则取之何所以补数，有余则储之何所以待用，岁或不足何事可从减省、某事可以暂已。"(《大学衍义补·总论理财之道（上）》)[2] 邱

---

① （明）邱濬：《大学衍义补》卷22。

② （明）邱濬：《大学衍义补》卷20。

濬还论述了这种制度的优越性:"以三十年通融之法,常留九年储蓄之赀,然后计其见在所有之数,以为经常用度之节,量其所入而出之,因府库之虚实为用度之赢缩,则国家无不足之忧,而兴事建功无有不成者矣……夫国家之所最急者财用也,财生于地而成于天,所以致其用者人也。天地岁岁有所生,人生岁岁有所用,岁用之数不可少而岁生之物或不给,苟非岁岁为之制,先期而计其数,先事而为之备,至于临事而后为之措置,则有弗及者矣。""如此则国家用度有所稽考,得以预为之备,而亦俾上之人知岁用之多寡、国计之赢缩、蓄积之有无云。"(《大学衍义补·总论理财之道(上)》)①

邱濬提出的国家预算制度的编定原则与现代国家预算方案的制定原则,不同之处在于邱濬主张收入项目以编造年度的实际收入为根据,而现代国家预算的收入项目则是以预算实施年度的收入预计为根据。产生这种重大差别的原因,邱濬的目的是为了限制君主任意挥霍国家财富,量入制出,杜绝超出当年实际收入的财政支出。

为了满足军国之必需,限制内府奢靡浪费,邱濬提出仿照汉代建立内、外二府制度,内府掌管宫廷皇室用度,外府掌管军国之需,禁止内府支用外府财物:"有国家者诚循汉此制以财用之司分为内外二府,外府贮常赋所入,如秋粮、夏税及折粮、银钞、绢帛之属以待军国之用,岁终计其用度之余别为贮处,以备水旱兵火不测之需;内府则贮凡天下坑冶、赃罚、门摊之属以待宫室、衣车、赐予、燕好之费,岁终则计其有余者别储,以备他年之不足,及外府或有不给则以济之。夫外府有不足则可取之于内,内府则常为撙节,使不至于不足,虽有不足亦不可取之于外,何则? 军国之需决不可无,奉养之具可以有可以无故也。九重之上诚念财赋虽聚而易散,有所私奉必权其轻重缓急而用舍之,每留赢余以备匮乏,断不可以军国之储以为私奉之用。"(《大学衍义补·经制之义(下)》)② 邱濬的这一主张具有一定的近代资产阶级财政管理思想的特点,也反映普通民众要求限制君权的愿望。

(三) 配丁田法

邱濬认识到农业是国家财赋收入的主要来源,他重视农业,重视解决农民的土地问题。《大学衍义补·制民之产》云:"民之所以为生产者,田宅而已,有田有宅,斯有生生之具。所谓生生之具,稼穑、树艺、牧畜三者而已,三者既具则有衣食之资、用度之费,仰事俯育之不缺,礼节患难之有备。由是而给公家之征求,应公家之徭役,皆有其恒矣。礼义于是乎生,教化于是乎行,风

---

① (明) 邱濬:《大学衍义补》卷20。
② (明) 邱濬:《大学衍义补》卷24。

俗于是乎美。是以三代盛时皆设官以颁其职事，经其土地，辨其田里，无非为是三者而已。"① 他把有田有宅看作民众家给人足的物质基础，看作政府获得赋税徭役的必要基础，也是实现治世的基础。但到了明代中期，农民并不是都"有田有宅"："夫自秦用商鞅废井田、开阡陌之后，民田不复授之于官，随其所在，皆为庶人所擅，有赀者可以买，有势者可以占，有力者可以垦，有田者未必耕而耕者未必有田，官取其什一，私取其大半。"（《大学衍义补·制民之产》）② 他认为从商鞅废井田、开阡陌开启的土地私有化，带来了土地分配、占有的不均，并为此提出其解决土地问题的方法：他不赞成之前的各种解决土地问题的办法，认为"井田已废千余年矣，决无可复之理"；而"限田之议，均田之制，口分世业之法，然皆议之而不果行，行之而不能久"，是因为这些方法"不免拂人情而不宜于土俗，可以暂而不可以常也"（《大学衍义补·制民之产》）③。他认为要解决土地问题，"终莫若听民自便之为得也"，实际认为土地私有化是必然的，是不以人的意志为转移的，是合于人情宜于世俗的，因此是合理的。

但在明朝中叶，土地兼并严重，大批农民失去土地逃离家园，致使政府赋役征收对象减少了，影响了国家财政收入和徭役征发，也给社会稳定和明王朝的统治带来严重威胁。因此，邱濬在不得已的情况下，提出了他本来不赞成的限田方案。其指导思想是："必不得已创为之制，必也因其已然之俗而立为未然之限，不追咎其既往而惟限制其将来，庶几可乎？"（《大学衍义补·制民之产》）④ 即承认现状，在不触犯地主豪族既得利益的情况下进行改革。其具体方案是："请断以一年为限，如自今年正月以前，其民家所有之田虽多至百顷，官府亦不之问。惟自今年正月以后，一丁惟许占田一顷（余数不许过五十亩），于是以丁配田，因而定为差役之法：丁多田少者许买足其数；丁田相当则不许再买，买者没入之；其丁少田多者，在吾未立限之前不复追咎，自立限以后惟许其鬻卖，有增买者并削其所有（民家生子将成丁者即许豫买以俟其成）。以田一顷配人一丁、当一夫差役，其田多丁少之家，以田配丁足数之外，以田二顷视人一丁、当一夫差役，量出雇役之钱（富者出财）；田少丁多之家，以丁配田足数之外，以人二丁视田一顷、当一夫差役，量应力役之征（贫者出力）。若乃田多人少之处，每丁或余三五十亩或至一二顷，人多田少之处，每丁或只四五十亩、七八十亩，随其多寡尽其数以分配之。此外又因而为仕宦优免之法，因官品崇卑量为优免，惟不配丁纳粮如故，其人已死，优及

①②③④　（明）邱濬：《大学衍义补》卷14。

子孙，以寓世禄之意（如京官三品以上免四顷，五品以上三顷，七品以上二顷，九品以上一顷，外官则递减之。无田者准田免丁，惟不配丁纳粮如故）。立为一定之限，以为一代之制，名曰配丁田法。既不夺民之所有，则有田者惟恐子孙不多而无匿丁不报者矣。不惟民有常产而无甚贫富之不均，而官之差役亦有验丁验粮之可据矣。行之数十年，官有限制，富者不复买田，兴废无常而富室不无鬻产，田值日贱而民产日均，虽井田之制不可猝复，而兼并之患日以渐销矣。"（《大学衍义补·制民之产》）① 邱濬给这种办法取名为"配丁田法"，认为这个方法"既不夺民之所有"，又可以抑制兼并；若"行之数十年"，由于限制富户不能再买田，而又"兴废无常"，富户自然会田产有出卖，这样就可以"田值日贱，而民产日均"。与以田配丁相联系，邱濬还提出了改革徭役的办法，即一丁占田一顷，出一夫差役（即每年为国家承担一夫应出的徭役）；田多丁少的户，除以田配丁、每丁每顷出一夫差役外，多余的田按二顷田合一丁出雇役钱；田少丁多的户，以丁配田，一丁一顷出一夫差役，多余的丁以二丁视田一顷，当一夫差役；对于官员实行"优免之法"，按官品高低相应不同程度地减免其徭役负担，"其人已死，优及子孙，以寓世禄之意"。

邱濬的"配丁田法"是在承认现状的基础上限制以后继续兼并土地，地主豪族们已经侵占的土地则丝毫不受损失；方案规定了对无田少田户购买土地的限制，以及超过限额的户不能继续购买，余者仍是"听民自便"，无田少田的能否买进土地，土地多的富户是否出卖土地，都只是"听民自便"。尽管如此，但方案还是提出了若干限制，最主要的是限制地主豪族继续兼并，这显然与他"终莫若听民自便之为得也"的主张产生矛盾，也反映了土地兼并在地主阶级内部引起的矛盾。大地主们不仅兼并农民的土地，也兼并一些中、小地主的土地，他们之间有时还会因争夺土地产生冲突。同时，随着大地主们兼并土地而来的是他们常常瞒产和隐匿户口，严重侵蚀了国家赋税、徭役的基础。邱濬一方面在田制问题上许民自便，另一方面又想在一定程度上限制土地兼并，反映了统治阶级内部难以调和的矛盾。

二、张居正的财政赋役管理思想

张居正面对明中叶以来的朝政衰乱腐败，矛盾重生的局面，在担任内阁首辅的 10 年中大力在政治、军事、经济等方面进行改革，明显改善了明朝政府

---

① （明）邱濬：《大学衍义补》卷 14。

的统治状况，使奄奄一息的明王朝重新获得生机。在财政赋役管理方面，相关的改革和管理思想如下：

（一）重农厚商

张居正继承了传统的重农思想，认为要实现富国强兵，首先要以农为本、务农讲武。其《学农园记》云："农，生民之本也。周家用稼穑兴王业，即治天下国家，固亦由力本节用，抑浮重谷而后化可兴也。"① 其《贺瑞谷表二》云："臣等窃惟种之美者曰谷，蒸民之富庶由此而臻……而聚人曰财，莫斯为切。苟顺成于岁事，既允协于休征。"② 他认为只有农业发展了，才能实现天下大治。因此，要富民兴邦，农业是最重要的。

不仅如此，张居正还认为商业对农业发展乃至国富民强具有重要作用，认为农业和商业之间是互相促进和相互补充的关系。其《赠水部周汉浦榷竣还朝序》云："古之为国者，使商通有无，农力本穑。商不得通有无以利农，则农病；农不力本穑以资商，则商病。故农商之势，常若权衡然。至于病，乃无以济也。"③ 认为农业可以为商业的发展提供商品，"商通有无"也可以促进农业的发展。因此，要实现富国富民，在重视农业的同时也必须重视商业。他还指出为了实现农业和商业的共同发展，必须禁止官府横征暴敛："故余以为，欲物力不屈，则莫若省征发以厚农而资商；欲民用不困，则莫若轻关市以厚商而利农。"（《赠水部周汉浦榷竣还朝序》）④

重农、厚商是张居正发展经济、解决国计民生问题的两个核心财政思想。他认为农是本，越重农就越能加强商业的基础；又因为商业对农业的发展具有作用，厚商不仅不会病农、妨农，只会利农。明朝从嘉靖至万历年间，商品经济已经有了相当发展，资本主义生产关系已经萌芽并有一定程度的发展，工商业在社会经济生活的地位和作用有所提高。张居正认识到了现实生活中的这些变化，在富国问题中农商并重，提出了"厚农资商"和"厚商利农"这两个密切联系的思想。

（二）节约国用

张居正在主张"厚农资商"、"厚商利农"发展经济的同时，还强调应节约国用，杜绝挥霍浪费。他认为节约国用是积累国家财富的一个重要途径。其《寿襄王殿下序》云："夫圭撮之不慎，钟筥泄之；钟筥之不慎，尾闾泄之。

---

① （明）张居正：《张太岳集》卷9。
② （明）张居正：《张太岳集》卷19。
③④ （明）张居正：《张太岳集》卷8。

江海虽大也，以奉漏卮，则没世不能取盈焉。"① 认为若不知从细处谨慎节流，多少贮积都可以浪费掉。明代中叶国库空虚，百姓穷竭，很大程度上是贵族集团的奢侈浪费。其《谢病别徐存斋相公》云："自顷内外用竭，习尚侈靡。贫者短褐不完，而在位者或婢妾衣纨绮；百姓藜藿不饱，而在位者或厮养厌粱肉。此损下益上之尤者也。"② 因此，必须节约国用，国穷民贫的局面才可能改变。张居正还认为节约国用可以在财富有限条件下确保用度充裕。其《论时政疏》云："天地生财，自有定数。取之有制，用之有节，则裕；取之无制，用之不节，则乏。"③ 因此，"与其设法诛求，索之于有限之数以病民，孰若加意省俭，取之于自足之中以厚下乎？"（《陈六事疏》）④ 节约国用还可以扭转当时侈靡之风。其《论时政疏》云："今国赋所出，仰给东南，然民力有限，应办无穷，而王朝之费，又数十倍于国初之时。大官之供，岁累巨万；中贵征索，溪壑难盈，司农屡屡告乏。"⑤ 其《答总宪李渐庵言人臣节俭之义》还云："至谓今之财赋，不窘于国用之繁，而亏于士大夫之侈纵，诚膏盲之药石也。"⑥ 在这种实际情况下，他认为"矫枉者必过其正，当民穷财尽之时，若不痛加省节，恐不能救也"（《陈六事疏》）⑦。

具体来说，张居正认为节约国用应从以下几个方面入手：一是限制皇帝任意挥霍国家财政经费。明神宗要从户部取银 30 万两，张居正上《请停止钦取银两疏》要求神宗停止使用这笔开支："自嘉靖二十九年，虏犯京师之后，边费日滋，各处添兵添马，修堡修城，年例犒赏之费，比之先朝，数几百倍。奏讨请求，殆无虚日。加以连年水旱灾伤，百姓征纳不前，库藏搜括已尽。臣等备查、御览揭帖，计每岁所入折色钱粮及盐课赃赎事例等项银两不过二百五十余万，而一岁支放之数乃至四百余万。每年尚一百五十余万无从措处。生民之膏血已罄，国用之费出无经。臣等日夜忧惶，计无所出……一旦或有饥荒盗贼之事，何以应之？该部所以恳切具奏，诚事势穷蹙，有万不得已者也……伏愿皇上俯从该部之言，将前项银两免行取进……如上供之费有必不可已者，即是唐人分左藏内库为公私支用之遗议照，祖宗旧制，止于内库取用。至于该部所储，专以备军国重大之费，庶国用可以渐裕而民力亦得少苏也。"⑧ 二是反对大肆装潢宫殿，追求豪奢。明神宗要修缮慈庆、慈宁二宫时，张居正上《请

---

① （明）张居正：《张太岳集》卷 8。
② （明）张居正：《张太岳集》卷 35。
③⑤ （明）张居正：《张太岳集》卷 15。
④⑦ （明）张居正：《张太岳集》卷 36。
⑥ （明）张居正：《张太岳集》卷 29。
⑧ （明）陈子龙等辑：《明经世文编》卷 281。

停止内工疏》谏止："臣等再三商确，未敢即便传行。窃惟治国之道，节用为先；耗财之原，工作为大……今查慈庆、慈宁，俱以万历二年兴工，本年告完。当其落成之日，臣等尝恭诣阅视，伏睹其巍崇隆固之规，彩绚辉煌之状，窃以为天宫月宇不是过矣。今未踰三年，壮丽如故。乃欲坏其已成，更加藻饰，是岂规制有未备乎？抑亦败坏所当新乎？此事之可已者也……方今天下民穷财尽，国用屡空，加意樽节，犹恐不足。若浪费无已，后将何以继之……伏望圣慈俯鉴愚忠，将前项工程暂行停止。俟数年之后稍有敝坏，然后重修未晚。"① 在张居正劝阻下，神宗放弃了修理上述二宫。神宗要求修缮武英殿，张居正认为皇上平时基本不到武英殿，耗费巨资而置之不用，神宗也应张居正的请求停止这项工程。三是张居正还请求神宗减省宫内的衣食、日用、赏赐等。他对神宗说"节一衣，民间有数十人得其暖者；轻一衣，民间有数十人受其寒者，不可不念也"②。还说"明君贵五谷而贱珠玉，五谷养人，珠玉饥不可食，寒不可衣"；"戒宴饮以重起居，专精神以广继嗣，节赏赉以省浮费，却玩好以定心志，亲万几以明庶政，勤讲学以资治理，端趋向以肃士风"（《请停止内工疏》）。这些建议都被神宗采纳。可见，张居正将节约国家财政开支作为实现收支平衡的基本手段，体现了其治国以节用为先的思想。

（三）均赋役

张居正认为赋役不均、豪强兼并及隐没土地是国家财政困难的一个重要原因。从明朝中叶开始，赋役不均和土地兼并情况十分严重，给国家财政带来严重困难。《太师张文忠公行实》云："先是，高皇帝时天下土田八百五十万顷，岁久伪滋，编户之民，无所得衣食，其势必易常产，令豪民得以为奸。以故田赋之弊孔百出，而其大者曰飞诡、曰影射、曰养号、曰挂虚、曰过都、曰受献，久久相沿，引为故业。于是豪民有田无粮，而穷民特以力薄莫可如何，始受其病矣。及县官责收什一，贫民鬻子妻不能输纳，则其势不得不行摊派。盖自浮粮所在多有，而天下尽受其病矣。然民愁无聊，亡逃山林，转为盗贼，则其势又不得不请减额……盖自所减额日以益多，而国家又受其病矣。"③ 因此，必须采取措施均平赋役、限制兼并，才能改善国家财政运行状况。

张居正清楚认识到土地兼并者隐匿土地和人口是赋役不均的根源，他将清丈土地、计亩征税看成是均赋的根本措施，认为丈田"实均天下大政"（《答

---

① （明）陈子龙等辑：《明经世文编》卷 325。

② （清）谷应泰：《明史纪事本末》卷 61。

③ （明）张居正：《张太岳集》卷 47。

江西巡抚王又池》)①，"清丈事，极其妥当，粮不增加，而轻重适均，将来国赋既易办纳，小民如获更生"（《答山东巡抚何来山言均田粮核吏治》)②。于是，万历六年（1578 年）张居正下令度田，将"天下田亩，通行丈量，限三载竣事，用开方法，以径围乘除，畸零截补"，"于是豪猾不得欺隐，里甲免赔累，而小民无虚粮。总计田数七百一万三千九百七十六顷，视弘治时赢三百万顷"③。在清丈土地取得重大成绩的基础上，张居正又在全国推行一条鞭法："总括一州县之赋役，量地计丁，丁粮毕输于官。一岁之役，官为佥募。力差，则计其工食之费，量为增减；银差，则计其交纳之费，加以增耗。凡额办、派办、京库岁需与存留、供亿诸费，以及土贡方物，悉并为一条，皆计亩征银，折办于官，故谓之一条鞭。"④ 将徭役、田赋合并，均按田亩征收，土地多的地主豪族要多纳税，无地少地的农民可以少纳税，实现了赋役以土地为基础的均平。不仅增加了国家财政收入，也减轻了农民负担。一条鞭法在中国财政赋税管理思想史上具有重要地位，它上承唐宋的两税法，下启清代的摊丁入亩；改变了赋与役平行的征收形式，统一了役法，简化了赋役制度，标志着赋税由实物为主向货币为主、征收种类由繁杂向简单的转变。一条鞭法的推行是一件划时代的大事。

---

① ② （明）张居正：《张太岳集》卷 33。

③ （清）张廷玉等：《明史》卷 77《食货一》。

④ （清）张廷玉等：《明史》卷 78《食货二》。

第三章 明代政府命令与禁戒思想

第一节 户口管制思想

管制户口和田土是一项极其复杂的系统工程,事关军国大计。朱元璋从一开始就深刻认识到这项工程的重要性,对户口和田土问题常抓不懈,并为此制定和颁布了一整套行之有效的制度和规程,有力保障了赋税收入与徭役征发。户口包括户数和口数。在中国帝制时代,以农为本,户口的升降会给社会带来很大的影响,不仅与国家经济实力的增长有直接关系,甚至被看作国势盛衰的标志,户口制度也因此受到历代王朝的高度重视。在中国古代的各种典章制度中,户口制度常常被放在首要地位,在官修的正史中,户口多被列在国家经济政策《食货志》的首篇;中央还认真组织实施户口制度,定期普查登记、核定册籍,实行层层管理。明代的户口制度承上启下,具有一定的独特性和创新性,在古代户口制度史上占有重要地位。朱元璋创设了这个制度后,其后诸帝承业治国,虽然随着时代的变迁而有所增损,但其基本框架和根本原则在整个明朝并无更改。

明代户口制度的核心是中央力求完全掌控人户与土地,强制民众为国家交纳赋税并提供劳役,其主要内容如下:

一、颁行户帖制和编定赋役黄册

(一)颁行户帖制

明朝的户口制度是在元代的基础上发展起来的:"凡户三等:曰民,曰军,曰匠。民有儒,有医,有阴阳。军有校尉,有力士,弓铺兵。匠有厨役、裁缝、马船之类。濒海有盐灶。寺有僧,观有道士。毕以其业著籍。人户以籍为断,禁数姓合户附籍。漏口、脱户,许自实。里设老人,选年高为众所服者,导民善,平乡里争讼。其人户避徭役者曰逃户。年饥或避兵他徙者曰流民。有故而出侨于外者曰附籍。朝廷所移民曰移徙。"① 《明史·食货志》还云："太祖籍天下户口,置户帖、户籍,具书名、岁、居地。籍上户部,帖给之民。有司岁计其登耗以闻。及郊祀,中书省以户籍陈坛下,荐之天,祭毕而藏之。"② "籍"通常也叫"册",故户籍也可称为"户册"。朱元璋在建国之初急于"籍天下户口",是因为人户和土地是帝国赖以生存的两大支柱;加之土地又要依靠劳力来开发耕种,不掌握户口就不明人丁事产,也就无从征发赋役。但是,元末以来连年战争,民户流散,田、户籍册或毁于兵火,或严重失实,甚至出现一户民承担数十户差役的情况。因此,整理户口刻不容缓,意义重大。朱元璋不仅在建国以前四处征战的岁月中多次下令在其控制的区域内"籍户口",刚建国的洪武元年(1368年)就立即命中书省议役法:"田一顷出丁夫一人,不及顷者以别田足之,名曰均工夫。直隶应天等十八府州,及江西饶州、九江、南康三府,计田三十五万七千二百六十九顷,出夫如田之数。遇有兴作,于农隙用之。"③ "均工夫"规定按田出夫,要求夫役与田亩一致,还未与丁口多寡建立联系。洪武二年(1369年),朱元璋下令:"凡各处漏口、脱户之人,许赴所在官司出首,与免本罪,收籍当差。凡军、民、医、匠、阴阳诸色户,许各以原报抄籍为定,不许妄行变乱。违者治罪,仍从原籍。"④ 在明朝初年社会秩序还比较混乱,漏口、脱户者不可胜计的情况下,暂时以元朝的户籍为准的做法符合当时的国情,但不是长久之计。朱元璋一直为此深感不便,屡思改变这种局面。于是,洪武三年(1370年),他下令在全国范围内核实民户、统计人口:"令户部榜谕天下军民:凡有未占籍而不应役者,许自首。军,发卫所;民,归有司;匠,隶工部。又诏户部:籍天下户口及置户帖,各书户之乡贯、丁口、名岁,以字号编为勘合,用半印钤记,籍藏于部,帖给于民,令有司点闸比对,有不合者发充军,官吏隐瞒者处斩。"⑤ 户部在普查的基础上制订户籍、户帖,户部保存户籍,户帖由民自管,这是明朝第一次较全面的人口普查。

户帖最初是由宁国知府陈灌创制出来的。元朝至正二十六年(1366年),朱元璋命陈灌为宁国知府。陈灌在府内除弊兴利,"访问疾苦,禁豪右兼并。创户帖以便稽民",朱元璋以为可法,"取为式,颁行天下"。⑥ 明代李诩的《戒庵老人漫笔》中的《半印勘合户帖》对此做了详细记述:"户部洪武三年

---

① ②　(清)张廷玉等:《明史》卷77《食货一》。
③　《明太祖实录》卷30。
④ ⑤　(明)李东阳等:《大明会典》卷19。
⑥　(清)张廷玉等:《明史》卷281《循吏传·陈灌》。

十一月二十六日钦奉圣旨：说与户部官知道，如今天下太平了也，止是户口不明白哩。教中书省置下天下户口的勘合文簿户帖，你每户部家出榜，去教那有司官将他所管的应有百姓，都教入官附名字，写着他家人口多少，写得真，着与那百姓一个户帖，上用半印勘合，都取勘来了。我这大军如今不出征了，都教去各州县里下着绕地里去点户比勘合，比着的，便是好百姓；比不着的，便拿来做军。比到其间，有司官吏隐瞒了的，将那有司官吏处斩，百姓每自躲避了的，依律要了罪过，拿来做军。钦此。除钦遵外，今给半印勘合户帖，付本户收执者。"① 此帖具体内容格式如下："一户某　府　州　县　乡　都　保附籍　户计家　口　男子　口_{成丁不成丁}　妇女　口_{大小}事产_{基田瓦草屋}　右户帖付某收执。准此。洪武三年十一月　日"；"周围梅花阑，大不满二尺，号数处用部印合同半钤，年月日下空处用全印，后有一大部字，印下花押，直连者三，又横并者三，无官吏职衔姓名。背后沿边，县刊一小牵长腔岩印于其上，首行云'江阴县提调官'，下分注'知县钱文德、县丞傅学'，第二行'司吏麇宗文'，第三行'典史朱贯道'。每人皆有花押。末行'洪武三年十一月日'，县印向前，不在年月处。"② 可见，明初户帖的内容、格式主要如下：前面记载皇上圣旨；中间写明户主姓名、籍贯，全家口数，分为男子成丁、不成丁，妇女大口、小口，俱记各人姓名、年龄及其与户主之亲属关系；最后，登录事产，包括房屋、田地等不动产及船只、耕牛等动产的种类和数量。但是，户帖不载户丁等则和田地科则。当时全国各地的户帖，规制完全相同。推行户帖制对于明初政治、经济、军事建设的意义重大。户帖制从洪武三年（1370年）起在全国全面实施，到洪武十四年（1381年）编造赋役黄册，并被后者取代为止，其间一直是明中央用以管理户口、征派赋役的主要根据，为实行赋役黄册制度创造了有利条件。但是，因为户帖制不载户丁等则及田地科则，必然容易造成赋役征调轻重失准，加之户帖上所登记的人口、事产又都是静态的，不能及时反映出其动态变化，也未涉及人口和财产如何管理的问题。这就迫切要求建立一种更有效的管理机制，保障国家的赋役征收，又更能均平百姓的赋役负担。

（二）编定赋役黄册

明代全国赋役事务原本由中书省负责管理，但是，洪武十三年（1380年）朱元璋以中书省丞相胡惟庸谋反为由将其处死，并宣布从此废除丞相制和革除中书省，将相权分于吏、户、礼、兵、刑、工六部，暂时解决了皇权与相权的矛盾，从此皇帝独专大权。此后，朱元璋虽然独揽国家权力，但在国家管理中

①② （明）李诩等：《戒庵老人漫笔》卷1。

面临诸多挑战，尤其是经济方面的。其中，最严重当是户口管理混乱，漏口、脱户、隐瞒丁产者为数众多，导致赋役负担严重不均。隐瞒丁产直接威胁政府赋役征派，赋役不均则容易激化社会矛盾，不利于巩固皇权和社会稳定。因此，必须改变这种状况。为了在户帖制的基础上更全面而准确地掌握全国的户口和土地，朱元璋政治、经济两个方面的改革并举，首先改革地方政权组织：元代最基层的政权单位为"社"，每社 50 户民，朱元璋废"社"，实行里甲制，编民为里，强化户口管制。这就通过里甲组织把本里本甲的赋役管理起来，从改变农村政权组织形式入手达到管理经济的目的。

洪武十三年（1380 年）之前已有些地方开始编制"小黄册"来管理赋役，之后各地相互仿效，并不断摸索、创新。洪武十四年（1381 年），朱元璋"以徭役不均，命编造黄册"①，并以这一年为全国第一次赋役黄册编造之年，之后每 10 年编造一次。赋役黄册的内容、编造方式和管理程序如下：第一，"以一百十户为一里，推丁粮多者十户为长，余百户为十甲，甲凡十人。岁役里长一人，甲首一人，董一里一甲之事。先后以丁粮多寡为序，凡十年一周，曰排年"。②即农村以 110 户为一里，推丁、粮多者 10 户为里长，其余 100 户分为十甲，每甲 10 户；每年役使里长 1 人、甲首 1 人，负责一里一甲之事，里长、甲首轮流担任，其先后次序以丁、粮多寡为定，每 10 年为一周，称为"排年"。第二，"在城曰坊，近城曰厢，乡都曰里。里编为册，册首总为一图。鳏寡孤独不任役者，附十甲后为畸零。僧道给度牒，有田者编册如民科，无田者亦为畸零。"③即城镇也同时实行这种管理体制，只是乡村叫"里"，城中称"坊"，城乡结合部称"厢"，坊、厢的钱粮差役及其余公共事务由坊长、厢长督责，差役由坊、厢内的居民按丁轮充；凡编造黄册，每里编为一册，册的前面绘有一个总图，鳏寡孤独不服徭役者带管于 110 户之外，列于图尾，称为"畸零"。僧人道士给以度牒（即证明身份的文书），凡有田者编入民册并按一般民户征派赋税，无田者亦称为"畸零"。第三，"每十年有司更定其册，以丁粮增减而升降之。册凡四：一上户部，其三则布政司、府、县各存一焉。上户部者，册面黄纸，故谓之黄册。年终进呈，送后湖东西二库庋藏之。岁命户科给事中一人、御史二人、户部主事四人厘校讹舛。其后黄册只具文，有司征税、编徭，则自为一册，曰白册云。"④即每隔 10 年赋役黄册就必须由有关政府部门重新核实编造，以丁、粮增减而定里长之升降；册一式四份，一份送户部，其余三份分别保存于司、府、县；黄册于年终进呈，然后转送南京玄武

---

① （清）张廷玉等：《明史》卷 138《范敏传》。

②③④ （清）张廷玉等：《明史》卷 77《食货一》。

湖后湖东西二库收藏；每年命户科给事中一人、御史二人、户部主事四人，厘校诡舛。因为送呈户部的那份册，其册封面用黄纸，故称为黄册。关于朱元璋颁定的赋役黄册，明代傅维鳞《明书》记云："以一百一十户为里，推丁粮多者十户为长，余百户为十甲。甲十户，名全图。其不能十户，或四五户，若六七户，名半图。城中曰坊，近城曰厢，乡都曰里。里各编一册，册首为总图。鳏寡孤独不任役者，则系于百十户之外，著之图尾，曰畸零带管。册成，上户部，而省、府、州若县各存其一以侍会。皆十户。有司将定式给坊、厢、里长，令人户诸丁口、田塘、山地、畜产，悉各以其实自占，上之州、县。州、县官吏查比先年册诸丁口，登下其死生，其事产、田塘、山地贸易者，一开除，一新收，过割其税粮。其排年，坊、里长消乏者，于百十户遴丁粮近上者补之。有事故绝者，附畸零。"① 比《明史》更详致。但是，明中叶以后，由于各种典章制度遭到破坏，赋役黄册制度也受到严重破坏，政府征收赋税、编派徭役常自行另造一册，时称"白册"②。

以里甲为基层单位编制赋役黄册是明代赋役管理的一项重要变革。以里中富裕者（丁、粮多者）轮充里长，以老人"导民善，平乡里争讼"③，这是明代赋役管理的另一个特点。对户等的划分都以职业为标准，即"毕以其业著籍"是明代户籍制度的根本特征。人户以籍为断，禁止数姓合户附籍，凡漏口、脱户都必须向官府自首，可以防止民众逃避赋役。赋役黄册强调人户统计与控制，侧重于户口管理。洪武二十六年（1393年），全国共有"户一千六十五万二千八百七十，口六千五十四万五千八百十二"；弘治四年（1491年），全国共有"户九百一十一万三千四百四十六，口五千三百二十八万一千一百五十八"；万历六年（1578年），全国共有"户一千六十二万一千四百三十六，口六千六十九万二千八百五十六"④。以里、坊、厢为编审赋役的基层单位以及里长、坊长、厢长赋役管理职能的确立，表明明代赋役管理体制日益完善，也反映了当时地方基层政权的成熟。赋役黄册编定后，民众不得随意改动户籍，全国所有的人户都处于政府严密管控之下，民众不得擅自流动，外出百里之外者必须持有政府发给的"路引"。可见，明代户籍管理的完备，管制的严厉都超过了前代。但事实上，这种层层控制的高压政策很难长期维持下去，更不可能杜绝人户逃亡、移徙，隐瞒人户的现象更是有增无减，迫使中央政府不得不作出相应的政策调整。

---

①　（明）傅维鳞：《明书》卷68《赋役》。

②③④　（清）张廷玉等：《明史》卷77《食货一》。

二、抚揖各类人口

《明史》云："其人户避徭役者曰逃户。年饥或避兵他徙者曰流民。有故而出侨于外者曰附籍。朝廷所移民曰移徙。"① 在中国帝制时代，逃户和流民的出现有着非常复杂的政治、经济、文化、社会以及历史、地理等因素，但根本还是由地主阶级国家的压迫剥削本质决定的；而附籍却是社会发展过程中人口流动的一种正常现象；中央政府统筹实施的移民，其原因则更加复杂。逃户和流民的产生，除了躲避赋税徭役、年饥、避兵等原因之外，还有其他一些因素。从明初到明末，整个明代逃户和流民从未间断。从发展阶段看，大致以宣德朝为界，宣德以前，由于国力较为强盛，社会比较稳定，逃户和流民的规模较小；从宣德后期开始，全国各地民户逃亡已十分严重。如宣德五年（1430年）十一月，"巡抚河南侍郎许廓奏招抚开封等府逃民一十一万五千六百余户复业"②；宣德十年（1435年）六月，"诏免河南彰德等府逃民复业者所负税粮时，各府逃民复业者五万余户"③；正统元年（1436年）十月，"户部奏山东都转运盐使司所属各场在逃灶户三千三百五十余户，逋负盐三万五百六十余引"④；正统三年（1438年）正月，"户部奏直隶清苑县人民逃移五百九十余户，遗下秋粮六百六十余石，草一万三百四十余束。山西临晋县人民逃移四千五百七十余户，遗下秋粮三万四千一百四十余石，草六万八千二百九十余束"⑤；正统五年（1440年）正月，"直隶真定府所属冀州等二十二州县，并山西太原府所属代州等九十四州县，招抚逃民复业共三万六千六百四十余户……巡抚河南山西侍郎于谦籍河南、山西、南北直隶流民，已从抚定寄籍者三万四千二百三十户上之"⑥；正统十二年（1447年）五月，"巡抚河南山西大理寺左少卿于谦奏近闻山东、山西，并直隶淮安等府百姓累因旱伤，逃来河南地方食……今各处百姓递年逃来河南者将及二十万，尚有行勘未尽之数"；⑦等等，不胜枚举。逃户、流民多则数万户或数十万人，少时亦有数百上千户。在如此众多辗转迁徙的逃户流民中，除了少部分是元末战争中弃家逃出的，大部分都是明朝建立后由于经济剥削和靖难战争等原因形成的，无论是还乡复业

———————————

① （清）张廷玉等：《明史》卷77《食货一》。
② 《明宣宗实录》卷72。
③ 《明英宗实录》卷6。
④ 《明英宗实录》卷23。
⑤ 《明英宗实录》卷38。
⑥ 《明英宗实录》卷63。
⑦ 《明英宗实录》卷154。

者还是累招不还者，毫无例外。逃户与流民大量涌现导致屋舍空坏、田地荒芜，经济萧条。明代周忱《与行在户部诸公书》叙述了苏州的情况："洪武年间，见丁授田十六亩；二十四年，黄册原额六十七里，八千九百八十六户。今宣德七年造册只有一十里，一千五百六十九户，核实又只有见户七百三十八户，其余又皆逃绝虚报之数。户虽耗而原授之田俱在，夫以七百三十八户而当洪武年间八千九百八十六户之税粮，欲望其输纳足备而不逃去，其可得乎？"① 江南经济最发达的苏州尚如此，其他地方更甚于是。人户逃绝导致田地荒芜，造成"逋负税粮，遗累乡里"，严重削弱了赋税基础，帝国经济也受到巨大冲击。因此，明朝中央必须作出相应的政策调整。

洪武年间，根据逃户的实际情况，对他们采取了抚揖宽恤与暴力强制并用的政策措施。《明史》云："凡逃户，明初督令还本籍复业，赐复一年。老弱不能归及不愿归者，令在所著籍，授田输赋。正统时，造逃户周知册，核其丁粮。"② 但据《大明会典》，明初似强制手段居多："洪武二年令：凡各处漏口、脱户之人，许赴所在官司出首，与免本罪，收籍当差。凡军、民、医、匠、阴阳诸色户，许各以原报抄籍为定，不许妄行变乱。违者治罪，仍从原籍。（洪武）三年令：户部榜谕天下军民：凡有未占籍而不应役者，许自首。军，发卫所；民，归有司；匠，隶工部。又诏户部：籍天下户口及置户帖，各书户之乡贯、丁口、名岁，以字号编为勘合，用半印钤记，籍藏于部，帖给于民，令有司点闸比对，有不合者发充军，官吏隐瞒者处斩。（洪武）十九年令：各处民凡成丁者，务各守本业，出入邻里必欲互知；其有游民及称商贾，虽有引，若钱不盈万文、钞不及十贯，俱送所在官司，迁发化外。"③ 可见，明初对户籍的管制颇严厉。即便如此，明初依然存在大量逃户，朱元璋为此制定了相关的管控措施："洪武二十三年令：监生同各府州县官拘集各里甲人等，审知逃户，该县移文，差亲邻里甲于各处起取。其各里甲下或有他郡流移者即时送县，官给行粮，押赴原籍州县复业。"④洪武二十四年（1391年），山西繁峙县奏言："逃民三百余户，累岁招抚不还，乞令卫所追捕。"朱元璋认为应善加抚恤，说："民窘于衣食，或迫于苛政，则逃。使衣食给足，官司无扰，虽驱之使去，岂肯轻远其乡土？今逃移之民不出吾疆域之外，但使有田可耕，足以自赡，是亦国家之民也。即听其随地占籍，令有司善抚之。若有不务

① （明）陈子龙等辑：《明经世文编》卷22。
② （清）张廷玉等：《明史》卷77《食货一》。
③④ （明）李东阳等：《大明会典》卷19。

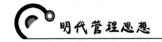

耕种，专事末作者，是为游民，则逮捕之。"①

　　明成祖永乐年间，主要采取抚绥政策。永乐十六年（1418年），民有告言："湖广随州及枣阳县藏各处逃民五百余户，有出入官府，蠹政害民者，有左道惑众者……"成祖云："人孰不欲保聚乡里为良善，此盖厄于饥寒，而有司不能抚绥故耳。"并命令监察御史欧阳和前去抚慰，不治其逃徙之罪，民众皆"欣欣出，首服"，"惟出入官府蠹政害民，及惑众劫掠者，论之以法"。②永乐十九年（1421年）下令："原籍有司覆审逃户，如户有税粮无人办纳，及无人听继军役者，发回；其余准于所在官司收籍，拨地耕种，纳粮当差，其后仍发回原籍。有不回者，勒于北京为民种田。"③永乐二十年（1422年），山东高密县奏请："逃民七百余户，已还乡复业。其历年所欠粮料，上司一再遣官催征，请予宽免。"朱棣即谕户部官员，申令有司："自今逃民复业者，积年所负粮料等物，悉与蠲免。"④

　　但是，朱棣迁都北京、出兵安南及派郑和下西洋，虽然建立起大明帝国威武强盛的形象，却大大消耗了国家财力，增加了百姓的赋役负担。因此，从宣德年间开始，人户逃亡的现象迅速蔓延。明宣宗为了制止这种现象，稳定社会秩序和巩固中央政权的经济基础，宣德五年（1430年），他一方面选派一批廉能官吏往治财源所系或名都大邑等地："上命行在六部都察院堂上官举京官之廉能者擢用之。于是吏部尚书蹇义等，举（况）钟及户部郎中罗以礼，兵部郎中赵豫，工部郎中莫愚，户部员外郎邵旻，刑部员外郎马仪、陈本深，监察御史陈鼎、何文渊。上擢（况）钟知苏州，以礼知西安，豫知松江，愚知常州，旻知武昌，仪知杭州，本深知吉安，鼎知建昌，文渊知温州，俾驰驿之任赐之。敕曰：'国家之政，重在安民，安民之方，先择守令……今慎简尔等，付以郡寄……宜体朕心，以保养为务。必使其衣食有资，礼义有教，而察其休戚，均其劳逸，兴利除弊，一顺民情。'⑤又命周忱为工部侍郎，巡抚江南，督责税粮，整理赋役，均平田地科则。另一方面，还实行宽恤政策。他对户部大臣说："人情皆欲安居，谁肯弃业他徙？只缘有司不善抚恤，横征暴敛，致其如此。比闻彰州强贼皆是逃民，罪虽可诛，情亦可悯。推原其始，责在有司尔。即榜示各处戒约，务存宽恤。若有扰害，致其逃亡者，必罪

---

①《明太祖实录》卷208。
②《明太宗实录》卷197。
③（明）李东阳等：《大明会典》卷19。
④《明太宗实录》卷252。
⑤《明宣宗实录》卷66。

不贷。"① 并采取了一系列变通的政策措施，宣德五年批准："逃户已成产业，每丁种有成熟田地五十亩以上者，许告官寄籍。见当军、民、匠、灶等差，及有百里之内开种田地；或百里之外有文凭分房趁田耕种，不误原籍粮差；或远年迷失乡贯，见住深山旷野未经附籍者，许所在官司取勘见数造册，送部查考。其余不回原籍逃民及窝家，俱发所在卫所充军，照例拨与田地耕种，办纳子粒。若军卫屯所容隐者，逃民收充本卫所屯军，窝家军余人等照隐藏逃军榜例发边卫充军。该管军卫、有司官吏、旗军、邻里容隐者，照例坐罪。若逃军诈作逃民，许限内自首，各还原卫所著役。限外不首者，逃军并窝家亦照榜例问断。"②

正统元年（1436年），明英宗下令各地统计逃户数量、职业，主要实行抚绥政策，针对逃户的不同情况采取相应的措施安排其生活、赋役："令山西、河南、山东、湖广、陕西、南北直隶、保定等府州县，造逃户周知文册。备开逃民乡里、姓名、男妇口数、军民匠灶等籍，及遗下田地税粮若干，原籍有无人丁应承粮差。若系军籍，则开某卫军役及有无缺伍，送各处巡抚并清军御史处，督令复业。其已成家业愿入册者，给予户由执照，仍令照数纳粮。若本户原有丁多税粮十石以上，今只存一二丁者，认种地五十亩；原籍有人办粮者，每人认种地四十亩，俱照轻租民田例每亩起科五升三合五勺。原系军匠籍者，仍作军匠附籍，该卫缺人则发遣一丁补役，该轮班匠则发遣一丁当匠。原籍民灶籍者俱作民灶籍，灶户免盐课，量加税粮。如仍不首，虽首而所报人口不尽，或辗转逃移及窝家不举首者，俱发甘肃卫所充军。"③正统八年（1443年）又令："逃军、逃匠、逃囚人等自首免罪，各发著役。罪重者从实开奏，量与宽减。其逃民不报籍复业，团聚非为，抗拒官府，不服招抚者，户长照南北地方发缺军卫所充军，家口随住。逃军、逃匠、逃囚人等不首者，发边卫充军。"④正统十四年（1449年）土木堡之变后，明王朝社会开始动荡，逃户逐年增多。景泰五年（1454年），镇守福建的兵部尚书孙原贞奏言："臣前任河南参政，阅各处逃民文册，通计二十余万户。其河南之开封、汝宁，山东之兖州，直隶之凤阳、大名地境，相连近黄河、湖泊、蒲苇之乡，因水泄水消变为膏腴之地，逋逃潜住其间者尤众。近者河溢，此处数水荒，逃户复转徙南阳、唐、邓、湖广、襄樊、汉沔之间逐食，恐其相聚为盗。宜俟年谷颇登，敕令各臣督有司府州县，各委官沿村挨勘验口，以给田业，随土宜以课农桑，举乡饮以导其父兄，立乡学以训其子弟，建乡社使知报本，设义食使知备荒，时加巡

---

① 《明宣宗实录》卷68。
②③④ （明）李东阳等：《大明会典》卷19。

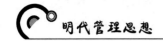

察抚绥，德理以化之，刑法以齐之，徐议其赋役。俾为治民之良法，庶无后来之患。"英宗采纳了孙原贞抚揖宽恤、德理以化的建议，下令移文各参赞巡抚等官，"如原贞所奏斟酌而行从之"。①

明宪宗对逃户亦多采取抚绥政策。成化四年（1468 年），巡抚陕西右副都御史陈价奏云："平凉、延安、庆阳等府所属人户，为因年荒贼扰，逃移外郡十有七八，所遗田土、粮草、纱绢，俱责见存人户代纳。存者被累，亦欲思逃；逃者惟虑追陪，不愿复业。臣愚欲将逃于河南、山西、湖广、四川地方者，或行文彼处官司差人送回，或令回文原籍府县发人起取，无分彼此，悉与口粮。其代逃户陪纳者，悉与蠲除。凡公私逋负一皆停免，庶逃者乐于复业而存者不致思逃。"宪宗下令下户部商议，于是决定："逃民近而知所向者，宜如拟起取；远而无定在者，宜行各该巡抚官勘实遣回。于粮差则实免二年，于陪纳则量蠲其半。"②同年，刑科给事中白昂以灾异上言六事，其二云："修治化以止流民。即今河南、荆襄附籍流民已有六万三千余户，未附籍者犹不知数。皇上简任宪臣往彼抚治，然而犹有仍前流往者。盖因新收逃户既得赈恤，复业流民又免粮差，惟安土重迁始终不逃者每代逃户陪粮服役，及不能存。今宜严加禁约，府卫州县务在敷宣德化，抚恤军民，使之各安其业，不致流移可也。"宪宗览奏，下令诸司行之。③

明孝宗时期，亦实行这种抚绥政策。如免除逃户赋税，弘治元年（1488 年），"以旱灾免河南、开封等五府并汝州今年夏税麦一十三万九千六十六石丝八万四百二十两，并逃绝户无征麦五万八百九石丝三万一百二十三两；宣武等七卫夏税子粒麦七千七百三十一石，并逃故无征麦六百九十石有奇。"④弘治十二年（1499 年），巡抚湖广都御史阎仲宇奏云："本镇地方多流民啸聚，请下各州县审核，有系逃军、逃匠、逃囚者，各递解原籍处置。其不系逋逃，愿自还乡者，抚遣以归；如住久置有产业不愿回还者，照例收附里籍，三年之后随垦田多少从轻纳粮、当差。若军匠冒称民籍者，从原籍官司查取改正。"诏从其议。⑤

明代逃户以贫民为主体，也有部分有钱有势的富户。富户成为逃户，源于朱元璋仿效汉代徙富民以实关中之制，及惩罚元末豪强。《明史》云："初，

① 《明英宗实录》卷 247。
② 《明宪宗实录》卷 52。
③ 《明宪宗实录》卷 53。
④ 《明孝宗实录》卷 19。
⑤ 《明孝宗实录》卷 147。

太祖设养济院收无告者,月给粮……然惩元末豪强侮贫弱,立法多右贫抑富。尝命户部籍浙江等九布政司、应天十八府州富民万四千三百余户,以次召见,徙其家以实京师,谓之富户。成祖时,复选应天、浙江富民三千户,充北京宛、大二县厢长,附籍京师,仍应本籍徭役。供给日久,贫乏逃窜,辄选其本籍殷实户佥补。"① 从宣德年间开始,随着法制松弛和贫民逃亡加剧,当初那些被迁徙到南京、凤阳、北京的富户由于长期徭役的困累而纷纷逃离,中央政府又出台了针对逃亡富户的惩罚措施,总体比对贫民逃户严厉。《明史》云:"宣德间定制,逃者发边充军,官司邻里隐匿者俱坐罪。"②宣德六年(1431年)又令:"富户在京入籍。逃回原籍或躲避他处,顺天、应天府官查出申部,令所在官司即时挨究解发。若亲邻里老知者,许于官司出首,免罪。本人能自首赴京者,亦免罪。若知而不首,及有司占恡不发,即便究问,正犯发口外充军。事故死绝等项,各该官司照数佥补。"③ 这种针对逃亡富户严厉的惩罚措施,从英宗正统年间开始有所舒缓。《大明会典》云:"正统元年令:刑部都察院所犯死罪官吏及粮长大户,免运转,收籍顺天府;其原佥富户有病故者,免佥补。(正统)七年诏:免年七十以上无依单丁无力富户,仍照数于本州县殷实人户内佥补;逃者本身问罪,全家起发永远充军。(正统)十一年令:顺天府每十年一次委官审勘富户,若有年老消乏等项,行移原籍官司佥补。天顺八年诏:在京富户今后如有事故,不必佥补。成化十四年令:顺天府查勘在逃富户,应清勾者,造册送部,发各该司府州县,拘解补役。(成化)十六年令:各府委官清理原造富户籍册,不得违例佥补勾丁,及以应放免者重役。其富户为事抵充、在厢病故者,免勾补。逃亡病故者,仍勾一丁,终身除豁。"④到弘治年间,对富户采用了更轻的罚银助役的方式。《明史》云:"弘治五年始免解在逃富户,每户征银三两,与厢民助役。"⑤《大明会典》亦云:"弘治五年题准:顺天府在逃富户,各省不必起解,每户每年征银三两,总类进表官顺赍到部,转发宛大二县帮贴见在厢长当差。"⑥嘉靖年间又进一步减轻。《明史》云:"嘉靖中减为二两,以充边饷。"⑦《大明会典》云:"嘉靖二十四年议准:直隶海州地方疲惫,其原额富户俱停革。(嘉靖)二十九年题准:将原收富户银内动支四百两,给宛大二县厢长代役;仍行各原籍查各富户果系逃亡,节年累徭户帮佥者,自本年为始每名减银一两,只征二两解部,如前收给,立法稽考;如本户尚有丁者于本户征银,不许累及别甲。其二十八年

---

① ② ⑤ ⑦ (清)张廷玉等:《明史》卷77《食货一》。
③ ④ ⑥ (明)李东阳等:《大明会典》卷19。

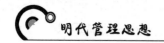

以前全征在官者，立限解部，转发济边。"①

《明史》云："其人户避徭役者曰逃户，年饥或避兵他徙者曰流民。"② 可见，流民与逃户（富户除外）的区别在于其产生的原因不同。明代从宣德年间开始流民与日益增，至成化年间规模最大，主要集中于山东、山西、河南、陕西、湖广等省。从洪武至宣德年间，对待流民的政策大致与对待逃户相同，即以招抚为主，开仓赈济，兼用暴力强制手段令其还乡复业，并减轻还乡复业者的赋役。正统年间，除继续使用上述行政手段和经济救助之外，又从管理组织上采取了一些具体措施。据《大明会典》，正统二年（1437 年）朝廷下令："各处有司委官挨勘流民名籍、男妇、大小、丁口，排门粉壁，十家编为一甲，互相保识，分属当地里长带管。若团住山林湖泊，或投托官豪势要之家藏躲，抗拒官司，不服招抚者，正犯处死；户下编发边卫充军。里老窝家知而不首，及占吝不发者，罪同。"③ 据《明史·于谦传》记载，正统六年（1441 年），山东、陕西二省流民二十余万人流入河南，于谦发粟救济，"又奏令布政使年富安集其众，授田给牛种，使里老司察之"④。《明史》亦云："凡流民，英宗令勘籍，编甲互保，属在所里长管辖之。设抚民佐贰官。归本者，劳徕安辑，给牛、种、口粮。又从河南、山西巡抚于谦言，免流民复业者税。"⑤

天顺、弘治年间，由于土地兼并加剧和灾伤频仍，河南、陕西、湖广、四川等省流民蜂起，屯聚荆襄等地区，甚至发展成武装起义。《明史》记载："成化初，荆、襄寇乱，流民百万。项忠、杨璇为湖广巡抚，下令逐之，弗率者戍边，死者无算。"⑥ 朝廷对流民的政策也与时俱进，适时作出了调整，一方面专为管理流民而设官，从行政上加强管控。据《大明会典》，天顺八年（1464 年）下令："添设湖广布政司参议一员，于荆襄、汉阳等府抚治流民。"成化元年（1465 年）下令："添设陕西按察司副使一员，于汉中府抚治流民。"成化十七年（1481 年）又下令："添设四川按察司副使一员，于重、夔、保、顺四府抚治流民。"弘治八年（1495 年）下令："添设河南布政司参政一员，于南阳府抚治流民。"⑦并对相关官员的职掌作出一定的调整。弘治九年（1495 年）下令："河南分巡、汝南道金事兼理抚民，听抚治郧阳都御史节制。"⑧还继续推行强制措施削减流民数量。成化七年（1471 年）下令："荆襄、南阳等处深山穷谷系旧禁山场，若不附籍流民潜住团聚为非者，许军卫有司巡捕，官兵、里老人等拘送各该官司问刑衙门，问发边远充军，窝藏之家罪

①③⑦⑧ （明）李东阳等：《大明会典》卷 19。

②⑤⑥ （清）张廷玉等：《明史》卷 77《食货一》。

④ （清）张廷玉等：《明史》卷 170《于谦传》。

同。若不系禁约山场，只于余外平地州县、军屯、官庄藏住不报籍者，递发原籍当差，逃囚、军匠人等不分山内山外俱发边卫充军。"① 另一方面，继续推行对流民的抚揖政策。《明史》云："成化初……祭酒周洪谟著《流民说》，引东晋时侨置郡县之法，使近者附籍，远者设州县以抚之。都御史李宾上其说。宪宗命原杰出抚，招流民十二万户，给闲田，置郧阳府，立上津等县统治之。河南巡抚张瑄亦请辑西北流民。帝从其请。"② 成化六年（1470 年）准奏："流民愿归原籍者，有司给与印信文凭，沿途军卫有司每口给口粮三升；其原籍无房者，有司设法起盖草房四间，仍不分男妇每大口与口粮三斗，小口一斗五升，每户给牛二只，量给种子，审验原业田地给与耕种，优免粮差五年，仍给下帖执照。"③ 弘治十七年（1504 年）朝廷下令："抚按官严督所属，清查地方流民：久住成家不愿回还者，就令附籍，优免粮差三年；如只身无产，并新近逃来军匠等籍，递回原籍。仍从实具奏稽考。"④ 明朝政府采取这些管理政策，有效防止因人户流徙而造成的社会动荡，也巩固了其统治的基础，保障了赋役的征发。

从正德年间开始，随着流民潮渐趋衰歇，各级政府又逐渐恢复对流民给予经济扶持、安抚的政策措施。嘉靖年间，对流民采取了更宽厚的抚绥措施。嘉靖六年（1527 年）朝廷下诏："今后流民有复业者除免三年粮役，不许勾扰。其荒白田地，有司出给告示晓谕，许诸人告种，亦免粮役三年；三年后如果成熟，量纳轻粮。如有不遵官吏、里甲人等，一体治罪。各州县官有设法招抚流民复业，及招人开垦承种荒白田地数多者，俱作贤能官，保荐擢用。"嘉靖九年（1530 年），朝廷下令："各省乘大造之年查勘各属流民，置有产业、住种年久者，准令附籍当差，其余俱各省令回籍生理……又令抚按官招抚流民令各还乡，查将本处仓库，堪动钱粮，并近开事例银两，量给牛具种子，使各安生业，毋致失所。"⑤

明政府还抚揖"附籍"人口和鳏寡孤独。附籍即原先外来的人户附入后来所在地的户籍而成为当地正式的编户民，其由来原因主要有：一是原来的逃户、流民，这一类民户是由于剥削制度而造成的；二是文武官吏及其家属，这一类是出于维持国家机器运转而产生。中国帝制时代，为了管控户口、土地，严禁百姓流移造成户籍混乱。但是，残酷的政治压迫和经济剥削又先后制造出一批又一批的逃户、流民，无论政府采取何种手段都不可能使他们全部返回原籍，终有一部分人在异土他乡生存下去。加之由于明政府推行官员任职回避制

①③④⑤　（明）李东阳等：《大明会典》卷 19。

②　（清）张廷玉等：《明史》卷 77《食货一》。

度，官员们不得在原籍从政，必须异地对调，客死他乡的文武官员家属不能回到原籍，不得不就地入籍。这些附籍人户关系到所在地的社会稳定和生产发展，也关系到对待官僚家属等复杂问题，如何管理他们是一个不可小觑的挑战。明政府在这方面的政策主要是区别户等，宽严相济：一是许非世袭民户随地附籍。如正统初年山西左参政王来上疏言"流民所在成家。及招还故土，每以失产复逃去。乞请随在附籍便"，明英宗从其请。① 二是世袭的永充户不许随地附籍。如景泰三年（1452 年）下令："文职改调事故等项官员遗下家人子弟，如有畏避原籍军、匠、灶役，朦胧报作民籍寄住，以致原籍缺役者，不分年月久近、已未附籍，押发原籍官司收管听继。"② 该项政策到了嘉靖年间有所调整，嘉靖六年（1527 年）下诏："巡城御史严督各该兵马司官，查审京师附住各处军民人等。除浮居客商外，其居住年久、置立产业房屋铺面者，责令附籍宛大二县一体当差，仍暂免三年，以示存恤。若有冒假卫所籍贯者，行勘发遣。"③三是对老疾致仕事故等官员家属，按其离原籍道里远近酌情处置。正统十年（1445 年）奏准："天下诸司衙门老疾致仕事故等项官员，离原籍千里之外不能还乡者，许各所在官司行原籍官司照勘，原系军民匠籍，照旧收附；如遇缺伍失班，即送壮丁补役；若原籍无人办纳税粮，于附近州县照数拨与地亩，承种纳粮，抵补原籍该纳之数；若附近原籍不及千里者，仍发回纳粮当差。"④可见，大明政府对附籍人户坚持的政策是：凡人户都必须编入户籍，纳入政府管理范围，不得脱户；若离开原籍，应随地附籍，否则就要受到惩罚。

鳏寡孤独的人生活在社会最底层，他们大多处在被遗忘的角落，其中有的有田产无劳力，有的两者皆无。虽然如此，他们也都是社会人口的一个组成部分，必须得到赡养，明政府对他们都实行优恤政策。明初虽然民力财力俱困，但朱元璋洪武元年（1368 年）就下诏对鳏寡孤独者时加存恤，并着手建立社会保障体系。据《大明会典》记载，明政府先后出台的优恤政策有："洪武初，令天下置养济院，以处孤贫残疾无依者。（洪武）三年，令民间立义冢，仍禁焚尸。若贫无地者，所在官司择近城宽闲之地，立为义冢。（洪武）十九年，诏所在鳏寡孤独取勘明白，田粮未曾除去差拨者，即与除去；若不能自养，官岁给米六石。其孤儿有田，不能自立，既免差役，责令亲戚收养；无亲戚，邻里养之。其无田者，一体给米六石，候出幼，同民当差。宣德三年，令天下军民贫病者，惠民药局给与医药。天顺元年，令收养贫民于大兴、宛平二

---

① （清）张廷玉等：《明史》卷 172《王来传》。

②③④ （明）李东阳等：《大明会典》卷 19。

县，每县设养济院一所于顺便寺观，从京仓支米煮饭，日给二餐，器皿柴薪蔬菜之属从府县设法措办，有疾者拨医调治，死者给与棺木。（宣德）四年，令京城崇文、宣武、安定、东直、西直、阜城门外各置漏泽园，仍令通州、临清、沿河有遗骸暴露者，一体掩藏。嘉靖六年，诏在京养济院只收宛大二县孤老，各处流来男妇笃废残疾之人，工部量出官钱于五城地方各修盖养济院一区，尽数收养，户部于在官仓库每人日给米一升。巡城御史稽考，毋得虚应故事……"① 政府优恤鳏寡孤独，是为了宣扬皇帝的仁慈，也有利于社会秩序的稳定。

明政府还对高龄者实行养老之政。据《大明会典》记载，明政府先后出台的养老政策有："洪武元年，诏民年七十之上者许一丁侍养，与免杂泛差役。（洪武）十九年，诏所在有司审耆老不系隶卒倡优，年八十九十，邻里称善者，备其年甲行实，具状奏闻。贫无产业者，八十以上月给米五斗、肉五斤、酒三斗，九十以上岁加给帛一匹、絮五斤；虽有田产仅足自赡者，所给酒肉絮帛亦如之。其应天、凤阳二府富民，年八十以上赐爵里士，九十以上赐爵社士，皆与县官平礼，并免杂差，正官岁一存问。著为令。永乐十九年，诏民年八十以上，有司给与绢二匹、布二匹、酒一斗、肉十斤，时加存恤。（永乐）二十二年，令民年七十以上及笃废残疾者，许一丁侍养，不能自存者有司账给；八十以上者，仍给绢二匹、绵二斤、酒一斗，时加存问。天顺二年，诏军民有年八十以上者，不分男妇，有司给绢一匹、绵一斤、米一石、肉十斤；年九十以上者倍之；男子百岁，加与冠带荣身。又诏四品以上官年七十，以礼致仕，不能自存者，有司岁给米五石。（天顺）八年，诏凡民年七十以上者，免一丁差役，有司每岁给酒十瓶、肉十斤；八十以上者加与绵二斤、布二匹；九十以上者，给与冠带，每岁设宴待一次；百岁以上，给与棺具。成化二十三年，诏在京文职，以礼致仕，五品以上，年及七十者，进散官一阶。其中廉贫不能自存众所共知者，有司仍每岁给与食米四石。不许徇情滥给。弘治十八年，诏文职官员五品以上，以礼致仕在家者，各进阶一级。其二品以上大臣年及八十者，有司备采币羊酒问劳；九十以上者，具奏遣使存问。嘉靖元年，诏文职致仕一品未受恩典者，有司月给食米二石，岁拨人夫二名应用。二品以上年及八十者，备采币羊酒问劳；九十以上者，具实奏来，遣使存问。五品以上以礼致仕，年七十以上者，进散官一阶。其中廉贫不能自存众所共知者，岁给米四石，以资养赡。"② 从总体看，明代前期重视推行针对百姓的养老政策，

①②　（明）李东阳等：《大明会典》卷80。

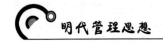

明代中后期重视推行针对官员的养老政策。明朝政府这一系列养老政策的推行，在一定程度上解决了官民的养老问题，减少了官员对退休年老时的忧虑。

三、调整人口布局

从元泰定二年（1325 年），河南息州赵丑厮、郭菩萨的起义，揭开了元末农民起义的序幕。至洪武元年（1368 年）朱元璋建立明王朝为止，这场元末农民起义战争历时整 30 余年。之后，朱元璋为完成统一大业，又与元朝残存势力进行了 20 余年的征战。在这前后总计 50 余年的战争中，朱元璋是唯一的胜利者。但是，由于长期战争造成全国许多地方居民死亡，人口锐减，田畴荒芜，社会经济遭到严重破坏，进一步加剧了全国各地人口分布的不平衡性。《明太祖实录》云："自兵兴以来，民无宁居，连年饥馑，田地荒芜。"① 许多地方乡村萧条，人烟断绝。其中，久罹兵革的山东、河南、河北等省受祸最重，民众大量逃亡，许多地方竟然多成无人之地。这样，各地之间就形成"宽乡"和"狭乡"的鲜明对比：北方一些地方"多是无人之地"，地多人少，时称"宽乡"；其余一些地区却"地狭人稠"，地少人多，时称"狭乡"。为了改变这种局面，促进社会经济全面发展，朱元璋首先在全国范围内大规模开展移民垦荒和军队屯田。这场大规模的长期的移民垦荒运动，其参与的人数之多为前代罕有。

早在元朝至正二十七年（1367 年），朱元璋在命徐达北伐中原的同时就下令迁徙苏州府富民充实濠州（今安徽凤阳），由此拉开明初移民的序幕。其后，移民垦荒不断深入发展，并在全国不同地区全面推广。洪武三年（1370年）五月，朱元璋"以中原之地自兵兴以来田多荒芜，命省臣议计民授田，设官以领之"，于是在河南置司农司。② 六月，又以"苏、松、嘉、湖、杭五郡地狭民众，细民无田以耕，往往逐末利而食不给。临濠，朕故乡也，田多未辟，土有遗利"，"令五郡民无田产者往临濠开种。就以所种田为己业，官给牛、种、舟粮，以资遣之，仍三年不征其税。于是徙者凡四千余户"。③ 据《明史》记载，徐达平定北方之后，"徙北平山后民三万五千八百余户，散处诸府卫，籍为军者给衣粮，民给田。又以沙漠遗民三万二千八百余户屯田北平，置屯二百五十四，开地千三百四十三顷。复徙江南民十四万于凤阳。"④

① 《明太祖实录》卷 12。
② 《明太祖实录》卷 52。
③ 《明太祖实录》卷 53。
④ （清）张廷玉等：《明史》卷 77《食货一》。

之后，朱元璋采纳了户部郎中刘九皋的建议，让狭乡之民迁移到宽乡，使"地无遗利，人无失业"，于是"迁山西泽、潞民于河北"；"屡徙浙西及山西民于滁、和、北平、山东、河南。又徙登、莱、青民于东昌、兖州。又徙直隶、浙江民二万户于京师，充仓脚夫"。① 据《明太祖实录》记载：洪武九年（1376年）十一月，移山西及北直隶真定等处民无产业者往凤阳垦田；② 洪武十五年（1382年）九月，迁广东番禺、东莞、增城诸县原元将领何真所部降民24400余人到泗州屯垦；③ 洪武二十年（1387年）十月，命湖广常德、辰州民有3丁以上者，出1丁往耕云南，又下诏命长兴侯耿炳文率狭西土军33000人往云南屯种听征。④ 洪武二十一年（1388年）八月，迁山西泽、潞二州民之无田者往彰德、真定、临清、归德、太康诸处闲旷之地，令自便置屯耕种；⑤ 洪武二十二年（1389年）四月，迁杭、湖、温、台、苏、松诸郡民无田者，令往淮河迤南、滁、和等处就耕⑥，九月，以山西地狭民稠，下令许其民分丁于北平、山东、河南旷土耕种⑦；洪武二十四年（1391年）七月，命户部籍浙江等省、应天诸府富民14300余户，悉徙其家以实京师（南京）；洪武二十五年（1392年）二月，移山东登、莱诸府民贫无产者5635户，赴本省东昌等处编籍耕种。从上述至正二十七年至洪武二十五年的十余次移民中，有户口数据可考者按每户五口推算，合计约移民590375人。洪武以后，移民垦荒运动继续进行，但规模逐渐减少，至永乐末年基本结束："太祖时徙民最多，其间有以罪徙者。建文帝命武康伯徐理往北平度地处之。成祖核太原、平阳、泽、潞、辽、沁、汾丁多田少及无田之家，分其丁口以实北平。自是以后，移徙者鲜矣。"⑧

明初为了恢复社会生产，除了移民垦荒调整人口布局之外，另一个重大举措就是开展军队屯田，主要集中于东北、西南、西北等广大边陲地区，包括辽东、蓟州、宣府、大同、榆林、宁夏、甘肃、固原、太原"九边"地区。《明史》云："临边险要，守多于屯。地僻处及输粮艰者，屯多于守，屯兵百名委百户，三百名委千户，五百名以上指挥提督之。屯设红牌，列则例于上。年六十与残疾及幼者，耕以自食，不限于例。屯军以公事妨农务者，免征子粒，且

①⑧　（清）张廷玉等：《明史》卷77《食货一》。
②　《明太祖实录》卷110。
③　《明太祖实录》卷148。
④　《明太祖实录》卷186。
⑤　《明太祖实录》卷193。
⑥　《明太祖实录》卷196。
⑦　《明太祖实录》卷197。

禁卫所差拨。于时，东自辽左，北抵宣、大，西至甘肃，南尽滇、蜀，极于交趾，中原则大河南北，在在兴屯矣。"① 洪武、永乐年间，天下卫所州县军民皆从事垦辟，这场军民垦荒生产运动，也是对人口布局重大调整。这种军屯制度被明代后来诸帝继承了下来："宣宗之世，屡核各屯，以征戍罢耕及官豪势要占匿者，减余粮之半。迤北来归就屯之人，给车牛农器。分辽东各卫屯军为三等，丁牛兼者为上，丁牛有一为中，俱无者为下。英宗免军田正粮归仓，只征余粮六石。后又免沿边开田官军子粒，减各边屯田子粒有差。景帝时，边方多事，令兵分为两番，六日操守，六日耕种。成化初，宣府巡抚叶盛买官牛千八百，并置农具，遣军屯田，收粮易银，以补官马耗损，边人称便。"②

从明初朱元璋开始，调整全国人口布局，组织大规模的移民垦荒运动，最重要的目的是为了加快人口增长，恢复社会经济，巩固皇权统治。明政府推行移民的指导原则：一般从狭乡移民宽乡，以均衡人口、调节地力，使地尽其利，人勿失业而有恒产。除一部分边民和故元官吏将士之外，移民都是由人多地少的地区移入人少地多的地区。有数字可考的洪武、永乐二朝移民人数约为200万，实际可能更多。加之大批军队开入边境地区长期军屯，其中一部分世代留在那里，已与移民无异。如此众多的军民从人稠地窄的地区移居人稀地旷的地区，很大程度上改变了明代人口分布的密度。可见，明初的移民垦荒运动有着深刻的政治、经济背景，又反过来产生了巨大的经济效益和重大的政治作用，并由此基本奠定了中国近代人口分布的大致格局，为南北社会经济的协调发展创造了有利条件。

第二节　土地管制思想

明代土地总体分为二等。《明史》记云："土田之制，凡二等：曰官田，曰民田。初，官田皆宋、元时入官田地。厥后有还官田，没官田，断入官田，学田，皇庄，牧马草场，城壖苜蓿地，牲地，园陵坟地，公占隙地，诸王、公主、勋戚、大臣、内监、寺观赐乞庄田，百官职田，边臣养廉田，军、民、商

————————

① ② （清）张廷玉等：《明史》卷77《食货一》。

屯田，通谓之官田。其余为民田。"① 明代的土地制度不仅有继承元代的特点，也有不少创新。"官田"之名最早见于《周礼》。宋、元以后，官田渐多，至明益盛。明代官田的所有制性质，一般认为明初苏、松、嘉、湖诸府的没官田、断入官田为国有土地，虽然不可与皇庄、牧地诸在官之田相提并论，但在法律上禁止自由买卖；民田为民所自有，为私有土地，允许买卖交易。明代全国官田少而民田多，但明初苏、松二府则是民田少而官田多。明中叶以后官田逐渐私有化，其赋税科则与民田合而为一。明代官田和民田不仅数量不同、种类不一、所有制性质有异，而且征税的名目、税粮科则也各有差别。官田曰租，民田曰税；官田租重，民田税轻；官田多由贫民佃种，民田多归豪右所有。明政府根据官田与民田的这些不同情况，建立了一种比较可行的土地制度，使之与户口制度相配套、丁口与田产互不分离，保障国家赋役的征发和社会再生产的进行，有不少可取之处。

一、编定鱼鳞图册

明朝建国之初，由于长期的战争，户籍、田籍等事关军国大计的图版文籍或毁于战火，或残缺不全，"版籍多亡，田赋无准"。② 为了改变这种状况，使赋税征收有所依据，只有尽快制定田籍。就在朱元璋称帝的洪武元年（1368

---

① （清）张廷玉等：《明史》卷77《食货一》。宋、元时入官田地：宋、元两代遗留下来的官田，又称"旧额官田"、"古额官田"，主要是南宋的官田。明朝新籍的官田称为"抄没官田"、"近额官田"，主要是没收豪强地主的田地。这两种官田大多分布在江南苏、松诸府。还官田：也有两种情况，一是明初赐给公侯，以其租入充俸禄的；二是赐给官员或百姓承种，后因事故还田于官的。没官田：籍没之田，即由政府没收入官。明代凡官民犯法被抄家没产者，土地概归入于官。明初在苏州府抄没的田土最多，达380余万亩，抄没的对象主要是张士诚"大周国"的成员，以及被明太祖视为不法的"富民"。断入官田：指双方互争而又来历不明的田土，因无法断给任何一方，由官府裁定没收入官。学田：亦称府县学田，有些地方称"供田"，又可细分为书院田（学院田）、儒学田，为府州县学所有，以其租入为办学费用或资助贫困学生。宋元两代置学田之风甚盛，明代江南等地亦相当流行。皇庄：明代皇室直接经营的庄田。牧马草场：明代官马放牧之地。城壖苜蓿：城壖地，即城郭旁之余地；苜蓿，为农作物之一种，可作为马的饲料。这类土地原来禁止耕种，后来解除禁令，听任开垦。牲地：光禄寺、太仆寺所用牲畜之饲料地或牧放地。园陵坟地：包括帝王陵墓用地和地方上的公墓用地，如南京钟山明孝陵和北京昌平十三陵等。公占隙地：多指民间义冢或显贵坟茔，官仓坛殿等所占用之田。从梁方仲说，诸王等赐乞庄田：包括赐予和奏请两种，前者为皇帝主动赐给功臣的田地，后者是诸王等为了占夺土地向皇帝奏请乞讨的。百官职田：即品官职分之田，又称"公田"，以其租入为补充俸禄之用。职田之名始于隋朝开皇年间。明代行职田之制时间不长，洪武末年即告结束。边臣养廉田：置立在边境地区，以其租入用于边镇官吏和监军使俸禄以外之津贴的官田地。军、民、商屯田：该三种屯田，依据其经营主体、经营管理体制和收入所得分配等各不同而划分。民田：为民所自有，主要有新开田、沙塞田、闲田、僧道常住田等数种。

② （清）张廷玉等：《明史》卷77《食货一》。

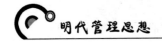

年）正月，他即派遣国子监生周铸等 164 人，"核浙西田亩，定其赋税"。① 此后，朱元璋在统计全国户口的同时抓紧核实田亩，为制定全国田籍做好准备。

洪武十三年（1380 年）二月，朱元璋令户部核实天下土田。② 但是，"两浙富民畏避徭役，往往以田产诡托亲邻、佃仆，谓之'铁脚诡寄'。久之，相习成风，乡里欺州县，州县欺府，奸弊百出，谓之'通天诡寄'。于是富者愈富而贫者愈贫"③。这不仅使拖欠税粮的现象日趋严重，社会稳定也受到不小威胁。朱元璋及时采取果断措施，命令户部编定了"赋役黄册"。至洪武十四年（1381 年）正月，赋役黄册编造完成。赋役黄册对于加强管制户口，完成赋役任务，健全政府基层政权组织，维护社会秩序稳定等，都起了重要作用。

但是，赋役黄册存在许多问题，如朱元璋认为由于"里胥或不谙书算"，导致"天下郡县所进赋役黄册，丁粮之数，类多错误"④，尤其是其偏重于户口，那些田产多者往往从中钻空子来减轻其赋役负担。由于当时规定赋役按人丁和事产摊派，丁、田都必须负担相应的赋役，单有赋役黄册仍然不够。朱元璋清楚地认识到这一状况，他说："牧民之官，苟非其人，则赋役不均而贫弱者受害尔……凡赋役必验民之丁粮多寡、产业厚薄，以均其力。赋役均则民无怨嗟矣。"⑤ "民有田则有租，有身则有役，历代相承，皆循其旧。今民愚无知，乃诡名欺隐以避差役。互相仿效，为弊益甚。"⑥ 因此，欲验"丁粮多寡，产业厚薄，以均其力"，使民无怨，就必须将民众的户口和田地同时弄清，即从制度上建立户籍和田籍：不仅须在查清人口的基础上建立户籍，又要在清丈田地的基础上建立田籍，使二者各自发挥作用，达到相辅相成的效果。

为了实现这个目标，朱元璋从洪武十九年（1386 年）开始便先后派遣国子监生武淳等人分行全国府县乡里，经理田赋图籍，"随粮定区。区设粮长四人，量度田亩方圆，次以字号，悉书主名及田之丈尺，编类为册，状如鱼鳞，号曰鱼鳞图册。先是，诏天下编黄册，以户为主，详具旧管、新收、开除、实在之数为四柱式。而鱼鳞图册以土田为主，诸原坂、坟衍、下湿、沃瘠、沙卤之别毕具。"⑦具体而言：一是随税粮多寡定区，设立粮长："粮长者，太祖时，令田多者为之，督其乡赋税。岁七月，州县委官偕诣京，领勘合以行。粮万石，长、副各一人，输以时至，得召见，语合，辄蒙擢用。末年更定，每区正

①⑦ （清）张廷玉等：《明史》卷 77《食货一》。

② 《明太祖实录》卷 135。

③ 《明太祖实录》卷 180。

④ 《明太祖实录》卷 144。

⑤ 《明太祖实录》卷 163。

⑥ 《明太祖实录》卷 165。

副二名轮充。"① 即以税粮 1 万石为一区，每区设粮长四人。朱元璋把全国的纳税户组织起来实行专人管理，以民（粮长）治民（纳粮户），减少了基层政府征纳税粮的工作负担。二是核定田亩，绘制图册："每区设粮长四人，使集里甲、耆民，躬履田亩以量度之，图其田之方圆，次其字号，悉书主名及田之丈尺四至，编类为册。其法甚备，以图所绘状若鱼鳞然，故号'鱼鳞图册'。"② 洪武二十年（1387 年）二月，浙江、南直隶苏州府等府县首先编成"鱼鳞图册"，随后各地陆续编制完毕。黄册以户为主，详列旧管（原登记的户口）、新收（新出生或迁入的户口）、开除（迁出或死亡者的户口）、实在（现在实有的户口）之数四项主要内容，称为"四柱式"。"鱼鳞图册"以田土为主，各类田土及各种田质，如平原、山地、低洼地、新开田土、田地肥沃与贫瘠、沙荒地、盐碱地等差异都包含其中。"鱼鳞册为经，土田之讼质焉。黄册为纬，赋役之法定焉。凡质卖田土，备书税粮科则，官为籍记之，毋令产去税存以为民害。"③ 这样，不仅田土纠纷减少了，而且隐瞒田土、转嫁税粮、产去税存的现象也有所改变。明政府通过建立户籍与田籍，将鱼鳞图册与赋役黄册互相配套，经纬结合，并行实施，实现了既控制全国户口，又掌握全国土地，赋役征纳也有据可依的目的。

在编制田籍的过程中，朱元璋还根据各地的实际情况，在田地分配与开发上实行不同政策，体现了较好的原则性和灵活性："又以中原田多芜，命省臣议，计民授田。设司农司，开治河南，掌其事。临濠之田，验其丁力，计亩给之，毋许兼并。北方近城地多不治，召民耕，人给十五亩，蔬地二亩，免租三年。每岁中书省奏天下垦田数，少者亩以千计，多者至二十余万。"④ 通过编制田籍，清理出一些漏脱、欺隐的土地，打击了豪强地主，局部调整了生产关系，对缓解社会矛盾、促进社会稳定及发展生产都起了积极作用；在编制田籍的过程中能因地制宜，在不同的地区推行不同的土地政策和税收政策，如"官给牛及农具者，乃收其税"，"额外垦荒者永不起科"，这就充分调动了农民生产的积极性，有利于加速土地开发，耕地亩积也迅速增加。据《明太祖实录》，洪武年间全国垦田数逐年上升，甚至部分年份增幅达百万顷。到洪武二十六年（1393 年）核天下土田，"总八百五十万七千六百二十三顷，盖骎骎无弃土矣。"⑤ 田野辟，户口增，明初经济的恢复和发展，巩固了明皇朝的政权基础。

---

① （清）张廷玉等：《明史》卷78《食货二》。
② 《明太祖实录》卷180。
③④⑤ （清）张廷玉等：《明史》卷77《食货一》。

明代的"鱼鳞图册"制度在永乐以后很快就受到冲击，税粮与田亩相分离，许多地方出现了田产已去而税粮犹存，或无田者仍需纳税粮的怪现象。在北方农村，由于大亩、小亩之制引发的土地不均的现象日益加剧，并为地方基层官吏在赋税上做手脚、欺骗上级提供了便利条件。当时北方田地计亩的方法，以5尺为1步，以240步为1亩，100亩为1顷。而河北诸州县的地亩却有大亩、小亩之分，两者的步尺完全不同：开始时朱元璋沿用元代里社制（50户为1社，20户为1甲），原住民以社分里甲称为"社民"，后来移民屯田的新迁入者称"屯民"，屯民分屯之地，以屯分里甲。社民原占有的亩大，屯民新占有的亩小，故又称社地为大亩，屯地为小亩。到了宣德年间，政府为了增加赋税收入，改变了土地政策：国初规定"永不起科"的垦荒田地及不需纳税的低洼、盐碱之地，也一并量出作数列入赋额。由于原额地少，而丈出之地反多，大大超过旧额。基层地方政府担心亩数增多引起中央的不满，且要承担更多的赋税，为了使符合原额之数，于是以大亩当小亩，甚至数亩当一亩者。从此，基层每次编制册籍，通常采取双重标准：以大亩上报朝廷，用小亩向百姓派粮。由于大亩、小亩制可以随意伸缩地亩，为经理者上下其手、弄虚作假创造了条件。这就导致田地亩数的随意性，终于使鱼鳞图册在北方成了一纸空文。在全国的其他地方田制也普遍混乱：明初朱元璋重典治吏，执法严猛，人们基本不敢以身试法，如实申报、登记田亩纳粮；明中叶以后，由于法制松弛，吏治腐败，土地兼并之风盛行，鱼鳞图册已名存实亡，田土多被隐瞒漏报，见籍纳税者日趋减少。嘉靖八年（1529年）六月，詹事霍韬等奏云："臣等先于私家将旧典各书翻阅，窃见洪武初年，天下田土八百四十九万六千顷有奇。弘治十五年，存额四百二十二万八千顷有奇，失额四百二十六万八千顷有奇。是宇内额田，存者半，失者半也。则赋税何从出，国计何从足耶？……洪武初年，甫脱战争，人庶鲜少，田野多荒，田额宜少也，乃犹垦辟八百万顷。今奕世承平，人渐生聚，田野尽辟，田额宜多也，乃失额四百万顷。总国计者，可不究心乎？天下有司，受猾民赃利，为之欺隐额田，蠹国害民，弊无纪极。"①

于是嘉靖以后，统治阶级中的一些有识之士纷纷上书请求核实田亩。江南、江西、河南等处的地方官员首先身体力行，履亩丈量，均平赋役。但由于"法未详具，人多疑惮"②，"其后，福建诸州县为经、纬二册，其法颇详。然率以地为主，田多者犹得上下其手。神宗初，建昌知府许孚远为归户册，则以

---

① 《明世宗实录》卷102。
② （清）张廷玉等：《明史》卷77《食货一》。

田从人，法简而密矣。"① 之后，神宗用大学士张居正为内阁首辅。张居正主持阁政期间，积极进行政治、经济改革，饬吏治，整边备，综核名实。针对豪强地主大量欺隐田地，致使国家田赋收入大量减少，张居正坚决进行清丈田粮。这项工作首先在福建试点成功，之后进一步在全国推广。万历八年（1580 年）十一月，户部下令全国田亩通行丈量，并具体规定 8 条丈量细则："一明清丈之例：谓额失者丈，全者免。一议应委之官：以各右布政使总领之分，守兵备分领之，府州县官则专管本境。一复坐派之额：谓田有官、民、屯数等，粮有上、中、下数则，宜逐一查勘，使不得诡混。一复本征之粮：如民种屯地者即纳屯粮，军种民地者即纳民粮。一严欺隐之律：有自首历年诡占及开垦未报者免罪，首报不实者连坐，豪右隐占者发遣重处。一定清丈之期。一行丈量磨算之法。一处纸劄供应之费。"② 这 8 条丈量细则说明丈量的方针政策、方法和步骤以及丈量经费等有关事宜，时限 3 年完成。对此神宗全部允准实施，并"令各抚按官悉心查核，着实举行，毋得苟且了事，及滋劳扰"③。全国绝大部分省直都在 3 年内按期完成清丈任务。这次清丈基本上达到预期目的："于是豪猾不得欺隐，里甲免赔累，而小民无虚粮。总计田数七百一万三千九百七十六顷，视弘治时赢三百万顷。"④随着为国家纳税田土的增加，税粮收入亦随之增加。但是，也产生了一些弊端，主要是丈量的方法上："然居正尚综核，颇以溢额为功。有司争改小弓以求田多，或掊克见田以充虚额。北直隶、湖广、大同、宣府，遂先后按溢额田增赋云。"⑤地方政府为了讨好张居正，在清丈中多采用小弓丈量，按用小弓新丈出的溢额（虚额）加征田赋，这样的田籍也就失准了。总之，从明初到明后期，虽然每隔一段时间就丈量田土、核实田亩和编造田籍，但田籍总是出现一些混乱，一些地方田亩还是不准，赋役最终难以均平，说明制度建设的重要性：制度才是政策措施得以无误推行的保障。

二、屯田管理

屯田始于汉代。明代屯田包括军屯、民屯和商屯，军屯和民屯是主要的。民屯上文论之已详，此处专论军屯和商屯。

（一）军屯管理

明代军屯规模更是超越前代，取得重要成效。朱元璋起兵以后，高度留意军屯。尝云："吾京师养兵百万，要令不废百姓一粒米。每以远田三亩，易城

---

①④⑤　（清）张廷玉等：《明史》卷 77《食货一》。

②③　《明神宗实录》卷 106。

外民田一亩，为屯田不足，则移数卫于江北，今江浦六合诸屯是已。其法每一军拨田三十六亩，岁收一十八石为子粒，除与月粮岁十二石，闰加一石，余六石上仓，其分番宿卫上直并打差应役，一应军人于数内支给口粮，又余以充仓廒之费。行之数年，仓廒苦盖完备，而储偫丰足。"① 1358 年十一月（元至正十八年），他沿元代旧制建立民兵万户府专管军屯等事务，令军队在南京龙江（今南京下关一带）等处屯田。至 1363 年（元至正二十三年），仅康茂才所部就收获粮食 15000 余石，除军饷之外剩余 7000 千余石。同年二月朱元璋在下令嘉奖的同时，再次申明军屯之令："兴国之本，在于强兵足食。昔汉武以屯田定西戎，魏武以务农足军食。定伯兴王，莫不由此。自兵兴以来，民无宁居，连年饥馑，田地荒芜。若兵食尽资于民，则民力重困。故令尔将士屯田，且耕且战。今各处大小将帅已有分定城镇，然随处地利未能尽垦，数年以来未见功绪。惟康茂才所屯得谷一万五千余石以给军饷，尚余七千石。以此较彼，地力均而入有多寡，其故何哉？盖人力有勤惰故耳。自今诸将宜督军士及时开垦，以收地利，庶几兵食充足，国有所赖。"② 此后，军屯在全国各地便迅速推广开来，并与移民垦荒相结合，为明初社会经济的恢复作出了重要贡献。明代叶春及《修军政疏》云："国初置卫四百九十一，所三百一十一，以军计之约三百一十万余。而是时口之登籍者六千五十四万，则是二十人乃一人为兵也。况乎守城者三，屯田者七；二八、一九、四六、中半之法，因地异焉，不耕者少矣。天下屯田八十九万九千余项，官民田八百四十九万余（顷）。以八十九万九千余（顷）田，分隶三百一十万余之军，人得二十九亩……三百一十万余之军，岁食粮三千七百二十二万余石。屯田二十亩，除正粮，纳余粮六石。八十九万九千余顷，通得余粮二千七百万石。则是军之食军自给之，边储之所运，军需之所征，供于民者无几也。军多为农，故虽额设数百万而不见其冗；食出于军，故虽岁费数千万而不见其匮。"③

第一，军屯在中央虽然由兵部、五军都督府管辖，各府州设都指挥统管屯田。洪武元年（1368 年），朱元璋下令诸将分军于直隶滁州、和州、庐州、凤阳等地开展屯田，凡屯所均各设都指挥一员统管。他多次申明开展屯田的重要意义，要求全军将士落实到行动上，并不断下令军队到边区和人烟稀少的地方开荒屯田。在管理上也派遣将领到第一线严加督责。于是全国各地军屯大兴。洪武年间，军队屯田总计 89 万余顷。边境地区的云南和辽东两地军屯的成效

① （明）陆深：《同异录》卷上。
② 《明太祖实录》卷 12。
③ （明）陈子龙等辑：《明经世文编》卷 366。

最显著。自洪武十五年（1382 年）平定云南后就多次派军前往开屯，仅洪武二十年（1387 年）八至十月调入云南屯戍的军队即达 108000 人①，沐英父子镇守云南时先后督军垦田 30 万余亩②。边远的辽东也是军屯的重点地区。为了减少从海路运粮辽东的经费与劳苦，自洪武至永乐，辽东将士屯田 25300 余顷，收粮 70 余万石③。朱棣继续大兴军屯，在他即位的建文四年（1402 年）九月就下令五军都督府移文各都司，命令各卫所遵洪武旧制，卫所长官专职负责提调，都指挥负责督察，年终奏报屯田收入数量以稽勤怠，有效使军屯制度在永乐年间推行下去。

第二，基层卫所负责实施。军屯虽然由府州都指挥统管，但卫所是明代军队的基层单位，具体负责实施屯田。军屯的全面推行面临许多亟待解决的问题，其中最主要的是军队屯、守的比例，军士屯田顷亩以及军屯科则。明代军屯主要集中在边疆地区，尤其是被称为"九边"的辽东、蓟州、宣府、大同、榆林、宁夏、甘肃、太原、固原 9 个边陲要地，既是军事重镇，也是军屯的重点地区。内地则相对少些。确定屯、守的兵员比例，本质是如何处理国家安全与军队生产自给两者之间的关系。这主要依靠权衡地理险易、田土肥瘠、卫所军与王府护卫军的不同任务来决定。通常情况下，边地兵员三分守城，七分屯种；内地二分守城，八分屯种。洪武十三年（1380 年）九月，朱元璋下令"狭西诸卫军士留三分之一守御城池，余皆屯田给食，以省转输"④。洪武二十一年（1388 年）十月，他又命五军都督府更定屯田法："凡卫所系冲要都会及王府护卫军士以十之五屯田，余卫所以五之四。"⑤ 此外，如前述及的还有二八、一九、四六、中半之法，因地而异。迄永乐二年（1404 年）四月，朱棣更定屯、戍之数："视其地之夷险、要僻以量人之屯守为多寡，临边而险要者则守多于屯；在内而夷僻者则屯多于守；地虽险要而运输难至者屯亦多于守。"⑥ 正统十四年（1449 年）土木堡之变后，由于边境多事，明代宗下令兵分为两番，六日操守，六日耕种。⑦ 总体而言，明代屯、守的兵员比例最主要的仍是三七或二八开。

制定军士屯田顷亩，目的是人尽其力而地无遗利。每名军人授田亩数各地

① （明）谈迁：《国榷》卷 8。
② （清）张廷玉等：《明史》卷 126《沐英传》。
③ 《明宪宗实录》卷 244。
④ 《明太祖实录》卷 133。
⑤ 《明太祖实录》卷 194。
⑥ 《明太宗实录》卷 30。
⑦ （清）张廷玉等：《明史》卷 77《食货一》。

不尽相同，一般是 50 亩，多者 100 亩或 70 亩，少者也有 20 亩或 30 亩。^① 军屯所缴纳的租税，即征收则例"或增减殊数，本折互收，皆因时因地而异"。^②朱元璋最初命内外将校量留军士城守，余悉屯田：城守兵每人每月给米 1 石；屯田者给 5 斗，在边地者给 7 斗，官给农器牛种。洪武四年（1371 年），由于军屯全面推行，垦田日多，中书省奏云："河南、山东、北平、陕西、山西及直隶淮安诸府屯田，凡官给牛种者十税五，自备者十税三。"^③ 朱元璋令免征，待 3 年后每亩收租 1 斗。^④之后遂以每亩收租 1 斗作为军屯亩税。《明史》云："初，太祖定天下官、民田赋，凡官田亩税五升三合五勺，民田减二升，重租田八升五合五勺，没官田一斗二升。惟苏、松、嘉、湖，怒其为张士诚守，乃籍诸豪族及富民田以为官田，按私租簿为税额。而司农卿杨宪又以浙西地膏腴，增其赋，亩加二倍。故浙西官、民田视他方倍蓰，亩税有二三石者。"^⑤军屯每亩纳税粮 1 斗，介于轻重两者之间，比民田和普通官田为重，但个别地区也有与民田相同的。洪武二十年（1387 年），令陕西西安府临潼等处，"屯卒率五丁选一，编成队伍，以时屯种，税粮与民田等，杂徭复之。冬月则练武艺"。^⑥ 建文四年（1402 年），正式定军屯科则："军田一分（五十亩），正粮十二石，贮屯仓，听本军自支，余粮为本卫所官军俸粮。"^⑦

为了激励军士屯种，永乐初年还制定了相应的奖罚措施："岁食米十二石外余六石为率，多者赏钞，缺者罚俸。又以田肥瘠不同，法宜有别，命官军各种样田，以其岁收之数相考较。太原左卫千户陈淮所种样田，每军余粮二十三石，帝（朱棣）命重赏之。宁夏总兵何福积谷尤多，赐敕褒美。户部尚书郁新言：'湖广诸卫收粮不一种，请以米为准。凡粟谷、糜黍、大麦、荞稗二石，稻谷、蜀秫二石五斗，穄稗三石，皆准米一石。小麦、芝麻、豆与米等。'从之，著为令。"^⑧朱棣还根据实际情况更定屯守之数，进一步发展军屯："临边险要，守多于屯；地僻处及输粮艰者，屯多于守。屯兵百名委百户，三百名委千户，五百名以上指挥提督之。屯设红牌，列则例于上。年六十与残疾及幼者，耕以自食，不限于例。屯军以公事妨农务者，免征子粒，且禁卫所差拨。于时，东自辽左，北抵宣、大，西至甘肃，南尽滇、蜀，极于交趾，中原则大河南北，在在兴屯矣。"^⑨

但是，随着宣德年间一些典章制度逐渐遭到破坏，军屯制度亦坏，宣宗与

---

①② （明）李东阳等：《大明会典》卷 18。

③④⑦⑧⑨ （清）张廷玉等：《明史》卷 77《食货一》。

⑤ （清）张廷玉等：《明史》卷 78《食货二》。

⑥ 《明太祖实录》卷 185。

时俱进颁布了相关的应对措施："宣宗之世，屡核各屯，以征戍罢耕及官豪势要占匿者，减余粮之半。迤北来归就屯之人，给车牛农器。分辽东各卫屯军为三等，丁牛兼者为上，丁牛有一为中，俱无者为下。"① 之后，虽经历正统至成化年间的多次调整，但成化以后，军屯制度基本名存实亡。《明史》记云："英宗免军田正粮归仓，只征余粮六石。后又免沿边开田官军子粒，减各边屯田子粒有差。景帝时，边方多事，令兵分为两番，六日操守，六日耕种。成化初，宣府巡抚叶盛买官牛千八百，并置农具，遣军屯田，收粮易银，以补官马耗损，边入称便。自正统后，屯政稍弛，而屯粮犹存三之二。其后屯田多为内监、军官占夺，法尽坏。宪宗之世颇议厘复，而视旧所入，不能什一矣。弘治间，屯粮愈轻，有亩只三升者。沿及正德，辽东屯田较永乐间田赢万八千余顷，而粮乃缩四万六千余石。"②

（二）商屯管理

明代商屯制度与民屯、军屯制度同时推行。民屯主要是为了解决民食，军屯主要是为了解决军队粮饷，商屯主要是为了资助边境军粮。商屯的作用远不如民屯和军屯，实施方法也有差别。

商屯源于盐法。盐在中国古代一直由政府垄断，实行专卖，作为财政收入的重要来源之一，严禁民间私贩。明代仍然如此。明政府在产盐地区选定灶丁专门从事煎晒或捞取盐斤的工作，每丁应纳盐课岁有定额。明政府将全国灶丁分别划归两浙、两淮、福建、山东、长芦、河东六都转运盐使司，以及广东、海北、四川、盐井卫、灵州、云南、黑井盐、白井盐、五井等九盐课提举司。凡煎盐地区由官府分拨芦荡地以充柴火，每盐课一大引（400 斤为一大引，200 斤为一小引）给工本米 1 石，以偿其费。明政府以所课之盐卖与商人，由商人持"盐引"（取盐凭单）到盐司支盐，然后运至各自的划定地区去售销。

从明初至弘治的近 150 年间，明政府实行了"召商输粮而与之盐"的办法，谓之"开中"或"中盐"③。由于开中的推行，商人需以粮食纳中换取盐引，于是就出现了商屯。明代实行"入粟中盐"始于洪武三年（1370 年），其时山西行省建议："大同粮储，自陵县运至太和岭，路远费烦。请令商人于大同仓入米一石，太原仓入米一石三斗，给淮盐一小引。商人鬻毕，即以原给引目赴所在官司缴之。如此则转运费省而边储充。"④朱元璋采纳了这个建议，并允许在全国其他地区推广，"其后各行省边境，多召商中盐以为军储。盐法边计，相辅而行"⑤。洪武四年（1371 年），明政府制定两淮、两浙、山东等

---

①② （清）张廷玉等：《明史》卷77《食货一》。
③④⑤ （清）张廷玉等：《明史》卷80《食货四》。

三运司的中盐则例：以盐一引（小引）为率，"输米临濠、开封、陈桥、襄阳、安陆、荆州、归州、大同、太原、孟津、北平、河南府、陈州、北通州诸仓，计道里近远，自五石至一石有差。"① 具体来说，输米入：临濠府仓，淮盐 6 石、浙盐 4 石；开封府及陈桥仓，淮盐 2 石 5 斗、浙盐 2 石；襄阳府仓，淮盐 2 石 5 斗、浙盐 1 石 5 斗；安陆府仓，淮盐 4 石、浙盐 3 石 5 斗；辰州、永州及峡州仓，淮盐 3 石 5 斗、浙盐 2 石 5 斗；荆州府仓，淮盐 4 石 5 斗、浙盐 4 石；归州仓，淮盐 2 石、浙盐 1 石 2 斗；大同府仓，淮盐 1 石、浙盐 8 斗；太原府仓，淮盐 1 石 3 斗、浙盐 1 石；孟津县仓，淮盐 1 石 5 斗、浙盐 1 石 2 斗；北平府仓，淮盐 1 石 8 斗、浙盐 1 石 5 斗、山东盐 2 石 5 斗；河南府仓，淮盐 1 石 5 斗、浙盐 1 石 2 斗；西安府仓，淮盐 1 石 3 斗、浙盐 1 石；陈州仓，淮盐 3 石、浙盐 2 石；北通州仓，淮盐 2 石、浙盐 1 石 8 斗、山东盐 2 石 5 斗。② 政府严格执行："（户部）编置勘合及底簿，发各布政司及都司、卫所。商纳粮毕，书所纳粮及应支盐数，赍赴各转运提举司照数支盐。转运诸司亦有底簿比照，勘合相符，则如数给与。"③ 并惩罚私自贩运者："鬻盐有定所，刊诸铜版，犯私盐者罪至死，伪造引者如之，盐与引离，即以私盐论。"④

　　相关的交换则例并不是一成不变的，而是随着米、盐的市场价格有所调整："先后增减，则例不一，率视时缓急，米直高下，中纳者利否。道远地险，则减而轻之。"⑤ 如洪武十一年（1378 年）二月，朱元璋以原先所定盐价太高，商人利润太少而导致商屯效益低下，于是命令中书省议减盐价："朕初以边戍馈饷劳民，命商人纳粟，以淮、浙盐偿之，盖欲足军食而省民力也。今既数年，所输甚薄，军饷不供，岂盐价太重，商人无所利而然欤？尔中书议减盐价，俾输粟于西河、梅川，庶粮饷可供而内地之民省挽运之劳。"⑥ 中书省臣奉诏定拟："凡输粮于：凉州卫者，每盐一引，米二斗五升；梅川，三斗五升；临兆府七斗；河州四斗。"⑦ 又如洪武二十二年（1389 年）九月，普安军民指挥使司周骥奏云："自中盐之法兴，虽边陲远在万里，商人图利，运粮时至，于军储不为无补。今蛮夷屡叛，大军所临，动经数月，食用浩穰，而道里险远，馈运不给，宜减盐价以致商人。旧例：云南纳米二斗，给淮、浙盐一引；二石给川盐；一石七斗给黑井盐；二石四斗给安宁盐。近因盐重米轻，故商人少至，请更定其例。"⑧ 于是朱元璋命户部量减盐价："淮、浙盐一引，米一斗五升；

---

①③④⑤　（清）张廷玉等：《明史》卷 80《食货四》。
②　《明太祖实录》卷 61。
⑥⑦　《明太祖实录》卷 117。
⑧　《明太祖实录》卷 197。

川盐一引，米一石五斗；安宁盐一引，米二石；黑井如川盐之数。"① 民屯和军屯是通过直接开垦土地来扩大耕地面积，从而增加粮食产量。但是，商屯实行之初并没有与耕地发生关系，而是通过商人以米、官府以盐，官商互相进行米、盐交换：商人运往边境的粮食不是他们直接经营土地生产出来的，而是以（盐）引目为媒介通过交换实现的。

朱棣登基后，商屯政策有所调整："成祖即位，以北京诸卫粮乏，悉停天下中盐，专于京卫开中。惟云南金齿卫、楚雄府，四川盐井卫，陕西甘州卫，开中如故。不数年，京卫粮米充羡，而大军征安南多费，甘肃军粮不敷，百姓疲转运。迨安南新附，饷益难继，于是诸所复召商中盐，他边地复以次及矣。"② 政策调整的原因主要是部分商人直接参与土地开发，将商业资本引入粮食生产领域。由于当时一些商人认为运粮到路途遥远的边境，费用巨大，且多危险，基于经济效益和安全的角度，于是改变形式，招民直接在边境开垦土地进行农业生产，自设保伍，就地种粮换取盐引。募众督耕之法，不仅对商人有利，也开发了边疆。

成祖去世后，明朝中央的商屯政策主要是中盐则例多次进行调整，究其目的：一方面继续鼓励商人募民垦边，就地种粮；另一方面根据时势变化不断调整米、盐比价，激发商人输粟于边的积极性。这种调整首先是由钞法引起的。明代货币开始用钞（纸币），后改为银。因为纸钞推行不久即遭破坏，朱棣去世后钞法很快难以通行，户部尚书夏原吉上疏，请令有钞之家纳钞中盐。得到仁宗允准，遂定各盐司中盐则例：沧州盐每引，钞三百贯；河南、山东盐每引，钞一百五十贯；福建、广东盐每引，钞一百贯。且"输钞不问新旧，支盐不拘资次"。③ 但由于钞法积重难返，这种改进措施很快宣告失败。于是，宣宗刚即位就下令停止中钞之法，恢复纳米易盐之旧制。宣德元年（1426年）六月，户部奏云："各处运司岁办盐课，本召商中粮以供边储。近因钞法不通，暂许官员军民人等中纳烂钞，不次支给，人图便利，无复输米。且边境各场岁办有限，不足支给。请停中钞之例，仍旧纳米，用实边储。"宣宗从之。④ 宣德三年（1428年），户部尚书夏原吉"以北京官吏、军、匠粮饷不支"，而中盐旧则太重，致使商贾少至，上疏请求更定中盐之例；乃定盐每引易米自二斗五升至一斗五升不等，召商纳米北京。⑤ 宣德四年（1429年）六月，户部尚

① 《明太祖实录》卷197。
②⑤ （清）张廷玉等：《明史》卷80《食货四》。
③ 《明仁宗实录》卷3。
④ 《明宣宗实录》卷18。

书郭敦以中盐则例已降而商贾来者反而减少，上疏请求收缩中盐范围："尝具奏减中盐则例，召商于北京纳米，不拘资次支盐。缘近年中纳各项数多，盐不足支，客商来者愈少。今拟依永乐五年营造事例，淮、浙等处盐不为常例，以十分为率，六分支与北京在城仓纳米者；四分支与辽东、永平、山海（关）、甘肃、大同、宣府、万全已纳米者。其余各处中纳，暂且停支，则客商皆至，粮储可积。"得到宣宗允准。郭敦又云："洪武中，客商中淮、浙等处盐者年久物故，其子侄及远亲异姓之人往往具文代支，多有虚冒。请行各运司，将洪武三十五年（1402年）以前客商所中盐于流通簿内销注，以各商姓名、籍贯造册缴部，移文原籍有司，每盐一引给钞十锭，以革连年冒支之弊。"宣宗认为："国家尝资其用矣，今彼身虽殁而妻子尚存，仅给钞十锭，不偿所费，宜每引给钞二十锭。"① 据《明宣宗实录》记载，宣德五年（1430年）四月，户部根据时代条件的改变，进一步奏定各处中纳盐米则例。其中，京仓：云南安宁等处井盐，每引纳米五斗。宣府卫仓：淮、浙盐，每引纳米3斗5升；山东、福建盐，每引纳米2斗；河间、长芦盐，每引纳米4斗；四川、广东盐，每引纳米2斗。山海卫仓：淮、浙盐，每引纳米3斗5升；山东、福建盐，每引纳米2斗；河间、长芦盐，每引纳米4斗；四川、广东盐，每引纳米2斗。甘肃卫仓：灵州盐课司小盐池盐，若陕西、山西所属客商，每引纳米麦4斗5升；宁夏卫并行所属客商，每引纳米6斗。同时又奏准独石开中盐粮则例：淮、浙盐每引纳米2斗5升；山东、福建、河东、广东、四川盐，每引皆为1斗5升；云南安宁等井盐，每引纳米3斗。② 宣德七年（1432年）四月，因各处总兵官纷纷请求招商纳米以满足边军用粮，户部奏准，重拟边境中盐粮例：宁远、独石、肃州3处，淮、浙盐每引纳米2斗5升；河间、长芦盐每引纳米3斗；山东、河东、福建、四川、广东盐每引纳米均为1斗5升。宣府、大同、山海、龙门、甘州、宁夏6处，淮、浙盐每引纳米3斗；河间、长芦盐每引纳米3斗5升；山东、河东、福建、四川、广东盐每引纳米俱2斗。③

但是，正统年间之后，边境多事，屯政松废，商屯亦深受影响：一是由于边政废弛和军马缺乏，商人中纳马中盐、输粮于边者因之日少；二是许多官豪权势奏请大量中盐，侵夺商利。尤其是随着税粮"折色"政策的普遍推行，一些地方也实行纳银中盐，这就进一步加剧了边粮紧张。弘治年间，叶淇变法："弘治五年，商人困守支，户部尚书叶淇请召商纳银运司，类解太仓，分

---

① 《明宣宗实录》卷55。
② 《明宣宗实录》卷65。
③ 《明宣宗实录》卷89。

给各边。每引输银三四钱有差，视国初中米直加倍。"① 因为"商无守支之苦"，"一时太仓银累至百余万。然赴边开中之法废，商屯撤业，菠粟翔贵，边储日虚矣"。②嘉靖年间，"杨一清复请召商开中，又请仿古募民实塞下之意，招徕陇右、关西民以屯边"③，但收效甚微。从嘉靖至万历，不少大臣争言屯政，部分还亲自经理盐屯，先后规划屯政甚详，"然是时因循日久，卒鲜实效"④，仅议论而已。

三、管制庄田

明代庄田有许多种类，如皇庄、诸王庄田、公主庄田、勋戚（功臣与贵戚）庄田、大臣庄田、中官（太监）庄田、寺观庄田等。其中对国计民生影响最大的是皇庄、诸王庄田、勋戚庄田和中官庄田。

（一）管制皇庄

皇庄由皇室直接命人（太监）经营，并以其租入归皇室所有的田地。它是皇家的私产，是帝制的产物。明代皇庄最早建于永乐末年，在顺天府丰润县境内，名为"仁寿宫庄"。宣德年间又陆续建立了"清宁宫庄"和"未央宫庄"两个占地广袤的宫庄，自北直隶东北部丰润县起向西南经宝坻、武清、静海，直至河间等府县。以上仁寿、清宁、未央三处皇庄，经过长期扩展，到嘉靖初年已达 63 处，共有田地 16000 余顷⑤。天顺三年（1459 年）四月，英宗立昌平县汤山庄、三河县白塔庄、朝阳门外四号厂宫庄为东宫庄田；北京西直门外新庄村并果园、固安县张华里庄为德王庄田；德胜门外伯颜庄、鹰坊庄和安定门外北庄为秀王庄田⑥。直到成化三年（1467 年）德王离京移居山东济南王府；成化六年（1470 年）秀王出京入封地河南汝宁，二王的庄田才重新归政府。宪宗即位后，将原先没收的太监曹吉祥的庄田改为皇庄，明代皇庄之名自此开始。曹吉祥的庄田在北直隶顺义县安乐里板桥村，共 35 顷，改为皇庄后又先后侵占民田 40 顷。不久又增立顺天府宝坻县王甫（浦）营皇庄一处。弘治年间又立顺天府丰润县、保定府新城县和雄县三处皇庄。这样，正式名为皇庄的共五处，总计占地 12800 余顷。

由于明代皇庄都建于朱棣迁都北京以后，管庄之人又是太监，因此，除南方湖广安陆皇庄之外，其余都集中在京城（北直隶）的顺天、保定、河间、

---

①② （清）张廷玉等：《明史》卷 80《食货四》。

③④ （清）张廷玉等：《明史》卷 77《食货一》。

⑤ （明）李东阳等：《大明会典》卷 17。

⑥ 《明英宗实录》卷 302。

真定四府，不仅便于朝廷对管庄太监的管理，也便于租银的解进、使用。

明代皇庄创设之初尚有章法，主要利用京师空闲土地佃人耕种，收其租赋，并未酿成民害。但到后来，中央对皇庄失控，权贵们不是利用空闲之地，而是强夺民田，而且租额较重，加之管庄太监横行不法，皇庄就成了民害。这不仅冲击着国家正常的经济秩序，威胁到政府的税粮收入，也激化了社会矛盾，引起众多官民的不满、愤恨。成化十六年（1480 年）五月，六科给事中齐章等人就上书云："天子以四海为家，普天率土，莫非所有，何必置庄田与贫民较刀锥之利哉！且财尽则怨，力竭则惑。今东光之民失其土地矣，而赋敛比之公田又三倍其数。民困如此，非死即徙，非徙即盗，亦可知矣。"宪宗下令"每亩征五升三合五勺，如开垦荒田则例"。这时，"中官贵戚庄田遍于郡县，其弊不独东光为然也"。① 其后，弘治二年（1489 年）七月，户部尚书李敏等人上疏亟言皇庄的危害："臣惟灾异之来，率由民心积怨所至。窃见畿内之地，皇庄有五，共地一万二千八百余顷。勋戚、太监等官庄田三百三十有二，共地三万三千一百余顷。比来管庄官校人等，往往招集无赖群小，称为庄头、伴当、佃户、家人名目，占民地土，敛民财物，夺民孳畜，甚者污人妇女，戕人性命，民心伤痛入骨。少与分辩，辄被诬奏，至差官校构拿，举家惊憾，怨声交作……今若革去管庄之人，拨付小民耕种，每亩征银三分，当可得银三万八千余两，比之官校掌管所得犹多。以此银收之内帑充各宫用度，则不显立皇庄之名而有实用之效矣。"但孝宗仅下令"今后管庄之人，敢有生事害人者，听巡按御史指实参奏，从重治之"。② 并未将皇庄收归国有。直到后来再次有官员上疏亟论皇庄之害，孝宗才勉强下诏罢革仁寿宫庄。终弘治年间，由于整个社会的政治、经济形势每况愈下，土地兼并日趋严重，向权贵投献土地者有增无减，皇庄遂得以大肆扩充。之后，从正德元年（1506 年）至正德九年（1514 年），武宗朱厚照在北直隶的顺天、保定、河间、真定四府遍设皇庄，计占地 37595 顷 46 亩（夏言《勘报皇庄疏》）③，约是英宗时期的 3 倍。明代官员秦金《论皇庄疏》云："正德以来，奸猾无籍之徒乘时射利，沾恩冒赏，多将畿内通逃民田投献左右近幸之人，而左右近幸不念畿辅重地，献谄取说，乃遂奏为皇庄。弊源一开，无有穷极。况管庄内官、收租官校俱城狐社鼠，侵欺攘夺，为害万端。利归贪狡，怨归朝廷，为新政之累不浅。"④

① 《明宪宗实录》卷 203。

② 《明孝宗实录》卷 28。

③ （明）陈子龙等辑：《明经世文编》卷 202。

④ （明）陈子龙等辑：《明经世文编》卷 174。

为了满足皇室的穷奢极欲，明朝皇帝建立皇庄，收取租税。但是，皇庄的不断扩大说明皇庄的实质是占夺土地，蚕食国家税粮。皇庄创立之初，多利用空闲之地招民耕种，后来多数皇庄系占夺官民田土，遂成民害。这样，皇庄越多，缴纳税粮的民田必然越少，国家税粮收入也必然减少，这就动摇了皇权的经济基础。于是统治阶层中的有识之士意识到必须整理、限制皇庄。嘉靖二年（1523 年）二月，兵科给事中夏言向世宗上奏《勘报皇庄疏》，云："自古帝王之治天下，盖莫不以土地、农人为重也。洪惟我太祖高皇帝立国之初，检核天下官民田土，征收租粮，具有定额，乃令山东、河南额外荒地，任民尽力开垦，永不起科。至我宣宗皇帝又令北直隶地方，比照圣祖山东、河南事例，民间新开荒田不问多寡，永不起科。至正统六年，则令北直隶开垦荒田，从轻起科，实于祖宗之法略有背戾。至景皇帝寻亦追复洪武旧例，再不许额外丈量起科。至今所当遵行……夫何近年以来，权幸亲昵之臣不知民间疾苦，不知祖宗制度，妄听奸民投献，辄自违例奏讨，将畿甸州县人民奉例开垦永业，指为无粮地土，一概夺为己有。由是公私庄田逾乡跨邑，小民恒产岁朘月削，至于本等原额征粮、养马、产盐、入站之地，一例混夺。权势横行，何所控诉！产业既失，粮税犹存。徭役苦于并充，粮草困于重出。饥寒愁苦，日益无聊。辗转流亡，靡所底止……凡所以蹙民命脉、竭民膏血者，百孔千疮。不能枚举。臣等查得各官庄田：祖宗以来，未之有也。惟天顺八年，以顺义县安乐里板桥村太监吉祥抄没地一处，拨为宫中庄田……此则宫闱庄田之始。而数十年间侵占之数，过于原额已十倍矣。举此一处，其它可知……然皇庄既立，则有管理之太监，有奏带之旗校，有跟随之名下，每处动至三四十人。其初管庄人员出入，及装运租税，俱是自备车辆夫马，不干有司。正德元年以来权奸用事，朝政大坏。于是有符验之请，关文之给；经过州县，有廪饩之供，有车辆之取，有夫马之索；其分外生事，巧取财物，又有语言不能尽者。及抵所辖庄田处所，则不免擅作威福，肆行武断；其甚不靖者，则起盖房屋，则驾搭桥梁，则擅立关隘，则出给票帖，则私刻关防。凡民间撑驾舟车，牧放牛马，采捕鱼虾、螺蚌，莞蒲之利，靡不括取。而邻近地土，则展转移筑封堆，包打界至，见亩征银。本土豪猾之民，投为庄头，拨置生事，帮助为虐，多方掊克，获利不赀。设立皇庄所以大为民害者，在此等也。输之宫闱者曾无什之一二，而私入囊橐者盖不啻什八九矣，是以小民脂膏吮剥无余。由是人民逃窜而户口消耗，里分减并而粮差愈难。卒致莘毂之下生理寡遂，间阎之间贫苦到骨。向使此弊不革，将见数十年后，人民离散，土地日蹙，盗贼蜂起，奸雄借口。不知朝廷何以为国，此可为太息流涕者也……祖宗以来，宫闱一切供用，自有成规。况九重之内，锦衣玉食，何欲不遂。顾可屈万乘之尊，下同匹夫，以侵畎亩之业；辱宫壶之贵，杂于闾阎，以争升斗之利，其何以示天下、训后世也哉？……以为皇庄也，且'皇'之一字，加于帝后之上，为至尊莫大之称。今奸佞之徒，假之以侵夺民田，则名其庄曰'皇庄'；假之以罔求市利，则名其店曰'皇店'；又其甚者，假以阻坏盐法，则以所贩之盐名为'皇盐'。即此三言，足以传笑天下，贻讥后世，甚非臣等所望于陛下者也。"① 夏言在疏中详细说明明代皇庄的建立过程、数量、地理分布以及正德以来皇庄带来的巨大社会危害，并建议取消皇庄，还田于民，以消除皇庄带来的社会弊端。世宗阅览该奏疏后下旨："各宫庄田子粒银两仍办纳解部，年终类进应用。顷亩数目只照新册改为官地，不必称皇庄名目。"② 将"皇庄"名称改为"官地"，与原先并无实质区别，田归于官而不还于民；皇庄租银照数解进内府应用，于国用无补，亦未给百姓半点实惠。嘉靖二年（1523 年），世宗命查清成化、弘治年间皇庄土地数目，并向他奏明。此后，正德以来投献侵牟的官民田地，有的得以归还。但由于太监、勋戚多从中作梗、渔利，清查多方受阻。户部侍郎秦金为此进言："西汉盛时以苑囿赋贫民，今奈何剥民以益上。乞勘正德间额外侵占者，悉归其主，而尽撤管庄之人。"③ 世宗令从其议，命清查并归还正德以后额外侵占的田地，言下之意是正德以前可以不动，正德以后非额外侵占者亦可保留。因此，虽然许多庄田并未归还给百姓，但也在一定程度上限制了皇庄的数量。皇室作为帝制时代最有特权的群体，如果他们为追求物质利益侵夺百姓田土，最终将激化社会矛盾，破坏社会稳定的基础。这说明一个社会采用法制手段限制特权的重要性。

（二）管制诸王庄田

诸王庄田即王府庄田，其产生根源于明代的分封制度。朱元璋为了"慎固边防，翼卫王室"，除皇长子朱标立为皇太子不封王，及第二十六子朱楠早夭未封王之外，其余 24 位俱封为亲王。洪武以后，俱依"祖宗成法"，代代分封。由太祖朱元璋至成祖、仁宗、宣宗、英宗、代宗、宪宗、孝宗、武宗、世宗、穆宗、神宗 12 帝，共封亲王 55 人；亲王的嫡长子（10 岁立为王世子）嗣位为王者，凡 321 人；王之子孙封为郡王、镇国将军、奉国将军以及镇国中尉、奉国中尉等者，将近 30000 人。④

朱元璋众建藩国的目的在于维护皇权的最高统治地位，其实质则是皇室内

① （明）陈子龙等辑：《明经世文编》卷 202。

② 《明世宗实录》卷 23。

③ （清）张廷玉等：《明史》卷 194《秦金传》。

④ （明）王世贞：《弇山堂别集》卷 1《皇明盛事述一·南直隶盛事》。

部矛盾互相调和的结果，是一种权利、财产的分配。诸王不仅享有丰厚的经济待遇和相当的政治、军事特权，亲王长大就藩以后，都会得到朝廷拨给的大片土地作为养赡之用，其中多为肥沃优质田，时称"王府庄田"，或"王庄"。如洪武五年（1372 年）四月，朱元璋赐第二子秦王朱樉、第三子晋王朱㭎、第四子燕王朱棣苏州府吴江县田各 100 顷；又赐给江西湖池渔课岁米秦王 9200 石，晋王、燕王各 3000 石。① 洪武五年六月，赐第五子周王朱橚、从孙靖江王朱守谦苏州府吴江县田各 100 顷，岁计米各 7800 石；第六子楚王朱桢、第八子潭王朱梓苏州府吴江县田各 100 顷，岁计米各 7800 石；② 其他诸王皆依例有赐。但此时所赐的田土多为官田，仅以其租入充禄，与后来由王府直接经营管理的庄田有所不同。

诸王们物质富足优裕，广纳妻妾，出生率高而死亡率低，使得宗室人口再生产始终直线上升。洪武时宗室人口只有 58 人，经过 140 多年的繁衍，除去死亡及因罪在皇族谱牒中被除名不计者之外，到正德年间仅男性就有 2945 人；嘉靖八年（1529 年）为 8200 余人；到嘉靖二十八年（1549 年）升至 10000 余人。如朱元璋第三子晋王朱㭎的后裔、庆成王朱济炫"生一百子，俱成长，自封长子外，余九十九人并封镇国将军。每会，紫玉盈坐，至不能相识"③。万历三十三年（1605 年），见于皇族谱牒所登的宗室人口为 157000 人④。

宗室人口骤增，花费巨大。朝廷除追加禄米外，主要采取拨给大量土地充作王府庄田，以庄田的地租收入维持宗室的巨额消费。虽然自洪武至万历亲王 55 国，少数有死有废，情况不尽相同，但王府俱有数额多少不等的庄田。据《明实录》记载（当有遗漏），明代赐给各地王府的庄田数目如下：洪熙元年（1425 年）至弘治十八年（1505 年）的 80 年间，共计赐庄田 30 次，12455 顷；正德元年（1506 年）至万历四十二年（1614 年）福王之国河南洛阳之前的 100 多年间，共赐 10 次，计 6848 顷。这只是其中的一小部分。从明代的整个社会风气发展看，土地兼并之风主要是从正德之后开始的，而在土地兼并之风盛行之前，皇族宗室已经开始大规模兼并土地了。

皇庄与国家争夺地租，以保障皇室的消费。王府庄田的性质与皇庄相同，也是与国家争夺地租来保障王府的巨额支出。其结果都威胁到中央政府的税粮收入，引起军国费用困难。弘治十三年（1500 年），为了限制继续扩充王府庄

---

① 《明太祖实录》卷 73。

② 《明太祖实录》卷 74。

③ （明）王世贞：《弇山堂别集》卷 1《皇明盛事述一·庆成王百子》。

④ 《明神宗实录》卷 492。

田，明孝宗曾经发出一道诏令："凡军民人等，将争竞不明，并赏过及民间起科，僧道将寺观各田地，朦胧投献王府及内外官势之家，捏契典卖者，投献之人问发边卫，永远充军；田地给还寺观及应得之人管业；其受投献家、长并管庄人，参究治罪。"① 又敕令"诸王辅导官，导王奏请者罪之"，然这两道诏敕并未贯彻实施，之后依然是"日奏献不绝，乞请亦愈繁"。② 尤其是到了嘉靖、万历时期，赐给王府的庄田越来越多。如嘉靖四十年（1561 年）二月，世宗第四子、景王朱载圳之国湖广德安后"多请庄田"，世宗一概满足，其庄田多至数万顷。③ 又如万历年间，穆宗第四子、神宗之弟潞王朱翊镠在京时"王店、王庄遍畿内"，万历十七年（1589 年）二月就藩河南卫辉后又多请庄田，神宗无不允准，景王府（景王无嗣）所遗下之庄田皆归其所有，"多至四万顷"。④ 在明代历史上争得赐予庄田最多者当推福王朱常洵，神宗万历四十一年（1613 年）四月一次赏赐福王府庄田，要求"务足四万顷之数"，并由王府"自行管业"⑤，使得福王府庄田的数额从此成为廷臣争论的焦点之一。可见，明代王府庄田与皇庄比较，具有如下特点：一是分布广。皇庄除了南方有湖广安陆皇庄以外，均设在京师北直隶的顺天、保定、河间、真定四府；而王府庄田则遍及全国各地，在两京十三省中的河南、山东、山西、陕西、湖广、江西、广西等省都设有王府，有的一省有多个王府，有王府就必有庄田。只有南北两京和浙江、福建、云南等省没有设立王府："吴越不以封，以其膏腴；闽、广、滇、僰不以封，以其险远。"⑥（朱元璋第十八子岷王朱楩，洪武二十八年改封云南，未之国即因故被废为庶人。此后再无封国于云南）这是朱元璋立下的制度。朱棣迁都以后，北京亦不再设立王府。具体而言，不设立封国的是以下三类地方：政治中心的京畿地区、财源重地（经济重心）、边远地区。这说明封国有政治、经济方面的考虑：既要防止他们妨碍国家的政治、经济要地，又要便于控制，防止鞭长莫及。河南与北直隶毗邻，距离京师不远不近，王府最为集中。永乐以后的明代诸帝，吴越、闽广等地都不设王府，也就没有王府庄田了。二是数量多。明代皇庄总计约 76000 余顷，而有数据可考的王府庄田总计达数 100000 顷之多，仅设在河南省内 9 个王府庄田就有 77000 余顷，比全国皇庄多出 1000 余顷。三是规模越来越大。皇庄始创于永乐，至

① （明）李东阳等：《大明会典》卷 17。
② （清）张廷玉等：《明史》卷 77《食货一》。
③④ （清）张廷玉等：《明史》卷 120《诸王五》。
⑤ 《万历邸钞》。
⑥ （明）于慎行：《谷山笔麈》卷 3《藩封》。

30 多年后的天顺朝方正式命名，且发展缓慢，正德时期新建 31 处，之后湖广安陆兴献王庄田改为皇庄外，再没有扩张。而王府庄田的发展则与整个明代相始终，从洪武时期开始不断直线上升，英宗时期诸王所在多占夺民田，成化、弘治年间发展尤为迅速。正德以后，世宗、神宗逾制大量赐田，动以万计，使王府庄田的规模不断扩大，直至明亡。《明史》云："中叶以后，庄田侵夺民业，与国相终。"① 明代诸王纷纷侵夺民田，进一步激化了明代的社会矛盾。总体上看，明代在管制诸王庄田方面基本上是失败的。

（三）管制勋戚、中官庄田

勋戚，即勋臣和皇亲国戚。朱元璋能夺得天下，与一帮文武能人的大力相助分不开。明朝建立以后，这些人都成了开国功臣、新兴贵族。但在对待勋戚的问题上，朱元璋又时刻怀着复杂的心理，既给予各种相应的特殊待遇，积极争取、利用他们，又时时处处严加防范、限制。他的这种双重心态在赏赐勋戚庄田的过程中也充分表现出来：一是限制赏赐数量。如洪武四年（1371 年）三月，赐李善长等 6 国公、唐胜宗等 25 侯，及丞相、左右丞、参政等临濠山地共计 658 顷余②，每人都不过十数顷。同年八月赐大都督府金事沐英苏州府吴江县田 12 顷，岁计租 1000 石③；后又赐给铜陵县田 12 顷有余，岁计租 548 石④。洪武二十五年（1392 年）二月，赐江夏侯周德兴田 27 顷余⑤。可见，所赐庄田通常有 10 余顷至数十顷。二是严禁私自奏讨。如洪武二十五年二月，朱元璋严厉训斥了颍国公傅友德奏请怀远等县官地 9 顷 60 余亩作为田圃。三是归田于官，即勋戚所赐的庄田不得永久占有，实际是赐租。随着国家政治经济形势的变化，洪武二十五年八月即改革公侯俸禄制度，由之前的赐田收税充禄的间接供给，改为归赐田于官、由国家提供岁禄的直接供给，这样，赏赐给公侯等勋戚的田地都各归于官。虽然有部分勋戚找一些借口，并未将全部赐田归还官府。但是，从总体上说，洪武年间对勋戚庄田的限制是严格的。就是到了永乐、宣德年间，执法仍很严厉，也未出现中官（太监）庄田。

从明英宗开始，洪武成法因年久逐渐弛废，国是日非。中官势力迅速发展，其贪婪心理快速膨胀，开始涉足经济领域，插手土地。明代庄田遂增加了"中官庄田"这一新的名目，与皇庄、王府庄田、勋戚庄田一起形成一股强大

① （清）张廷玉等：《明史》卷 77《食货一》。
② 《明太祖实录》卷 62。
③ 《明太祖实录》卷 67。
④ 《明太祖实录》卷 82。
⑤ 《明太祖实录》卷 216。

的势力扑向农村，侵占民田，并掠夺官田，私吞税粮。正统二年（1437年）五月，查出西宁侯、驸马都尉宋琥，太监王安、王谨，崇信伯费，都督刘广、史昭6人，共计占田600余顷。① 正统六年（1441年）三月，御马监已故太监刘顺的家人奏言："先臣（刘顺）存日，钦赐并自置庄田、塌房、果园、草场共二十六所，其蓟州草场等十所，计地四百六十八顷，谨进入官。余十六所，乞留与臣供祀。"② 明英宗准其奏，从此开启了明代田土进献之风。正统十二年（1447年）二月，御用监太监喜宁奏乞河间府青县地415顷。因内多民田地，英宗命以荒闲之地79顷80亩赐之。③ 自此明代中官庄田正式创立。之后，勋戚、中官庄田"遍郡县"，竞相发展，占地越来越多。其途径有三种：皇帝赐予、私自奏乞、使用暴力强占。如景泰元年（1450年）七月，锦衣卫指挥汪瑛奏乞顺天府宝坻、昌平所属南乡等处草场1所、水旱田150顷，并果园、庄屋之类。景泰帝诏令户部赐之。④ 又如景泰二年三月，追回中军都督府左都督汪泉（怙威恃宠，纵家奴杨俊等人）先后占夺的顺天府武清等县官民田地计16320余顷。⑤ 可见勋戚占田数量之多。由于勋戚、中官侵夺官民田地愈演愈烈，引起了有识之士的强烈不满，他们纷纷要求加以禁限。如景泰五年（1454年）三月，六科给事中林聪等人上疏，亟言内外官员、勋戚严重占夺官民田土，提出禁势要侵夺田地："夫分田制赋，所以供国用而养天下之民也。有官守者自有禄以养之，岂可踰制而请求乎？近年以来，内外官员多有恃宠挟恩、奏求田地，因而以势虐人，侵占倍数。如武清侯石亨食禄千钟，乃称养马艰难而求田地刍牧；指挥郑伦俸禄亦厚，乃谓日食不敷而求田地耕植；百户唐兴奏求田地多至一千二百六十余顷，其田地既多，一家岂能尽种。询访其实，多是在京奸诈之徒投充家人名色，倚势占田，害人肥己，可不为之限乎？乞命正统以来凡势要所求田地立为限制，少不过五顷，多不过十顷，其余侵占者悉令还民耕种，违者治以重罪。庶豪强不得逞其欲而下民均得沾其惠。"⑥ 但是，明代宗仅口头上嘉纳其言，而在赏赐勋戚田地方面却未有改变。如景泰七年（1456年）七月，赐予尚膳监左少监刘祥直隶真定府冀州并宁晋县清水河田地共580余顷，从其奏请。⑦

---

① 《明英宗实录》卷30。
② 《明英宗实录》卷77。
③ 《明英宗实录》卷150。
④ 《明英宗实录》卷194。
⑤ 《明英宗实录》卷204。
⑥ 《明英宗实录》卷239。
⑦ 《明英宗实录》卷268。

天顺元年（1457 年）五月，英宗"夺门"复位后，赏赐太监刘家林真定府深州田 100 顷；十一月，都督同知于忠奏求深州田地以树艺养赡，英宗命给 100 顷。① 天顺三年（1459 年）二月，赐太监张辉保定府新城县空地 150 余顷。② 明英宗赏赐中官、勋戚一如既往，成为一种常态。英宗逝后，朱见深即位，是为宪宗。宪宗继位后，风气照旧，勋戚、中官继续奏讨不止，皇帝总是有求必应。如成化元年（1465 年）八月，左军都督府都督金事、皇太后之弟周寿奏求河间等县田 448 顷，宪宗命如数与之。③ 勋戚、中官们多以空地、退滩地为名奏求赐给，实际并非如此，多数都是多年耕种的良田。成化四年（1468 年）三月，户科左给事中丘弘等上疏云："固国本在于厚民生，厚民生在于抑兼并。惟洪武、永乐年间，北直隶、山东地方土广人稀，太祖、太宗屡涣纶音，许民尽力耕种，永不起科。盖欲地辟民聚，以壮基图。圣虑神谟，深且远矣。夫何近年权豪势要专利病民？或称为退滩，或指为空地，往往朦胧奏请。远者难以尽述，臣请以一二近者言之：嘉善长公主累请文安等县闲地，西天佛子剳实巴奏求静海县地及宛平县佃户，俱蒙俞允。夫公主，食禄之家也，兼以驸马两禄，犹称日给不足；剳实巴，佛之徒也，乃反慈爱之教，而以削剥为事。虽皇上天地之量，不咈其请，然群下溪壑之欲，必至无厌。承行者受其嘱托，虽知非所当得，略无执辨之词；勘报者畏其权势，虽明知有租税，亦作空闲之数。原其所由，是皆无籍之徒，窃以投献而渔猎其中，奸狡者投为管业而囊橐其内之所致也。况地逾百顷，古者百家之产也，岂可徇一人之嗜好而夺百姓之恒产哉？伏望陛下均天地育物之心，厚民生衣食之本，收回前命，还给下民。仍敕该部痛革往弊，示以重法，庶几警惧，民得聊生。"宪宗即下诏："田土除勘明赐给外，自余仍覆实以闻。继今凡有求者一切不许，著为令。"④但是，就在这一年四月，宪宗诏赐周寿顺天府涿州庄田 63 顷余。⑤ 整个成化年间，对勋戚、中官奏讨田地，宪宗总是大方赐予。到了弘治年间，奏讨之风仍无休止，孝宗朱祐樘一如乃父，赏赐田地有过之而无不及。勋戚之家不仅大肆夺占官民田地，而且他们之间为此互相角斗，争斗不止。如皇亲会昌伯孙忠原受赐永清县义河、宝坻县把门城、老鸦口等处田土 2481 顷。后来孙氏宠衰，把门城田 1200 顷被转赐给太监辰保。及辰保死，皇亲周寿贵幸，乘势奏乞，

① 《明英宗实录》卷 284。
② 《明英宗实录》卷 300。
③ 《明宪宗实录》卷 20。
④ 《明宪宗实录》卷 52。
⑤ 《明宪宗实录》卷 53。

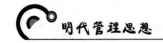

并改变四至，将孙氏之田占为己有。当周寿宠渐衰，正贵幸的皇亲张延龄又与之争利；孝宗以二家俱为皇亲，于弘治十七年（1504年）四月，再赐给周寿田地800顷，同时赐给张延龄更多田地，最终周寿得2000顷，而张延龄得16700余顷。①

可见，明代中叶以后，皇帝及其子孙们、皇家亲戚以及帝后身边的太监，首先掀起土地兼并之风。随之那些由进士、举人之类步入官场的官僚们在正德、嘉靖以后由于这种风气所染，也渐渐放下道德的架子，不畏清议，起而效尤，营产谋利，求田问舍，投身于剧烈土地兼并竞争之中，使得这种风气愈演愈烈。据《明实录》的不完全统计，从正德元年（1506年）到明末天启七年（1627年）的120多年间，朝廷新赐给勋戚、中官的庄田计为27900余顷；加之弘治二年（1489年）以前，北直隶已有勋戚、中官庄田33100余顷；两者合计61000余顷，占当时北直隶土地总数的1/5强。庄田的增加意味着为国家缴纳税粮的田地的减少，为了维系庞大的军国开支，要求限制庄田的呼声逐渐高涨。如正德十六年（1521年）六月，顺天府通州知州刘绰奏云："近京地方，若皇庄及皇亲、驸马、功臣田土，大为民害，乞以皇庄田地尽付所在军民耕种，输纳国课，管庄内臣永为裁革……其勋戚田土亦乞差官查理，果旧额颁赐，听令管业，照依旧制每亩起租银三分，此外不许丝毫侵削佃户。若系近来包占夺买等项，责令退还。"②嘉靖六年（1527年）十一月，大学士杨一清等人因"近畿八府土田多为各监局及戚畹势豪之家乞讨"，上疏进言："愿陛下自今以来，凡势豪请乞，绝勿复许；小民控诉，亟赐审断，庶使畿内之民有所恃以为命。"③嘉靖八年（1529年）四月，户部左侍郎王轼在奏疏中提出限制勋戚庄田的办法："乞如成周之制，随其官之品级而定拟多寡，别其世之亲疏而量为裁革；其自置田土不报纳粮差者，俱追断如功臣田土律，庶几为经国裕民可久之道。"疏呈上，明世宗令下户部议处，尚书梁材在王轼建议的基础上进一步提出具体的操作办法："成周班禄而有土田，盖禄以田出也，非于常禄之外复有土田之赐。今勋戚高爵厚禄已逾涯分，而陈乞田亩动以数千，诚非祖宗立法之意。自今宜申明诏旨，不许妄为奏讨，侵渔小民。其已经钦赏有成命者仍与管业；中有世远秩降，或非一派相传者，量存三之一以为墓祭之费，余皆入官以备边储。"世宗明确表示赞同，并下令："已赏田土亦宜查明，有分

---

① 《明孝宗实录》卷210。
② 《明世宗实录》卷3。
③ 《明世宗实录》卷82。

外强占者俱给原主。自今勋戚大臣务各安分，以保禄位，不许妄行陈乞。"①
这样，清查勋戚庄田的工作遂得以逐步展开。此后，清查出来的隐冒庄田相应
的归还了民户或没入官。隆庆二年（1568 年）四月，户部回复御史王廷瞻奏：
"勋戚庄田，请乞太滥。或本宗已绝，为异姓所冒；或身后陵夷，为势家所
夺。使国家优恤之典，为奸宄射利之资，甚无谓也。宜于初给时酌为定数，不
得过多，仍限以世次递为裁减。其无宗无爵者，悉归之官。"② 明穆宗朱载垕
准其议，令酌拟递减则数。③户部奉旨议裁革勋戚冒滥庄田，并定出四条具体
规定："勋臣传派五世者限田百顷；戚畹限田七百顷；宗支已绝及失爵者夺
之；奸民影射者征租入官。"④ 稍候又修改为："宗绝及失爵者如有先世丘墓，
其田二百顷者量留五顷；百顷以下者量留三顷，以资供祀之费"，"元勋世裔
限以二百顷，勋戚半者限百五十顷。"⑤ 为了进一步遏制勋戚之家兼并土地，万
历十六年（1588 年）十二月，户部回复御史刘霖题："戚臣庄田，除皇后之
亲，传派五世，准留一百顷为世业；驸马传派五世，准留十顷供主祀；其诸妃
家传三世，即尽数还官。庶尊卑有别，而皇仁可永。"明神宗朱翊钧仅对妃家
一条改为"有出（生皇子）之妃，赐田原在百顷以下者准留"，余者全部颁
行。⑥ 万历十九年（1591 年）十二月，正式制定戚臣庄田之数："皇后家派传
五世，留一百顷；皇贵妃并贵妃家派传五世，留七十顷，以为香火地，后家不
论旁枝别派永远给付遵守。妃家无正派，传至三世，不论多少尽数还官。其驸
马传至三世，准留十顷以为公主香火地，永远给付遵守，余着还官……以后养
赡、香火庄田递减，都照今规则永远为例。"⑦

　　隆庆、万历年间，由于规定限制赐额，庄田之害稍有减轻，但钦赐和奏讨
依然不绝，还是无法从根本上改变皇庄，诸王庄田，勋戚、中官庄田大量占夺
官民田地的状况，明末依然如此。这说明社会要持续稳定、健康地发展，必须
有效保护作为绝大多数的社会中下层民众的基本生存权利。明代作为农业社
会，土地是广大民众最基本的生产资料，权贵阶层对土地的大规模侵夺是明代
社会矛盾发展、激化的重要原因，也是明王朝走向衰亡的重要原因。

---

① 《明世宗实录》卷 100。
②③ 《明穆宗实录》卷 19。
④⑤ 《明穆宗实录》卷 27。
⑥ 《明神宗实录》卷 201。
⑦ 《明神宗实录》卷 243。

第三节　管制茶马贸易思想

中国古代在西藏、青海、甘肃、新疆等广大的西部地区居住着藏、回、羌、蒙等少数民族，主要从事畜牧业生产，明王朝将这一区域的诸少数民族各部称为"番人"，也称"西番"，与北部的蒙古各部"北虏"相区别。番人以青稞、肉类和奶酪等乳制品为主，而茶具有助消化、解油腻、祛湿热、醒脑提神的作用。因此，对生活在高寒地带的游牧民族来说，茶叶的重要意义是不言而喻的。但是，由于地理、气候等因素，西番地区并不能生产茶叶。另外，明王朝幅员辽阔，边境线漫长，长期面临着周边少数民族的武装侵略、掠夺，加之北逃的蒙元残余势力依然十分强大，明朝面临着极大的边防压力。在边患频仍的情况下，战马成为明政府高度重视的战略物资，但以农耕为主的中原却不能出产大批优质战马。而西番畜牧业发达，能够出产数量较多的优质战马。因此，茶马贸易成为双方最佳的选择。明代官营茶马贸易就是明政府运用国家权力，以国家制度的形式垄断与西番之间的茶马贸易的活动。

与西番的茶马贸易从唐代开始直到清代，历时之久，影响之远，是中国古代国内贸易中最重要的现象。围绕如何保障茶马贸易的官营垄断地位，历代统治者们想方设法，制订、实施了相应的茶马贸易管理体系。明代，随着加强对西番政治管理的新的行政机构指挥使司、宣慰司的设置，加之永乐五年（1407年）和永乐十二年（1414年）两次修复、修建内地通往藏区的驿路、驿站，为茶马贸易和管理创造了更有利的条件，促进茶马贸易空前发展繁荣，也为明政府的经管体系提出了更高的要求：明政府在继承唐宋旧制的基础上，对茶叶的收藏、运输、交易、检验等环节实施了更严密的管理，建立了一套职责明确、分工具体、井然有序的经营管理体系。《明史》云："番人嗜乳酪，不得茶，则困以病。故唐宋以来，行以茶易马法，用制羌戎，而明制尤密。"①《大明会典》进一步云："凡中茶有引由，出茶地方有税，贮放有茶仓，巡茶有御史，分理有茶马司、茶课司，验茶有批验所。"②

第一，明政府为了有效管制茶马贸易，采取了从源头抓起的策略。从洪武四年（1371年）开始，在川陕等主要产茶区设置了专门的管理机构茶课司，

---

① （清）张廷玉等：《明史》卷80《食货四》。
② （明）李东阳等：《大明会典》卷37。

专管征收茶课事宜。《明史》云："四年，户部言：'陕西汉中、金州、石泉、汉阴、平利、西乡诸县，茶园四十五顷，茶八十六万余株。四川巴茶三百十五户，茶二百三十八万余株。宜定令每十株官取其一。无主茶园，令军士薅采，十取其八，以易番马。'从之。于是诸产茶地设茶课司，定税额，陕西二万六千斤有奇，四川一百万斤。"① 茶课司每年一次征收数额巨大的课茶。据《明太祖实录》，洪武五年（1372年），"设永宁茶局一，曰界首镇，岁收茶一十八万八千斤；雅州茶局一，曰碉门，岁收茶四十一万一千六百斤；成都茶局三，曰灌州，岁收茶七千四百三十斤，曰安州，岁收茶万三千一百七十斤，曰筠连州，岁收茶二十九万六千二百七十斤。既收，则征其什一于官。"② 茶课司可以根据茶产区茶叶产量、茶课的轻重或茶马贸易所需茶叶的多寡，适当对课茶数额进行调整。《大明会典》记云："陕西茶课：初二万六千八百六十二斤一十五两五钱，弘治十八年新增二万四千一百六十四斤，共五万一千二十六斤一十五两五钱。见今茶课五万一千三百八十四斤一十三两四钱（系汉中府属金州、紫阳、石泉、汉阴、西乡五州县岁办，分解各茶马司）。四川茶课：初一百万斤，后减为八十四万三千六十斤，正统九年减半偿运，景泰二年停止，成化十九年奏准每岁运十万斤。见今茶课本色一十五万八千八百五十九斤零，存彼处衙门听候支用（系石泉、建始、长宁等县，并建昌、天全、乌蒙、镇雄、永宁九姓土司办纳）；折色三十三万六千九百六十三斤，共征银四千七百二两八分，内三千一百五两五钱五分存本省赏番。实解陕西巡茶衙门易马银一千五百九十六两五钱三分（系保宁府属巴州、通江、广元、南江四州县解纳。万历六年巡茶御史册报新收银一千六百九十四两六钱九分五厘）。"③ 明政府设置茶课司，不仅为官营垄断茶马贸易提供了根本保证，也有效保障了茶税征收及进行贸易所需的充足茶源。

第二，明政府还对茶叶的运输环节进行有效管理。为确保茶叶从产地到茶马贸易目的地运输过程中的安全，明政府专门设置了茶盐都转运司具体负责茶运事宜。《明太祖实录》记载，洪武五年（1372年）"置四川等处茶盐都转运司于成都，以治书御史刘贞为转运使"④。洪武六年（1373年），四川按察司金事郑思先奏言："开、达、巴三州之茶自汉中运至秦州，道远难致，人力多

---

① （清）张廷玉等：《明史》卷80《食货四》。
② 《明太祖实录》卷77。
③ （明）李东阳等：《大明会典》卷37。
④ 《明太祖实录》卷72。

困，若令就汉中收贮，渐次运至秦州，尤便。"得到朱元璋的许可。① 并兼由川陕都、布二司直接管理。明代杨一清《为修复茶马旧制第二疏》云："查得洪武、永乐年间，旧例三年一次，番人该纳差发马一万四千五十一匹，价茶先期于四川保宁等府约运一百万斤赴西宁等茶马司收贮：内西宁茶马司收三十一万六千九百七十斤，河州茶马司收四十五万四千三十斤，洮河茶马司收二十二万九千斤。合用运茶军夫，四川陕西都布二司各委堂上官管运，四川军民运赴陕西接界去处，交与陕西军夫转运各茶马司交收。"② 同时，明政府还在沿途设有茶运所，负责茶叶运送途中的具体事务。洪武年间在陕西境内设置了 4 所茶运所：巩昌府有骆驼巷梢子堡茶运所、高桥火钻峪茶运所，临洮府有伏羌茶运所、宁远茶运所。③ 设有专职负责递送茶叶的茶夫。明代梁材《议处茶运疏》云："自汉中府至徽州，过连云栈，俱由递运所转行。徽州至巩昌府，中间经过骆驼巷、高桥、伏羌、宁远，各地方偏僻，原无衙门，添设四茶运所官吏管领，通计一十一站，每处设茶夫一百名。巩昌府至三茶司，复由递运所三路分运，计三十站，每处设茶夫三十名。"④ 这种庞大的运输体系虽然确保茶叶运输过程的安全，但每次运茶达数百万斤，动用军夫数万名，耗费巨大。因此，明政府从弘治三年（1490 年）开始着手将茶叶运务逐渐由官运改为商运："凡开中，宣德十年题准：开中茶、盐，许于四川成都、保宁等处官仓关支，官茶每百斤，与折耗茶十斤，自备脚力运赴甘州，支与淮浙官盐八引；运赴西宁，与盐六引。正统元年，命罢运茶支盐事例。弘治三年，令陕西巡抚并布政司出榜召商报斤，给引赴巡茶御史处挂号，于产茶地方收买茶斤，运赴原定茶马司，以十分为率，六分听其货卖，四分验收入官。"⑤还对招商中茶作出具体规定："国初招商中茶，上引五千斤，中引四千斤，下引三千斤。每七斤蒸晒一篦，运至茶司，官商对分，官茶易马，商茶给卖。每上引仍给附茶一百篦，中引八十篦，下引六十篦，名曰酬劳。经过地方，责令掌印官盘验，佐贰官催运。若陕之汉中、川之夔保，私茶之禁甚严。凡中茶有引由，出茶地方有税，贮放有茶仓，巡茶有御史，分理有茶马司、茶课司，验茶有批验所。"⑥ "各商自备资本，执引前去各该衙门，比号相同，收买真细好茶，毋分黑黄正附，一例蒸晒，每篦重不过七斤。完日，原住买茶所在官司催发起程，仍填注发行年月日期印钤。运至汉中府辨验真假，黑黄斤篦，各另秤盘。经过置口巡检司、

---

① 《明太祖实录》卷 84。
② （明）陈子龙等辑：《明经世文编》卷 115。
③⑤⑥ （明）李东阳等：《大明会典》卷 37。
④ （明）陈子龙等辑：《明经世文编》卷 106。

火钻批验所、巩昌府查验篦数，稽考夹带。苏豁关遵照题准事例，每正茶一千斤许照散茶一千五百斤，数外若有多余，方准抽税。各照格填注、印钤、截角，依限运赴洮岷，参将转发洮州茶司，照例对分贮库，取实收赴院销缴。如有夹带数多、伪造低假、正附篦斤不同，即从重问罪。夹带与斤重者，入官；低假者，砍焚；引过五年之上不销者，究问。"① 明政府适时对茶马贸易的经管体系进行改革，体现了其管理政策灵活性的一面。

第三，明政府设置茶马司作为专门管理、经营茶马贸易的行政机构。洪武四年（1371 年），明政府"设茶马司于秦、洮、河、雅诸州"，"自碉门、黎、雅抵朵甘、乌思藏，行茶之地五千余里。山后归德诸州，西方诸部落，无不以马售者。"② "初制，长河西等番商以马入雅州易茶，由四川严州卫入黎州始达。茶马司定价，马一匹，茶千八百斤，于碉门茶课司给之。番商往复迁远，而给茶太多。严州卫以为言，请置茶马司于严州，而改贮碉门茶于其地，且验马高下以为茶数。诏茶马司仍旧，而定上马一匹，给茶百二十斤，中七十斤，驹五十斤。"③洪武三十年（1397 年），改设秦州茶马司于西宁。"永乐中，帝怀柔远人，递增茶斤。由是市马者多，而茶不足。茶禁亦稍弛，多私出境。碉门茶马司至用茶八万余斤，仅易马七十匹，又多瘦损。乃申严茶禁，设洮州茶马司，又设甘肃茶马司于陕西行都司地。十三年特遣三御史巡督陕西茶马。"④之后又根据需要设置了其他茶马司，如嘉靖四十一年（1562 年）置甘州茶马司⑤，但以西宁、河西、洮州三茶马司最重要。

茶马司的职官设置，据《明史》："茶马司：大使一人，正九品副使一人，从九品掌市马之事。洪武中，置洮州、秦州、河州三茶马司，设司令、司丞。十五年改设大使、副使各一人，寻罢洮州茶马司，以河州茶马司兼领之。三十年，改秦州茶马司为西宁茶马司。又洪武中，置四川永宁茶马司，后革，复置雅州碉门茶马司。又于广西置庆远裕民司，洪武七年置，设大使一人，从八品，副使一人，正九品。市八番溪洞之马，后亦革。"⑥ 根据内地产茶的季节规定茶马交易时间及茶马比价，这是茶马司的重要政务。对于茶马交易时间，据明代徐彦登《历朝茶马奏议》记载，明代茶马司规定每年招番中马："洮州茶马司定以五月，河州、甘州茶马司定以六月，西宁茶马司定以七月。""每岁至五六月间，行委各该兵备道及各副将、参将、监牧通判招致熟番将茶易

① （明）李东阳等：《大明会典》卷37。
②③④ （清）张廷玉等：《明史》卷80《食货四》。
⑤ （明）李东阳等：《大明会典》卷153。
⑥ （清）张廷玉等：《明史》卷75《职官四》。

马。""至期报中，各番历年遵守，自有茶马之制以来，未之或改者也"。对于茶马比价，据徐彦登《历朝茶马奏议》记云，茶马司依据马之膘色定为三等，交换相应数量的茶叶。洪武初年，"马一匹，茶千八百斤，于碉门茶课司给之。番商往复迁远，而给茶太多"。于是洪武二十二年（1389 年）规定："上等马，每匹一百二十斤。中等马，每匹七十斤。下等马，每匹五十斤。"① 永乐年间，茶禁稍弛，碉门茶马司甚至用茶八万余斤，仅易马七十匹，而又多瘦损，于是严禁茶马走私贸易。弘治三年（1490 年），"以各边缺马，令招商报茶。西宁、河州，各四十万斤；洮州二十万斤，运赴原拨茶马司。以茶百斤易上马一匹，八十斤易中马一匹。"② 因此，茶马贸易的比价常随着管理力度、茶马产量等因素的影响而有所调整。

第四，明政府建立体系完整的茶叶专卖制度，管制茶马贸易：一是推行严格的茶引制度，防止私茶贩运。《大明会典》记载："凡引由，洪武初议定：官给茶引，付产茶府州县。凡商人买茶，具数赴官，纳钱给引，方许出境货卖。每引照茶一百斤，茶不及引者谓之畸零，另置由帖付之。仍量地远近，定以程限，于经过地方执照。若茶无由引，及茶引相离者，听人告捕。其有茶引不相当，或有余茶者，并听拿问。卖茶毕，即以原给引由赴住卖官司告缴。该府州县俱各委官一员管理。"③ 商人向政府纳钱买引，"凡茶引一道，纳铜钱一千文，照茶一百斤。茶由一道，纳铜钱六百文，照茶六十斤"④。商人将茶"运至茶司，官商对分，官茶易马，商茶给卖"⑤。为严格执行茶引制度，明政府专门设置了批验茶引所作为管理检验茶引、茶由的机构。洪武初年议定："客商贩到茶货，经过批验所，须要依例批验。将引由截角，别无夹带，方许放行。违越者笞二十。"⑥ 景泰五年（1454 年）规定："（客商）将引由照茶依例批验截角，卖毕，随赴住卖所在官司告缴，封送各该批验所，类解本部查销。若有过期不缴者，批验茶引所每季查出商名贯址、引由数目，开报合干上司，转行各该巡按监察御史、按察司提问追缴；仍行各府州查勘前项茶商原领未缴引由，照例送销。其批验茶引所今后给散引由，务籍记茶商姓名、籍贯、茶斤、引数，每引由一道纳钞一贯，中夹纸一张送部，钞送库交收，纸存印引。"⑦

二是订立禁约、茶法，禁止私茶通番。洪武初年议定："若茶无由引，及茶引相离者，听人告捕。其有茶引不相当，或有余茶者，并听拿问……诸人但犯私茶，与私盐一体治罪。如将已批验截角退引、入山影射照茶者，同私茶

---

①②③④⑤⑥⑦　（明）李东阳等：《大明会典》卷37。

论。山园茶主将茶卖与无引由客兴贩者，初犯笞三十，仍追原价没官；再犯笞五十，三犯杖八十，俱追原价没官……伪造茶引者，处死，籍没当房家产。告捉人赏银二十两。"① 洪武三十年（1397年）下诏："榜示通接西蕃经行关隘并偏僻处所，着拨官军严谨把守巡视，但有将私茶出境，即拿解赴官治罪，不许受财放过。仍究何处官军地方放过者，治以重罪。"② 永乐六年（1408年）下令："各关把关头目军士务设法巡捕，不许透漏缎匹、布绢、私茶、青纸出境。若有仍前私贩，拿获到官，将犯人与把关头目各凌迟处死，家迁化外，货物入官。有能自首免罪。"③ 景泰五年（1454年）下令："各处军民人等，官民马快等船，并车辆头匹挑担驮载私茶者，各该官司盘获，茶货、车船、头匹入官；引领牙行及停藏之家，俱依律治罪；巡捕人员受财纵放者，一体究问。"④ 成化十八年（1482年）朝廷又下令："私茶有兴贩夹带五百斤者，照见行私盐例，押发充军。"⑤ 弘治十八年（1505年）题准："各处行茶地方但有将私茶潜住边境兴贩交易，及在腹里贩卖与进贡回还夷人者，不拘斤数，事发，并知情歇家牙保，俱问发南方烟瘴地面卫所永远充军。其在西宁、甘肃、河州、洮州贩卖者，一百斤以上，问发附近卫分充军；三百斤以上，发边卫永远充军。若在腹里兴贩者，照例五百斤以上，押发附近卫分充军，止终本身。不及前数者，俱依律拟断，腹里，仍枷号一个月；在边方，枷号两个月。有力纳米赎罪，无力解五百里之外摆站守哨。但有逃回，仍前兴贩者，事发不拘多寡，问发附近卫分充军。若军官将官知情，纵容弟男子姪伴当兴贩，及守备把关巡捕官知情故纵者，事发，参问降一级，原卫带俸差操；有赃者，从重论；不知者，照常发落。若守备把关巡捕官自出资本兴贩私茶但通番者，问发边卫充军。在西宁、洮河、甘肃地方发卖者，三百斤以上，发附近卫分充军；不及数及在腹里发卖者，降一级，调边卫带俸差操。"⑥ 明代茶法严厉、完备，总体上也得到较严格的执行。据《明太祖实录》，洪武三十年（1397年），朱元璋处决了贩卖私茶的驸马都尉欧阳伦："上（朱元璋）命秦蜀岁收巴茶，听西番商人以马易之，中国颇获其利。其后商旅多有私自贩鬻，至为夷人所贱，马价遂高，乃下令严禁之。有以巴茶私出境者，置以重法。（欧阳）伦尝遣家人往来陕西，贩茶出境货鬻，倚势横暴，所在不胜其扰，虽藩阃大臣皆畏威奉顺，略不敢违。时四月农方耕耨，伦适在陕西令布政使司移文所属，起车载茶往河州。伦家人有周保者尤纵暴，所至驱迫有司，索车五十辆。至兰县河桥巡检司，捶辱其吏，吏不能堪，以其事闻。上大怒，以布政使司官不言，并伦赐

---

①②③④⑤⑥　（明）李东阳等：《大明会典》卷37。

死，保等皆坐诛，茶货没入于官。"① 明人梁材云："祖宗好生之德，不嗜杀人之心，而私茶通番辄以极刑凌迟论罪，其意之所在可知已。盖西边之藩篱，莫切于诸番。诸番之饮食，莫切于吾茶；得之则生，不得则死。故严法以禁之，易马以酬之；禁之而使彼有所畏，酬之而使彼有所慕。此所以制番人之死命，壮中国之藩篱，断匈奴之右臂者。其所系诚重且大，而非可以寻常处之也。故在当时茶法通行，而无阻滞之患。"② 道出明政府严禁贩卖私茶的原因。但茶法也有执行不严的情况。如永乐年间，朱棣"为怀柔远人，递增茶斤"，导致"市马者多，而茶不足。茶禁亦稍弛，多私出境。碉门茶马司至用茶八万余斤，仅易马七十匹，又多瘦损"。③ 到了正德年间，"武宗宠番僧，许西域人例外带私茶。自是茶法遂坏"。④

三是派遣官吏到各地巡查，严格执行茶法。上文提到洪武三十年（1397年）下诏："榜示通接西蕃经行关隘并偏僻处所，着拨官军严谨把守巡视，但有将私茶出境，即拿解赴官治罪。"⑤ "令自三月至九月，每月差行人一员于陕西河州、临洮、四川碉门、黎雅等处，省谕把隘关口头目，禁约私茶出境。"⑥ 洪武年间，茶法执行极其严厉："立茶马司于陕西四川等处，听西番纳马易茶，降金牌信符赐番族，以防诈伪……每三年一遣廷臣召各番合符，以应纳差发马交纳易茶。有以私茶出境者，斩；关隘不觉察者，处极刑；民间蓄茶不得过一月之用；茶户私鬻者，籍其园入官。"⑦ 永乐十三年（1415年），明中央差御史三员巡督陕西茶马。⑧ 景泰二年（1451年），明廷令陕西、四川二布政司各委官巡视关隘，禁约私茶出境；景泰四年（1453年），又差行人于陕西、四川禁约私茶。⑨ 成化三年（1467年），明廷令差御史一员于陕西巡茶，一年更代；成化七年（1471年），停罢差行人四川巡茶，令按察司分巡官往来禁约；成化十一年（1475年），又令取回陕西巡茶御史，仍差行人巡茶；成化十四年（1478年），复差御史于陕西巡茶。⑩ 弘治九年（1496年）下令："经该茶马司官吏遇有考满事故，申巡茶御史，委官盘点见数，方离职役。若有侵欺，及虽不侵欺，收置无法致有损折原数者，依律究治追赔。"⑪ 弘治十六年（1503年）又下令："取回巡茶御史。凡一应茶法，悉听督理马政都御史兼理"；弘治十七年再令："陕西每年于按察司拣宪臣一员，驻扎临洮府，巡禁私茶；一年满日，择一员交代。又将建昌、松潘、碉门、黎雅远处，行抚按稽查；夔州、东

---

① 《明太祖实录》卷253。
② （明）陈子龙等辑：《明经世文编》卷106。
③④ （清）张廷玉等：《明史》卷80《食货四》。
⑤⑥⑦⑧⑨⑩⑪ （明）李东阳等：《大明会典》卷37。

乡、保宁、利州附近陕西，听督理马政都御史带管"。①正德二年（1507年），"仍设巡茶御史一员，请敕兼理马政、茶法二事"。嘉靖三十一年（1552年）奏准："四川茶法并入水利道兼理。令重夔兵备道禁湖茶监收买，下川南安绵兵备道监秤验，建昌、首潘兵备道监蕃易，各该委官悉听茶法道选差。"②

第五，为了有效管制茶马贸易，明初创制了"金牌信符"制度。这是唐代以来茶马贸易史上的新制度，为明代独有。据《明史》记载，洪武年间，"制金牌信符，命曹国公李景隆赍入番，与诸番要约，篆文上曰'皇帝圣旨'，左曰'合当差发'，右曰'不信者斩'。凡四十一面：洮州火把藏思曩日等族，牌四面，纳马三千五十匹；河州必理卫西番二十九族，牌二十一面，纳马七千七百五匹；西宁曲先、阿端、罕东、安定四卫，巴哇、申中、申藏等族，牌十六面，纳马三千五十匹。下号金牌降诸番，上号藏内府以为契，三岁一遣官合符。其通道有二，一出河州，一出碉门，运茶五十余万斤，获马万三千八百匹。"③《大明会典》亦云："洪武初，令陕西洮州、河州、西宁各该茶马司收贮官茶，每三年二次差在京官选调边军，赍捧金牌信符往附近蕃族将运去茶易马。原额牌四十一面，上号藏内府，下号降各蕃，篆文曰'皇帝圣旨'（左曰'合当差发'，右曰'不信者斩'）。洮州火把藏思曩日等族牌四面，纳马三千五十匹。河州必理卫二州七站西番二十九族，牌二十一面，纳马七千七百五匹。西宁曲先、阿端、罕东、安定四卫，巴哇、申中、申藏等族，牌一十六面，纳马三千五十匹。先期于四川征茶一百万斤，官军转运各茶马司。"④即明政府将"金牌"颁发给番人各部，番人各部则以"金牌"为符，按"金牌"规定的数额向明朝政府交纳马匹，明政府也按规定以相应数额的茶叶给予番人，双方按照明中央的规定完成交易。为使该项制度落实，明政府制定了配套的措施，"三岁一遣官合符"："每三年一次钦遣近臣赍捧前来，公同镇守三司等官，统领官军深入番境扎营，调聚番夷，比对金牌字号，收纳差发马匹，给与价茶。"（杨一清《为修复茶马旧制以抚驭番夷安靖地方事》)⑤ 洪武年间，该制度得到有效施行，西番各部都能够如约纳马。洪武年间，曹国公李景隆奉命赍金牌入藏，"凡用茶五十余万斤，得马一万三千五百一十八匹，分给京卫骑士操养"⑥。永乐年间，茶禁松弛，该制度逐渐废弛。《明史》云："宣德十年，乃定三月一遣（御史巡督陕西茶马）。自永乐时停止金牌信符，至是复

---

① ② ④ （明）李东阳等：《大明会典》卷37。

③ （清）张廷玉等：《明史》卷80《食货四》。

⑤ （明）陈子龙等辑：《明经世文编》卷115。

⑥ 《明太祖实录》卷256。

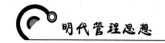

给。未几，番人为北狄所侵掠，徙居内地，金牌散失。而茶司亦以茶少，止以汉中茶易马，且不给金牌，听其以马入贡而已。"① 正统末年，该项制度趋于废止，前后沿用60余年。据《明史》，到正德元年（1506年），"（杨）一清又言金牌信符之制当复，且请复设巡茶御史兼理马政。乃复遣御史，而金牌以久废。卒不能复。"②金牌信符制度虽然具有强制性，但在一定程度上维护了当时茶马贸易的发展，加强了汉番民族间的经济联系，也巩固了明帝国的统治。

第六，市场化运营及其发展。为了保障用于茶马贸易的茶叶的供给，明政府逐步探索市场化的运营方式。《明史》云："洪武末，置成都、重庆、保宁、播州茶仓四所，令商人纳米中茶。宣德中，定官茶百斤，加耗什一。中茶者，自遣人赴甘州、西宁，而支盐于淮、浙以偿费。商人恃文凭恣私贩，官课数年不完。正统初，都御史罗亨信言其弊，乃罢运茶支盐例，令官运如故，以京官总理之。"③此处提到明政府先后采用过"纳米中茶"和"运茶支盐例"制。纳米中茶是洪武年间因灾害、战乱、兵荒等因素，由商人按照规定运送一定的粮食（大米）到指定地点，然后由政府给一定数量的茶并由商人运送至茶马司；其中正茶之外，商人可以携带政府准许的茶斤并卖出而获得经济利益。纳米中茶只是应急之计，并未形成定制。从宣德年间开始实行运茶支盐例，即商人纳钱后，从官府领到一定数量的引由，他们依据这些引由运送相应的茶叶到指定地点（茶马司），然后官府验收茶斤并给予一定量的盐引，商人们再依据这些盐引赴产盐的浙、淮地区领取相应的盐作为补偿。运茶支盐例是招商中茶的初步尝试。《大明会典》云："宣德十年题准：开中茶、盐，许于四川成都、保宁等处官仓关支，官茶每百斤，与折耗茶十斤，自备脚力运赴甘州，支与淮浙官盐八引；运赴西宁，与盐六引。"④ 要将大量川茶运往西北地界茶马司，路途遥远，行走艰难，成本极高。于是政府采用运茶支盐例的措施，将运茶权力暂时下放给了商人，打算坐享其成。但官茶商运并未改变运输的客观困难，商人们费尽周折行茶五千余里，利小事大，往往导致"官课数年不完"，加之一些商人借官方给予的合法权利，贩卖私茶，冲击了政府对茶马贸易的垄断，遂"罢运茶支盐，令官运如故"。

罢了运茶支盐例，并未解决官运难题。靖难之役后，金牌信符散失，民间贩卖私茶屡禁不止，加之边地卫所制度逐步弛坏，政府垄断茶叶运营已非常困难。《明史》云："景泰中，罢遣行人。成化三年命御史巡茶陕西。番人不乐

---

①②③ （清）张廷玉等：《明史》卷80《食货四》。
④ （明）李东阳等：《大明会典》卷37。

御史，马至日少。乃取回御史，仍遣行人，且令按察司巡察。已而巡察不专，兵部言其害，乃复遣御史，岁一更，著为令。又以岁饥待赈，复令商纳粟中茶，且令茶百斤折银五钱。商课折色自此始。"① 灾荒年成纳粟中茶，加重了对商人的剥削。弘治三年（1490年），御史李鸾奏云："茶马司所积渐少，各边马耗，而陕西诸郡岁稔，无事易粟。请于西宁、河西、洮州三茶马司召商中茶，每引不过百斤，每商不过三十引，官收其十之四，余者始令货卖，可得茶四十万斤，易马四千匹，数足而止。"② 可见当时边防战马紧缺，而茶马司又缺少茶叶进行正常的茶马贸易，加之陕西无灾害，即"无事易粟"；于是明孝宗批准李鸾所奏，并下令执行："令陕西巡抚并布政司出榜召商报斤，给引赴巡茶御史处挂号，于产茶地方收买茶斤，运赴原定茶马司：以十分为率，六分听其货卖，四分验收入官。"③ 此成为明代招商中茶的开始。招商中茶，官商四六分成，只限制运茶总数。这说明：一方面，随着民间私茶贩卖的有力冲击，政府运营茶叶、垄断茶马贸易已处于窘境，所以要管理、组织商人运茶，通过适当让利，即官商四六分成，实现政府管制茶马贸易而继续获取利益的目的。另一方面，也不能让商人随意中茶导致运送数量过剩，因而采取总数限制的办法，"数足而止"。但是，这一招商中茶的措施并未得到有效施行，弘治十二年（1499年），御使王宪奏云："自中茶禁开，遂令私茶莫遏，而易马不利。请停粮茶之例。异时或兵荒，乃更图之。"④ 即招商中茶并不像李鸾建议那样政府可以即收即放，顺利管控：当政府将商人资本引入茶马贸易体系中，商人资本便产生了意想不到的结果，即"私茶莫遏，而易马不利"。其后一段时间，不管是粮草开中，还是茶叶开中，政府都只凭其需要时禁时开。事实上，随着明代中后期商品经济日益发展，政府已不能完全压制商人势力的崛起，于是遂有之后杨一清的招商买茶。

弘治三年开始的招商中茶，到了弘治后期出现了政府始料未及的结果："汉中府产茶州县递年所出茶斤百数十万，官课岁用不过十之一二，其余俱为商贩私鬻之资。"（杨一清《为修复茶马旧制第二疏》）⑤ 出现了政府运用国家权力垄断的茶叶只占园户茶产量的小部分，其余都为园户和商人私相交易的现象。而洪武三十年的规定是"除约量本家岁用外，其余尽数官为收买"，"若卖与人者，茶园入官"（杨一清《为修复茶马旧制第二疏》）。可见，弘治后期政府垄断的榷茶体系面临崩溃：一方面，茶马司没有其所需的茶叶与番人交

①②④　（清）张廷玉等：《明史》卷80《食货四》。

③　（明）李东阳等：《大明会典》卷37。

⑤　（明）陈子龙等辑：《明经世文编》卷115。

易，"在茶司则病于不足，既无以副番人之望；在茶园则积于无用，又恐终失小民之业"（杨一清《为修复茶马旧制第二疏》），商人的投机行为直接冲击了政府与茶户的利益关系。另一方面，多年来官方运茶的困难仍然存在，官运几乎停止，"欲查照旧例征运，四州课茶缘川陕军民兵荒之后，创残已甚，宁能增此运茶之役？"（杨一清《为修复茶马旧制第二疏》）为了解决上述问题，使政府主导的茶马贸易正常进行下去，督理马政都御史杨一清决定实行招商买茶："召商买茶，官贸其三之一，每岁茶五六十万斤，可得马万匹。"① "如欲官民两便，必须招商买运，给价相应"（杨一清《为修复茶马旧制第二疏》）②。此前，杨一清已经做过从茶商手里买茶易马的实践："臣今年正月间，量发官银一千五百七十余两，委官前去收买茶七万八千八百二十斤，计易过儿扇骟马九百余匹。若用银买，须得七千余两。其利如此，但犹未免用官夫运送。"（杨一清《为修复茶马旧制第二疏》）并且他已经为继续推行从茶商手里买茶做了必要的准备："臣于今年闰四月内又经出给告示，招谕陕西等处商人买官茶五十万斤，以备明年招番之用。凭众议定：每茶一千斤，用价银二十五两，连蒸、晒、装篰、雇脚等项，从宽共计价银五十两。令其自出资本前去收买，自行运送各茶司交收明白，听给价银。"（杨一清《为修复茶马旧制第二疏》）政府将茶叶买收、运送的权力全部交给商人，这一过程由商人自出资本，然后官商分成："若运送到官茶，量将三分之一官为发卖，以偿官价，尤为便益"（杨一清《为修复茶马旧制第二疏》），即政府只将商人运茶总数的1/3投入市场发卖，用这笔交易所得补偿商人买茶、运茶的全部费用，其余2/3收到茶马司用于与番人易马。由此实现了政府利益的最大化，政府获得了200%的收益："官银一万两，买战马不过一千匹；如前所拟买茶二十万斤，分别三等马匹勘酌收买，可得马几三千匹。买一马者，将买三马；给一军者，可给三军。"（杨一清《为修复茶马旧制第二疏》）"此与开中商茶不同：开中商茶，其利在商，未免阻坏茶马；招商买茶，其利在官，专为易马之资。借曰官卖，不过十之二三，较之商茶，岁百余万。"（杨一清《为修复茶马旧制第二疏》）"开中商茶"，难以遏制茶叶走私，而招商买茶能扼制民间茶叶私贩，维护了政府在茶马贸易中的垄断地位。杨一清云："自弘治十八年为始，听臣出榜招谕山陕等处富实商人，收买官茶五六十万斤，其价依原定每一千斤给银五十两之数，每商所买不得过一万斤。给与批文，每一千斤给小票一纸，挂号定限。听其自出资本收买真细茶斤，自行雇脚转运，照商茶事例行令沿途官司秤盘截

---

① （清）张廷玉等：《明史》卷80《食货四》。
② （明）陈子龙等辑：《明经世文编》卷115。

角。如有多余夹带茶斤，照私茶拟断。运至各该茶马司取获实收，赴臣查验明白，听给价银。仍行委廉干官员，分投于西宁、河州二卫，官为发卖，每处七八万斤至十万斤为止，价银官库收候，尽勾给商。如有赢余，下年辏给。行之数年，茶可不卖。夫如是，茶出于山而运于商，民不及知以茶易茶，官不及知不伤府库之财，不失商民之业。部覆依拟施行，永为定制。而我可以坐收茶马之利，长久利便之策，宜无出此。"（杨一清《为修复茶马旧制第二疏》）① 但是，由于政府与商人利益分配悬殊，商人利益严重受损，出现了"商人有不愿领价"的现象。对此，杨一清代表政府作出让步："正德元年，一清又建议：商人不愿领价者，以半与商，令自卖。遂著为例永行焉。"②

但是，正德年间，"武宗宠番僧，许西域人例外带私茶。自是茶法遂坏"③。可见，好制度需要得到有效的执行，其重点是限制特权人物对制度的破坏。明代茶法的破坏再一次证明这一点。嘉靖十五年（1536 年），御史刘良卿奏云："律例：'私茶出境与关隘失察者，并凌迟处死。'……洪武初例，民间蓄茶不得过一月之用。弘治中，召商中茶，或以备赈，或以储边，然未尝禁内地之民使不得食茶也。今减通番之罪，止于充军。禁内地之茶，使不得食，又使商私课茶，悉聚于三茶马司。夫茶司与番为邻，私贩易通，而禁复严于内郡，是驱民为私贩而授之资也。以故大奸阑出而漏网，小民负升斗而罹法。今计三茶马司所贮，洮河足三年，西宁足二年，而商、私、课茶又日益增，积久腐烂而无所用。茶法之弊如此。番地多马而无所市，吾茶有禁而不得通，其势必相求，而制之之机在我。今茶司居民，窃易番马以待商贩，岁无虚日，及官易时，而马反耗矣。请敕三茶马司，只留二年之用，每年易马当发若干。正茶之外，分毫毋得夹带。令茶价踊贵，番人受制，良马将不可胜用。且多开商茶，通行内地，官榷其半以备军饷，而河、兰、阶、岷诸近番地，禁卖如故，更重通番之刑如律例。洮、岷、河责边备道，临洮、兰州责陇右分巡，西宁责兵备，各选官防守。失察者以罢软论。"④依然强调严格执行茶法的重要性。

第四节　管制海外贸易思想

专管海外贸易的市舶制度并不是明人首创。唐高宗显庆六年（661 年）在

---

① （明）陈子龙等辑：《明经世文编》卷 115。
②③④ （清）张廷玉等：《明史》卷 80《食货四》。

广州创设了市舶使，总管海路邦交外贸，派专官充任。市舶使作为市舶司的前身，其主要职责有：向前来贸易的船舶征收关税；代表朝廷采购一定数量的舶来品；管理商人向皇帝进贡的物品；对市舶贸易进行监督和管理。宋代重视海外贸易，开宝四年（971年）在广州设市舶使，掌海上贸易。徽宗崇宁元年（1102年）又在杭州、明州（今宁波）、温州、密州（今山东胶县）、秀州（今上海淞江县）等地设市舶司，负责检查进出船只商货、收购专卖品、管理外商。元同宋制，元世祖时在广东置市舶提举司。元仁宗改立泉州、广州、庆元三市舶提举司，掌管发放船舶出海公检、公凭，检查出海船舶，管理所辖口岸船只事宜。

明代继承了宋元的市舶制度，但在机构设置、职能发挥、选官制度等方面有所改革。明初为增进对海外各国的了解，抑制奸商，朱元璋吴元年（1367年）于江苏太仓黄渡镇设立市舶司。因此地与南京接近，恐影响国家安全，洪武三年（1370年）遂将该市舶司撤销，并随即全面实施海禁政策，朝贡贸易成了唯一合法的对外贸易。因管理朝贡贸易的需要，明政府洪武七年（1374年）在朝贡船舶经常出入的口岸，如广州、泉州、宁波设置了粤、闽、浙三个市舶司，并规定宁波通日本，泉州通琉球，广州通占城（越南）、暹罗（泰国）、西洋诸国。不久由于倭寇侵扰严重，停置了浙、闽、粤三市舶司。永乐年间，政府积极推行朝贡贸易政策。永乐元年（1403年），重新恢复浙江、福建、广东三市舶提举司。永乐三年（1405年），明政府在南京修会同馆，又分别在三市舶提举司处修建了安远驿（浙江）、来远驿（福建）和怀远驿（广东）三处驿馆，用以接待入贡使臣及其随从。永乐六年（1408年），明成祖又设交趾云屯市舶提举司，"接西南诸国朝贡者"[1]。永乐时期还在安南先后共设立三所市舶司，但不久即被废撤。嘉靖二年（1523年），"日本使宗设、宋素卿分道入贡，互争真伪。市舶中官赖恩纳素卿贿，右素卿，宗设遂大掠宁波。给事中夏言言倭患起于市舶。遂罢之"[2]，"遂革福建、浙江二市舶司，惟存广东市舶司"[3]。嘉靖三十九年（1560年），凤阳巡抚唐顺之议复三市舶司，部议从之。嘉靖四十四年（1565年），浙江以巡抚刘畿上奏，罢停市舶司，福建开而复禁。万历年间，"复通福建互市，惟禁市硝黄。已而两市舶司悉复，以中官领职如故"[4]。

《明史》云："市舶提举司，提举一人，从五品；副提举二人，从六品；其属，吏目一人，从九品。掌海外诸蕃朝贡、市易之事，辨其使人、表文、勘

---

① ② ④ （清）张廷玉等：《明史》卷81《食货五》。
③ （清）张廷玉等：《明史》卷75《职官四》。

合之真伪，禁通番，征私货，平交易，闲其出入而慎馆谷之。"① 可见，明代前期设置市舶司作为政府专管朝贡贸易的机构，包括实行海禁、控制和垄断海外贸易、防禁私人海外贸易。具体而言，明代前期市舶司所负责的事务大致如下：首先，朝贡事务管理，这是市舶司的主要职能。来华的外国贡船进港后，市舶司会同所在地的地方官员查验勘合、辨别真假，确定无误后督令下属钉封船舱、货物，防止贡品、私货偷漏上岸，随即将上述物品运进贡厂（存放贡物的仓库）。当货物运进仓库时，市舶司通知地方官员到场监督，待搬运贮库完毕后封仓。之后，市舶司会同当地驻军安排仓库周围的巡逻，防禁夷人擅自出入私拿货物售卖；同时将贡使及其随从接入驿馆招待住宿，并按规定安排筵宴招待。随即奏报朝廷，待接到朝廷命令后，市舶司会同当地官员监督贡品装箱、封钉和起运，并负责造册，开列详细清单，及差人与贡使同行赴京交办。贡使朝贡完毕，市舶司安排临别钱宴，并在他们离港之日逐一检验上船后护送出港。

其次，市舶司负责海外贸易的关税征收。明初确立的朝贡贸易原则是厚往薄来，目的是怀柔远人，从而一律免征进贡番货的关税。市舶司还对随贡附载的番货进行检验，查看有无违法违禁物品，并通告地方政府；抽分后又"给价偿之"，即按政府制定的价格收买，这种价格高于时价，故实际上并未征税。邱濬《大学衍义补·市籴之令》云："本朝市舶司之名虽沿其旧，而无抽分之法，惟于浙、闽、广三处置司以待海外诸蕃之进贡者，盖用以怀柔远人，实无所利其入也。"② 随着朝贡贸易的发展，朝贡货物剧增，给价收买制度日益成为明政府的财政负担。景泰四年（1453 年）十二月，礼部奏云："（入贡人、货）比旧俱增数十倍，盖缘旧日获利而去，故今倍数而来。若如前例给直，除折绢、布外，其铜钱总二十一万七千七百三十二贯一百文，时直银二十一万七千七百三十二两有奇。计其贡物，时值甚廉，给之太厚。虽曰厚往薄来，然民间供纳有限，况今北虏及各处进贡者众，正宜撙节财用，议令有司估时直给之。"③ 明代前期市舶司完全服务于政治目的，严重背离经济规律，于是明政府不得不作出"抽分"的决定。弘治年间，明政府对"抽分"作出具体规定："凡番国进贡内，国王、王妃及使臣人等附至货物，以十分为率，五分抽分入官，五分给还价值。必以钱钞相兼，国王、王妃钱六分，钞四分；使臣人等钱四分，钞六分……如奉旨特免抽分者，不为例。凡番国进贡船内搜出

---

① （清）张廷玉等：《明史》卷 75《职官四》。

② （明）邱濬：《大学衍义补》卷 25。

③ 《明英宗实录》卷 236。

私货，照例入官，俱不给价。其奉旨给与者，不为例。"① 据明代郑晓说，抽分之法最先行于广东市舶司②；而从广东"布政司案，查得正统以迄弘治，节年俱无抽分"③。《明武宗实录》云："正德三年、四年，抽过番货。除贵重若象牙、犀角、鹤顶之类解京，其余粗重如苏木等物估价，该银一万一千二百有奇。"④ 明代黄佐《广东通志》记云："正德四年，该镇巡等官都御史陈金等题：将暹罗、满剌加国并吉阐国夷船货物俱以十分抽三。该户部议：将贵细解京，粗重变卖，留备军饷。"⑤ 可见，明政府对海外商货实际实行抽分政策是在正德初年。当然，明政府抽分的对象并不仅限于有勘合表文的贡舶船，无勘合表文的商船也须由地方政府和市舶司抽税，才能在中国境内进行正常的贸易活动。明代胡宗宪《筹海图编》云："商舶乃西洋原贡诸夷载货，舶（泊）广东之私澳，官税而贸易之。既而欲避抽税，省陆运，福人导之改泊海沧、月港。"⑥ 出现了民间与商人勾结偷税避税的情况。广东市舶司的抽分率，正德四年（1509 年）为"十分抽三"，到正德十二年（1517 年）又改为十分抽二。黄佐《广东通志》云："正德十二年，巡抚两广都御史陈金、会勘副使吴廷举奏：欲或仿宋朝十分抽二，或依近日事例十分抽三。贵细解京，粗重变卖，收备军饷。题议：只许十分抽二。"⑦

明政府抽分政策推行后，抽分收入遂成为广东地方政府一项重要的财政收入。嘉靖初年，由于倭寇猖獗，明中央政府再次实行海禁，这对广东地方财政收入影响很大，许多地方官员上疏陈述抽分之好处。嘉靖八年（1529 年）七月，两广巡抚林富上《请通市舶疏》云："旧规，番船朝贡之外，抽解俱有则例，足供御用，此其利之大者一也。除抽解外，即充军饷。今两广用兵连年，库藏日耗，藉此可以充羡，而备不虞，此其利之大者二也。广西一省，全仰给于广东，今小有征发，即措办不前，虽折俸折米，久已缺乏，科扰于民，计所不免。查得旧番舶通时，公私饶给，在库番货，旬月可得银数万两，此其为利之大者三也。贸易旧例，有司择其良者，如价给之，其次资民买卖。故小民持一钱之货，即得握椒，辗转交易，可以自肥。广东旧称富庶，良以此耳，此其为利之大者四也。助国给军，既有赖焉，而在官在民，又无不给，是因民之所利而利之者也，非所谓开利孔为民罪梯也。"⑧ 当地官员已从现实的经济角度来衡量朝贡贸易与市舶司的价值，标志着市舶司经济功能的提升。

---

① （明）李东阳等：《大明会典》卷 113。

②⑥ （明）胡宗宪：《筹海图编》卷 12。

③⑤⑦ （明）黄佐：《广东通志》卷 66。

④ 《明武宗实录》卷 67。

⑧ （明）林富：《两广疏略》。

最后，市舶司的贸易管理职能。明代市舶司具有监督、管理来华番商与中国商人之间的贸易活动。明代朝贡贸易中抽分后剩余的货物是允许贡使及其随从交易的，但地点限制在京师会同馆和市舶司两个地方。会同馆隶属礼部，不受市舶司管辖。关于市舶司在贸易管理职能，明代胡宗宪《筹海图编》记载如下：一是海外贸易被严格限定在朝贡范围内，"是有贡舶即有互市，非入贡即不许其互市"；二是海外诸国来华贸易规定有相应的市舶司机构管理，"凡外夷贡者，我朝皆设市舶司以领之。在广东专为占城、暹罗诸番而设，在福建专为琉球而设，在浙江专为日本而设"；三是相关贸易必须在政府的牙行组织下进行，"其来也，许带方物，官设牙行，与民贸易，谓之互市"。① 但是，随着海外贸易的发展，市舶司海外贸易的监管职能逐渐被官牙取代，官牙遂取得了控制、垄断海外贸易的特权，促使市舶司的行政管理职能与经营职能的分工。明代前期，官牙的牙人均经市舶司挑选，领有政府颁发的执照（牙帖），随贡而来的商品必须通过他们才能进入市场交易。同时，牙人又可以收取交易双方的佣金（牙钱），交易越多收入越丰。因此，屡屡发生官牙牙人舞弊通番、番商违制及官员违禁征抽的事件。

此外，与前代比较，明代市舶司还增加了协助海防、海禁的职责，并有权禁止中国商人的出海贸易。即《明史》所云"市舶提举司……禁通番，征私货，平交易，闲其出入而慎馆谷之"；《明史》还云："市舶司，置提举官以领之，所以通夷情，抑奸商，俾法禁有所施，因以消其衅隙也。"② 对于进行非法海外贸易的商人，市舶司有权追捕。

明前期市舶司制度，一方面严格限制与海外诸国之间的交通贸易；另一方面又主要采取给价收买制，政府控制了朝贡商人的全部货物或大部分货物，使中国民间商人极少能直接与外国朝贡商人进行交易，而且相关交易必须在会同馆或市舶司的严格监督下进行。但是，随着抽分制的推行，勘合制遭到破坏，市舶司制度的官方贸易性质遂被削弱，被限制的民间贸易却逐渐兴起。从海外番国方面看，他们来华贸易并不仅限于定期的贡舶，也不局限在官商，只要是经过市舶司抽分的商品，私商亦可以在华进行贸易。如万历年间，"番人既筑城，聚海外杂番，广通贸易，至万余人。"③ 虽然这种开放的局面主要局限在广东市舶司，福建、浙江两市舶依然严格限制海外诸国来华的贸易。但是从整个趋势来说，海外番国的朝贡贸易日益民间化。如日本来华贸易的商人虽然

① （明）胡宗宪：《筹海图编》卷12。
② （清）张廷玉等：《明史》卷81《食货五》。
③ （清）张廷玉等：《明史》卷325《外国六》。

仍借朝贡贸易的名义按照勘合制度由日本政府派遣船舶，但明代后期，日本官方本身经营的商船却很少，勘合的船队多由有实力的商人垄断。嘉靖二年（1523 年），宁波市舶司发生的日本大内使团与细川使团的争贡事件，实质是日本不同商团之间为争夺与中国的贸易权而进行的斗争。这显然是在勘合招牌下进行的民间贸易。这样就增加了中国商人与外国商人的贸易机会。按照抽分制度，海外商货只要在经市舶司抽分后，即可与中国商人交易。因此，到明代后期，市舶司港口的海外贸易市场逐渐扩大，呈现出中国民间商人辗转与多方交易的局面，体现了市舶司制度下民间贸易的兴起。

因此，明代后期，市舶司制度在与时俱进的过程中，其管理海外贸易的职能在发生改变，对国家财政的影响亦在发生改变：一是随着市舶司制度经济功能的提升和民间贸易性的增强，市舶司的海外贸易管理权被逐渐分解、转移。明代前期市舶司机构完全控制着海外贸易，但在正德以后，市舶司对其职能进行了改革，将海外贸易与商税征收联系起来，增加了中、外商人之间贸易的机会，使海外贸易逐渐兴盛起来。而随着海外贸易的进一步发展，使得市舶司对海外贸易更加难以进行全面管理。这样，市舶司职能必然发生分解：继续保留检验进出口船舶与征收关税的职能，"平交易"的市场管理职能则由牙人执行。政府为了控制海外贸易的发展，也相应组织了一些官方牙行。之后，这些官牙逐渐取得了垄断海外贸易的特权，到了清代最终发展形成行商制度，行商们完全垄断海外贸易市场。二是随着市舶司制度经济功能和民间贸易性的增强，在一定程度上改变了明代前期典型的奢侈性货物为主导的进口结构，生活必需品进口比例随之提升，香木等药物原料的进口种类增多，粮食和银元甚至逐渐成为漳州月港主要的进口货物。这显然是消费对象扩大后的结果。因为抽分制实施后，海外贸易向民间开放，使得进口货物除了继续满足统治集团中上层消费外，商人们在利益驱动下适应广大民众的生活需要，所以在一定程度上矫正了之前的奢侈性货物为主导的进口结构，生活必需品逐渐成为进口的主要商品。三是随着明代市舶司制度经济性功能的提升，海外贸易逐渐成为明政府的一个重要财源。这对于濒于财政危机的大明政府，海外贸易的税收不失为处理财政困境的一种有效途径，舶税收入相当可观，仅福建漳州府海澄县一个港口，万历二十二年（1594 年）舶税收入就达 2.9 万余两。[1] 此外，随着关税从实物向货币的演进，使明代的海外贸易的发展条件比宋、元时期更加优越。由于关税征收以金银为对象，也使得大量金银流入中国。巨额海外白银流入中

---

[1] 梁方仲：《明代国际贸易与银的输出入》，载《梁方仲经济史论文集》，北京：中华书局 1989年版，第 163、170 页。

国，不仅促进了中国社会，尤其是沿海地区商品经济的发展，而且随着巨额白银的流入，加快了中国社会从自然经济向货币经济转化的进程，对中国以银为本位的货币财政制度的确立影响深远。

市舶司制度在明代前、后两个时期发生了这样大的改变，其根本原因在于：一是中国民间航海贸易势力直接冲击着明代市舶司制度。明政府的海禁政策与民间航海贸易势力的矛盾，直接冲击着市舶司制度。洪武年间，海禁政策就遭到了民间贸易势力的挑战。《明太祖实录》云："缘沿海之人，往往私下诸番贸易香货，因诱蛮夷为盗。"① 甚至出现了海寇形式的武装组织，非法进行海外贸易。如洪武六年（1373 年），"占城国王阿答阿者遣其臣阳宝摩诃八的悦文旦进表贡方物，且言海寇张汝厚、林福等自称元帅，劫掠海上，国王攻败之，汝厚等溺水死，获其海舟二十艘，苏木七万斤。"② 因为明代中后期，随着社会生产力和商品经济的发展，私人航海贸易势力逐渐冲破明政府的控制发展起来。明代张燮云："成（化）弘（治）之际，豪门巨室间有乘巨舰贸易海外者，奸人阴开其利窦，而官人不得显收其利权。初亦渐享奇赢，久乃勾引为乱，至嘉靖而弊极矣。"③ 嘉靖二十六年（1547 年），"有佛郎机船载货泊浯屿，漳泉贾人往贸易焉。巡海使者柯乔发兵攻夷船，而贩者不止。"④ 因为海外贸易利润巨大，所以民间商人不惜铤而走险。顾炎武云："其去也，以一倍而博百倍之息；其来也，又以一倍而博百倍之息。愚民蹈利如鹜，其于凌风破浪，直僵息视之。违禁私通，日益且盛。"⑤ 当时海外贸易的商品基本都是土特产品，其生产又必须依赖相应的地理环境，加之政府垄断海外贸易无法满足市场的需求。因此，这种海外跨国长途贩运贸易，利润就更高了。

当然，民间海外贸易的发展还有着更深刻的社会原因：从正统年间以后，土地兼并日益剧烈，一方面，土地日益向地主贵族手中集中，逐渐阻碍了商业资本向土地资本转化，商业资本的单独发展促进了民间海外贸易的发展。另一方面，伴随着土地兼并程度提高的必然是个体小农经济破产的增加，个体小农在土地被剥夺的情况下就必然寻找其他生活出路，东南沿海的民众自然容易向海外贸易方面寻找生计，尤其是山多地少的闽广地区更是这样。在民间航海贸易的发展过程中，明政府的控制也在加强，到嘉靖年间在东南沿海终于爆发了倭患。事实上，所谓的倭寇大部分是中国沿海居民。明代林希元云："今虽曰

---

① 《明太祖实录》卷231。
② 《明太祖实录》卷84。
③④ （明）张燮：《东西洋考》卷7。
⑤ （清）顾炎武：《天下郡国利病书》卷93。

倭，然中国之人居三之二。为贼为兵，中国之人一也。"（林希元《拒倭议》)①因此，倭患问题很大程度上反映了民间海外贸易势力与明政府的斗争，这对市舶司制度性质的改变产生了直接影响：其一，促使市舶司制度由官方性质向民间性质发展。明代许孚远《疏通海禁疏》云："先是海禁未通，民业私贩，吴越之豪，渊薮卵翼，横行诸夷，积有岁月，海波渐动，当事者尝为厉禁。然急之而盗兴，盗兴而倭入。嘉靖之季，其祸蔓延，攻略诸省，荼毒生灵，致烦文武大帅，殚耗财力，日寻干戈，历十有余年而后克底定。于是隆庆初年，前任抚臣涂泽民用鉴前辙，为因势利导之举，请开市舶，易私贩而为公贩。"②这种"易私贩而为公贩"，就改变了明前期市舶司制度的官方贸易性质。其二，导致市舶司制度政治功能的减弱和经济功能的提升。因为民间海外贸易的目的是追求高额利润，与明代前期市舶司怀柔远人的目的大相径庭。明代徐光启云："我又禁止之，则有私通市舶者。私通者商也，官市不开，私市不止，自然之势也。又从而严禁之，则商转而为盗，盗而后得为商矣。"③在民间海外贸易无法阻遏的情况下，明政府必须与时俱进，扩大贸易范围，这样就开始了进出口关税的征收。

二是为追求贸易利润而来的西方殖民者，给市舶司制度所维系的朝贡贸易体系带来严重冲击。从16世纪之始，葡萄牙、西班牙殖民者相继东来。继之而来的是荷兰、英国殖民者。他们对明政府的朝贡贸易破坏主要表现在：其一，他们来到南洋诸国，先后占领各国领土，并建立起殖民统治，消灭或控制了之前与明王朝保持朝贡贸易关系的南洋诸国政权，瓦解了明王朝与这些国家的朝贡贸易关系。其二，他们还在中国沿海抢劫掠夺，并占领中国领土，努力寻求与中国进行贸易，其中最主要的方式是培植中介商人。当时的殖民者们面对实行海禁的大明帝国，在坚船利炮不能奏效的情况下，就不能与明政府进行贸易，于是遂采取培植中介商人的方法。如嘉靖二十九年（1550年），兵科都给事中杜汝祯及御史陈宗夔上奏，侵占满喇伽国（泰国）的葡萄牙人，"每岁私招沿海无赖之徒，往来海中贩鬻番货"。④后来在清朝时期侨寓中国长达17年之久的英国驻广州大班监理委员会主任马治平认为："我们同中国的早期贸易显露出生意做得很不规矩，并且把英国人的品格也表现得很不好。葡萄牙

---

① （明）陈子龙等辑：《明经世文编》卷165。
② （明）陈子龙等辑：《明经世文编》卷400。
③ （明）陈子龙等辑：《明经世文编》卷491。
④ 《明世宗实录》卷363。

人、西班牙人、荷兰人和英国人初次出现在中国沿海一带是群孜孜为利而不择手段的人。"①格林堡也认为："欧洲人在亚洲的扩展情况，要比那酗酒的英国水手在广州时常发生的暴行可怕得多。"②西方殖民者在中国沿海的侵抢掠夺和扩张活动，对明政府的海外贸易管理制度造成巨大破坏。

　　三是明政府为应对东南海防和财政危机，不得不对海外贸易政策进行改革，允许民间商人从事海外贸易。明代前期市舶司制度本身就隐含着潜在的矛盾：一方面，明王朝的朝贡贸易实行定期勘合，有一定的国家界限和数量限制，表现出明政府对海外贸易的限制性。另一方面，为了表现大明皇帝的博大胸怀，奖励海外诸国来华朝贡的诚心，对海外进口的货物高价收买甚至免除关税，事实上对海外贸易起到了鼓励、促进作用。这就对明政府的财政和海防带来冲击：海外朝贡商人为了获取高额利润，在寻求与明王朝的朝贡机会方面费尽心思。明政府对这种违制的朝贡，要么开恩纳贡，要么依制阻回，而开恩纳贡越多，政府的财政负担越重；阻回事件越繁，越多的海外商人就集于中国沿海试图进行走私贸易，甚至武装走私，这就冲击了国家的海防安全。尤其是土木堡之变后，明王朝北部边防和东南海防相继出现危机，国家财政愈加困难。于是，帝国统治阶级内部的一些有识之士，不断提出对海外贸易政策进行改革。经过一番酝酿和论争，明政府不得不"用鉴前辙，为因势利导之举"，对海外贸易政策进行改革，市舶司的海外贸易管理职能也随之发生了相应的改变。隆庆元年（1567年），明穆宗宣布解除海禁，允许民间商人从事海外贸易，史称"隆庆开关"。之后，明政府准许民间商人从事海外贸易活动，并设立海防馆（后改为督饷馆），部分承担了市舶司的管理职能：对商船进出港口的管理，包括发放商引，征收引税（后改为饷税），进出口商船的检查、监督等。这样，民间商人获得了海外贸易的合法地位，东南沿海的民间海外贸易进入了一个新的时期。

---

　　①② ［英］格林堡著，康成译：《鸦片战争前中英通商史》，北京：商务印书馆1961年版，第41页。

第四章　明代政府劝勉与调解思想

第一节　劝农助商思想

明代前期重农，这在前面相关章节已有论述。到了明代中后期，随着社会经济尤其是商业的发展，政府逐渐放松对工商业者的限制，甚至从政策上给予商人某些优待，一些政府官员、文士也时有恤商、惠商的讨论。从政府总体政策看，明代前期偏向于重农劝农，明代中后期重商助商而不废重农。

明代前期推行重农劝农的政策。早在元至正二十六年（1366 年）四月，朱元璋就说：“今日之计，当定赋以节用，则民力可以不困；崇本而祛末，则国计可以恒舒。”① 定下了明代前期重农的基本政策。洪武十八年（1385 年）九月，他又进一步解释了实行重农政策的原因：“人皆言农桑衣食之本。然弃本逐末，鲜有救其弊者。先王之世，野无不耕之民，室无不蚕之女，水旱无虞，饥寒不至。自什一之途开，奇巧之技作，而后农桑之业废。一农执末而百家待食，一女事织而百夫待衣，欲人无贫，得乎？朕思足食在于禁末作，足衣在于禁华靡。”② 这部分内容在前面相关章节述之已详，此不赘述。

到了明代中后期，随着商品经济的发展，人们对商人及其商业活动重要性的认识有所提高。在政府各级官吏和士子间出现了不少要求重商、通商、惠商、恤商的言论，这给商人的经商活动造成了较有利的舆论氛围。嘉靖初年，国子祭酒陆深奏《拟处置盐法事宜状》云：“祖宗时，设立各处转运、提举等司，金灶以办税，置仓以收盐，建官以莅政，设法以开中，其要在于通商而已。大抵商益通则利益厚，此立法之本意也。且穷边绝塞，输转极难之地，而

---

① 《明太祖实录》卷 20。
② 《明太祖实录》卷 175。

能使商贾挟货负重以往，随令而足……商通课足而盐法不行者，未之有也。"①
"商益通则利益厚"的观点，体现了陆深对商业作用的客观认识。浙江巡按
庞尚鹏亦认为应当"宽海禁以备接济"："辽东地当濒海，土人以力农为本
业。自嘉靖三十六七年，灾疬相仍，米价腾涌，人且相食，盖舟楫不通，商
贩鲜至。丰年积粟之家既不能贸易以规利，一遇荒歉又不能称贷于他方，此
生计萧条，闾里丘墟，职此故也。查得山东海运，自登莱达金州旅顺口，仅一
昼夜，往迹具存，可按也……夫海道通行，不独商贾辏集，辽东一镇附山东
省，圣祖创制，本欲其相通，故时行海运以赡给之，一如通都。且辽东饥则以
移粟望山东，山东饥则以移粟望辽东，彼此兼济，岂独辽人之利耶……今惟开
其禁，使商贾通行……庶乎官不劳而民不扰，辽东、山东两利俱全矣。"(《清
理辽东屯田疏》)②

上述相关言论，推动了政府重商、通商、惠商政策的出台。隆庆年间，在
内阁大学士、吏部尚书高拱的主持下，出台了具体的重商、恤商、惠商的政
策，还对钱法进行改革。隆庆四年（1570 年）四月，高拱上奏《议处商人钱
法以苏京邑民困疏》，提出对商业、钱法进行改革："先朝公用钱粮俱是招商
买办，有所上纳，即与价直，是以国用既不匮乏而商又得利。今价照时估，曾
未亏小民之一钱，比之先朝固非节缩加少也，而民不沾惠，乃反凋敝若此。虽
屡经题奏议，处宽恤目前，然弊源所在，未行剔刷，终无救于困厄，恐凋敝日
甚一日。辇毂之下，所宜深虑，必不可谓其无所处而任之也。臣愿陛下特敕各
该衙门备查先朝官民如何两便，其法安在，题请而行。其商人上纳钱粮，便当
给与价直。即使银两不敷，亦须那移处给，不得迟延。更须痛厘夙弊，不得仍
有使用打点之费，此为体恤人情。就中尚有隐情亦须明言，一切惩革不得复尔
含糊，则庶乎商人无苦，而京邑之民可有宁居之望也。至于钱法不通已久，乃
是指点多端、事体不一所致。盖小民日求升合，觅数钱以度朝夕，必是钱法有
一定之说，乃可彼此通行。而乃旦更暮改，迄无定议，此亦钱法通塞所由。小
民见得如此，恐今日得钱而明日不用，将必至于饿死，是以愈变更愈纷乱，愈
禁约愈惊惶。铺面不敢开，买卖不得行，而嗷嗷为甚。臣惟钱法之行当从民
便，试观当年未议钱法而钱行，近年议之而反不行；外省未议钱法而钱行，京
师议之而反不行，则其理可知也。臣愿陛下特降圣谕，行钱只听从民便，不许
再为多议，徒乱小民耳目，如此则人心自定。人心既定，钱法自通而买卖可
行，斯各得以为朝夕矣。古云：天下本无事，庸人扰之耳。此二事者，实有人

---

① （明）陈子龙等辑：《明经世文编》卷 155。
② （明）陈子龙等辑：《明经世文编》卷 358。

扰之于前，乃相沿至今为累。臣目击其弊，诚念其关系非细，不得不为皇上言之。伏望圣明裁鉴施行。"① 高拱认为要恢复发展京城商业，必须痛革陈规陋习，严禁打点之费；政府各部门招商买办须及时付给商人钱款；借鉴前朝，具体推行便民便商的措施；查清当前的弊端，并坚决惩革；整顿钱法纷乱变更现象，保持钱法的稳定性。疏上不久，隆庆皇帝御批支持推行："览卿奏，具见为国恤民之意，钱法委宜听从民便，不必立法纷扰。商人一事，该部亟议以闻。"② 之后，隆庆四年（1570 年）六月，户部条议恤商"六事"："一定时估。言物价，与时低昂，而钱粮因时办纳。若先期估计，则贵贱无凭；或仓场远近、僦费多寡，遥度悬断，岂尽合宜？此后，九门盐法委官与十三司掌印官及巡青科道估价，上半年定于五月，下半年定于八月，俱以十六日为期，务在随时估价，不得执一。其内库监局召买物料价亦仿此。一议给价。将御马、三仓坝上等马房钱粮原属山东、河南，督理京粮道者，俱改于太仓关领；各仓场料草，原派数少者给以全价，数多者预给三分之一，完日补给，皆以时估为率。其两省督粮官既无关领之扰，则催督宜严，如有怠玩者，劾治。一严禁革。各库监局，及牛、羊、象、马房等仓，西安等门典守官吏，有需求抑勒者，悉治其罪。一裁冗费。量减各仓场草束斤数，及脚夫库秤之冗食者。一酌坐买。凡料草数多、一时难以卒办者，量于秋冬二孟收成之月坐买，不得仍前全坐，致费高价陈，草悉令发买，或如数补放，未给价者，速给之。一公金报。各商果贫困不能供役者，具通状告部，转行巡青衙门，验实方许举报。富户更代输入。"③ 包括定时估价、平抑物价、严禁各库仓勒索、裁革冗费、不得高价发卖多余草料、替代贫困商户供役等，穆宗都批准实施。同月，工部答覆高拱所陈恤商之事云："贫商困累，惟多给预支银，可以拯之。乞将年例钱粮办纳之数以难易定其多寡，以迟速定其先后，多者预支十分之四，递减至一分。半年之内全给，一年以外先给其半。"穆宗也下诏准可施行。④ 另据《续文献通考·征榷考》云："隆庆四年题准：通州等抽分五局，除商贩竹木、板房等项照旧抽分外，其驮运木炭、柴草俱免抽税。"⑤ 该书又云："隆庆五年四月，免林衡署果户房号税。初，永乐时有果户三千余，后渐逃窜，仅存七百余户。嘉靖间复征其房号。至是，果户奏诉贫难，帝亦悯之，故有是命。"⑥ 高拱的重商、恤商政策在相当大程度上改善了商人的生存、发展空间，对商业乃至

---

① （明）陈子龙等辑：《明经世文编》卷301。

② 《明穆宗实录》卷44。

③④ 《明穆宗实录》卷46。

⑤⑥ （明）王圻：《续文献通考》卷29《征榷考》。

社会经济的发展都具有重要作用。《明史》亦云："高拱再相,言:'钱法朝议夕更,迄无成说。小民恐今日得钱,而明日不用,是以愈更愈乱,愈禁愈疑。请一从民便,勿多为制以乱人耳目。'帝深然之。钱法复稍稍通矣。"① 这样,经过整顿,明代钱法又得以推行,从而维护货币稳定性和顺利流通,对商业正常经营活动起到了关键作用。

高拱还极力促成"俺答封贡",推行与鞑靼的边境贸易,促进了北部边境经济的发展。明末徐孚远《请罢榷税疏》云:"自隆庆五年,北虏款贡以来,始立市场。每年互市,缎布买自江南,皮张易之湖广。此王鉴川所定通夷而不费国,兼收其税两利之道。彼时督抚以各部夷人众多,互市钱粮有限,乃为广召四方商贩,使之自相贸易,是为民市之始。间有商税,即以充在市文武将吏一切廪饩、军丁犒赏之费。"②

万历年间,湖广巡抚郭惟贤上奏《甲明职掌疏》,继续坚持主张惠商助商:"足国莫先于惠商。所谓惠商者,岂必蠲其常课,而可取之利,尽置之于不取哉? 兴一利,莫若除一害;而省一分,则商受一分之赐。惟去其所以害商者,而其所以利商者自在也。"③ 并提出政府应当革除损害商人利益的各种弊端,"如此,则宿垢尽剔而实惠暨沾,富商辐辏而赴掣恐后"④。

张居正在隆庆年间就提出了"厚农而资商","厚商而利农"的主张。万历年间他在当政后大力改革赋役制度,推行一条鞭法,也体现了这一思想主张。一条鞭法客观上使许多无田产的工商业者在一定程度上摆脱了各种徭役的束缚,促进了工商业的发展。

相关重商、惠商政策措施的推行,使得明中期以后商人的地位得到大幅提高,明初关于商人着装的特殊规定已成往事⑤,许多商贾生活奢华,逾检而无所顾忌,不必担心受到处罚。商人的政治地位也逐步上升。明代前期商人们通常花重金为子弟延师讲学,通过科考获登仕途,以此途径提高其社会地位。到了成化年间,他们可以通过多纳钱粮进入国子监,不久又开纳货得官之例,"成化中,太监张敏卒,侄太常寺丞苗,倾赀上献,乞侍郎,上曰:'苗本由承差,若侍郎,六部执政不可,可授南京三品。'左右急持官制请,竟得南京通政使。是时四方白丁、钱房、商贩、技艺、革职之流,以及士夫子弟,率夤

---

① (清) 张廷玉等:《明史》卷 81《食货五》。

② (明) 陈子龙等辑:《明经世文编》卷 452。

③④ (明) 陈子龙等辑:《明经世文编》卷 406。

⑤ 洪武十四年 (1381 年),朱元璋下令:"商贾之家止许穿布,农民之家但有一人为商贾者,亦不许穿绸纱。"见 (明) 徐光启:《农政全书》卷 3《国朝重农考》。

缘近侍内臣，进献珍玩，辄得赐太常少卿、通政、寺丞、郎署、中书、司务、序班，不复由吏部，谓之传奉官。"① 这样，富商们可以凭借钱权交易走上仕途。明中期还出现了较多权贵经商的现象。本来明初即有少数权贵经商，但到了明中期，在高额的商业利益的刺激下，宗室、官员乃至皇室成员纷纷加入到经商的队伍中。他们凭借权势或"行商中盐"，或自开店铺，或从事边境贸易和海外贸易。正德年间，南京给事中陈江说通州张家湾"密切京畿，当商贾之辏，而皇亲贵戚之家列肆其间，尽笼天下货物，令商贾无所牟利"②。弘治年间，"庆云侯周寿家人周洪奏买两淮残盐八十万引，寿宁侯张鹤龄家人杜成朱达等奏买长芦、两淮残盐九十六万余引。名虽买补残盐，其实侵夺正课。"（徐孚远《题为钦奉事》）③ "外戚经营私利，（周）或与寿宁侯张鹤龄至聚众相斗，都下震骇。"④ 嘉靖、万历年间的严嵩、徐阶、张居正、张四维等多位首辅，都因经商而成一时之富。如严嵩在老家江西袁州占据了当地一府四县田地的七成，且都一概免税。明末清初的顾炎武也说："自万历以后水利、碾硙、渡场、市集无不属之豪绅，相沿为常事矣。"⑤ 权贵凭靠其特权经营工商业，直接导致普通工商业者的经营越来越困难，部分权贵甚至直接掠夺普通商人的产业。由于最高统治阶层工商业观念的变化，促使政府之前的抑商政策发生一些松动，突出表现在隆庆年间海禁政策一紧一弛，主张海禁的大臣朱纨的被逼自杀就是明证。在上述社会风气的推动下，人们逐渐改变了传统对商人的看法。明初的清贫士子也能得到人们的钦羡，富有的商人却会遭到人们的鄙视。但到明代中期，那些以才学自高的士子们也对商人的社会作用进行重新审视，许多文士为富商巨贾撰写传记、寿序、碑铭，彼此关系与之前相比大为改观，而且士人经商也逐渐成为一种风气。

明代中后期，从中央到地方的各级政府推行重商、恤商、惠商的政策，这是明代社会经济发展的必然产物。加之当时一些进步思想家也主张"工商皆本"，批判传统观念的顽疾弊端，也促进了社会思想的改变，重商、趋商逐渐成为一股潮流，这在一定程度上代表了社会的发展方向，也推动了社会的进步。

---

① （明）郑晓：《今言》卷2。

② 《明世宗实录》卷4。

③ （明）陈子龙等辑：《明经世文编》卷85。

④ （清）张廷玉等：《明史》卷300《外戚传》。

⑤ （清）顾炎武：《日知录》卷13《贵廉》。

第二节　劝学兴学思想

明初，朱元璋就确立了"重教兴学"的指导思想。洪武二年（1369 年）十一月，他敕谕中书省官吏："治国之要，教化为先；教化之道，学校为本。今京师虽有太学，而天下学校未兴。宜令郡县皆立学，礼延师儒，教授生徒，以讲论圣道，使人日渐月化，以复先王之旧，以革污染之习，此最急务。当速行之。"① 要求负责全国政务的中书省大力发展官办教育，以发挥国子监和郡县学校在培养人才、教化臣民等方面的作用。为此，明政府制定并推行一系列的政策措施，大力发展教育事业，劝学兴学，加强对学校教育的指导和监管，为维护明王朝的统治发挥了积极作用。当然，由于明王朝的最高统治者推行高度思想专制的政策，也导致部分文人士大夫思想僵化，甚至素质下滑。明代这方面的管理思想，对当代中国的教育指导思想、兴学办学具有一定的启示意义。

明代学校分为官学和私学两大类。官学有京城的国子监、宗学、武学、医学等，郡县的府学、州学、县学、卫学和社学；私学有书院。社学介于官学与私学之间，属官督民办。②

国子监：明代的国子监又称太学，是全国的最高学府，洪武元年（1368 年）创立。《明史》云："国子学之设自明初乙巳始。洪武元年令品官子弟及民俊秀通文义者，并充学生……天下既定，诏择府、州、县学诸生入国子学。又择年少举人赵惟一等及贡生董昶等入学读书，赐以衣帐，命于诸司先习吏事，谓之历事监生。取其中尤英敏者李扩等入文华、武英堂说书，谓之小秀才。其才学优赡、聪明俊伟之士，使之博极群书，讲明道德经济之学，以期大用，谓之老秀才。初，改应天府学为国子学，后改建于鸡鸣山下。既而改学为监，设祭酒、司业及监丞、博士、助教、学正、学录、典籍、掌馔、典簿等官。分六堂以馆诸生，曰率性、修道、诚心、正义、崇志、广业。学旁以宿诸生，谓之号房。厚给廪饩，岁时赐布帛文绮、袭衣巾靴。正旦元宵诸令节，俱赏节钱。孝慈皇后积粮监中，置红仓二十余舍，养诸生之妻子。历事生未娶者，赐钱婚聘，及女衣二袭，月米二石。诸生在京师岁久，父母存，或父母亡

---

① 《明太祖实录》卷 46。
② （清）张廷玉等：《明史》卷 69《选举一》。

而大父母、伯叔父母存，皆遣归省，人赐衣一袭，钞五锭，为道里费。其优恤之如此。"① 国子监分为六馆，管理、监督、教授等员齐全，给养充足，甚至资助学生婚娶、省亲等。《明史》还云："其教之之法，每旦，祭酒、司业坐堂上，属官自监丞以下，首领则典簿，以次序立。诸生揖毕，质问经史，拱立听命。惟朔望给假，余日升堂会馔，乃会讲、复讲、背书，轮课以为常。所习自《四子》本经外，兼及刘向说苑及律令、书、数、《御制大诰》。每月试经、书义各一道，诏、诰、表、策论、判、内科二道。每日习书二百余字，以二王、智永、欧、虞、颜、柳诸帖为法。每班选一人充斋长，督诸生工课。衣冠、步履、饮食，必严饬中节。夜必宿监，有故而出必告本班教官，令斋长帅之以白祭酒。监丞置集愆簿，有不遵者书之，再三犯者决责，四犯者至发遣安置。其学规条目，屡次更定，宽严得其中。堂宇宿舍，饮馔澡浴，俱有禁例。省亲、毕姻回籍，限期以道里远近为差。违限者谪选远方典史，有罚充吏者。司教之官，必选耆宿。宋讷、吴颙等由儒士擢祭酒，讷尤推名师。历科进士多出太学，而戊辰任亨泰廷对第一，太祖召讷褒赏，撰题名记，立石监门。辛未许观亦如之。进士题名碑由此相继不绝。每岁天下按察司选生员年二十以上、厚重端秀者，送监考留。会试下第举人，入监卒业。又因谏官关贤奏，设为定例。府、州、县学岁贡生员各一人，翰林考试经、书义各一道，判语一条，中式者一等入国子监，二等达中都，不中者遣还，提调教官罚停廪禄。于是直省诸士子云集辇下。云南、四川皆有士官生，日本、琉球、暹罗诸国亦皆有官生入监读书，辄加厚赐，并给其从人。"② 国子监教授的内容有经史、律令、书、数等，司教之官必选耆宿，纪律宽严适中，尤其是朱元璋亲自褒赏太学中的优异者，还多从太学中录取进士，对日本、琉球、暹罗诸国的学生也加厚赐，这些都极大地推动了太学的发展，出现"直省诸士子云集辇下"的盛况。洪武年间有"贡生入监"和"荫子入监"，永乐年间开始有"举人入监"，保证了国子监的生源。永乐时期又增设北京国子监。《明史》云："永乐元年始设北京国子监。十八年迁都，乃以京师国子监为南京国子监，而太学生有南北监之分矣。"③

宗学：宗学是明代为宗室贵族子弟设立的学校。《明史》云："宗学之设，世子、长子、众子、将军、中尉年未弱冠者俱与焉。其师，于王府长史、纪善、伴读、教授等官择学行优长者除授。万历中，定宗室子十岁以上，俱入宗学。若宗子众多，分置数师，或于宗室中推举一人为宗正，领其事。令学生诵习《皇明祖训》、《孝顺事实》、《为善阴骘》诸书，而《四书》、《五经》、

———————

① ② ③ （清）张廷玉等：《明史》卷69《选举一》。

《通鉴》、性理亦相兼诵读。寻复增宗副二人。子弟入学者，每岁就提学官考试，衣冠一如生员。已复令一体乡试，许得中式。其后宗学浸多，颇有致身两榜、起家翰林者。"① "生员曰贡监"，贡监即"贡生入监"，可见，宗学学生享受国子监学生同等待遇。

武学：相当于明代国家的高等军事院校。《明史》云："自洪武时置大宁等卫儒学，教武官子弟。"②此时用儒学教授武官子弟，尚未开设武学。建文元年（1399 年）始置"京卫武学"，朱棣永乐元年（1403 年）又罢京卫武学，其后武学逐渐废弛③。永乐九年（1411 年），朱棣谕武臣子弟："举军官子弟安于豢养，武艺不习，礼义不谙，古今不通，将来岂足为用？其申明武学旧规，严其课绩，毋为具文应故事耳。"④宣德三年（1428 年），宣宗亦谕兵部曰："比年以来，军官子弟安于豢养，浮荡成风，试其武艺百无一能。用之管军，不能抚恤，有司但知循例铨除，一旦有警，何以得人……尔其申明之，务求实效，庶几人知劝惩，国家亦有赖焉……其中果有奇才异能者，宜甄别之，毋俾沉屈。"⑤说明成祖、宣宗都比较重视武学，但史料未载此时期武学的发展情况。到英宗正统年间，边境战事多发，成国公朱勇"奏选骁勇都指挥等官五十一员，熟娴骑射幼官一百员，始命两京建武学以训诲之"，英宗不久即"命都司、卫所应袭子弟年十岁以上者，提学官选送武学读书，无武学者送卫学或附近儒学"。⑥这样，武学又得以恢复。据《明史》记载："成化中，敕所司岁终考试入学武生。十年以上学无可取者，追廪还官，送营操练。弘治中，从兵部尚书马文升言，刑《武经七书》分散两京武学及应袭舍人。嘉靖中，移京城东武学于皇城西隅废寺，俾大小武官子弟及勋爵新袭者，肄业其中，用文武重臣教习。万历中，兵部言，武库司专设主事一员管理武学，近者裁去，请复专设。教官升堂，都指挥执弟子礼，请遵《会典》例，立为程式。诏皆如议。"⑦可见，从成化直至万历年间，武学实际并未得到高度重视，甚至在嘉靖年间被迁移至"隅废寺"。崇祯重视武学："崇祯十年，令天下府、州、县学皆设武学生员，提学官一体考取。已又申《会典》事例，簿记功能，有不次擢用、黜退、送操、奖罚、激厉之法。"但明王朝大势已去，"时事方棘，无所益也。"⑧

府学、州学、县学、卫学：府学、州学、县学、卫学属于地方学校。洪武

---

①②⑥⑦⑧　（清）张廷玉等：《明史》卷 69《选举一》。

③　（明）王圻：《续文献通考》卷 47《学校一》。

④　《明太宗实录》卷 123。

⑤　《明宣宗实录》卷 35。

二年（1369年），朱元璋下令大建学校。在地方上，"府设教授，州设学正，县设教谕，各一。俱设训导，府四，州三，县二。生员之数，府学四十人，州、县以次减十。师生月廪食米，人六斗，有司给以鱼肉。学官月俸有差。生员专治一经，以礼、乐、射、御、书、数设科分教，务求实才，顽不率者黜之。"① 可见，明代地方学校设有专职的管理人员和教员，分科教学，给养充足。洪武十五年（1382年），还颁布了具体的学规："颁学规于国子监，又颁禁例十二条于天下，镌立卧碑，置明伦堂之左。其不遵者，以违制论。"② 明初曾对各级学校招生数量有规定，但"未几即命增广，不拘额数"。之后数次增加："宣德中，定增广之额：在京府学六十人，在外府学四十人，州、县以次减十。成化中，定卫学之例：四卫以上军生八十人，三卫以上军生六十人，二卫、一卫军生四十人，有司儒学军生二十人；土官子弟，许入附近儒学，无定额。增广既多，于是初设食廪者谓之廪膳生员，增广者谓之增广生员。及其既久，人才愈多，又于额外增取，附于诸生之末，谓之附学生员。凡初入学者，止谓之附学，而廪膳、增广，以岁科两试等第高者补充之。非廪生久次者，不得充岁贡也。士子未入学者，通谓之童生。"③ 明政府还通过考试从这些学校中选拔优异者为"举人"，提高成绩优异学生的待遇："当大比之年，间收一二异敏，三场并通者，俾与诸生一体入场，谓之充场儒士。中式即为举人，不中式仍候提学官岁试，合格乃准入学。提学官在任三岁，两试诸生。先以六等试诸生优劣，谓之岁考。一等前列者，视廪膳生有缺，依次充补，其次补增广生。一二等皆给赏，三等如常，四等挞责，五等则廪、增递降一等，附生降为青衣，六等黜革。继取一二等为科举生员，俾应乡试，谓之科考。其充补廪、增给赏，悉如岁试。其等第仍分为六，而大抵多置三等。三等不得应乡试，挞黜者仅百一，亦可绝无也。生儒应试，每举人一名，以科举三十名为率。举人屡广额，科举之数亦日增。及求举者益众，又往往于定额之外加取，以收士心。凡督学者类然。"④ 因此，明代学校全盛之时，"盖无地而不设之学，无人而不纳之教。庠声序音，重规叠矩，无间于下邑荒徼，山陬海涯。此明代学校之盛，唐、宋以来所不及也。生员虽定数于国初，未几即命增广，不拘额数。"⑤ "天下府、州、县、卫所，皆建儒学，教官四千二百余员，弟子无算，教养之法备矣"。⑥

明政府还注重对教官的考核。《明史》云："太祖时，教官考满，兼核其岁贡生员之数。后以岁贡为学校常例。（洪武）二十六年，定学官考课法，专

①②③④⑤⑥　（清）张廷玉等：《明史》卷69《选举一》。

以科举为殿最。九年任满，核其中式举人，府九人、州六人、县三人者为最。其教官又考通经，即与升迁。举人少者为平等，即考通经亦不迁。举人至少及全无者为殿，又考不通经，则黜降。其待教官之严如此。"① 同时也相应地对学生进行考核。《明史》云："生员入学十年，学无所成者，及有大过者，俱送部充吏，追夺廪粮。至正统十四年申明其制而稍更之。受赃、奸盗、冒籍、宿娼、居丧娶妻妾所犯事理重者，直隶发充国子监膳夫，各省发充附近儒学膳夫、斋夫，满日为民，俱追廪米。犯轻充吏者，不追廪米。其待诸生之严又如此。"②但是，这些考核不足之处是相关考核并未能够持之以恒，长期推行："然其后教官之黜降，生员之充发，皆废格不行，即卧碑亦具文矣。诸生上者中式，次者廪生，年久充贡，或选拔为贡生。其累试不第、年逾五十、愿告退闲者，给与冠带，仍复其身。其后有纳粟马捐监之例，则诸生又有援例而出学者矣。提学官岁试校文之外，令教官举诸生行优劣者一二人，赏黜之以为劝惩。此其大较也。"③

社学：社学是地方官奉朝廷诏令在乡村设立的"教童蒙始学"的学校。社学始设于元代。元制 50 家为一社，每社设一所学校，择通晓经书者为教师，农闲时令子弟入学，读《孝经》、《论语》、《孟子》等，并以教劝农桑为主要任务。明代社学大致可以分为两类：一为普通型；二为特殊型。明代社学中最常见的是普通型社学，其中大多数为普及教育性质的社学；少部分为培养科举人才的社学；有的按地区、宗族广泛收录子弟，没有太多的资格限制。这部分社学注重少年儿童的伦理道德教育，以敦厚风俗，保持有序的社会生活秩序。故各地官员都要晓谕百姓，凡子弟到可读之年，都要送入社学。此类社学收录的学生较多，收费也较低，还对贫穷学生有照顾。万历《项城县志》云："每处选社师一人，月给饩粮一石，以教贫民子弟之堪教者。"④ 贫民子弟可以免交学费。在科举制度影响下建立的社学，重视对入学生徒的选择，目的是为府、州、县学输送人才，生徒学习优秀者可选入府、州、县学，教学内容也完全为科举考试而设立。《大明会典》云："正统元年令：各处提学官及司府州县官严督社学，不许废弛，其有俊秀向学者，许补儒学生员。"⑤ 明代还在少数民族聚集及边远地区兴办社学，这部分社学侧重德治教化，目的是向少数民族推广汉族的思想文化和发展科举考试，选拔人才，加强明政府对相关地区的统治。特殊型社学由中央特命建立，此类社学较少，与一般社学不同。如嘉靖

①②③　（清）张廷玉等：《明史》卷 69《选举一》。

④　万历《项城县志》卷 2《建置志·社学》。

⑤　（明）李东阳等：《大明会典》卷 78。

九年（1530 年），巡抚山东都御史刘节，"请于曲阜县治立四塾十六社，各立一塾，简孔氏生员儒士二十人为塾师。凡孔、颜、孟三氏子弟八岁以上，俱送塾教习。年十五以上，提学官试其学业，有成者送入三氏学，而黜其累试无成者。"① 这是一种优待孔、颜、孟三氏子孙的特殊社学。明代的社学虽然遍布全国各地，但并未形成一种稳定、完备的教育体制。究其原因：一是难以保证办学经费，中央和地方都没有专门财政支出来创建和维持社学。有的校舍沿用没官的寺庙和废弃的官廨，有的则是捣毁淫祠后所建，如成化时南安知府张弼"毁淫祠百数十区，建为社学"②。二是中央对其发布的有关兴办社学的命令，并未建有相应的考核、监察制度保证其执行，学事的兴废主要取决于地方官员对社学的认识。社学兴废与官员升迁的关系不大，一些地方官员并不认真督办社学。明代吕坤云："近日社学不以童蒙为重，虽设有社学社田，专听无行衣巾生员乞请，以为糊口之资，不拘童子有无，不问曾否教训，遂令居官舍而冒官谷，掌印官如醉梦人，全不照管。"他建议："凡社学废而不修，与夫有社学而拥虚器者，有司以不职参罢。"③ 三是明代社学偏重德育，义学色彩较浓，主要不以科举考试为目的。在科举制度垄断读书人仕途的情况下，家长送子弟读书，都希望孩子走科举入仕之路。而村塾、家塾教师的科举知识、经验优于社师，故家长多愿意花费钱财送子弟到村塾、家塾学习。

书院：书院相当于中国古代私立的高等学校。明代书院是随着官学的衰败而兴起的。明初朱元璋重视官方教育，全国只有洙泗、尼山两座书院。到了明代中叶，伴随着政治的腐败，官学渐趋衰落。成化以后，不少士人为科举考试死读孔孟，硬记程朱，缺少经邦济世之才。而随着官学的衰败，以书院为代表的私学兴起，到嘉靖、万历年间达到鼎盛。明代中后期书院的兴盛，其原因有三：一是官学经历了明初的兴盛后，到明代中后期弊端丛生，导致不少学生舍官学而取书院；二是社会经济的发展，推动了学术思想的活跃，朝野上下越来越关注抨击政治腐败的言论；三是知名儒学者如顾宪成、高攀龙等的倡导，他们兴办书院讲学授徒，传播其学术思想主张。在明代中后期的教育中，书院享有重要地位。

明中央的礼部是主管全国教育的最高行政机构。礼部尚书掌管"天下礼仪、祭祀、宴飨、贡举之政令"，其下属仪制司郎中具体负责"贡举、学校之事"。④

---

① 《明世宗实录》卷 114。
② （清）张廷玉等：《明史》卷 286《文苑二》。
③ （明）吕坤：《实政录》卷 3《兴复社学》。
④ （清）张廷玉等：《明史》卷 72《职官一》。

中央的礼部、都察院掌握全国学校的监察权。正统元年（1436年），各省又设置提学官，南北两京设提学御史，专门负责地方学政。随着明代教育的发展，学校管理也逐渐制度化。

礼部掌管全国的教育行政，主要职能：一是主持全国的科举考试并实施监督。每逢乡试年（农历子、午、卯、酉年）和会试年（农历辰、戌、丑、未年），礼部尚书要会同翰林院奏请皇帝择定主考、同考、监考、读卷官员，并完成出题、录取、公榜、赐宴等一系列事宜；并对考官和考生实施监督。二是考选教官，提出国子监祭酒和各省提学人选。明代教官的选用由礼部提名，吏部考察，然后报请皇帝钦定；对国子监祭酒和分管各省教育行政的提学，由礼部会同吏部提出候选人，然后报请皇帝钦定。三是根据各地官员上报的请求，奏请皇帝批准创建或恢复各级各类学校。四是对全国知识分子的思想进行监控、钳制，限制不符合统治需要的学术文化的发展。

明政府由都察院掌管教育监察。明初中央对地方教育的监察，由中央选派巡按御史和省级监察官按察使共同负责。巡按御史有检查地方学校、监督地方教育的职权，有权督促地方官员修缮损害校舍等；还有权亲临府、州、县学，当场考课生员的学业；甚至可以代表皇帝会同按察使巡视各省乡试的考场，对考试全面的监察。每逢乡试："监试官，在内监察御史二员，在外按察司官二员；供给官，在内应天府官一员，在外府官一员；收掌试卷官一员，弥封官一员，誊录官一员，书写于府州县生员人吏内选用；对读官四员，受卷官二员，以上皆选居官清慎者充之。巡绰监门搜检怀挟官四员，在内从都督府委官，在外从守御官委官。"① 可见对考试监察的严格程度。

通常情况下，明政府在各承宣布政司设"无定衔提学官每省各一员，或副使，或佥事，无定衔"②，掌管地方教育行政。明中央万历十一年（1583年）下令："各省直提学官照旧全管考校，惟甘肃、宣大、辽东仍属各巡按，广东琼州仍属兵备兼管。"③ 提学官奉中央政府的政令行事，对中央负责，不受地方政府干预，不理刑狱，总督、巡抚、都指挥使、布政使等地方领导，不许干扰侵夺提学事权。提学官的职责：一是巡察属地考定生员，考核教官。明代规定提学官："考选应贡者，于岁考之时即行详定"，"平日巡历地方，将教官考定等第以备科举聘取。若有不堪，即从彼处提学官，于等第内别举，不许徇私"，"（正统）十年，令提学官遍诣所属学校，严加考试，提督生徒学业，务

---

① （明）李东阳等：《大明会典》卷77。

② （明）李东阳等：《大明会典》卷4。

③ （明）李东阳等：《大明会典》卷5。

见实效。有不职者，礼部、都察院堂上官询察，具奏罢黜"①。二是组织举行地方岁考和科考："每岁预将次年应贡生员通行考定，给领朱卷起文，通限次年三月十五日以前到部"，"（成化）十六年令：岁贡不分军民生，俱听提学官考试……（嘉靖）十年奏准：提学官考选应贡者，于岁考之时即行详定，如廪膳考居一等之内，不拘名次，查取食粮年深者起送一人。如无人才去处，一等无人，方许于二等内十名以前照前起送，不必下及增附。（嘉靖）十三年奏准：提学官一遵祖宗旧规，以食粮年深充贡。有司起送，只许正贡一人、陪贡一人。提学官考定一人，起送赴部，不必加添四人、五人送考。其考贡不中，愿告衣巾终身者，听提学道照例行。（嘉靖）十四年令：各处岁贡生员照例将食粮年深者，严加考试。如果不堪充贡，照例罢黜……万历三年题准：各处岁贡生员，该府州县提调官俱要查其节年屡考一等、二等、曾经科举及年在六十以下三十以上者，照依食粮前后选取六人送考，提学官择其最优者起贡。"②三是监察地方办学，黜退违纪生员："正统六年令：提调官置簿，列生员姓名，又立为籤，公暇揭取，稽其所业。提学官所至，察提调勤怠，以书其称否。其生员有奸诈顽僻、藐视师长、龃龉教法者，悉斥退为民。成化三年令：提学官躬历各学督率教官化导诸生，仍置簿考验：其德行优、文艺赡、治事长者，列上等簿；或有德行而劣于经义，或有经义而短于治事者，列二等簿；经义虽优、治事虽长而德行或缺者，列三等簿。岁课月考循序而上，非上等不许科贡。"③

国子监祭酒主要负责国子监内部教学行政事务的管理，国子监司业是祭酒的副官。《明史》云："祭酒一人，从四品。司业一人，正六品。其属，绳愆厅，监丞一人，正八品。博士厅，《五经》博士五人，从八品。率性、修道、诚心、正义、崇志、广业六堂，助教十五人，从八品。学正十人，正九品。学录七人，从九品。典簿厅，典簿一人，从八品。典籍厅，典籍一人，从九品。掌馔厅，掌馔二人，未入流。"④《大明会典》卷2亦有相关记载⑤。《明史》又云："祭酒、司业，掌国学诸生训导之政令。凡举人、贡生、官生、恩生、功生、例生、土官、外国生、功勋臣及勋戚大臣子弟之入监者，奉监规而训课之，造以明体达用之学，以孝悌、礼义、忠信、廉耻为之本，以六经、诸史为之业，务各期以敦伦善行，敬业乐群，以修举古乐正、成均之师道。有不率者，扑以夏楚，不悛，徙谪之。其率教者，有升堂积分超格叙用之法。课业仿

---

①②③　（明）李东阳等：《大明会典》卷77。

④　（清）张廷玉等：《明史》卷73《职官二》。

⑤　（明）李东阳等：《大明会典》卷2。

书，季呈翰林院考校，文册岁终奏上。每岁仲春秋上丁，遣大臣祀先师，则总
其礼仪。车驾幸学，则执经坐讲。新进士释褐，则坐而受拜。监丞掌绳愆厅之
事，以参领监务，坚明其约束，诸师生有过及廪膳不洁，并纠惩之，而书之于
集愆册。博士掌分经讲授，而时其考课。凡经，以《易》、《诗》、《书》、《春
秋》、《礼记》，人专一经，《大学》、《中庸》、《论语》、《孟子》兼习之。助
教、学正、学录掌六堂之训诲，士子肄业本堂，则为讲说经义文字，导约之以
规矩。典簿，典文移金钱出纳支受。典籍，典书籍。掌馔，掌饮馔。"① 绳愆
厅掌管校内监察，凡是教官懈怠、生员违纪、学业不精，廪膳不洁等，都有权
惩罚。博士厅主管教学，包括生员日常功课练字、背书、作文等。关于监生学
业的管理。《大明会典》云："正官严立学规，定六堂师范高下。六堂讲诵课
业，定生员三等高下。"然后"以二司业分为左右，各提调三堂"，"博士五
员，虽分五经，共于彝伦堂西设座教训，六堂依本经考课"。具体而言，"凡
生员通《四书》，未通经者，居正义、崇志、广业堂。一年半之上，文理条畅
者，许升修道、诚心堂。坐堂一年半之上，经史兼通、文理俱优者，升率性
堂"；"生员坐堂，各堂置立勘合文簿，于上横列生员姓名，于下界画作十方，
一月通作三十日，坐堂一日，印红圈一个。如有事故，用黑圈记。每名须至坐
堂圈七百之上，方许升率性堂"；"凡生员日讲，务置讲诵簿，每日须于本名
下书写所讲所诵所习，以凭稽考"；"凡生员遇有事故者，须置文簿。但遇生
员请假，须至祭酒处呈禀批限，不许于本堂擅请离堂"；"凡生员升率性堂方
许积分。积分之法，孟月试本经义一道，仲月试论一道、诏诰表章内科一道；
季月试经史策一道、判语二条。每试文理俱优与一分，理优文劣者半分，文理
纰缪者无分。岁内积至八分者为及格，与出身，不及分者仍坐堂肄业。试法一
如科举之制。果有才学超越异常者，取自上裁。"②

　　明初地方学校由各级地方政府管理。地方学校内部日常事务：府学由教授
负责，州学由学正负责，县学由教谕负责。对教官的考核主要以学生科举成绩
为标准。洪武二十六年（1393 年）颁布《学官考课法》："以科举生员多寡为
殿最。县生员二十名，教谕九年任内有举人三名，又考通经者为称职，升用；
举人二名，虽考通经为平常，本等用；举人不及二名，又考不通经者为不称
职，黜降别用。州学生员三十名，学正九年任内举人六名，又考通经者，升
用；举人三名，虽考通经，本等用；举人不及三名，又考不通经者，黜降别
用。府学生员四十名，教授九年任内举人九名，又考通经者，升用；举人四

① （清）张廷玉等：《明史》卷73《职官二》。
② （明）李东阳等：《大明会典》卷220。

名，虽考通经，本等用；举人不及四名，又考不通经者，黜降别用。府、州、县学训导分教生员九年，任内举人三名，又考通经者，升用；举人二名，或一名，虽考通经，本等用；举人全无，又考不通经者，黜退别用。先是，教官考满，兼核其岁贡生员之数。至是上以岁贡为学校常例，故专以科举为其殿最。"① 可见，对学官考核的内容包括在规定的时间内（9 年）考取举人的数量、学官本人学养两个大的方面。但是，上述对教官的考核标准过于苛重。于是，宣德五年（1430 年）重定 9 年内考取举人的名数："教授五名为称职，三名为平常，不及三名为不称；学正三名为称职，二名为平常，不及二名为不称；教谕二名为称职，一名为平常；训导一名为称职，不及者皆为不称。称职者升，平常者本等用，不称者降。"②

明初对地方学校生员的管理极为严格。洪武十五年（1382 年），朝廷颁布 12 条学规："一今后府州县生员若有大事干于己家者，许父兄弟侄具状入官辩诉。若非大事，含情忍性，毋轻至于公门。一生员之家父母贤智者少，愚痴者多。其父母贤智者子自外入，必有家教之方，子当受而无违，斯孝行矣，何愁不贤者哉。其父母愚痴者作为多非，子既读书，得圣贤知觉，虽不精通，实愚痴父母之幸，独生是子，若父母欲行非为，子自外入，或就内知，则当再三恳告，虽父母不从，致身将及死地，必欲告之，使不陷父母于危亡，斯孝行矣。一军民一切利病，并不许生员建言；果有一切军民利病之事，许当该有司、在野贤人、有志壮士、质朴农夫、商贾技艺皆可言之，诸人毋得阻当，惟生员不许。一生员内有学优才赡、深明治体、果治何经、精通透彻、年及三十愿出仕者，许敷陈王道，讲论治化，述作文词，呈禀本学教官，考其所作，果通性理，连金其名，具呈提调正官，然后亲赍赴京奏闻，再行面试。如果真才实学，不待选举，即行录用。一为学之道自当尊敬先生。凡有疑问及听讲说，皆须诚心听受。若先生讲解未明，亦当从容再问。毋恃己长，妄行辩难，或置之不问，有如此者，终世不成。一为师长者当体先贤之道，竭忠教训，以导愚蒙，勤考其课，抚善惩恶，毋致懈惰。一提调正官务在常加考较，其有敦厚勤敏，抚以进学。懈怠不律、愚顽狡诈，以罪斥去，使在学者皆为良善，斯为称职矣。一在野贤人君子果能练达治体、敷陈王道，有关政治得失、军民利病者，许赴所在有司告给文引，亲赍赴京面奏，如果可采，即便施行，不许坐家实封入递。一民间凡有冤抑干于自己，及官吏卖富差贫、重科厚敛、巧取民财等事，许受害之人将实情自下而上陈告，毋得越诉。非干己事者不许。及假以

---

① 《明太祖实录》卷 227。
② （明）李东阳等：《大明会典》卷 12。

建言为由，坐家实封者，前件如已依法陈告，当该府州县布政司按察司不为受理、听断不公、仍前冤枉者，然后许赴京申诉。一江西、两浙、江东人民多有不干己事，代人陈告者，今后如有此等之人，治以重罪。若果邻近亲戚，全家被人残害，无人申诉者方许。一各处断发充军及安置人数，不许进言。其所管卫所官员，毋得容许。一若十恶之事有干朝政、实绩可验者，许诸人密切赴京面奏。"① 对这 12 条学规如有不遵者，以违制论处。上述学规随着时代的发展亦有所损益："永乐三年申明：师生每日清晨升堂，行恭揖礼毕乃退，晚亦如之。生员会食肄业，毋得出外游荡。正统六年令：提调官置簿列生员姓名，又立为籤，公暇揭取，稽其所业。提学官所至，察提调勤怠，以书其称否。其生员有奸诈顽僻、藐视师长、龃龉教法者，悉斥退为民。成化三年令：提学官躬历各学督率教官化导诸生，仍置簿考验，其德行优、文艺赡、治事长者，列上等簿；或有德行而劣于经义，或有经义而短于治事者，列二等簿；经义虽优，治事虽长，而德行或缺者，列三等簿。岁课月考，循序而上，非上等不许科贡。弘治十六年题准：生员不拘廪增附学，敢有傲慢师长、挟制官府、败伦伤化、结党害人者，本学教官具呈该管官员查究得实，依律问罪，合充吏者发本布政司衙门充吏，役满为民当差。嘉靖十年题准：生员内有刁泼无耻之徒号称学霸，恣意非为，及被提学考校、或访察黜退，妄行讪毁，赴京奏扰者，奏词立案不行，仍行巡按御史拿问。（嘉靖）十六年令：士子文字敢有肆为怪诞、不遵旧式者，提学官即行革退。"②

　　明代政府兴学劝学，不仅是为了提高广大民众的文化水平，更为了维护朱明王朝的专制统治。因此，明政府的教育管理具有如下特点：一是管理严格。明政府对学校实行封闭式管理，不仅对教官授课、生员学习、监生升迁历事以及对学校完成科考数额的规定等，都严格管理。二是文化专制贯穿教育的诸多方面。如朱元璋下令删除《孟子》中有关民本思想的内容，大兴文字狱，因忌讳而杀人；朱棣颁发《性理大全》，继续推行文化专制政策；成化以后，科考唯以程朱注解为准的，用僵化的八股文钳束读书人的思想；对文学艺术的形式和内容进行限制，禁销不符合文化专制政策的文艺作品；于嘉靖十六年（1537 年）、嘉靖十七年、万历七年（1579 年）、天启五年（1625 年）4 次大规模禁毁书院，摧残文教事业。三是重视道德教化，轻视对学生实用技能的教育。朱元璋反复强调"治国以教化为先"，他在教学内容安排方面，强化灌输忠君、安分、伦常等思想，但还注意设置射、御、书、数等课程，注意培养学

---

①② （明）李东阳等：《大明会典》卷78。

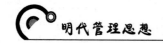

生的一些技能。朱棣以后的明朝皇帝大都忽视对学生实际技能的培养，使读书人只会死读经书，缺乏应对和处理实际事务能力，故明末的一些进步思想家提倡"实学"，力矫道学之弊。四是以淘汰式的应试教育为主，缺乏职业教育和师范教育。明政府办学的一个重要目的是培养、储备人才以备科考选拔，但是因录取名额有限，能金榜题名者少之又少，加之学校教学科目单一，师资匮乏，缺乏对学生实用科技知识的教育和职业培训，教育的畸形发展导致人才的畸形成长。因此，文化专制政策下明代学校培养的大多是为统治集团忠诚服务的奴才，从而影响了明代社会的全面发展和进步。

第三节　赈灾劝分思想

　　明代国家劝赈最基本和主要的形式是劝分和劝输。劝分是政府倡导下民间以有济无的行为，"所谓劝分者，盖以豪家富室储积既多，而劝之赈发，以惠穷民，以济乡里"（《劝分》）①。劝输是民间的富民、乡绅与国家之间的行为，即富民、乡绅们在国家动员下把钱物等输与国家，再由国家统一支配，或交由地方仓储直接用于灾荒赈恤，故劝输又称为捐输。但在通常情况下，劝分概念较笼统，包括上面所说的劝分和劝输。明代是中国古代一个自然灾害相当频繁的时代，灾害种类繁多，有水灾、旱灾、虫灾、地震、瘟疫、沙尘、风灾、雹灾、霜灾、雪灾等十余种，危害地域广泛，给社会经济造成极严重的损失。明政府在努力赈灾的同时，也采取多种措施动员社会力量参与赈恤，积极组织、引导和奖劝富民、乡绅参与，"始劝之有方，后旌之有典"。

　　劝分赏格又称劝分旌格，通常包括民间捐输钱谷数量与旌表等级、优免事宜等内容。为鼓励民间力量积极参与灾害赈济，明政府先后多次颁布劝分的政策措施，对应劝者依据其捐输的多少进行奖赏，要么赐敕褒美，建坊旌表，或赐冠带荣身，或授以散官、武职等。如明代余继登《皇明掌故纪闻》记载，宣德十年（1435 年）给事中年富上书说："江南小民佃富人之田，岁输其租。今诏免灾伤，税粮所蠲，特及富室，而小民输租如故。乞命被灾之处，富人田租如例蠲免。"又言："各处饥馑，官无见粮赈济，间有大户赢余，多闭籴增价，以规厚利，有司绝无救恤之方。乞命自今或遇荒歉，为贫民立券，贷富人

---

　　① （董煟）：《救荒活民书》卷中，影印文渊阁《四库全书》本。

粟分给，仍免富人杂役为息，候年丰偿本。"得到批准执行。① 这是劝富人将其粮食贷分给贫民，以免富人杂役为奖励。又如明代吕坤《答毕东郊按台》云："仆昔在山东，曾有会仓劝本约之。民各量其力，每会积谷若干，聚于一所。秋敛春散，加三出息。小凶之年，不准独支；大凶之年，各分所积……助同会者旌奖，以多寡为差。是在有司得法，社长得人。"② 富人分其所贮粮食而得到旌奖，且可以收取三分利息。

《明英宗实录》云，正统三年（1438年）十二月，"巡抚山东、两淮行在刑部右侍郎曹弘奏：'直隶凤阳府、徐州、山东兖州府所属州县水旱灾伤，人民缺食，请借官仓粮赈给。'上命发预备仓粮及劝借赈恤，不敷则于官仓量给之。"③《明英宗实录》又云，景泰三年（1452年），兵部左侍郎、翰林院学士商辂奏："近闻河南开封等府并南直隶凤阳府等处今岁水涝，田禾无收积年，在彼逃民俱各转徙，赴济宁、临清各处趁食，动以万计。"并请求"榜谕逃民，有志复业者即令复业，其无所归者听于八府所属州县分住拨田与耕，设法赈恤，其口粮种具之类，或暂给官储，或劝贷富室，俟有收之际，如数追偿。"英宗下令斟酌事宜，可行则行，以事妥民安为善。④ 明英宗、代宗时期政府多次向富人劝借，赈恤贫民逃民。

宪宗成化八年（1472年）十一月，巡视淮扬等处南京兵部右侍郎马显奏："凤阳、淮安、扬州三府缺粮，宜照浙江纳米近例，召人上纳，二百石者，给予散官正九品；二百五十石者，正八品；三百石者，正七品；五百石以上者，请敕旌为义民，仍免本户杂役二年。二百石以上者，立石旌异，免差役一年；一百五十石，给予冠带。"宪宗诏如议。⑤ 成化十一年（1475年）七月，"定拟中盐纳米给湖广边方军饷事例……俱于缺粮仓分上纳：湖广、江西民人舍余纳米三百石者，给予正七品散官；二百五十石者，正八品；二百石者，正九品；一百石以上，旌门；不满百石者，立石；五十石以下，有司以羊酒劳之。湖广地方考满官员，凡知府、同知、通判、推官、知州、知县各纳米五十石，判官、县丞四十石，主簿及府州县首领官、司狱三十石，俱免赴部给由。湖广、江西、贵州各卫所袭替官旗，凡指挥纳米六十石，千户卫镇抚四十石，百户所镇抚三十石，俱免比试。总旗纳米三十石，小旗二十石，俱免并枪署。总旗纳米五十石，署小旗四十石，俱与实授。湖广、江西两考役满，吏典纳米一

---

① （明）余继登：《皇明典故纪闻》卷10。
② （明）陈子龙等辑：《明经世文编》卷416。
③ 《明英宗实录》卷49。
④ 《明英宗实录》卷224。
⑤ 《明宪宗实录》卷110。

百二十石，送部免办……京考三百石者，免京考，冠带办事；二百石者，就于本布政司拨补，三考满日，赴部冠带，办事循次入选。湖广农民愿充承差者纳米一百五十石，知印二百石，听缺循次拨用。湖广、江西举保、阴阳、医学、僧道官纳米一百五十石，径赴吏部，查照入选，免各该衙门投文考试。是时镇远、辰沅、靖州俱有苗寇，急缺军饷，守臣以言，户部覆奏，从之"。① 成化十三年（1477 年）十月，巡按福建监察御史戴用以福建岁用不足，兼频年凶，札陈措置粮储事宜，户部建议："有纳米一百五十五石者，充知印；一百二十石者，承差军民舍余人等；纳米一百二十石者，给正九品散官，加四十石者正八品，加八十石者正七品，八十石者请敕旌异，六十石者有司犒劳。"宪宗诏如议②。成化十八年（1482 年）三月，南京六科给事中刘玑等上言，苏、松、常、镇、淮、扬、凤阳，去年春夏不雨，秋冬霖潦，米价腾踊，民不聊生，并建议："今年夏季暂将钞一贯改收米一升，量起车船装运缺粮州县赈济，其灾重地方府州县卫所各衙门两考吏纳米一百二十石者，起送赴部，免办事就拨京考；二百石者，直隶于本府拨补，三考满日，赴京免考，就与冠带办事；三百石者，免其京考，冠带办事；其有三年、六年考满，官员则免赴京，径赴赈济官处，斟酌品级、地里，定与纳米则例，以准给由。"这些措施都得到宪宗批准，"皆如议"。③ 成化年间甚至推行武臣子孙纳粮而准许其子孙袭职的条例。如成化二十一年（1485 年）六月，"定武臣纳粟许子孙袭职例。初有例，令军民人等赴山西纳粟，以粟之多寡，授百户、千户指挥等官，俱终本身。至是刑部左侍郎何乔新言此例只行于山西，地狭民贫愿输者少，宜行南北直隶，仍于例外加纳二百石者许其子袭，四百石者许其孙袭。事下兵部议，以宜从所奏。第于例外令百户加纳二百石，副千户至指挥使每一级递加五十石，许其子袭；百户加纳四百石，副千户至指挥使每一级递加米五十石，许其子与孙袭；余仍如旧例，岁终即止。从之"。④ 宪宗成化年间，劝富人捐纳粮食而得以授散官，官员则得以免考或以官职荫袭子孙，基本上成为一种制度。孝宗弘治年间继续推行这一政策。如弘治二年（1489 年），批准总督漕运都御史李昂所奏："以淮、凤等处岁荒，募人纳米赈济，给冠带散官。如成化十六年例。"⑤ 弘治六年（1493 年），户部覆议批准了巡抚山东都御史王霁所奏："山东二麦无收，

---

① 《明宪宗实录》卷 143。
② 《明宪宗实录》卷 171。
③ 《明宪宗实录》卷 225。
④ 《明宪宗实录》卷 267。
⑤ 《明孝宗实录》卷 32。

乞准去岁例，仍以临清钞关今岁夏秋冬三季船料钞折米赈济，俟年终乃止。又往岁奏募各处军民纳银赈济，四十两至一百五十两者，给授冠带散官有差。限今年八月而止。"①

武宗正德年间推行纳银免考候选，或授散官的政策，在赈灾中就更是这样。正德三年（1508年），"户部左侍郎兼左副都御史韩福，以被命湖广整理粮储，建议请令两京府部诸司当该及办事吏典，纳银免考候选，以补湖广今岁所留京储之数。湖广及附近浙江、江西、两广、四川、福建、南直隶诸处良民，许充承差、知印、吏典；各府州县阴阳、医学、僧道官缺，许其生徒及仕宦子孙选补军民人等，授以正七品而下散官，或冠带荣身；各纳银有差，舍余及军民许补武职，百户七十两，千户以上至指挥使每一级递增五十，定与卫所闲住；原有官者每升署一级纳银五十两，俱止本身"，"以（正德）二年工部已奏，请开纳。至是止行于湖广、江、浙、南直隶四处"。② 正德十四年（1519年），南京御史张翀等、给事中王纪等各奏言："庐、凤、淮、扬、苏、松、常、镇、应天诸郡水灾重大……仍令军民人等有愿纳银二十两至五十两者，授冠带义民，自正九品至正七品散官，凡四等。"武宗皆"诏如议"③。

世宗嘉靖年间，除上述依捐纳例则授官外，还给冠带，建坊旌表。嘉靖二年（1523年），户部奉旨"行劝借"赈恤事宜，"请于被灾地方军民有出粟千石赈饥者，有司建坊旌之，仍给冠带；有出粟借贷者，官为籍记，候年丰加息偿之，不愿偿者听照近例；准银二十两者，授冠带、义民；三十两者，授正九品散官；四十两，授正八品；五十两，授正七品，各免本身杂差。仍禁有司逼强及饥民挟骗等弊。"均得到世宗批准执行。④ 嘉靖八年（1529年），"令抚按官晓谕积粮之家，量其所积多寡，以礼劝借。若有仗义出谷二十石、银二十两者，给与冠带；三十石、三十两者，授正九品散官；四十石、四十两者，正八品；五十石、五十两者，正七品。俱免杂泛差役。出至五百石、五百两者，除给与冠带外，有司仍于本家竖立坊牌，以彰尚义"。⑤

明神宗万历年间更是灾伤频发，明政府基本上遵循上述政策措施劝导民众输纳粮食赈济。如万历十四年（1586年），"查得万历十年题：有义民输粟事例，千石以上者，建坊旌表；百石以上者，给与冠带"。户部建议神宗依照上

---

① 《明孝宗实录》卷76。

② 《明武宗实录》卷36。

③ 《明武宗实录》卷173。

④ 《明世宗实录》卷31。

⑤ （明）李东阳等：《大明会典》卷17。

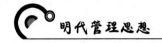

述条例进行救济，得到批准。①

综上，可见明朝政府劝分政策的特点：一是明代从宣德至万历年间都推行劝谕富民参与灾后赈恤的政策，但主要以宣德至嘉靖等较集中。明朝初年政府赈灾主要是减免租税和分给钱粮，而泰昌年间之后，明王朝国势衰颓，民力艰巨，民间财少，明政府的赈灾劝分政策也难于推行了。明政府赈灾劝分政策出现的直接原因是国家财政拮据、仓储匮空。如宣德八年（1433 年）赈恤南北直隶府州县并河南、山东、山西时规定："凡灾伤去处人户，自宣德七年十二月以前拖欠夏秋税粮、户口盐粮及官军屯种子粒悉皆停征；其拖欠各色课程、盐课并各衙门见坐派、买办、采办诸色物料及亏欠孳牧马驴牛羊牲口，悉皆蠲免。仍免其今年夏税军民乏食者，所在官司验口给粮赈济，如官无见粮，劝率有粮大户借贷接济，待丰熟时抵斗偿之。"② 宣德九年，"行在户部奏直隶扬州、淮安、凤阳、徐州等府州县连岁亢旱，百姓无食，有司虽已发廪劝分，今公私空匮。上闻之恻然，敕巡抚侍郎曹弘用心抚恤，如他处有粮，悉移赈之，一切买办科征尽行停止"。③ 从万历年间开始，地方民力艰巨，民间财少，劝分次数逐渐减少较少。如万历十三年（1585 年）浙江道御史龚懋贤上疏云："今天下所少者有五：在皇上心膂少；在中外兵少；在民间财少；在士论公道少；在天下任事之臣少。所多者有三：在朝廷冗费多，在天下刑狱多，在时事隐忧多……江南之漕挽，楚蜀之开采，以及江北、河南、山左诸路灾伤洊至，间里萧条，即京城军民之家气象渐窘，大非往日之旧，臣是以谓民间财少。"④

二是明代赈灾劝分措施得到迅速推广，说明当时政府行政能力的强大。据《明宣宗实录》记载，宣德元年（1426 年），"山西崞、繁峙二县，江西南丰、广昌、永宁三县，四川蓬溪县，山东即墨县，河南裕州，直隶庐州府英山县、安庆府望江县，各奏累岁水旱相仍，田谷不登，民无储粟，日食野菜，已发官仓粮米，及劝谕富民分粟赈之"。⑤ 此当为明代政府劝分措施的发端。宣德八年（1433 年），南京户科给事中夏时上奏，请求赈恤灾民，宣宗指令户部具体负责。户部下令发粟赈济，且"宜再遣官各处巡视，就发廪以赈不足，则劝富家出粟济之"。⑥ 此举当为明政府正式提倡并将劝分作为一项政策的开始，此后遂作为政策常例推行。

① 《明神宗实录》卷 176。
② 《明宣宗实录》卷 101。
③ 《明宣宗实录》卷 107。
④ 《明神宗实录》卷 162。
⑤ 《明宣宗实录》卷 18。
⑥ 《明宣宗实录》卷 99。

三是明代具体劝分政策的实施是一个发展变迁的过程。明代劝分最初的形式是劝勉民间富民赈贷粮米，对应诏施赈者并无特别奖励，只要求受贷者在庄稼丰熟时照额偿还。之后，为调动有粮大户放贷的积极性，政府不仅继续坚持让受贷者照额偿还的做法，通常又"免富人杂役为息"作为对放赈者户的回报。到英宗正统年间，又对放赈者旌奖。成化八年（1472 年），国家正式颁布了具体的劝分赏格，明确规定捐纳者按其所纳米谷之多少来享受旌奖不同级别的散官、义民，或立石旌异、给与冠带、免除赋税等。到正德年间，放赈者既可以捐粮，亦可捐钱（银），均可得到相应级别的授予散官、义民和冠带的奖励。到嘉靖年间，不仅奖励方式进一步多样化，而且放赈者可选择上述不同的奖励方式，或加息偿还，或授予相应级别的散官，或授冠带义民等，且通常都可以免本身差役。随着时间的推移，赏格标准越来越低，如"给与冠带"一项，成化八年（1472 年）是纳米 150 石，嘉靖八年（1529 年）则减少为出谷 20 石、银 20 两，到万历十年（1582 年）则进一步减少为输粟百石以上。到了明代后期，国家政权衰微，政府对地方的许多捐输行为视而不见，民间捐输不仅没有得到官方的肯定，自然也不可能得到来自朝廷的旌奖，《明实录》关于这方面的记载也极少。

　　四是从典制角度看，明朝劝分赏格作为一种政策，也是一项具有弹性的法律制度。虽然每次劝分赏格的颁布都针对具体的灾伤，具有临时性特征和区域性特征，但其他地区如需劝赈时，则可比照"旧例"、"近例"、"某年例"，或"如例"的形式来执行。明代劝分赏格、形式在具体实施过程中也不是固定的，而是依据特定的时段、地域有所调整。另外，明代劝分赏格中的敕旌义民、授冠带、立石题名等规定，仅作为一种程序、仪式、荣誉表彰捐赈者。《明史》云："捐纳事例，自宪宗始。生员纳米百石以上，入国子监；军民纳二百五十石，为正九品散官，加五十石，增二级，至正七品止。武宗时，富民纳粟赈济，千石以上者表其门，九百石至二三百石者，授散官，得至从六品。世宗令义民出谷二十石者，给冠带，多者授官正七品，至五百石者，有司为立坊。"[1] 可见，民间军民捐纳钱粮是可以入国子监学或授官入仕的，此为实赏。甚至捐纳可以除罪："纳米赈济赎罪者，景帝时，杂犯死罪六十石，流徒减三之一，余递减有差。"[2] 虽然捐赈者原则上只取得监生、吏员的出身资格，或其他荣誉，不能授予实职，但在具体推行中，放赈、捐纳者享有以优先获选及迁升的条件。

　　明政府在发生灾伤时能够有效动员民间力量参与灾荒赈恤，与其有效的劝分方法密切关联。除上述赏格外，其他的劝分方法还有如：一是以礼相劝，即

---

　　①②　（清）张廷玉等：《明史》卷 78《食货二》。

在动员民间力量应赈的过程中，反复强调自愿性质，"晓谕积粮之家，量其所积多寡，以礼劝借"①，使他们心悦诚服地捐钱借粮。二是以善相劝。隋唐以来，随着佛教全面深刻的融合到中华各族社会生活的方方面面，人们普遍接受了佛教因果报应的思想，认为"积善之家，必有余庆；积不善之家，必有余殃"。具体到赈灾劝分过程中，多数人相信捐赈积善，是为自己和后代积累福祉，而囤积居奇而不恤灾荒不仅会受到天谴，且对其亲族子孙的未来也有消极影响。明代继承、利用佛教积善成德、因果业报之说，进行了有效的劝分实践②。三是以儒家仁义相劝。汉代以来，儒家思想成为中国社会的主流意识形态，儒家的仁义道德观念积淀成人们日常思维习惯，并深刻的影响到日常生活，讲求仁义成为人们的重要价值判断。明代也大力提倡、推广儒家思想教育，许多民间富户自愿放赈，积极响应政府的劝分政策，这也是儒家道德观念深刻熏育的表现。如天顺、成化年间的李贤，不仅为官"行宽恤之政"，而且尽力捐献钱粮救助灾民。③ 当然，也不能忽视政府各级官员在赈灾中的重要作用，因为他们是各种劝分政策措施的执行者。

毫无疑问，明代民间捐纳在抗灾救灾中起到了明显的作用：一是在特定时期，民间捐纳确实一定程度上弥补了政府救灾能力不足。政府花费较少的人力，只需量免几年杂差，或建坊旌之、给冠带，或授予散官等，通过劝赈，既节约了政府的赈灾支出，又补充了政府赈灾能力的不足。二是通过民间捐纳赈灾，灾民得以度过灾荒危机。三是通过捐纳赈灾活动，有效缓解了灾区救荒物资短缺的情况，抚慰灾民情绪，也避免了因灾荒进一步激化贫富之间的矛盾，维护了社会稳定。当然，对民间捐纳赈灾的作用也不能高估，通常只作为政府救灾的辅助和补充。

第四节　民事调处息讼思想

明代的民事调处息讼制度始于明初朱元璋设立的里老人理讼制度。明朝建立后，参照宋代的乡里制和元代的村社制编定里甲制度，重建地方基层行政组织。据《明太祖实录》记载，洪武十四年（1381 年）正月，"命天下郡县编

---

① （明）李东阳等：《大明会典》卷 17。
② 赵克生：《义民旌表：明代荒政中的奖励之法》，载《史学月刊》2005 年第 3 期。
③ （清）张廷玉等：《明史》卷 176《李贤传》。

赋役黄册。其法以一百一十户为一里，一里之中推丁粮多者十人为之长，余百户为十甲，甲凡十人，岁役里长一人、甲首十人管摄一里之事。城中曰坊，近城曰厢，乡都曰里。凡十年一周；先后则各以丁粮多寡为次。每里编为一册，册之首总为一图。其里中鳏寡孤独不任役者，则带管于百一十户之外而列于图后，名曰畸零。册成为四本，一以进户部，其三则布政司、府、县各留其一焉"。①《明史》相关记载与此相同。赋役黄册的基础是里甲制，里甲则是明政府的农村基层组织，其中里长、甲长、里甲老人等负责基层相关治理事宜。

　　洪武二十七年（1394 年）四月，"命民间高年老人理其乡之词讼。先是，州郡小民多因小忿辄兴狱讼，越诉于京，及逮问多不实。上于是严越诉之禁，命有司择民间耆民公正可任事者俾听其乡诉讼，若户婚、田宅、斗殴者则会里胥决之，事涉重者始白于官，且给教民榜，使守而行之"。②据《教民榜文》记载，洪武三十一年（1398 年），朱元璋鉴于"所任之官多出民间，一时贤否难知，儒非真儒，吏皆猾吏，往往贪赃坏法，倒持仁义，殃害良善，致令民间词讼皆赴京来，如是连年不已"，遂向全国颁布《教民榜文》："今出令昭示天下，民间户婚、田土、斗殴相争一切小事，须要经由本里老人、里甲断决，若系奸盗、诈伪、人命重事，方许赴官陈告。是令出后，官吏敢有紊乱者处以极刑，民人。"③《明史》亦云："洪武末年；小民多越诉京师，及按其事，往往不实，乃严越诉之禁。命老人理一乡词讼，会里胥决之，事重者始白于官，然卒不能止，越诉者日多。乃用重法，戍之边。"④ 一方面，明朝初年，部分州县法司贪赃枉法、贻害细民，使得乡民连年越诉不止；而乡民越诉之讼大多不完全为事实，浪费官民诉理成本。另一方面，基层里老人理讼具有独特优点，"老人里甲与邻里人民，住居相接，田土相邻。平日是非善恶，无不周知"⑤。里老人熟悉邻里相关人、事情况。于是，朱元璋决定民间"户婚、田土、斗殴相争一切小事"不许动辄告官，须经"本里老人、里甲断决"。若违反这一规定，则"不问虚实，先将告人杖断六十，仍发回里甲老人理断"⑥。里老人专门从事民事调处可以发挥他们在乡里的社会影响力，劝谕邻里之间和睦相处，减少乡里民事纠纷，防止细民越诉，从而加强对基层乡里社会的管制。《教民榜文》颁行，是明初以里老人为中心的乡里社会民事调处息讼制度正式

　　①　《明太祖实录》卷135。

　　②　《明太祖实录》卷232。

　　③　（明）张卤辑：《皇明制书》卷9《教民榜文》（见《续修四库全书》卷788，下文同）。

　　④　（清）张廷玉等：《明史》卷94《刑法二》。

　　⑤⑥　（明）张卤辑：《皇明制书》卷9《教民榜文》。

设立的标志。

为了实现加强对基层乡里社会的管制的目的，《教民榜文》对里老人从事乡里社会民事调处息讼作出明确规定。

首先，关于里老人的选任。中国传统道德重视"长幼有序"，所谓"老者自然尊贵"。据《汉书》记载："（高帝）举民年五十以上，有修行，能帅众为善，置以为三老，乡一人。择乡三老一人为县三老，与县令、丞、尉以事相教，复勿徭戍。"① 西汉初期，刘邦将选择年高有德的老人来辅助基层社会治理作为一项正式的制度。据《大明会典》："其合设耆老，须于本乡年高有德、众所推服人内选充，不许罢闲吏卒及有过之人充应。"② 《教民榜文》亦云："其老人，须令本里众人推举，平日公直、人所敬服者三名、五名、十名，报名在官，令其剖决。若事干别里，须会决：里老人、里甲公同会决……老人理词讼，不问曾朝觐未曾朝觐，但年五十之上，平日在乡有德行、有见识，众所敬服者，俱令剖决事务，辨别是非。有年虽高大，见识短浅、不能辩别是非者，亦置老人之列，但不剖决事务。"③ 可见，对参与基层调处息讼的耆老或老人的选任有比较严格的、公认的标准。

其次，调处的范围。《教民榜文》规定了里老人主持调处事（案）件的范围："户婚、田土、斗殴、争占、失火、窃盗、骂詈、钱债、赌博、擅食田园瓜果等、私宰耕牛、弃毁器物稼穑等、畜产咬杀人、卑幼私擅用财、亵渎神明、子孙违犯教令、师巫邪术、六畜践食禾稼等、均分水利。"共 19 项基层民事事件交由"老人里甲合理"④。可见，老人调处事件的范围与州县有司办理民事案件的范围基本一致。另外，《教民榜文》还规定："今后民间除犯十恶、强盗及杀人，老人不理外，其有犯奸盗、诈伪人命，非十恶、非强盗杀人者，本乡本里内自能含忍省事，不愿告官繁累受苦，被告伏罪，亦免致身遭刑祸，止于老人处决断者，听其所以。老人不许推掉不理。"⑤ 可见，老人调处事件的范围包括乡里涉事人员愿意服从处理的刑事案件。朱元璋颁行《教民榜文》是要严"越诉之禁"，希望乡里的民事案件和部分刑事案件就地在乡里基层解决，其余刑事案件必须自下而上陈告，否则，"官吏敢有紊乱者处以极刑，民人"。这样，也有效节约了民间和政府有司对有关案件的诉理成本。

再次，关于受理与裁决。《教民榜文》规定："里甲老人，凡本管人员有事自来陈告，方许办理。若民只小词讼，本人自能含忍不愿告诉，里甲老人风

---

① （东汉）班固：《汉书》卷1《高帝纪上》。

② （明）李东阳等：《大明会典》卷163。

③④⑤ （明）张卤辑：《皇明制书》卷9《教民榜文》。

闻寻趁、勾引生事者杖六十，有赃者以赃论。"① 即本人能含忍而不愿告诉的案件，里甲老人不能受理，否则治罪。能忍则不成其为诉，体现了自愿的原则。

关于裁决，里老人调处虽属民间性质，但亦有与州县司法审判裁决相类似的场所申明亭。据《明太祖实录》，洪武五年（1372 年）二月，"是月建申明亭。上以田野之民不知禁令，往往误犯刑宪。乃命有司于内外府州县，及其乡之里社，皆立申明亭。凡境内人民有犯者，书其过名，榜于亭上，使人有所惩戒"②。《教民榜文》规定："凡老人里甲剖决民讼，许于各里申明亭议决……其座次，先老人，次里长，次甲首。论齿序座，如里长年长于老人者，坐于老人之上。如此判决民讼，抑长幼有序，老者则然尊贵。"在里甲老人办案时，座次亦有严格的规定。为保证申明亭的权威，明律规定："凡拆毁申明亭房屋及毁板榜者，杖一百，流三千里凡。"③ 为保证裁决的公正公平，《教民榜文》实行"群裁"制度："本里老人，遇有难决事务，或子弟亲戚有犯相干，须令东西南北四邻里分，或三里五里众老人里甲剖决。如此，则有见知多者，是非自然明白。老人里甲剖决词讼，本以使益官府。其不才官吏敢有生事罗织者罪之。"④ 同时，对老人犯罪案件的办理亦做出明确规定："老人有犯罪责，使众老人里甲公同会议，审查所犯真实，轻者就便剖决，再不许与众老人同列理讼。若所犯重者，亦须会审明白具由，送所在有司解送京来，不许有司擅自拿问。"⑤ 既维护了里老人的合法权益及其调处案件的权威，也对犯事的里老人不放纵。里老人在处理案件时不能将乡民拘禁："老人里甲剖决民讼，毋得置立牢狱。不问男子妇人，犯事不许拘禁。昼则令问，晚则放回。事若未了，次日再来听问。敢有监禁生事者治以重罪。"（《教民榜文》）但是，允许老人里甲具体处理时对犯案者"用竹篦、荆条量情决打"（《教民榜文》）。

为了维护里老人调处相关案件的权威，《教民榜文》还规定："民间词讼已经老人里甲处置停当，其顽民不服，辗转告官，捏词诬陷者，正身处以极刑，家迁化外。其官吏人等不察所以，一概受理，因而贪赃作弊者，一体罪之。"相关案件经里老人处置停当后，政府有司亦遵从，徇私舞弊者要受到相应的惩处。另外，如果词讼已经由里老人等剖断发落，"其刁顽之徒，事不干己，生事诉告，搅扰有司官吏，生事罗织，以图贿赂者，俱治以罪"。此外，《教民榜文》进一步规定了政府有司和乡民两方面对里老人正常调处的遵守。

---

① ④ ⑤ （明）张卤辑：《皇明制书》卷 9《教民榜文》。

② 《明太祖实录》卷 72。

③ （明）李东阳等：《大明会典》卷 176。

榜文规定："老人里甲剖决词讼，本以便益官府。其不才官吏敢有生事罗织者罪之。"还规定："本乡本里但有无籍泼皮，平日刁顽为非作歹……众老人严加惩治，如是仍前不改，拿送有司，解赴京来。若有司循情脱放不解者，许老人奏闻。"给予老人上奏不必遵循其所在地政府有司的权力。这些是对政府有司的规定。在乡民方面："乡里有等顽民，平日因被老人责罚，怀挟私恨，以告状为由，朦胧将老人排捏妄告，事发，顽民治以重罪。"（《教民榜文》）这就有效维护了里老人调处相关案件的法律权威。

最后，里老人须得承担相关的法律责任。从根本上说，中国古代里老人调处息讼制是传统贤人思想、贤人政治在基层乡里社会的具体实践，其基本特征是以里老人为德高望重、众所信服之贤人，里老人代表着乡里社会的公平公正、秩序和法则。因此，里老人承担着乡里社会较高的道德要求，参与调处的里老人也担负着严格的法律责任。《教民榜文》对此作出了明确规定："（里老人）若不能决断，致令百姓赴官紊烦者，其里老人亦各杖断六十，年七十以上者不打，依律罚赎。仍着落果断。若里甲老人循情作弊、颠倒是非者，以出入人罪论。"据《大明会典》："杖六十，收赎三贯六百文。"①《教民榜文》还规定："老人中有等不行正事，倚法为奸，不依众人公论，搅扰坏事者，许众老人拿赴京来。老人毋得指以断决为由，挟制里甲，把持官府，不当本等差役，违者家迁化外。"

中国帝制时代对基层社会的管理通过编制什伍里（保）甲、建立乡里社会权力组织来实现。国家政治环境封闭性，儒家伦理思想的强大影响，家国一体的社会政治结构，加之小农自然经济的独立性等，决定了国家对基层社会的管理必须有效利用乡里社会中的管理资源，综合运用道德和法律途径来实现。这在明代得到充分的体现。朱元璋《教民榜文》所确立的基层里老人调处息讼制度规定了里老人在调处息讼方面的行为标准。同时，里老人在劝谕教化、治安防范、兴学兴教，甚至在督课赋税等方面都承担了相应的职责，这些职责都与其调处息讼相辅相成。洪武二年（1369 年），朱元璋就曾对监察御史睢稼云："威人以法，不若感人以心，敦信义而励廉耻，此化民之本也。故羞恶之心生，则非僻之私格；外防之法密，则苟免之行兴。卿言读律固可禁民为非，若谓使民无犯，要当深求其本也。"② 要求将道德和法律相结合，即德法兼施并用，以实现理想的治理效果。里老人在基层社会劝谕教化、治安防范、兴学兴教等方面的管理职能，树立了里老人的司法权威，使得里老人能有效调处民

---

① （明）李东阳等：《大明会典》卷 176。

② 《明太祖实录》卷 44。

间相关案件。一是《教民榜文》详细规定了里老人在劝谕教化方面的职责,如宣讲圣谕;旌表孝子顺孙、义夫节妇;行乡饮酒礼,主持乡里祭祀;倡导乡里互助;劝励纠纷双方和解;导化民俗;等等。二是《教民榜文》规定了里老人在治安防范方面的职责,如管理本乡本里无籍泼皮之徒;管理本里之内盗贼等治安案件;严查户籍,防止逃户;加强对乡里人员流动的管理;等等。维护基层乡里社会良好的治安秩序不仅是推行教化的保证,也为征收赋税提供了有效保障。三是《教民榜文》规定了里老人在兴学兴教的职责,如保证儒家正统礼教思想在乡社教育的主导地位,防范、压制异端学说的出现;将社学教育与法律宣扬结合起来,强调遵礼守法;等等。四是《教民榜文》还规定了里老人在督课赋税的职责,与里甲长直接征收赋税不同,里老人负责对乡民缴纳赋税"如常提督点视";监督政府地方有司在征收赋税过程中是否有违法行为;劝农督耕;等等。详见《教民榜文》。

明代里老人民事调处息讼制度,符合了明王朝最高统治阶层以儒家正统的礼法精神劝谕、导化民众的指导思想,又与广大乡里民众的日常生活、生产劳动、社会关系密切关联,具有非常坚实的社会基础,加之《教民榜文》规定在相关调处过程中里老人始终处于核心的调处地位,也对具体解纷息讼起到极为重要的作用。因此,里老人调处息讼制度确实强化了明政府对基层社会的管理,对维护明代社会稳定起到了重要作用。

但是,从宣德年间开始,尤其是成化年间之后,由于社会环境的变化:一是随着赋役黄册制度的衰落,里甲制也发生着深刻变化。明朝中叶以后,伴随着里甲编审职能逐渐丧失,里甲制逐渐衰落,里甲老人负责调处息讼制度也逐渐走向衰落。二是里老人自身的败坏,里老人在选任上出现了严重问题,所选非人,一些里老人本身败坏,偏离了《教民榜文》规定的要求,这对他们从事调处的影响很大。三是随着社会的发展,明中央对基层乡里社会管理进行相应的调整,如乡约制度的建设。因此,到了明代中后期,里老人调处息讼面临越来越多的困难,更多的乡民把许多纠纷直接向政府有司投告。但基层政府有司却是一如乃旧,把勘验、查证、调解等任务交给里老人负责办理,里老人在一定程度上依然发挥着在乡里社会调处息讼的作用。

第五章　明代公共事业思想

第一节　公共工程建设思想

明代的国家级公共工程建设：一是南北两京（南京、北京）及其大规模宫殿、坛庙、陵墓和寺观的建设；二是万里长城及北方的军事重镇城堡体系；三是东部沿海的防倭城堡体系；四是京杭大运河运道、徐淮运道、黄河运道等河道的漕运建设、改造；五是从京城到全国各地的驿道的修建、开辟及驿站的建设。这些重大的公共工程，由于其性质、地理等方面的巨大差别，其管理思想也表现出不小的差异，将俟今后有机会再续探讨。本处主要讨论地方府州县公共工程建设的管理思想。

在明代经济高度发展繁荣的基础上，明代的地方府州县公共工程建设高度发展，各地的衙署、仓库、府州县学、急递铺、递运所、驿站等政府设施以及道路、桥梁、水利工程等关系地方经济社会发展的公共设施的建设普遍兴起。明代府州县财政设有专门用于公共工程建设的固定预算，基层政府筹措资金、人力、物力完成公共工程建设的过程，体现了其作为基层政府权力运行的特点。

一、修建、维护公共工程的职责权限

明代地方府州县政府担负着修建、维护公共设施、工程方面的职责，并具有相应的管理权力。《明史》云："府。知府一人，正四品同知，正五品通判无定员，正六品推官一人。正七品其属，经历司经历一人，正八品知事一人。正九品照磨所，照磨一人，从九品检校一人。司狱司，司狱一人。所辖别见。知府，掌一府之政，宣风化，平狱讼，均赋役，以教养百姓。每三岁，察属吏之贤否，上下其考，以达于省，上吏部。凡朝贺、吊祭，视布政使司，直隶府得专达。凡诏赦、例令、勘劄至，谨受之，下所属奉行。所属之政，皆受约束

于府，剂量轻重而令之，大者白于抚、按、布、按，议允乃行。凡宾兴科贡，提调学校，修明祀典之事，咸掌之。若籍帐、军匠、驿递、马牧、盗贼、仓库、河渠、沟防、道路之事，虽有专官，皆总领而稽核之。同知、通判分掌清军、巡捕、管粮、治农、水利、屯田、牧马等事。无常职，各府所掌不同，如延安、延绥同知又兼牧民，余不尽载。无定员。边府同知有增至六七员者。推官理刑名，赞计典。各府推官，洪武三年始设。经历、照磨、检校受发上下文移，磨勘六房宗卷。明初，改诸路为府。洪武六年，分天下府三等：粮二十万石以上为上府，知府秩从三品；二十万石以下为中府，知府正四品；十万石以下为下府，知府，从四品。"① 规定地方行政机构"府"在公共工程、设施方面的职责和相应的权力，包括修建、维护和管理驿递、马牧、仓库、河渠、沟防、道路、治农、水利、屯田等。《明史》又云："县。知县一人，正七品县丞一人，正八品主簿一人，正九品其属，典史一人。所辖别见。知县，掌一县之政。凡赋役，岁会实征，十年造黄册，以丁产为差。赋有金谷、布帛及诸货物之赋，役有力役、雇役、借债不时之役，皆视天时休咎，地利丰耗，人力贫富，调剂而均节之。岁歉则请于府若省蠲减之。凡养老、祀神、贡士、读法、表善良、恤穷乏、稽保甲、严缉捕、听狱讼，皆躬亲厥职而勤慎焉。若山海泽薮之产，足以资国用者，则按籍而致贡。县丞、主簿分掌粮马、巡捕之事。典史典文移出纳。如无县丞，或无主簿，则分领丞簿职。县丞、主簿，添革不一。若编户不及二十里者并裁。"② 未明确说明县级政府在相关公共设施、工程方面担负的职责，但是县级政府作为府级政府的下辖单位，必须服从府级政府的调拨、指挥，《大明律》、《大明会典》还常将府州县在修建、维护公共设施、工程方面的职责和管理权力放在一起论列。《明史》又云："州。知州一人，从五品同知，从六品判官无定员，从七品。里不及三十而无属县，裁同知、判官。有属县，裁同知。其属，吏目一人，从九品。所辖别见。知州，掌一州之政。凡州二：有属州，有直隶州。属州视县，直隶州视府，而品秩则同。同知、判官，俱视其事州之繁简，以供厥职。"③直隶州与府同级，其职能基本一致；属州与县同级，其职能也基本一致。《大明律》规定，府州县官员对于治内各种公共设施、工程如公廨、仓库、局院系官房舍等，担负着修缮维护的责任："凡各处公廨、仓库、局院系官房舍，但有损坏，当该官吏随即移文有司修理，违者笞四十。若因而损坏官物者，依律科罪赔偿所损之物。若已移文有司而失误者，罪坐有司。"④

---

① ② ③ （清）张廷玉等：《明史》卷75《职官四》。
④ 《大明律集解附例》卷29《营造》。

　　《大明会典》对各府州县政府在修建、维护公共设施、工程方面的职责和管理权力有详细规定。首先是对诸祠神庙的修建、维护："各府州县每岁春祈秋报，二次祭祀，有社稷山川风云雷雨城隍诸祠……周围坛垣、祭器什物，见在有无完缺。如遇损坏，随即修理。"①"正统八年敕：凡岳镇海渎祠庙屋宇墙垣或有损坏，及府州县社稷、山川、文庙、城隍，一应祀典神祇、坛庙颓废者，即令各该官司修理，合用物料酌量所在官钱内支给收买，或分派所属殷实人户备办，于秋成时月起，请夫匠修理。不许指此多派，虚费民财，及修盖淫祠，妄用民力。若岳镇海渎庙宇焚毁不存，用工多者，布按二司同该府官，斟酌民力，量宜起盖。仍先画图，奏来定夺。凡修完应祀坛庙，皆选诚实之人看守，所司时加提督，遇有损坏即依例修整，不许废坏。乃令巡按御史按察司官按临巡视。成化十五年令：天下祀典神祇祠庙应修理者，务要申达合于上司，勘实斟酌定夺。"②在宗法制下，神权具有重要的权威，故明代各级政府都极为重视诸祠神庙的修建维护。如遇损坏，随即修理，或政府出资，或富人出资，不许废坏。

　　其次是对政府办公衙舍公廨的修建、维护、管理。《大明会典》云："凡修理公廨……永乐二年奏准：今后大小衙门小有损坏，许令隶兵人等随即修葺。果房屋倒塌，用工浩大，务要委官相料，计用夫工、物料数目，官吏人等保勘，申部定夺修理。弘治元年奏准：今后各衙门但有门窗等项损坏，原物见在者官为出料修理，原物不在者就令经该官吏及看守之人出料自陪修理。嘉靖二十三年题准：各衙门应修理者，小修用银一百两以下，大修五百两以下，估计到部，动支节慎库官银，上紧修理。以工完日为始，小修以三年为限，大修以五年为限，不得先期辄便议修。又议定：各有钱粮衙门损坏，工部委官估计物料，转行动支无碍银两，径自修理。惟原无钱粮者工部议估兴工。"③《大明律》亦云："凡军民官司有所营造，应申上而不申上，应待报而不待报，而擅起差人工者，各计所役人雇工钱，坐赃论……其城垣坍倒、仓库公廨损坏，一时起差丁夫军人修理者，不在此限。若营造计料申请财物及人工多少不实者，笞五十。若已损财物，或已费人工，各并计所损物价及所费雇工钱，重者坐赃论。"④办公衙舍公廨的细微损伤的维护、修缮，通常就近交给有关部门吏役负责，维修费用亦由这些吏役负担。但如果是房屋倒塌等费用巨大的工程，就要向上级有关政府部门申报，由相关主管部门议拨经费，而一些经费充裕的单

---

　　① （明）李东阳等：《大明会典》卷9。
　　②③ （明）李东阳等：《大明会典》卷187。
　　④ 《大明律集解附例》卷29《营造》。

位可自行维修。在维修过程中，不能借维修之名虚领经费或占用公物，否则要受到严惩。

再次是仓库、营房的修建、维护、管理。《大明会典》云："凡修盖仓库……（洪武）二十六年定：凡在京各衙门仓库，如有损坏应合修理者，即便移文，取索人匠物料修整。如本处仓库不敷，应合添盖者，须要相择地基，计料如式营造。所用竹木、砖石、灰瓦、丁线等项，行下抽分竹木局等衙门关支。如是工匠物料不敷，预为措办足备，以候应用。永乐九年奏准：仓廒损坏者，该卫修理；缺少者，本部盖造。万历三年题准：修建仓廒规制，俱以样廒为准。各委官及作头姓名，刻扁悬记。如十年之内即有损坏者，责令陪修，仍治其罪。"① "凡修理营房，洪武二十六年定：凡在京各卫军人营房，及驼、马、象、房，如有起盖修理，所用物料，官为支给。若合用人工，隶各卫者，各卫自行定夺差军；隶有司者，定夺差拨囚徒，或用人夫修造；果有系干动众、奏闻施行。"② 不仅如此，还对仓库的管理作出明确规定："凡仓库及积聚财物，主守之人安置不如法、晒晾不以时致有损坏者，计所损坏之物，坐赃论，著落均陪还官。若卒遇雨水虫激、失火延烧、盗贼劫夺、事出不测而有损失者，委官保勘覆实，显绩明白，免罪不陪。其监临主守若将侵欺借贷那移之数，乘其水火盗贼虚捏文案，及扣换交单籍册申报瞒官者，并计赃，以监守自盗论。同僚知而不举者，与同罪；不知者不坐。"③

最后是道路、街道、桥梁、河防、津渡等的修建、维护和管理。《大明会典》云："凡桥梁、道路，府州县佐贰官提调于农隙之时常加点视修理，务要坚完平坦。若损坏失于修理，阻碍经行者，提调官吏笞三十。若津渡之处应造桥梁而不造，应置渡船而不置者，笞四十。"④《大明会典》又云："凡侵占街巷道路而起盖房屋及为园圃者，杖六十，各令复旧。其穿墙而出秽污之物于街巷者，笞四十；出水者勿论。"⑤ 对河防的维护、管理方面的规定就更为细致。《大明会典》云："凡不修河防，及修而失时者，提调官吏，各笞五十；若毁害人家、漂失财物者，杖六十；因而致伤人命者，杖八十。若不修圩岸，及修而失时者，笞三十；因而淹没田禾者，笞五十。其暴水连雨损坏堤防，非人力所致者，勿论。凡运河一带用强包揽闸夫、溜夫二名之上，捞浅、铺夫三名之上，俱问罪，旗军发边卫，民併军丁夫等发附近，各充军；揽当一名，不曾用

---

① ② （明）李东阳等：《大明会典》卷187。
③ （明）李东阳等：《大明会典》卷164。
④ （明）李东阳等：《大明会典》卷172。
⑤ （明）李东阳等：《大明会典》卷176。

强生事者，问罪，枷号一个月发落。"① 对河防的维护、管理，甚至规定到具体河湖。《大明会典》云："凡盗决河防者，杖一百。盗决圩岸、陂塘者，杖八十。若毁害人家，及漂失财物、淹没田禾，计物价重者，坐赃论。因而杀伤人者，各减斗杀伤罪一等。若故决河防者，杖一百，徒三年。故决圩岸、陂塘，减二等。漂失赃重者，准窃盗论，免刺。因而杀伤人者，以故杀伤论。凡故决盗决山东南旺湖，沛县昭阳湖、属山湖，安山积水湖，扬州高宝湖，淮安高家堰、柳浦湾，及徐邳上下滨河一带各堤岸，并阻绝山东泰山等处泉源，有干漕河禁例，为首之人发附近卫所；系军，调发边卫，各充军。其闸官人等用草卷阁闸板，盗泄水利，串同取财，犯该徒罪以上，亦照前问遣。河南等处地方盗决及故决堤防，毁害人家，漂失财物，淹没田禾，犯该徒罪以上，为首者，若系旗舍余丁民人，俱发附近充军；系军，调发边卫。"② 又云："成化十年令：凡故决南旺阳湖堤岸，及阻绝泰山等处泉源者，为首之人发充军，军人发边卫。凡侵占河岸、牵路为房屋者，撤去，治罪。凡漕河事悉听掌管官区处，他官不得侵越。凡所征桩草，并折征银钱备河道之用者，毋得以别事擅支。凡府州县添设通判、判官、主簿、闸坝官专理河防，不许别委。有犯，行巡河御史等官问理。别项上司，不许径自提问。"③ "洪武二十六年定：凡各处河津合置桥梁者，所在官司起造。若当用渡船去处，须要置造船只，金点水手。其通行驿道或有损坏，须于农隙之时修理。所用桩木、灰石等项，于本处丁多户内起夫附近山场采办。若在京桥梁道路，本部自行随时计工成造修理。果有千系动众，具奏施行。永乐七年令：海子桥至西湖一路水道差办事官十员，给与行粮，往来巡察，不许作践。正统四年令：各府州县提调官时常巡视桥梁道路，但有损坏，随时修理坚完，毋阻经行。"④ 此外，还规定了信牌的修建、维护等事宜。《大明会典》云："凡府州县置立信牌，量地远近，定立程限，随事销缴。违者，一日笞一十。每一日加一等，罪只笞四十。"⑤

通常情况下，跨地区的水利等大型公共工程，中央支出部分经费，大部分由地方政府佥派民役完成。政府征调沿河府州县大量人役，有时也蠲免这些地区当年税粮作为补偿。

---

①② （明）李东阳等：《大明会典》卷172。

③ （明）李东阳等：《大明会典》卷198。

④ （明）李东阳等：《大明会典》卷200。

⑤ （明）李东阳等：《大明会典》卷162。

二、公共工程建设经费的来源

明代地方政府公共工程经费的来源。前已述及，在明代起运存留制度的实际运行过程中，中央政府紧握财政大权，对地方存留的支出从制度上进行严格控制，且从明代中叶开始，中央对地方的临时性征取、调拨也成为一种经常现象，严重损害了地方利益，导致地方政府消极征税，拖欠成风。因此，有限的地方财政收入在中央财政的重压下所剩无几，对地方社会公共事业，包括公共工程建设在许多时候有心无力，这为乡绅参与基层社会事务提供了机会。因为财政困难，地方政府在修建、维护诸祠庙宇、公廨、仓库、道路、桥梁、津渡等公共工程的过程中，大力发动社会力量参与，乡绅、富户在地方公共工程建设事业中发挥了重要作用。在相关公共工程建设经费筹措方面，地方政府一是通过本地财政支出，二是报送上级相关部门申请经费（这两种经费来源在上文已经论及），三是在中央和地方财政困窘的情况下，通过劝募、摊派、罚赎、权宜等途径筹集经费成为主要的办法。

据《大明会典》，成化十七年令："各处司府卫所大小衙门如遇修理等项，只许设法措置。其在官钱粮、必须军器重务、赈济饥民及奉勘合应该支给者，方许会官照卷挨次支给，年终查算明白，造册缴部。若不应支给，并那移出纳者，经该官员降黜边远叙用，侵欺者从重归结。"[①] 在公共工程建设经费需要府州县自行筹措的情况下，筹措渠道就可以多样化了："或剖词讼而罚赎，或权事宜而裁取，或删收粮之积余，或劝尚义之资助。"[②] 即可通过劝募、摊派、罚赎、权宜等途径。

首先，劝募与摊派。劝募是筹集公共工程建设经费的一个重要途径。劝募者一般是府州县长官，如知府、知州、知县，他们以身作则"捐己俸为倡"，号召士绅、富户捐钱捐物，或动员民众出力，这种形式多见于水利、河防、社（庙）学、书院等工程，或用于荒年赈济。这种筹款形式名正言顺，不引起非议。成化《顺德府志·重修文庙记》云："唐山县为顺德府属邑，旧有庙学，在县治西数十步许，元至正三年所建，累阅兵燹，无复存者。国朝洪武初，知县刘安礼建学于故基，寻坏。正统间，典史潘誉募诸富室捐金帛修之，复坏。成化壬寅，夏雨连日倾剥殆尽。山阴祁侠司员以进士来知县事，曰兹学敝且陋，不足为教育地，盍更图之。乃请于巡按御史阎公仲宇、知府范公英，皆报许。而兵部郎中杨公绎奉命赈灾，亦以官货助之。而平定守御千兵吕公俊辈，

---

① （明）李东阳等：《大明会典》卷30。
② 嘉靖《夏津县志》卷5。

及邑中义士、耆老诸人何原等咸乐相助金帛。"① 记载了顺德府唐山县官倡民助，官民捐资捐物修建庙学的事迹。乾隆《畿辅通志》中的"蠡县城"条云："旧土城，相传汉封蠡吾侯所筑。明天顺中重修，周围八里有奇，高二丈五尺，广一丈，南北二门，池深一丈八尺，阔二丈……隆庆中知县王元宾相继重修。崇祯十二年，兵备副使钱天锡、知府王师夔、知县连元捐俸倡助，甃以砖石，高三丈五尺，濠广三丈。又筑护城堤二道。"② 记载了修蠡县城兵备副使知府、知县捐俸倡助的事迹。明代张宁《海宁县障海塘碑》云："海宁古盐官县，濒海南上，有山名赭。赭南远有山对峙如门，是为浙江受潮之口。岁久沂洄渟滀，赭涘出潭若赭，则口隘潮束，仄击于盐官隈岸。宋嘉定中，潮汐冲盐官平野二十余里，史谓海失故道有由也。成化十三年二月海宁县潮水横滥冲圮堤塘，逼荡城邑，转眴曳趾顷一决数仞，祠庙庐舍器物沦陷略尽，郓不及者半里。军民翘端奔呼，皆重足以待……公乃躬履原湿，量材度宜，命杭湖嘉兴官属因地顺民……失次者徙寓空舍，惠以薪米；大集医药，以疗病者。作副堤十里，卫灌河以防泄卤之害。义声倡道，富人争自赈施，民至是始忘死徙之念。岁八月塘成，适沙涂壅障其外，公因增高倍厚，覆实捣虚，使腹抗背负，屹成巨防而海复故道矣。是冬举羡余之财，修葺文庙，增广学地。重建按察分司，致祭告成，公乃复。"③ 记载了明代海宁县地方长官修建海防使其恢复故道的事迹，其中筹集经费的办法之一就是富人捐输。

明代中期以后，乡绅、富户、义民、耆老等在府州县公共工程建设的捐助活动中捐献了大量经费，还积极介入工程的筹划、设计、组织、施工等过程，甚至被委任督理工程。隆庆《赵州志·建置》中教谕陈田记述了赵州署衙重修之事："成化六年公堂火，七年知州潘洪重修，有教谕陈田记。记略曰：南海潘侯洪，以名进士出守赵州之期，月居无何，州之厅事遭回禄之变，民请各出赋以重建之。侯怫然动色，退谓僚佐曰：'厅事乃吾辈临民之所……吾何敢劳于民乎？'遂先捐俸以为倡，而节判益都李公俊、乐平毛公麟各出俸资以继之，既而富家宦族闻风慕义而来，助者接踵。由是选材命工、相集俱作，高广视旧有为加焉。"④ 可见，出于公益名义的劝募，通常富户、乡绅、宦族等皆会慷慨捐助。

但是，有时劝募也会有某种强迫性，这样就具有摊派的性质。弘治年间，

---

① 成化《顺德府志》卷8。
② 乾隆《畿辅通志》卷25《蠡县城》，载影印文渊阁《四库全书》本。
③ （明）陈子龙等辑：《明经世文编》卷50。
④ 隆庆《赵州志》卷2。

浙江兰溪知县王倬劝募富户捐助新修预备仓。章懋《枫山集·兰溪县新迁预备仓记》记云："宣正以来，岁或不收，而生灵嗷嗷，无所仰给。朝廷始用大臣之议，令天下郡县劝募富人入粟于官，以为荒备，其输粟至千石者赐以玺书，旌为义民。时无锡薛侯理常乃作大仓于县城之南数里仓岭之下，储谷以数万计。又谓之义民仓，固有获其利者……弘治壬子之春，昆山王侯倬以才进士两载，剧县皆著能声……侯（倬）于是以义劝富人之堪事，授之规画，分其程度，俾各以力自占，撤其旧以即于新……然公不费官，私不扰民，经之营之，在侯一心。而义以感人，其应如响，凡富室之任其役者，运材效力如治其私，趋事赴工争先恐后……仓虽既成，人犹惧其储蓄之弗广，侯以是岁当重造版籍，推割产税，而受田之家皆物力富强者也，随其所收多寡，计亩而劝之，得白金二千七百余两，易谷万有千石，自足当前亏损之数而仓储不虚，非复向之名存实亡者矣。仓廪既成而储蓄不虚，备荒有具而困穷是赖，邑之父老欣然而来告。"① 王侯倬不仅劝募富户捐助修仓，仓粮也是对富户"计亩而劝之"筹集而来。

通常情况下，府州县政府如能筹到足够的经费，就不会向民众劝募或摊派。但在公帑、罚赎收入有限，而劝募也比较有难度，于是当公共工程建设经费不足时，只得向百姓征派夫役、摊派银两了，前提是必须获得上级有关主管部门的批准。如海瑞《筑城申文》云："淳安县为查理筑城御患事，案奉府帖，蒙分守道右参政翁案验，奉巡按御史王批呈，仰县应筑墙垣将分定里递士筑等因，及蒙钦差总督军门胡批申前事，奉此，今该本县知县海屡次拘集里递人等，欲兴工筑……卑职带同里递人等，再行丈视，周围计九百丈，筑砌高一丈七尺，垛高五尺，共二丈二尺。下阔一丈三尺，上阔九尺。南临溪一丈七尺。全用石砌。只垛子五尺用砖。东西北下三尺用石砌，上一长四尺全用砖。计将八百丈，分八百个递年。一百丈付居民之有店房在县治者领筑。县东北二处，其全帮山者只外面砌筑之功，原系消乏称三分里分领筑，帮山少者五分甲分领筑，又少者七分甲分领筑。县东一带淊下砌筑功力比平地多十分之三，则以殷实甲分筑之。其等第亦视帮山者分三等，县南一带临溪筑基之力虽多，然筑平岸址即便是城，与不淊下不临山功力无异，则付之中平甲分有铺店之家。扛担土石并冲筑功照丁田数起夫，雇请砖工石工灰砌舟运之费，照丁田数起科银两。选家道殷实、立心公直，能干者民何一仁等一十六人，分方督筑。其有创筑不如法、不坚久者，督筑之人自行复修。此合通县里递士民日久计议，如此

---

① （明）章懋：《枫山集》卷4，载影印文渊阁《四库全书》本。

为便。"① 海瑞谋划在淳安县筑城，先向道、巡按、总督逐级申请，然后按各里甲、贫富分别摊派城墙的修筑。申文上报之后，上级主管批复："该县先议筑土墙，行催一年之上未见完报，今始改议筑城，何也？且筑城大事，未知民情财力若何。仰县再审通县粮里，果愿筑城，还须区划周当，通详上司具批词由缴。"② 海瑞又申议："今蒙前因，清审粮耆里老黄叔亮等，众称原议筑城，各情允服……八十里中，好甲分计费出银五两，丑甲分计费出银三两二两。淳民喜讼，本县于词讼中酌处帮助，通以二年中为之，似或可以使民不觉劳费。"③

劝募往往有摊派、摊捐之嫌，弄不好就成了强制索取。明代刘麟《积谷预备仓粮以赈民疏》云："又有劝谕一途不过望门横索，未免滥及无辜，加以官贪吏弊，其害不可胜言。昔也只于贫者不安，今也富者亦无不病，尤为失计。纵使用刑劝谕，一切不顾而见行之数太多，亦恐未足。本官有见于此，所以关申详切。"④ 乾隆《广东通志》卷40《名宦志》云："邹元忠，字时劢，新建人。少学廉洛关闽之学，由举人万历二十一年知增城，勤政爱人，力持古道，筑号舍数十于学宫之东，集诸士讲学不辍。邑科试，士子限于额，元忠请益之，遂为例。丙申大饥，发仓捐赈不给，则又力劝富民之好义者，全活以万计。"⑤ 这样"力劝"就具有强制摊派的性质。这在明代后期较为多见。

其次，罚赎。罚赎是政府运用司法权力的体现，由罚赎而来的罚金即赃罚银，在明代也是公共工程建设经费的重要来源之一。韩邦奇《苑洛集·安设兵马防御敌骑以明烽堠以固地方事》云："李信屯地方系两镇交界之冲，两山俱尽之所，实敌人由大同地方入侵宣府咽喉之地。若于本屯地方设堡立墩，斩崖筑墙，屯兵戍守，则敌人必不敢长驱而下以侵西南二路地方，而意外隐忧亦可为备。诚有如守备周镗之所言者，既经该本官与都司估计停当，相应依拟除行文都司将修筑土堡，设盖仓场、公廨等项，通共用银一千三十七两一钱七分一厘，于官库见收节年农民银内动支一千两，赃罚银内支领三十七两一钱七分一厘，选委得当官员买办木铁等料，如法造作。匠役于预备仓每名验日支给口粮一升五，合起拨无马军士，借倩屯田空闲舍余轮班修筑。其筑堡占用屯田地亩、有粮地土，于别项无碍地内照亩易换拨给。"⑥ 该文为韩邦奇于嘉靖十三

---

① （明）海瑞：《海瑞集》，北京：中华书局1962年版，第157～158页。
②③ （明）海瑞：《海瑞集》，北京：中华书局1962年版，第158页。
④ （明）刘麟：《清惠集》卷4，载影印文渊阁《四库全书》本。
⑤ 乾隆《广东通志》卷40，载影印文渊阁《四库全书》本。
⑥ （明）韩邦奇：《苑洛集》卷13，载影印文渊阁《四库全书》本。

年（1534年）任山西巡抚时所撰，为防御北方强敌鞑靼，文中上疏建议用赃罚银来修筑堡墩等防御工事。又如嘉靖《隆庆志·永宁县重修庙学记》云："嘉靖戊子（1528年）……是年夏四月，巡抚大中承东平刘公按部到庙谒之余，伫立环视，愀然不宁，谓学舍之坏何以栖士，庙庭之坏何以妥神，邑小民贫，修复之任当在我。于是发赃罚银若干镒，米若干石，委万全右卫知事杜锐、永宁卫指挥康琥、永宁县知县种云龙行修复之事，三人者承命惟谨。"① 这些赃罚银、赎金包括了赃、罚、赎三项，三者严格说来是有区别的：赃是对没收非法物品所得；罚是为惩戒令犯过（罪）者，令其出钱谷所得；赎是令罪犯出钱，为其所判刑罚进行抵偿的收入，古代文献中常将三者混称。

明代除犯死罪外，其余罪行皆可以赎代刑。《明史》云："明律颇严，凡朝廷有所矜恤、限于律而不得伸者，一寓之于赎例，所以济法之太重也。又国家得时藉其入，以佐缓急。而实边、足储、赈荒，宫府颁给诸大费，往往取给于赃赎二者。故赎法比历代特详。凡赎法有二，有律得收赎者，有例得纳赎者。律赎无敢损益，而纳赎之例则因时权宜，先后互异，其端实开于太祖云。律凡文武官以公事犯笞罪者，官照等收赎钱，吏每季类决之，各还职役，不附过……自洪武中年已三下令，准赎及杂犯死罪以下矣。三十年，命部院议定赎罪事例，凡内外官吏，犯笞杖者记过，徒流迁徙者俸赎之，三犯罪之如律。自是律与例互有异同。"② 《大明会典》云："凡十三布政司并直隶府州，遇有起解税粮、折收金银钱钞，并赃罚物件，应进内府收纳者，其行移次第皆仿此。""凡各处官民犯法，律合籍没家财，及有不才官吏接受赃私，追没到金银钱钞衣服等项，俱各札付本库（赃罚库）交收。其行移次第照依课程事例施行。"③ 明代法律规定赃、赎都必须登记上报；通常情况下罚不入册籍，遂无法稽考，可以不上交而为地方所用。于是地方官对于罪轻者常以罚代刑，春夏罚银秋冬罚谷。随着例赎的施行及赎刑范围逐步扩大，以及罚役改折银钞，到明代中后期地方府州县的赎金数额已较为可观。《明史》还云："赎罪之法，明初尝纳铜，成化间尝纳马，后皆不行，不具载。惟纳钞、纳钱、纳银常并行焉，而以初制纳钞为本。故律赎者曰收赎律钞，纳赎者曰赎罪例钞。永乐十一年，令除公罪依例纪录收赎，及死罪情重者依律处治，其情轻者，斩罪八千贯，绞罪及榜例死罪六千贯，流徒杖笞纳钞有差……宣德二年定，笞杖罪囚，

---

① 嘉靖《隆庆志》卷10。
② （清）张廷玉等：《明史》卷93《刑法一》。
③ （明）李东阳等：《大明会典》卷30。

每十赎钞二十贯。徒流罪名，每徒一等折杖二十，三流并折杖百四十。其所罚钞，悉如笞杖所定……景泰元年，令问拟笞杖罪囚，有力者纳钞。笞十，二百贯，每十以二百贯递加，至笞五十为千贯。杖六十，千八百贯，每十以三百贯递加，至杖百为三千贯。其官吏赃物，亦视今例折钞。天顺五年，令罪囚纳钞，每笞十，钞二百贯，余四笞，递加百五十贯；至杖六十，增为千四百五十贯，余杖各递加二百贯，成化二年，令妇人犯法赎罪。弘治十四年，定折收银钱之制。例难的决人犯，并妇人有力者，每杖百，应钞二千二百五十贯，折银一两；每十以二百贯递减，至杖六十为银六钱；笞五十，应减为钞八百贯，折银五钱，每十以百五十贯递减；至笞二十为银二钱；笞十应钞二百贯，折银一钱。如收铜钱，每银一两折七百文。其依律赎钞，除过失杀人外，亦视此数折收。"① 随着地方赎金数额的累年增加，引起朝廷的注意，遂派官员到地方搜刮。万历年间官内阁首辅王锡爵《劝请赈济疏》云："先时各布政司府州县，各有赃罚等项积余，今取解一空，有急尽靠内帑。"② 王世贞《与元驭阁老》亦云："郡县存积赃罚已自单薄，若搜刮一空，缓急何恃。"③ 此后，赃赎在中央与地方的分配大致形成八分上缴二分留用的比例，即80%上缴中央相关府库，20%留存地方支用。嘉靖年间御史方日干《兴利救弊以裨屯政疏》云："臣奉命以来，问过赃罚、纸米、赎罪等项价银纸价，以十分为率，八分除解南京都察院作正支销，二分本衙门公用外，查得罚银尚有一千七百余两，赎罪稻谷三千二百余石，见贮各府州县库仓。趁今丰成之际动支前项银两，差委廉能官员照依时价收买好谷并原赎罪谷石，俱仍贮各仓。自此以后，但问过赃罚纸价，逐年查考，收买谷石贮积，各收仓廒。若遇有大荒之年，审实极贫军余，各就该地方仓廒支领造册奏缴，庶仓廒无创立之烦，关支有附近之便，深为便益。再照南京总督衙门总理屯务，各年批发各司词状、赃罚、纸札、赎罪，谷石数多，亦俱贮各府州县库仓，如蒙一并存留，以备屯田赈济。如此则稻谷益多，赈贷有赖，屯军不致失所矣。"④ 赃赎所得在地方府州县政府之间也需要分割，此不赘述。

明代文献中多见用赃罚银资建府州县工程的记载。如明万历十四年（1586年）深州、霸州等处河道的疏浚，傅泽洪《运河水》记云："明神宗万历十四年正月己酉，工部覆直隶巡按苏酂题少卿徐贞明奉命，经略水患，穷

① （清）张廷玉等：《明史》卷93《刑法一》。
② （明）陈子龙等辑：《明经世文编》卷395。
③ （明）王世贞：《弇州四部稿》卷176，载影印文渊阁《四库全书》本。
④ （明）陈子龙等辑：《明经世文编》卷210。

源遥委，遍历周咨，惜处财用一一列款，于畿甸水患大有裨益。一疏浚深州、霸州等处河道，共该夫役银一万九千三百一十三两一钱，除霸州道属现有堪动官银三千七百八十余两，于真定府存留赃罚银内动支二千两，保定府五千两，河间府八千五百三十三两一钱，凑足前数，委官及时兴举，务要挑浚如法，河流通利。一疏浚安州、雄县、保定等处河身及挑筑束鹿、深州河堤，所用人夫随便役民，其工食之费要于各府州县积谷内酌量动支，仍劝谕富民有能慕义，偶众捐货助役者，酌量胜异以示劝。"① 明初对府州县赃罚银的用途无明确规定，后来主要用于补贴行政办公经费、公共工程设施建设支出。因此，明代地方政府可以比较灵活地支出赃赎所得。《明史》云："余应桂，字二矶，都昌人。万历四十七年进士……崇祯四年，征授御史……（崇祯）七年还朝，出按湖广，居守承天。捐赎锾十余万募壮士，缮城治器，贼不敢逼献陵。帝闻而嘉之。期满，命再巡一年。贻赎锾万五千助卢象升军需，而奏报属城失事，具以实闻。帝以是知巡抚王梦尹诈，而益信应桂。期满，命再巡一年。"② 诉讼中的罚金被称为"赎锾"，也包含在赃罚中，在明末崇祯年间可以充作军饷。

最后，权宜。除劝募、摊派、罚赎等常见途径外，明代地方政府还可根据实际情况，审时度势，因地制宜，灵活运用各种办法解决公共工程建设所需的经费、材料、劳力等，这叫权宜。弘治年间，霸州修浚河堤和营缮城池。明代顾清《霸州修河缮城记》云："霸为州在京师南二百余里，厥壤卑下，西北诸山水散行燕赵间，比其合，皆聚于是。既聚而盈，然后东流出丁字沽，会白河以入于海。其源众而委，迫遇霖潦，则溢而四出，坏民田庐舍，岁恒不登。氓以告，病州之城。相传筑于燕昭王，宋杨延朗尝修之，以备北边。当其时号为北方重地，然皆土墉无砖石之固，山水至则啮而倾之，故岁久益坏。弘治戊午，东鲁刘君行来治是邦，巡抚使洪公察其才，首属以河事，既复以城役委之……堤既成，水用无患……而堤与城俱成，城既成而水益以无患。凡二役所费薪藁、椽、瓦木、石砖之类，为钱以钜万计，皆官自经纪，不以烦民。既讫工，又以其余力作大桥于州东苑家口，以济往来；新州学、祭器、诸生会食器，顺天行府、太仆分寺、马神祠暨诸藏庚廨舍、坛壝衢路以次一新，而民不知费。"③ 又如嘉靖《清苑县志》记载弘治五年（1492 年）都指挥张溥采取多种途径筹措材料，缮修保定城垣之事："弘治五年都指挥张溥缮修城垣，知

---

① （明）傅泽洪：《行水金鉴》卷 124，载影印文渊阁《四库全书》本。
② （清）张廷玉等：《明史》卷 260《余应桂传》。
③ （明）顾清：《东江家藏集》卷 21，载影印文渊阁《四库全书》本。

府赵英记略曰……保定之城筑于国初，迨今逾百年，日就倾圮，砖石剥落，墙堞隳损，而门垣尤甚，实不足以耸观瞻而起警畏，识者病之。我张侯视阃篆，询有众，顾以费不赀而事不易，乃次第经营之。遂自门始，鸠砖石有序，聚材埴以节，日积月累，既而阅其材，颇足用力，因可为也。乃召工作，具畚锸灰绚之需、板杵之器，绰绰然应用咸备。高与厚以引计，凡若干尺，长暨阔以度计，凡若干丈。工始于壬子（即弘治五年）孟秋中旬，至仲冬初浣，伍月未周，四门就绪。于是乎人之过者、居者、立而观者，咸啧啧惊叹，而下僚吏众而士卒皆骇顾悦服，谓是役人不知劳役，不淹义财……心术运用之妙有如是乎！"① 嘉靖《应山县志》记述了湖广应山知县王朝璲以土地权力换取资金，用租赁官地的办法来筹集修理城墙经费："修城即备，以为日久不无损坏，修补之费无所出。除内外马道外，因有余剩空地若干，行令地方报拘近民，审各自愿造屋赁住，递年认纳租银，送官贮库，听候修补支用。"②

当然，公共工程建设经费不仅包括银两、谷物，材料、劳力等亦可视作经费其他形式。公共工程，尤其是大工程如堤防、城筑等的修建都不是容易的事，不仅要考虑工程建设的现实性和可能性，更要兼顾长期利益和短期利益，如经费筹措，权益划分，组织营造，施工节令，地理条件，正当合法与否，等等。地方长官不能仅将这些公共工程建设当成所谓的面子工程，或升迁的政绩，或以谋取上级奖励，也不能仅当成让自己流芳百世的德政事迹。

三、工程建设中的管理

首先，明代公共工程建设过程中的管理，据《明史》，在府和直隶州由知府（州）总领，"同知、通判分掌清军、巡捕、管粮、治农、水利、屯田、牧马等事"；在县和属州由知县（州）总领，知县（州）委派县丞、主簿、典史等属官临时负责管理监督。同时，地方政府依靠里甲耆老、乡绅等在地方上有威望的人士协助管理，或政府设法筹资，让他们出面主持工程建设；或工程本身由绅士、富户等捐款筹资推动，自然少不了他们参与管理；他们还可以部分调节政府在征派赋税、劳役过程中与百姓的紧张关系。毫无疑问，他们中的一些人会设法从工程建设中获益甚至违法获利。如嘉靖《广平府志》记载邯郸知县董威带领主簿李霖、典史齐宗、儒绅申徽等修筑城池之事："（董威）乃偕通判田君云，诣邯郸城环视之，量闲栅仞、厚薄、程土、饬材，综画区明，

---

① 嘉靖《清苑县志》卷2。
② 嘉靖《应山县志》卷上。

以邯郸积寡而力征，恐匮厥役，乃出郡帑金三百，募他郡壮卒三千人以资之，议成条上巡抚，具报可令下。董君殚力任之，于是率主簿李霖，典史齐宗，儒申儆、诹吉，经费节力，奖勤黜惰，大持小维植表作旗，群锸竞奋，经始于乙巳之季秋，越明年丙午三月竣事，盖浃六月而城成矣。"① 明代叶向高《重修天宝陂记》亦记述了耆民周大勋父子受官府委托，率领民众重修天宝陂之事："吾邑滨海，土田瘠薄，又鲜泉源溉之利，雨阳一不时，苗立槁矣，惟西南有陂名天宝。水自仙游而来，历清源、善福达新宁、仁寿二里，沃田数千顷。宋元符间郎公简修之，故又名元符陂。其后屡圮屡筑。万历己丑，则耆民周大勋奉邑令欧阳侯之命，甃西陈石圳堤二百余丈，农民赖之，抵今将三十载。值今岁淫雨，复有颓溃，适王侯来莅邑，咨诹民瘼，知兹陂为邑大利病，询于众，孰可任厥事？金曰：故坝长大勋子文遴，笃诚勤干，习于水利，令之董役，必能底绩。侯忻然，进而命之。文遴条上方略，咸当侯意，遂使鸠工。下令有湮圳决防、梗法便私、不输钱服役者，悉治以罪，人心肃然。侯又捐俸为资，役者竞劝，石以丈计，土以箕计，畚锸之工以日计，悉虔悉力，莫敢窳惰。其最要害如西陈沟头滨江海埕，尤所加意。水利悉复，岁不能灾，五洋二十五墩数万人咸被其泽……举数千顷之田旱涝无虞……而周君父子先后有劳于兹陂，亦可谓好义修事者矣。"②

其次，劳动力的征派、组织。明代里甲制度里甲长官分别是里长和甲首。明代法律明确规定了里长、甲首的职责："凡各处人民，每一百户内议设里长一名，甲首一十名，轮年应役，催办钱粮，勾摄公事。"里长、甲首负责劳动力的征派、组织。光绪《平湖县志》云："正德中，民贫不能充其选，遂有串名法。嘉靖中，知县顾廷对均平法行后，始每岁每里役一人为之，充解银、米差役，复名之曰解户。其里长之值年者曰见年。从前直日提牌，敛里甲钱，以奉各'办'之役。条鞭行，而见年里长无所事事，与粮长分上下五甲督催仓粮柜银，在官听比兼任城垣、圩堰等役。行之既久，繁费渐多……万历后，银差用官解，以'空役'出银贴之，他役亦多裁革，只余米解在民，粮长役大省。城垣复用'空役银'官修，见年里长之役并省矣。"③ 可见，在一条鞭法实施之后，徭役等差役可以折银缴纳，百姓缴纳价银之后就不需要再亲自服役，但原徭役名称仍予以保留。文中的"空役银"就属于这种性质。这样，里长的工作负担大为减少，只与粮长分掌"上下五甲督催仓粮柜银"，兼任

---

① 嘉靖《广平府志》卷1。
② （明）陈子龙等辑：《明经世文编》卷461。
③ 光绪《平湖县志》卷6。

"城垣、圩堰等役"。万历后，修城之役又可以折银缴纳，由政府负责组织劳力维修，"里长之役并省矣"。

明政府规定百姓应纳的赋税即夏税秋粮的定额，不得随意增加。但地方赋税的大部分起运中央，地方存留部分较少，无法满足地方行政办公、公共工程建设等需要。于是，地方政府在必要的情况下就向百姓征派徭役。随着各种力役征派逐渐增多，引起百姓不满。弘治初年开始在全国均徭，之后又出现了力差和银差之分。万历年间，随着一条鞭法的施行，徭役折银，地方又用"空役银"修建公共工程，里长也成为徭役的承担者了。

第二节　生态环境保护思想

为了保护生态环境，明政府设置了专门的机构，还颁行了一系列法令条例和推行相关政策措施，对保护、改善生态环境起了积极作用。但是，明政府推行的一些人口、屯田、移民政策及扩大地主阶级经济特权等政策，也给自然生态造成种种危害。

一、建立专职管理机构

明中央由工部掌天下山泽之政令。《明史》云："工部。尚书一人，正二品。左、右侍郎各一人，正三品。其属，司务厅，司务二人，从九品。营缮、虞衡、都水、屯田四清吏司，各郎中一人，正五品。后增设都水司郎中四人，员外郎一人，从五品。后增设营膳司员外郎二人，虞衡司员外郎一人，主事二人，正六品。后增设都水司主事五人，营膳司主事三人，虞衡司主事二人，屯田司主事一人。"[①] 全国"山泽采捕、陶冶之事"由工部的虞衡清吏司掌管。《明史》云："虞衡，典山泽采捕、陶冶之事。凡鸟兽之肉、皮革、骨角、羽毛，可以供祭祀、宾客、膳羞之需，礼器、军实之用，岁下诸司采捕。水课禽十八、兽十二，陆课兽十八、禽十二，皆以其时。冬春之交，罝罛不施川泽；春夏之交，毒药不施原野。苗盛禁踩躏，谷登禁焚燎。若害兽，听为陷阱获之，赏有差。凡诸陵山麓，不得入斧斤、开窑冶、置墓坟。凡帝王、圣贤、忠义、名山；岳镇、陵墓、祠庙有功德于民者，禁樵牧。凡山场、园林之利，听

---

① （清）张廷玉等：《明史》卷72《职官一》。

民取而薄征之。"① 这就从制度层面对自然生物资源保护、利用和管理给予了有效保护。全国水利事务由工部的都水清吏司掌管。《明史》云："都水，典川渎、陂池、桥道、舟车、织造、券契、量衡之事。水利曰转漕，曰灌田。岁储其金石、竹木、卷埽，以时修其闸坝、洪浅、堰圩、堤防，谨蓄泄以备旱潦，无使坏田庐、坟隧、禾稼。舟楫、硙碾者不得与灌田争利，灌田者不得与转漕争利。凡诸水要会，遣京朝官专理，以督有司。役民必以农隙，不能至农隙，则俟功成之。凡道路、津梁，时其葺治。"② 这为有效利用、管理水资源及水利设施提供了制度保证。

工部所属的营缮清吏司和屯田清吏司，其职掌也与生态环境密切关联。如营缮清吏司掌管的"营缮，典经营兴作之事"，"凡宫殿、陵寝、城郭、坛场、祠庙、仓库、廨宇、营房、王府邸第之役"，"凡物料储偫，曰神木厂，曰大木厂，以蓄材木，曰黑窑厂，曰琉璃厂，以陶瓦器，曰台基厂，以贮薪苇，皆籍其数以供修作之用"；③ 屯田清吏司掌管的"屯种、抽分、薪炭、夫役、坟茔之事"，"其规办营造、木植、城砖、军营、官屋及战衣、器械、耕牛、农具之属"，及薪炭、伐薪、转薪、坟茔等事务④。这些活动若管理不善，都有可能给生态环境造成较大影响。

明中央还专设上林苑，由上林苑监正掌管，专门保护苑内的动植物资源。《明史》云："上林苑监。左、右监正各一人，正五品。监正掌苑囿、园池、牧畜、树种之事。凡禽兽、草木、蔬果，率其属督其养户、栽户，以时经理其养地、栽地而畜植之，以供祭祀、宾客、宫府之膳羞。凡苑地，东至白河，西至西山，南至武清，北至居庸关，西南至浑河，并禁围猎。良牧，牧牛羊豕，蕃育，育鹅鸭鸡，皆籍其牝牡之数，而课孳卵焉。林衡，典果实、花木，嘉蔬，典莳艺瓜菜，皆计其町畦、树植之数，而以时苞进焉。洪武二十五年，议开上林院，度地城南。自牛首山接方山，西并河涯。比图上，太祖谓有妨民业，遂止。永乐五年，始置上林苑监，设良牧、蕃育、嘉蔬、林衡、川衡、冰鉴及典察左右前后十属署。洪熙中，并为蕃育、嘉蔬二署。以良牧、川衡并蕃育，冰鉴、林衡并嘉蔬，典察四署分并入。宣德十年，始定四署。正德间，增设监督内臣共九十九员。嘉靖元年，裁汰八十员，革蕃育、嘉蔬二署典署，林衡、嘉蔬二署录事。"⑤ 明中央还专设有隶属于兵部的苑马寺，负责战马、牧地、草场的保护。《明史》云："苑马寺。卿一人，从三品少卿一人，正四品寺丞无定员，正六品其属，主簿一人，从七品各牧监，监正一人，正九品监副

---

① ② ③ ④　（清）张廷玉等：《明史》卷72《职官一》。
⑤　（清）张廷玉等：《明史》卷74《职官三》。

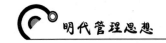

一人，从九品录事一人。各苑，圉长一人。从九品掌六监二十四苑之马政，而听于兵部。凡苑，视广狭为三等：上苑牧马万匹，中苑七千，下苑四千。凡牧地，曰草场，曰荒地，曰熟地，严禁令而封表之。凡牧人，曰恩军，曰队军，曰改编之军，曰充发之军，曰召募之军，曰抽选之军，皆籍而食之。凡马驹，岁籍其监苑之数，上于兵部，以听考课。监正、副掌监苑之牧事，圉长帅群长而阜蕃马匹。永乐四年，置苑马寺凡四：北直隶、辽东、平凉、甘肃。五年，增设北直隶苑马寺六监二十四苑。"①

明代地方布政司、府、州、县也设置了相应的机构来执行有关职能。如布政使司的参政、参议"分守各道，及派管粮储、屯田、清军、驿传、水利、抚民等事，并分司协管京畿"，提刑按察使司的副使、佥事"分道巡察，其兵备、提学、抚民、巡海、清军、驿传、水利、屯田、招练、监军，各专事置，并分员巡备京畿"，各府"同知、通判分掌清军、巡捕、管粮、治农、水利、屯田、牧马等事"。各县知县"掌一县之政……若山海泽薮之产，足以资国用者，则按籍而致贡"。②

黄河、运河也有专设的管理机构。黄河事务由总理河道或总督河道掌管，其地位相当于各省督抚。《明史》云："总理河漕兼提督军务一员。永乐九年遣尚书治河，自后间遣侍郎、都御史。成化后，始称总督河道。正德四年，定设都御史。嘉靖二十年，以都御史加工部职衔，提督河南、山东、直隶河道。隆庆四年，加提督军务。万历五年，改总理河漕兼提督军务。"③ 总理河道之下分级分段管理官员除郎中、主事外，还有管河道主事、管洪主事、巡河御史、管河御史等。其他各河流也设有河道副使、巡视河道主事专职的管理人员。地方河闸设有管闸主事，诸闸"设官夫守视"④，详见《大明会典》。

二、延礼入法

汉武帝"罢黜百家，独尊儒术"，确立了儒家思想的正统和主导地位，儒家思想遂作为居于主流地位的意识形态，给之后的中国社会带来广泛而深远的影响。明代从朱元璋开始的各位帝王，都大力倡导、宣扬儒家思想来为其统治服务。明统治者依据儒家宣扬的"天地好生"、"帝王育物"的思想，延礼入法，制定了一系列有利于保护生态环境的法规。《明史》云："水课禽十八、兽十二，陆课兽十八、禽十二，皆以其时。冬春之交，罝罛不施川泽；春夏之

①② （清）张廷玉等：《明史》卷75《职官四》。
③ （清）张廷玉等：《明史》卷73《职官二》。
④ （明）李东阳等：《大明会典》卷196。

交，毒药不施原野。苗盛禁蹂躏，谷登禁焚燎……凡诸陵山麓，不得入斧斤、开窑冶、置墓坟。凡帝王、圣贤、忠义、名山、岳镇、陵墓、祠庙有功德于民者，禁樵牧。"[①] 中央由"虞衡"掌管采捕，对动植物资源的采捕必须按照它们不同的生命周期、地理条件，甚至在采捕手段等方面都作出具体限制，以维护良好和平衡的自然生态。

虽然明初为了恢复和发展社会经济，需要大量的自然资源，保护生态性质的礼法约束有所削弱，但在体现皇权权威、代表礼教尊严的一些场所，仍有律令禁约。《大明会典》对此皆有记录："凡历代帝王陵寝，及忠臣烈士、先圣先贤坟墓，不许于上樵采、耕种及牧放牛羊等畜，违者杖八十。"[②] "凡采捕禁令，洪武二十六年定：凡历代帝王、忠臣烈士、先圣先贤、名山岳镇神祇，凡有德泽于民者，皆建庙立祠，因时致祭，各有禁约，设官掌管，时常点视，不许军于内作践亵渎。其有荒芜芦荡山场去处，如遇官府营造取用竹木芦柴等项，须要临时定夺禁约。"[③] "若于山陵兆域内失火者，杖八十，徒二年。延烧林木者，杖一百，流二千里。"[④] "凡盗园陵内树木者，皆杖一百，徒三年。若盗他人坟茔内树木者，杖八十。若计赃重于本罪者，各加盗罪一等。凡凤阳皇陵、泗州祖陵、南京孝陵、天寿山列圣陵寝、承天府显陵，山前山后，各有禁限，若有盗砍树株者，验实真正桩楂，比照盗大祀神御物斩罪，奏请定夺。为从者，发边卫充军。取土取石、开窑烧造、放火烧山者，俱照前拟断。其孝陵神烈山铺舍以外去墙二十里，敢有开山取石、安插坟墓、筑凿台池者，枷号一个月，发边卫充军。若于凤阳皇城内外耕种牧放、安歇作践者，问罪，枷号一个月发落。各该巡守人役拾柴打草，不在禁限。但有科敛银两馈送，不行用心巡视，及守备留守等官不行严加约束，以致下人恣肆作弊者，各从重究治。"[⑤]

三、植树造林

明初朱元璋为发展社会经济，借鉴历史经验教训，坚持"农为国本"的信条，充分认识到林业辅助农业发展的重要性，积极发展林业，尤其重视发展桑枣柿栗等经济林木，以满足人民衣食需求。据《大明会典》，朱元璋多次下令种植桑、枣等经济林木，还相应的减免赋税，违反者要受到惩罚："国初农

---

① （清）张廷玉等：《明史》卷72《职官一》。
② （明）李东阳等：《大明会典》卷165。
③ （明）李东阳等：《大明会典》卷191。
④ （明）李东阳等：《大明会典》卷170。
⑤ （明）李东阳等：《大明会典》卷168。

桑之政，劝课耕植，具有成法。初皆责成有司，岁久政弛，乃稍添官专理，其例具后。凡课种：国初令天下农民凡有田五亩至十亩者，栽桑、麻、木、棉各半亩，十亩以上者倍之，田多者以是为差。有司亲临督视，惰者有罚，不种桑者使出绢一匹，不种麻者使出麻布一匹，不种木棉者使出棉布一匹。洪武元年奏准桑麻科征之额，麻每亩八两，木棉每亩四两，栽桑者四年以后有成始征其租。（洪武）四年令：各府州县行移提调官，常用心劝谕农民趁时种植，仍将种过桑麻等项田亩，计科丝棉等项，分豁旧有新收数目开报。（洪武）十八年议：农桑起科太重，百姓艰难，令今后以定数为额听从种植，不必起科。（洪武）二十一年令：河南、山东农民中有等懒惰不肯勤务农业，朝廷已尝差人督并耕种。今出号令，此后止是各该里分老人勤督……若是老人不肯勤督，农民穷窘为非，犯法到官，本乡老人有罪。（洪武）二十五年令：凤阳、滁州、庐州、和州，每户种桑二百株、枣二百株、柿二百株……（洪武）二十七年令：天下百姓务要多栽桑枣，每一里种二亩秧，每一百户内共出人力挑运柴草烧地，耕过再烧，耕烧三遍下种，待秧高三尺然后分栽。每五尺阔一垄，每一户初年二百株，次年四百株，三年六百株。栽种过数目造册回奏，违者发云南金齿充军。"[1] 洪武五年（1372 年）十二月，朱元璋下诏曰："农桑，衣食之本；学校，理道之原。朕尝设置有司，颁降条章，敦笃教化，务欲使民丰衣足食，理道畅焉……有司今后考课必书农桑、学校之绩，违者降罚。民有不奉天时，负地利，及师不教导，生徒惰学者，皆论如律。"[2] 将农桑之绩作为官员升降的政绩之一。

明政府各级官员对此也有深刻的认识。叶伯巨《万言书》云："农桑学校，王政之本。"[3] 范济《诣阙上书》云："夫农桑衣食之本，尝闻神农之教，有云虽石城十仞，汤池百步，带甲百万而无粟，弗能守也。由是言之，兵者，城之守也；食者，兵之给也。非兵无以守城，非食无以给兵。兵足而城安，食足而兵勇。兵食二者，有国之先务也。"[4] 解缙《献太平十策》建议将《农桑集要》、《齐民要术》及树艺水利等书，"类聚考订，颁行天下，令各家通晓。"[5]

在朱元璋的大力倡导下，明初的植树造林工作取得了不小的成绩。洪武二

---

① （明）李东阳等：《大明会典》卷17。
② 《明太祖实录》卷77。
③ （明）陈子龙等辑：《明经世文编》卷8。
④ （明）陈子龙等辑：《明经世文编》卷29。
⑤ （明）陈子龙等辑：《明经世文编》卷11。

十八年（1395 年），"湖广布政使司上所属郡县果树之数：计栽过桑、枣、柿、栗、胡桃等树，凡八千四百三十九万株。"① 全国 13 个布政司总计植树应在 10 亿株以上。

四、动物资源保护

明代不仅皇室消耗大量野生禽兽，民间亦非常盛行食用野生动物，这对该类资源造成严重破坏。因此，明中央发布的一系列诏令，对野生动物还是起到了相应的保护作用。《大明会典》云："洪武二十六年定：凡每岁祭祀，及供御并岁时筵宴合用野味，预先行移各司府州著落所属，于山林去处多办走兽，湖泊去处多办飞禽，照依坐定岁办数目，令各处猎户除春夏孕字之时不採外，当于秋间採捕。"②《大明会典》又云："弘治十三年令：各边将官并管军头目私役军民，及军民私出外境钓豹捕鹿、砍木掘鼠等项，并把守之人知情故纵，该管里老官旗军吏扶同隐蔽，若夜不收出境哨探而与夷人交易者，除真犯死罪外，其余俱调发烟瘴地面，民人里老为民，军丁充军，官旗军吏带俸食粮差操。"③《明史》亦云："仁宗初，光禄卿井泉奏，岁例遣正官往南京采玉面狸，帝叱之曰：'小人不达政体。朕方下诏，尽罢不急之务以息民，岂以口腹细故，失大信耶！'宣宗时，罢永乐中河州官买乳牛造上供酥油者，以其牛给屯军，命御史二人察视光禄寺，凡内外官多支及需索者，执奏。英宗初政，三杨当轴，减南畿孳牧黄牛四万，糖蜜、果品、腒脯、酥油、茶芽、粳糯、粟米、药材皆减省有差，撤诸处捕鱼官。即位数月，多所撙节……景帝时，从于谦言，罢真定、河间采野味、直沽海口造乾鱼内使。"④ 明仁宗时期，守居庸关都督佥事沈清遣人进黄鼠，仁宗对侍臣说："（沈）清受命守关，当练士卒，利器械，固封疆。朝廷岂利其贡献邪？"遂下诏禁献黄鼠。⑤《明英宗实录》记录了英宗即位之初下令："岁进野味，及买办追陪胖袄裤鞋……悉皆蠲免。"⑥《明孝宗实录》记录弘治十七年，明孝宗下令停止采贡"鹧鸪、竹鸡、白画眉、紫山鹧等禽鸟"。⑦ 孝宗即位，甘肃巡抚罗明进言："镇守、分守内外官竞尚贡献，各遣使属边卫搜方物，名曰采办，实扣军士月粮马价，或巧取番人犬

---

① 《明太祖实录》卷 243。

② （明）李东阳等：《大明会典》卷 191。

③ （明）李东阳等：《大明会典》卷 132。

④ （清）张廷玉等：《明史》卷 82《食货六》。

⑤ 《明宣宗实录》卷 6。

⑥ 《明英宗实录》卷 1。

⑦ 《明孝宗实录》卷 207。

马奇珍。且设膳乳诸房，金厨役造酥油诸物。比及起运，沿途骚扰，乞悉罢之。"得到孝宗的批准。① 世宗即位便"纵内苑禽兽，令天下毋得进献"。② 明穆宗即位之初亦下令"禁属国毋献珍禽异兽"。③ 上述诏令和措施，在一定程度上减少了对野生动物的灭杀。

明政府还实行野生动物封禁地政策和家禽家畜专门化饲养的措施。《明史》云："监正掌苑囿、园池、牧畜、树种之事。凡禽兽、草木、蔬果，率其属督其养户、栽户，以时经理其养地、栽地而畜植之，以供祭祀、宾客、宫府之膳羞。凡苑地，东至白河，西至西山，南至武清，北至居庸关，西南至浑河，并禁围猎。良牧，牧牛羊豕，蕃育，育鹅鸭鸡，皆籍其牝牡之数，而课孳卵焉。"④ 据清代于敏中《日下旧闻考》卷 74 记载御苑"南海子"经明政府多次修葺，禁猎区扩大到"周垣百二十里"，苑内置有专职守园的"海户"。⑤ 专门设立禁猎区是一项非常有利于保护野生动物的举措。

五、水利资源保护

明朝统治者认为水利资源是农业发展的一个重要条件，他们基于"以农为本"的基本国情，重视利用、保护水利资源，制定了相关法律并发布了一系列政令。《大明会典》云："凡盗决河防者，杖一百。盗决圩岸、陂塘者，杖八十。若毁害人家，及漂失财物、淹没田禾，计物价重者，坐赃论。因而杀伤人者，各减斗杀伤罪一等。若故决河防者，杖一百，徒三年。故决圩岸、陂塘，减二等。漂失赃重者，准窃盗论，免刺。因而杀伤人者，以故杀伤论。凡故决盗决山东南旺湖，沛县昭阳湖、属山湖，安山积水湖，扬州高宝湖，淮安高家堰、柳浦湾，及徐邳上下滨河一带各堤岸，并阻绝山东泰山等处泉源，有干漕河禁例，为首之人发附近卫所；系军，调发边卫，各充军。其闸官人等用草卷阁闸板，盗泄水利，串同取财，犯该徒罪以上，亦照前问遣。河南等处地方盗决及故决堤防，毁害人家，漂失财物，淹没田禾，犯该徒罪以上，为首者，若系旗舍余丁民人，俱发附近充军；系军，调发边卫。"⑥ "凡不修河防，及修而失时者，提调官吏，各笞五十。若毁害人家、漂失财物者，杖六十。因而致伤人命者，杖八十。若不修圩岸，及修而失时者，笞三十。因而淹没田禾

① （清）张廷玉等：《明史》卷 82《食货六》。
② （清）张廷玉等：《明史》卷 17《世宗一》。
③ （清）张廷玉等：《明史》卷 19《穆宗》。
④ （清）张廷玉等：《明史》卷 74《职官三》。
⑤ （清）于敏中：《日下旧闻考》，北京：北京古籍出版社 1983 年版，第 1231 页。
⑥ （明）李东阳等：《大明会典》卷 172。

者，笞五十。其暴水连雨损坏堤防，非人力所致者，勿论。凡运河一带用强包揽闸夫、溜夫二名之上，捞浅、铺夫三名之上，俱问罪。旗军发边卫；民并军丁夫等发附近，各充军；揽当一名，不曾用强生事者，问罪，枷号一个月发落。"① 上述法律的施行确实起到了良好的保护水利资源的作用，甚至到清代依然还被沿用。

明代颁布了一系列诏令，实施了许多重大措施，对保护、利用水利资源发挥了重要作用。《明史》云："明初，太祖诏所在有司，民以水利条上者，即陈奏。越二十七年，特谕工部，陂塘湖堰可蓄泄以备旱潦者，皆因其地势修治之。乃分遣国子生及人才，遍诣天下，督修水利。明年冬，郡邑交奏。凡开塘堰四万九百八十七处，其恤民者至矣。嗣后有所兴筑，或役本境，或资邻封，或支官料，或采山场，或农隙鸠工，或随时集事，或遣大臣董成。"② 永乐元年（1403 年），朱棣下令疏浚环太湖绵亘 500 里水道、自吴江长桥抵下界浦200 余里河道，及从浦抵上海南仓浦口 130 余里河道，"水道既通，乃相地势，各置石闸，以时启闭。每岁水涸时，预修圩岸，以防暴流，则水患可息"。为了发展农业，一些地方毫无节制地扩大圩田，从而破坏了江河湖泊调节生态环境的功能，明中央为此曾发布了相关禁令。正统十一年（1446 年），巡抚周忱奏言："应天、镇江、太平、宁国诸府，旧有石臼等湖。其中沟港，岁办鱼课。其外平圩浅滩，听民牧放孳畜、采掘菱藕，不许种耕。故山溪水涨，有所宣泄。近者富豪筑圩田，遏湖水，每遇泛溢，害即及民，宜悉禁革。"明英宗从之，下令禁止继续筑圩田。③ 弘治七年（1494 年），"浚南京天、潮二河，备军卫屯田水利"，"又令浙江参政周季麟修嘉兴旧堤三十余里，易之以石，增缮湖州长兴堤岸七十余里"，又下令"修浚河、港、泾、渎、湖、塘、陡门、堤岸百三十五道"。④ 相关诏令和措施，此不一一列举。对保护水利资源乃至整个生态环境，保障民众生命财产安全和发展社会生产都起到了积极作用。

六、森林资源保护

为了保护森林资源，明政府颁布了相关的法令。《大明会典》云："大同、山西、宣府、延绥、宁夏、辽东、蓟州、紫荆、密云等边，分守、守备、备御并府州县官员禁约该管官旗军民人等，不许擅自入山将应禁林木砍伐贩卖，违者问发南方烟瘴卫所充军。若前项官员有犯，文官革职为民，武官革职差操。

---

① （明）李东阳等：《大明会典》卷 172。
②③④ （清）张廷玉等：《明史》卷 88《河渠六》。

镇守并副参等官有犯，指实参奏。其经过关隘河道守把官军容情纵放者，究问治罪。"① "凡弃毁人器物及毁伐树木稼穑者，计赃，准窃盗论，免刺。"②明初制造纸币"宝钞"，需用砍伐大量桑树作为原料，"以造钞，岁买浙江、河南、北平、山东及直隶凤阳诸府桑穰为钞料，民间不免伐桑以供科索"，对桑树资源破坏严重。洪武二十五年（1392年），朱元璋下诏"有司免输明年桑穰"。③《大明会典》又云："弘治十三年令：各边将官并管军头目私役军民，及军民私出外境钓豹捕鹿、砍木掘鼠等项，并把守之人知情故纵，该管里老官旗军吏扶同隐蔽，若夜不收出境哨探而与夷人交易者，除真犯死罪外，其余俱调发烟瘴地面，民人里老为民，军丁充军，官旗军吏带俸食粮差操。"④ "万历三年题准：山西宁武雁门一带山场原居流民编立保甲，分立界限，责成看守界内林木，自盗者照例问罪，纵人盗而不举首者一体连坐。"⑤可见，明政府也很重视对森林资源的保护，若毁伐树木、烧毁山林等，都会受到严厉制裁。

明王朝极为重视皇家陵园树木的保护。《大明会典》云："若于山陵兆域内失火者，杖八十，徒二年。延烧林木者，杖一百，流二千里。"⑥洪武二十六年（1393年），朱元璋下令："天寿山，祖宗陵寝所在，敢有剪伐树木者治以重罪，家属发边远充军。"⑦ 成化十五年（1479年），明宪宗下令："凤阳皇陵皇城并泗州祖陵所在应禁山场地土，巡山官军务要用心巡视，不许诸色人等伐木、取土石、开窑烧造、烧山，及于皇城内外耕种牧放作践，有犯者正犯处死，家口俱发边远充军。"⑧嘉靖十二年（1533年），世宗下令："锦衣卫选差百户一员，督令原差校尉于纯德山严加巡视，有偷砍树木作践等项，应提问应参奏者，照例举行。"⑨嘉靖二十七年（1548年），世宗又下令："于天寿山前后龙脉相关处所大书禁地界石，有违禁偷砍树木者照例问拟斩绞等罪，若止是潜行拾柴拔草，比照家属事例问发辽东地方充军。"⑩虽然他们颁发上述诏令是为了保护皇家陵园的风水，但对皇陵树木的保护也起到了重要作用。

此外，明地方政府对生态环境的保护也取得了相当的成就，这方面关涉的地方府州县极多，地理环境不同的地区采取的措施也有一些区别，甚至有较大差别，兹待今后的专文探讨。

---

① ② （明）李东阳等：《大明会典》卷163。
③ 《明太祖实录》卷234。
④ ⑤ （明）李东阳等：《大明会典》卷132。
⑥ （明）李东阳等：《大明会典》卷170。
⑦ ⑧ ⑨ ⑩ （明）李东阳等：《大明会典》卷90。

第三节 城市治理思想

明代城市的发展水平在许多方面超越了宋元时期，出现了多个规模大、人口众多、工商业高度繁荣的城市，如京杭大运河沿岸的杭州、苏州、扬州、淮安、济宁、临清，长江沿岸的南京、九江、武昌、荆州、芜湖以及北京、广州等，其人口都在数十万甚至上百万，城周长达数十里。城市中除了长期开设的店铺外，还有不计其数的摊贩及一些定期的市集、庙会，一些大城市还有夜市和穷汉市。随着城市工商业的发展，纺织业、制陶业、榨油业行业大量出现了雇佣关系，说明明代资本主义生产关系的萌芽和成长。另外，随着城市的发展，城乡矛盾及城市之中各阶层之间的矛盾日益突出，一些重要城市反矿监税使的斗争此起彼伏，市民阶层的力量日益壮大。

为了治理好城市集镇，保证城市社会秩序的稳定和社会生产的有序进行，明政府采取了一系列的政策措施。

一、城市维稳

为了维持城市的稳定，明政府在各个城市设立了各级官府和相应级别的官吏，这也是沿袭之前各王朝的做法。明初文武官员约 2 万人，到成化年间剧增到 10 余万人，且随着之后官场腐败加剧和社会矛盾进一步激化，官吏人数一再增加。

明初朱元璋因袭元制，在南京设置五城兵马指挥使司，职官有都指挥、副都指挥和知事，后改为指挥使、副指挥使和各城门兵马。兵马司负责京城禁捕盗贼、防察奸宄、疏通沟渠、巡视风火等事务。《明史》云："中、东、西、南、北五城兵马指挥司，各指挥一人，正六品。副指挥四人，正七品。吏目一人。指挥，巡捕盗贼，疏理街道沟渠及囚犯、火禁之事。凡京城内外，各画境而分领之。境内有游民、奸民则逮治。若车驾亲郊，则率夫里供事……明初，置兵马指挥司，设都指挥、副都指挥、知事。后改设指挥使、副指挥使，各城门设兵马。洪武元年，命在京兵马指挥司并管市司，每三日一次校勘街市斛斗、秤尺，稽考牙侩姓名，时其物价。（洪武）五年，又设兵马指挥司分司于中都。（洪武）十年，定京城及中都兵马指挥司秩俱正六品。先是秩正四品。改为指挥、副指挥，职专京城巡捕等事，革知事。（洪武）二十三年，定设五城兵马指挥司，惟中城只称中兵马指挥司。俱增设吏目。建文中，改为兵马

司，改指挥、副指挥为兵马、副兵马。永乐元年复旧。（永乐）二年，设北京兵马指挥司。嘉靖四十一年，诏巡视五城御史，每年终，将各城兵马指挥会本举劾。"① 洪武元年（1368 年）十二月，朱元璋下诏："中书省命在京兵马指挥司并管市司，每三日一次校勘街市斛斗秤尺，稽考牙侩姓名，时其物价。在外府州各城门兵马一体兼领市司。"② 此外，锦衣卫也负责昼夜巡视。如嘉靖十一年（1532 年）议准："通州张家湾一路，锦衣卫每季择委的当谨慎官校缉捕盗贼、奸细、妖言及机密重情……若缉获贼犯，即便拿送分守或州卫官处，鞫审明白，解送该卫施行。"③

为了更好地维护城市秩序，明代在各城市中还派驻军队，驻军数目依据城市的政治、经济、军事地位的高下而有所差别。如北京，"京营：侍卫上直军、皇城守卫、京城巡捕、四卫营。京军三大营，一曰五军，一曰三千，一曰神机。其制皆备于永乐时。初，太祖建统军元帅府，统诸路武勇，寻改大都督府。以兄子文正为大都督，节制中外诸军。京城内外置大小二场，分教四十八卫卒。已，又分前、后、中、左、右五军都督府。洪武四年，士卒之数，二十万七千八百有奇。成祖增京卫为七十二。又分步骑军为中军，左、右掖，左、右哨，亦谓之五军。岁调中都、山东、河南、大宁兵番上京师隶之。"④ 嘉靖十八年（1539 年），兵部奏请："皇城四门、京城九门、大明门外两边，守门文武大臣各一员，坐边官侯伯二员，增设守门官军，用科道官点闸。京城内外巡捕官军行团营再选有马官军三千员名分为两班，酌派五城地方，与同旧有官军巡逻。"⑤ 还设有专职的巡捕军。《大明会典》云："在京：巡捕官，提督官一员，中军官一员，左右参将二员。地方把总一十二员，城内东边二员，西边二员，城外东北二员，西北二员，东南二员，西南二员。尖哨把总官六员，左右掖二员，左右哨二员，前后哨二员；额定官军一万一十八员名，马五千六百四十一匹……凡京城巡捕，正统八年题准：南城兵马委官督同火甲，于南海子外巡捕。成化四年，以京城内外多盗，令锦衣卫指挥一员同巡城御史专一提督五城兵马，并巡捕官校挨拿。（成化）二十一年奏准：团营摘拨精壮马队官军二百员名，随同官校并力拿贼。"⑥

又如云南，"原额汉土官军六万三千九百二十三员名，见在六万二千五百

① （清）张廷玉等：《明史》卷 74《职官三》。
② 《明太祖实录》卷 37。
③⑥ （明）李东阳等：《大明会典》卷 136。
④ （清）张廷玉等：《明史》卷 89《兵一》。
⑤ （明）李东阳等：《大明会典》卷 53。

九十三员名。防守，嘉靖十六年题准：省城并附近卫所操军拣选精壮者二千名，分为二路，每路一千名，令总兵委官训练，于原拟地方往来巡逻，如遇寇贼矿徒窃发，即时扑灭；若征剿叛逆，照依边功升赏。"①

此外，明代还在几乎所有的城市建立了百姓巡夜制度。这些制度和措施，对维持城市社会稳定，保护民众的正常生活和生命财产安全，都起到了重要作用。

二、坊厢编划

明政府在努力维护城市稳定的同时，还对城市中众多的居民根据其所在地区街道，分别编划入相应的坊厢寓所。如开封，《如梦录》云："汴梁地脉，原自西来，故惟西门直通，余四门皆屈曲旋绕，恐走泄旺气也。势如卧牛，故名卧牛城……在城有八坊：曰大宁坊、曰永安坊、曰宣平坊、曰安业坊、曰新昌坊、曰崇仁坊、曰惠和坊、曰广福坊。又有五隅：曰汴桥隅、鼓楼隅、钟楼隅、土街隅、西关隅。外又有四镇：东埽头、西瓦子坡、北金恒镇、南朱仙镇。又有五所：曰前、曰左、曰中、曰后、曰关厢。又有八十四地方。"② 又如南京，《客座赘语》云："国初徙浙、直人户，填实京师，凡置之都城之内曰'坊'，附城郭之外者曰'厢'。而原额图籍，编户于郊外者曰'乡'。坊厢分有图，乡辖有里。上元之坊曰十八坊，十三坊，十二坊，织锦坊，九坊，技艺坊，贫民坊，六坊，木匠坊。东南隅、西南隅厢曰太平门厢，三山门厢，金川门厢，江东门厢，石城关厢。其乡曰泉水乡，道德乡，尽节乡，兴贤乡，金陵乡，慈仁乡，钟山乡，北城乡，清风乡，长宁乡，惟信乡，开宁乡，宣义乡，凤城乡，清化乡，神泉乡，丹阳乡，崇礼乡。江宁之坊曰人匠一坊，人匠二坊，人匠三坊，人匠四坊，人匠五坊，正西旧一坊，正西旧二坊，贫民一坊，贫民二坊，正南旧二坊，正东新坊，铁猫局坊（凤凰台下），正南旧一坊，正西新坊，正西技艺坊。厢曰城南技艺一厢，城南技艺二厢，仪凤门一厢，仪凤门二厢，城南人匠厢，瓦屑埧厢，江东旧厢，城南脚夫厢（东城下），江东新厢，清凉门厢，安德门厢，三山旧一厢，三山旧二厢，三山技艺厢，三山富户厢，石城关厢，刘公庙厢，神策门厢，毛公渡厢。其乡曰凤东乡，凤西乡，安德乡，菜园务乡，新亭乡，建业乡，光宅乡，惠化乡，处真乡，归善乡，铜山乡，朱门乡，山南乡，山北乡，泰南乡，泰北乡，随车乡，

---

① （明）李东阳等：《大明会典》卷131。

② 孔宪易校注：《如梦录》，郑州：中州古籍出版社1984年版，第4页。

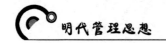

万善乡，驯犀乡，永丰乡，葛仙乡。"①

明代在乡村设里，设里长管理一里之事。在城市设坊厢，设厢长管理一厢之事，坊长管理一坊之事。《大明会典》云："洪武十四年诏：天下府州县编赋役黄册，以一百一十户为里，推丁多者十人为长，余百户为十甲，甲凡十人，岁役里长一人，管摄一里之事。城中曰坊，近城曰厢，乡都曰里。凡十年一周，先后则各以丁数多寡为次。每里编为一册，册首总为一图，鳏寡孤独不任役者则带管于百一十户之外而列于图后，名曰畸零。册成，一本进户部，布政司及府州县各存一本。（洪武）二十四年奏准：攒造黄册格式，有司先将一户定式誊刻印板，给与坊长厢长里长并各甲首，令人户自将本户人丁事产依式开写，付该管甲首，其甲首将本户并十户造到文册送各该坊厢里长，坊厢里长各将甲首所造文册攒造一处，送赴本县。"② 通常情况下，10 甲为一坊，10 户为一甲。《客座赘语》云："正统二年，府尹邝公埜奏革乡头，并上江坊厢。坊有十甲，甲有十户，视其饶乏，审编柜银，每季约三百两，析坊厢之应办者任之，以均里甲之不足。"③ 坊厢里下都设甲，设甲长管理一甲之事。坊长、厢长有时还负责征税、看守商货等，也领取相应的报酬。《大明会典》云："（嘉靖）二十四年议准：福德宝源等七店每货一船，征银五两。行令顺天府督同批验茶引所官吏及厢长人等照数征收，按季解部，转发太仓银库收贮。"④ "洪武二十四年令：三山门外塌房许停积各处客商货物，分定各坊厢长看守。其货物以三十分为率，内除一分，官收税钱。再出免牙钱一分、房钱一分与看守者收用。"⑤ "弘治五年题准：顺天府在逃富户各省不必起解，每户每年征银三两，总类进表官顺赍到部，转发宛大二县帮贴见在厢长当差……（嘉靖）二十九年题准：将原收富户银内动支四百两，给宛大二县厢长代役。"⑥

三、治水防火

城市人口稠密，财富集中，水火灾害会给人们生产生活和生命财产安全带来严重威胁，因此防治水火是城市治理的一个重要内容。明代防治京城水火是维护城市安全工作的重中之重，因为以皇帝为首的权贵阶层大多生活在京城。《明史》云："中、东、西、南、北五城兵马指挥司，各指挥一人，正六品。

---

① （明）顾起元：《客座赘语》，北京：中华书局 1987 年版，第 58～59 页。

② （明）李东阳等：《大明会典》卷 20。

③ （明）顾起元：《客座赘语》，北京：中华书局 1987 年版，第 64 页。

④ （明）李东阳等：《大明会典》卷 35。

⑤ （明）李东阳等：《大明会典》卷 42。

⑥ （明）李东阳等：《大明会典》卷 19。

副指挥四人，正七品。吏目一人。指挥，巡捕盗贼，疏理街道沟渠及囚犯、火禁之事。凡京城内外，各画境而分领之……明初，置兵马指挥司，设都指挥、副都指挥、知事。后改设指挥使、副指挥使，各城门设兵马。（洪武）二十三年，定设五城兵马指挥司，惟中城只称中兵马指挥司。"① 可见，明代五城兵马司指挥负责京城的防治水火之事。同时，锦衣卫配合巡视。《大明会典》云："成化二年令：京城街道沟渠，锦衣卫官校并五城兵马时常巡视，如有怠慢，许巡街御史参奏拿问。若御史不言，一体治罪。"② 他们在巡视过程中，若发现街道沟渠淤塞、桥梁损坏，必须责成相关负责人员修理。"（成化）六年令：皇城周围及东西长安街并京城内外大小街道沟渠，不许官民人等作践掘坑及侵占淤塞，如街道低洼、桥梁损坏，即督地方火甲人等并力填修。"③ 为了疏通京城水道，"（成化）十年奏准：京城水关去处，每座盖火铺一，设立通水器具，于该衙门拨军二名看守，遇雨过，即令打捞疏通。其各厂大小沟渠、水塘、河漕，每年二月令地方兵马通行疏浚，看厂官员不许阻当。"④ 为了达成上述目的，"弘治十三年奏准：京城内外街道若有作践、掘成坑坎、淤塞沟渠、盖房侵占，或傍城行车、纵放牲口、损坏城脚，及大明门前御道、棋盘街并护门栅栏，正阳门外御桥南北，本门月城将军楼、观音堂、关王庙等处作践损坏者，俱问罪，枷号一个月发落。"⑤ 权贵阶层也必须遵守相关规定，嘉靖十年题准："京城内外势豪军民之家侵占官街、填塞沟渠者，听各巡视街道官员勘实究治。"⑥

在防火方面，明朝规定京城官员军民之家都要设置水缸、水桶以备不测，店铺内要置有水桶、麻搭、钩索等取水器具，"昼则互相谨省，夜则提铃坐更，各要谨慎火烛。但遇大风，不许贪夜张灯烧纸，纵狂饮酒"。⑦ 若发生火灾，应迅速报该城兵马司及时扑灭；若火势较大，则各城兵马司督领弓兵、火甲人等并力扑灭，不准推脱坐视，违者治罪。⑧ 明代地方政府都极重视城市防火工作，采取了相应的防治措施，有的城市甚至为此修建了便于施救的街巷。如江西九江府德化县，"郡城内外于大街之旁开设巷道，广约寻仞，以便救护（火灾）"⑨；又如九江府东乡县城，"街阔一丈八尺，巷阔一丈二尺左右，左右渠各一尺五寸，令民居疏阔，以远火灾"⑩。

---

① （清）张廷玉等：《明史》卷74《职官三》。
②③④⑤⑥ （明）李东阳等：《大明会典》卷200。
⑦⑧ （明）戴金编：《皇明条法事类纂》，北京：科学出版社1994年版，第418页。
⑨ 嘉靖《九江府志》卷2。
⑩ 嘉靖《东乡县志》卷上。

另外，明政府严厉惩处失火者，尤其严惩故意放火者。《大明会典》云："永乐十二年令：凡各营有失火者，即是与贼递送消息，并该管头目俱重罪。"① 并作出详细规定："凡失火烧自己房屋者答四十，延烧官民房屋者答五十，因而致伤人命者杖一百，罪坐失火之人。若延烧宗庙及宫阙者，绞；社，减一等……若于官府公廨及仓库内失火者，亦杖八十，徒二年。主守之人因而侵欺财物者，计赃以监守自盗论。其在外失火而延烧者，各减三等。若于库藏及仓廒内燃火者，杖八十……凡放火故烧自己房屋者杖一百，若延烧官民房屋及积聚之物者杖一百、徒三年，因而盗取财物者斩，杀伤人者以故杀伤论。若放火故烧官民房屋及公廨仓库系官积聚之物者，皆斩。（须于放火处捕获，有显迹证验明白者，乃坐）其故烧人空闲房屋及田场积聚之物者，各减一等。并计所烧之物减价，尽犯人财产折剉赔偿，还官给主。"② 成化八年（1472年），宪宗下旨："各边仓场若有故烧系官钱粮草束者，拿问明白，将正犯枭首示众。烧毁之物，先尽犯人财产折剉赔偿。不敷之数著落经收看守之人，照数均赔。"③ 又规定："凡放火故烧自己房屋，因而延烧官民房屋及积聚之物，与故烧人空闲房屋及田场积聚之物者，俱发边卫充军。"④ 还规定对放火者与犯十恶、杀人等罪，"会赦并不原宥"⑤。

四、城市社保

明代城市贫富悬殊巨大，一方面是权贵富豪奢侈享乐，另一方面却是贫苦大众饥寒疲惫，尤其是灾伤年份，更是乞讨遍街，饿殍遍野，二者形成强烈反差，给城市稳定造成严重威胁。因此，明王朝各级政府也在一定程度上采取相关的政策措施救济灾荒、养老恤孤、赈济贫残、优抚军人等。

首先，养老的政策措施。明代承袭之前历代王朝优待老人及养老的政策，还制定并实施了一些特有的养老政策。不仅在生活、法律方面照顾老年人，还在一定程度上提高老年人的社会地位：

一是免除老年人及其亲属的徭役。《明史》云："民始生，籍其名曰不成丁，年十六曰成丁。成丁而役，六十而免。"⑥ 给年满 60 岁的老年人免除徭役。《大明会典》云："凡优免差役，洪武元年诏：民年七十之上者，许一丁侍养，免杂泛差役。（洪武）二年令：凡民年八十之上，只有一子，若系有田

---

① （明）李东阳等：《大明会典》卷 134。

②③④ （明）李东阳等：《大明会典》卷 170。

⑤ （明）李东阳等：《大明会典》卷 161。

⑥ （清）张廷玉等：《明史》卷 78《食货二》。

产应当差役者，许令雇人代替出官；无田产者，许存侍丁，与免杂役。（洪武）三年定：凡民间寡妇三十以前夫亡守志，至五十以后不改节者，旌表门间，除免本家差役。"① 宣德二年（1427 年），宣宗下诏："老疾之人所宜优恤，其悉免之。若诸色工匠有老疾者，即勘实，一体放免。"② 给所有年老疾病的工匠免除劳役。这些政策给所有老年人及其家庭适当照顾，保障了老人的地位、尊严。

二是在物质上赏赐或救济老年人。《大明会典》云："（洪武）十九年诏：所在有司审耆老不系隶卒倡优年八十九十，邻里称善者，备其年甲行实，具状奏闻。贫无产业者，八十以上，月给米五斗、肉五斤、酒三斗。九十以上，岁加给帛一匹、絮五斤。虽有田产仅足自赡者，所给酒肉絮帛亦如之。其应天、凤阳二府富民年八十以上赐爵里士，九十以上赐爵社士，皆与县官平礼，并免杂差，正官岁一存问，著为令。永乐十九年诏：民年八十以上有司给与绢二匹、布二匹、酒一斗、肉十斤，时加存恤。（永乐）二十二年令：民年七十以上及笃废残疾者，许一丁侍养，不能自存者有司赈给。八十以上者仍给绢二匹、绵二斤、酒一斗，时加存问。天顺二年诏：军民有年八十以上者，不分男妇，有司给绢一匹、绵一斤、米一石、肉十斤。年九十以上者倍之。男子百岁加与冠带荣身……（天顺）八年诏：凡民年七十以上者，免一丁差役，有司每岁给酒十瓶、肉十斤。八十以上者加与绵二斤、布二匹。九十以上者给与冠带，每岁设宴待一次。百岁以上给与棺具。"③ 还规定了对致仕官员老年时的赏赐、救济，"（天顺二年）又诏四品以上官，年七十，以礼致仕，不能自存者，有司岁给米五石……成化二十三年诏：在京文职以礼致仕，五品以上，年及七十者，进散官一阶。其中廉贫不能自存众所共知者，有司仍每岁给与食米四石。不许徇情滥给。弘治十八年诏：文职官员五品以上，以礼致仕在家者，各进阶一级。其二品以上大臣年及八十者，有司备采币羊酒问劳；九十以上者具奏遣使存问。嘉靖元年诏：文职致仕一品未受恩典者，有司月给食米二石，岁拨人夫二名应用。二品以上年及八十者，备采币羊酒问劳；九十以上者具实奏来，遣使存问。五品以上以礼致仕，年七十以上者，进散官一阶，其中廉贫不能自存众所共知者，岁给米四石，以资养赡。又诏内外大小文武官员人等，死于忠谏、老亲寡妻、无人侍养者，有司量加优恤。"④

三是适当优免触犯刑律的老年人，即犯同等罪行，对老年人的处罚量刑适

---

① （明）李东阳等：《大明会典》卷20。
② 《明宣宗实录》卷2。
③④ （明）李东阳等：《大明会典》卷80。

当从轻，甚至免除。《大明会典》云："凡年七十以上、十五以下及废疾，犯流罪以下，收赎……八十以上、十岁以下及笃疾，犯杀人应死者，议拟奏闻，取自上裁；盗及伤人者亦收赎。（谓既侵损于人，故不许全免，亦令其收赎）余皆勿论……九十以上、七岁以下，虽有死罪，不加刑……凡军职犯该杂犯死罪，若年七十以上、十五以下及废疾并例该革职者，俱运炭纳米等项发落，免发立功；年七十以上、十五以下及废疾，犯该充军者，准收赎，免其发遣……凡老幼及废疾犯罪律得收赎者，若例该枷号，一体放免，照常发落。"①

四是提高老年人的社会地位。如举行乡饮酒礼，这是自先秦以来的一种民间尊老仪式，由各级政府出面主持。《大明会典》云："洪武五年定：在内应天府及直隶府州县，每岁孟春正月、孟冬十月，有司与学官率士大夫之老者行于学校。在外行省所属府州县亦皆取法于京师。其民间里社以百家为一会，粮长或里长主之，百人内以年最长者为正宾，余以齿序坐，每季行之于里中。"② 洪武十六年（1383年）："颁行图式：各处府州县每岁正月十五日、十月初一日，于儒学行乡饮酒礼……里社每岁春秋社祭会饮毕，行乡饮酒礼……乡饮之设，所以尊高年、尚有德、兴礼让。"③ 洪武十八年（1385年），朱元璋大诰天下："乡饮酒礼，叙长幼，论贤良，别奸顽，异罪人。其坐席间，高年有德者居于上，高年淳笃者并之，以次序齿而列。"④ 每一年举行乡饮酒礼，确实起到敦化乡俗、尊敬长老的作用。

其次，恤养孤贫残病的政策措施：一是设立养济院。《大明会典》云："洪武初，令天下置养济院，以处孤贫残疾无依者。"⑤ 洪武二十六年（1393年）定："鳏寡孤独，仰本府将所属养济院合支衣粮依期按月关给，存恤养赡，毋致失所，仍具孤贫名数，同依准状呈。"⑥ 在朱元璋的推动下，这一措施得到切实推行。之后明朝多位皇帝都重视养济院恤养孤贫残病的作用。天顺元年（1457年），英宗下令："收养贫民于大兴宛平二县，每县设养济院一所于顺便寺观。从京仓支米煮饭，日给二餐。器血柴薪蔬菜之属从府县设法措办，有疾者拨医调治，死者给与棺木。"⑦ 嘉靖六年（1527年），世宗下诏："在京养济院只收宛大二县孤老。各处流来男妇笃废残疾之人，工部量出官钱于五城地方各修盖养济院一区，尽数收养，户部于在官仓库每人日给米一升。

---

① （明）李东阳等：《大明会典》卷161。

②③④ （明）李东阳等：《大明会典》卷79。

⑤⑦ （明）李东阳等：《大明会典》卷80。

⑥ （明）李东阳等：《大明会典》卷210。

巡城御史稽考，毋得虚应故事。"① 世宗还下令："巡城御史行各城地方，有在街啼号乞丐者，审属民籍，送顺天府发养济院；属军卫，送蒲竿蜡烛二寺给济；外处流来三百里内者，验发本贯官司收养；三百里外及不能行走者，一体送二寺给济。每季轮差兵马副指挥一员看验饭食、有无弊端，随同内官给散，十日一次开报查考，并行南京礼部一体施行。"② 万历元年（1573 年），神宗题准："宛大二县鳏寡孤独及笃废残疾无依倚贫民，共五百六十一名口，照例收入养济院存恤，按月每名口支给粮米三斗，岁给绵布一匹，造册呈部放支。"③ 地方府州县的给养措施，相关方志亦有记载。二是推行其他的恤养措施。洪武元年（1368 年），朱元璋下诏："鳏寡孤独废疾不能自养者，官为存恤。"④ 洪武七年（1374 年），他又下诏："各处鳏寡孤独并笃疾之人，贫穷无依不能自存，所司官给衣粮养赡。"⑤ 为了切实推行这一措施，朱元璋下令："凡鳏寡孤独及笃废之人，贫穷无亲属依倚，不能自存，所在官司应收养而不收养者，杖六十。若应给衣粮而官吏剋减者，以监守自盗论。"⑥ 洪武十九年（1386 年），朱元璋又下诏："所在鳏寡孤独，取勘明白，田粮未曾除去差拨者，即与除去；若不能自养，官岁给米六石；其孤儿有田，不能自立，既免差役，责令亲戚收养；无亲戚，邻里养之；其无田者，一体给米六石。"⑦ 明代后来的皇帝大多继续推行恤养孤寡贫病的措施。如为了解决贫困人口的食盐短缺问题，永乐四年（1406 年），朱棣下令卖盐优惠政策："未食盐官民人等一体见丁纳钞支盐，大口十五岁以上，月支盐一斤，纳钞一贯；小口十岁以上，月支盐半斤，纳钞五百。"⑧ 宣宗刚即位就下诏："鳏寡孤独及笃废残疾者，有司依例存恤，毋令失所。及有为事编发，为民种田，年七十之上孤寡无人眷赡者，放回原籍依亲。"⑨ 宣德三年（1428 年），宣宗下令："天下军民贫病者，惠民药局给与医药。"⑩ 嘉靖十一年（1532 年），世宗下诏："顺天府发银二百七十五两，于五城市故衣，给民无衣者。"⑪

最后，嘉勉阵亡将士，抚恤阵亡将士家属。明初开国战争，从洪武至正统年间与瓦剌鞑靼的战争，之后的抗葡、抗倭战争，众多的战争造成明军将士大量伤亡。因此，优抚军人是明代社会保障的一项重要内容。当然，优抚军人也

①②⑦⑩⑪　（明）李东阳等：《大明会典》卷80。

③　（明）李东阳等：《大明会典》卷41。

④　《明太祖实录》卷34。

⑤　《明太祖实录》卷92。

⑥　（明）李东阳等：《大明会典》卷163。

⑧　（明）李东阳等：《大明会典》卷41。

⑨　《明宣宗实录》卷1。

是历代王朝一个比较制度化的社会保障项目。明代颁布、推行了一系列抚恤阵亡将士、对军人及家属的优待政策，并形成制度。对战场伤亡将士的处理，不仅关系到社会稳定，也能在一定程度上影响军队士气和战斗力。据《明会要》，洪武元年（1368 年）九月，朱元璋下令"优给将士之家"。之后，洪武三年（1370 年）十一月，他还"设坛亲祭战没将士"。洪武七年（1374 年）八月又下诏："军士阵没，父母妻子不能自存者，官为存养。"洪武十九年（1386 年）六月再一次下诏："将校阵亡，其子世袭加一秩"；十月又命令"官军已亡，子女幼或父母老，皆给全俸。著为令"。① 将相关的优恤政策形成制度。其后的明代诸帝都继续推行朱元璋的上述政策和制度。建文三年（1401 年）十一月，"燕王自为文祭南北阵亡将士"②。永乐七年（1409 年）二月，朱棣"遣官祭灵壁等处阵亡将士"；九月，追封北征阵亡的李远"莒国公"、王聪"漳国公"③。嘉勉阵亡将士，激励现役军人。

虽然明代不同时期抚恤阵亡将士家属的具体措施有所不同，但其基本精神还是一致的。《大明会典》云："优恤军属：凡阵亡病故官军回乡家属行粮、脚力，有司不即应付者，迟一日笞二十，每三日加一等，罪只笞五十。"④ 又云："凡优给优养总例，洪武四年定：军职阵亡，无子弟而有父母若妻者，给全俸，三年后给半俸；有子弟而年幼者亦同，候袭职，给半俸，有特旨令其子孙参随历练及未授职者，给半俸。其病故，无子弟而有父母若妻者，给半俸终身；有子弟年幼者，初年给半俸，次年又半之，俟袭职，给本俸，特旨参随及未授职者亦给半俸。军士阵亡，有妻者月粮全给，三年后守节无依者，月给米六斗终身；病故，有妻者初年全给，次年总小旗月给米六斗，军士给月粮一半，守节者给终身。将士守御城池、战没病故，妻子无依者，守御官计其家属，有司给行粮送至京优给，愿还乡者亦给粮送回，愿留见处者依例优给。"⑤ 洪武二十六年（1393 年）定："军官亡故，遗下嫡长子女年未出嫁，或母年老，或无嫡子嫡孙，次及庶子，或弟或侄合得优给养赡者，须凭各卫保结，起送到部，审取故官从军脚色，一体委官赍赴内府，比对贴黄相同，具奏。"⑥

朱元璋之后，明代诸帝亦优抚将士家属。《大明会典》云："永乐元年令：奉天征讨阵亡官员幼男送锦衣卫优给，总小旗幼男，锦衣卫食粮；出幼，原卫补役。其杂犯为事亡故并典刑之子，俱照祖职，与全俸优给。在外优给官舍妇

---

① （清）龙文彬：《明会要》，北京：中华书局 1956 年版，第 307～308 页。
②③ （清）龙文彬：《明会要》，北京：中华书局 1956 年版，第 308 页。
④ （明）李东阳等：《大明会典》卷 166。
⑤⑥ （明）李东阳等：《大明会典》卷 122。

女，有亲可依不愿赴京者，俸粮照例于所在支给。正统七年令：武职子弟优给，但在父兄没后十年内，曾告卫者，行勘，虽出十年亦准，十年外告者不准。成化五年令：世袭官阵亡，其子幼小合升流官者，依该升俸优给。流官病故，其子只给世袭俸……嘉靖十一年议准：军职子孙优给，若父祖犯该充军及犯该杂犯死罪，问发立功年限未满而死者，俱与半俸，其余全俸。充军子孙例前与全俸优给，未曾出幼者照例改支半俸。（嘉靖）三十年议准：调卫病故子孙年幼，许令原卫暂与优给，候出幼袭职，仍去原调卫所。又议准各边阵亡，特旨荫子而年幼者，照所荫官与全俸优给，加以冠带。候出幼，呈详抚按，就彼授职，免其赴京。"① 又云："洪武六年令：武官残疾者月给米三石优养十年，有子准承袭，无子为民。（洪武）二十年令：京卫官老疾无子孙者全俸优养，已袭替而故、再无承袭者亦同。成化七年令：户绝官优养，不分新旧，母、女俱月支米五石，妻二石，母、妻终身，女系新官者出嫁住支，系旧官者十四岁住支，犯奸及改节者不准。弘治四年题准：流官患病，照原袭祖职优养。（弘治）七年令：武职故绝，有亲叔年老不堪承袭者，仍月支米三石优养，待十年无子，照例为民。（弘治）十年令：武职年老、户无承袭者，支全俸优养，入大选；应袭人残疾者，旧官依洪武六年例，新官给全俸，入大选，不限年岁。母女支优养者，新旧官俱入大选，妻不准。继母与婶优养，视妻例月支米二石……正德二年奏准：军职故绝，遗所生女残疾不能适人，愿守父坟灵者，月给米一石终身。又例：凡军职故绝，虽使女所生女及故官生母，虽非父正妻，亦各月给米一石终身。嘉靖六年奏准：各卫故官优养亲母、亲女月支米五石者，给本色米二石折色三石，内一石折银二钱五分，二石折钞四十贯。（嘉靖）十年题准：军职继妻照正妻例优养。（嘉靖）三十二年议准：军职年不及六十者，查无残疾，不准优养……凡军职并舍人故绝，遗下母妻等项，例该优养者。虽病故系十年之外，比与授职儿男不同，保勘无碍，俱准优养。"②明代优抚阵亡将士家属通常采取世袭职位、俸禄及给米等方式，涉及将士的妻室、子孙甚至远及外孙辈。

此外，明政府还下令在民间设立义冢或漏泽园，安葬因战争、疾病等原因亡故之人。《大明会典》云："国初，立养济院以处无告，立义冢以瘗枯骨，累朝推广恩泽，又有惠民药局、漏泽园，旛竿蜡烛二寺，其余随时给米给棺之惠，不一而足。"③ "（洪武）三年令：民间立义冢，仍禁焚尸，若贫无地者，

---

① ② （明）李东阳等：《大明会典》卷122。
③ （明）李东阳等：《大明会典》卷80。

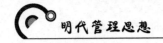

所在官司择近城宽闲之地立为义冢。"① "（天顺）四年令：京城崇文、宣武、安定、东直、西直、阜城门外各置漏泽园，仍令通州、临清、沿河有遗胔暴露者，一体掩藏。"②《明会要》卷52对此亦有详细记录。

明初制度新建，严于吏治，政治也比较清明，社会保障政策和制度得到有效施行。但是，从宣德以后，由于皇室贵族挥霍、宦官干政、吏治渐趋败坏以及战争等因素，相关政策制度在实施过程中已出现种种不良的迹象。到了万历之后，随着政治腐败加深，财政危机日趋严重，社保政策在实施过程中更是弊端迭出，许多保障措施并不能落到实处。这从反面也说明行政体制建设的重要性。

①② （明）李东阳等：《大明会典》卷80。

第六章　明代政府救助思想

第一节　明代自然灾害的社会影响

明代是一个自然灾害频仍的朝代。据鞠明库博士从《明史》、《明实录》、《古今图书集成》统计：明代水灾、旱灾、地震、雹灾、蝗灾、风沙、疫灾、霜雪8种自然灾害共计5614次。[①] 如果加上各府县方志的记载，去除重复，上述8种自然灾害的总数当超过这一数字。可见，明代自然灾害的次数是非常惊人的。当然，这与中国幅员辽阔、地理环境复杂多样密切关联，也因为明代文献基本保存下来可供稽考有关。明代的这些自然灾害中，水灾1875次，地震1491次，旱灾946次，雹灾446次，蝗灾323次，疫灾170次，风沙灾害273次，霜雪灾害90次。[②] 这些灾害给明代社会的经济、政治和文化等方面带来诸多影响。

一、给农业发展带来严重破坏

古代中国以农业立国，农业是国民经济最重要的支柱产业，完全依赖自然环境条件的农业毫无疑问成为自然灾害破坏最直接的对象。明代也毫无例外，频发的自然灾害给明代农业造成破坏性影响[③]，有些时候特定地域的自然灾害甚至毁灭了整个地域的农业和农村经济。每当自然灾害，尤其是重大的自然灾害来临，农田、房屋被毁伤，庄稼被损毁，直接导致农业歉收、绝收，粮食短缺，饥荒严重。在各种自然灾害中，水灾、旱灾对农业生产影响最大、最严重，其次是蝗灾、雹灾。

---

① 鞠明库：《明代灾害与政治》，华中师范大学 2008 年博士论文，第 39 页。
② 鞠明库：《明代灾害与政治》，华中师范大学 2008 年博士论文，第 40 页。
③ 《明太祖实录》卷 34。

首先，水灾是明代发生次数最多的自然灾害，主要集中在长江、黄河的中下游地区及珠江流域，这些降雨较多的湿润地区也是农业经济最发达的地区，因此水灾对明代农业生产造成严重破坏。洪武十八年（1385年），湖广常德府大水，"涝伤塘田一千三百五十顷"①。洪武二十五年（1392年），北平、霸州、大城县大水，"明年夏复如之"，淹没稻田五百五十余顷②。永乐十年（1412年），山东博兴、高苑、乐安、新城四县，"大水没官民田四千二百七十顷一十七亩"③；"浙西水潦，田苗无收"④。永乐十二年（1414年），顺天府蓟州"自去年水灾禾麦无收"⑤。洪熙元年（1425年），"镇江府金坛县水灾，官民田二千二百顷八十二亩皆无收"⑥；常州府奏武进、宜兴、江阴、无锡四县"去岁水涝，田谷无收，民缺食者二万九千五百五十余户"⑦。宣德元年（1426年），直隶淮安府安东、沭阳二县六月以来"雨水淹没田亩，禾稼无收"⑧。宣德六年（1431年），顺天府固安县"六月淫雨，浑河水涨，冲决堤岸，淹没民田一千三百五顷有奇，禾稼无收"⑨；湖广石首县"旧有三堤长一千九百四十余丈，比因江水泛涨，风浪冲激颓圮其半，近堤之内连岁被涝，禾稼无收"⑩。宣德七年（1432年），常州府宜兴县四月以来久雨，"水没官民田二千一百三十九顷有奇，禾稼无收"⑪。

其次，旱灾也会对明代农业造成破坏性的影响。兹以宣德年间为例：宣德二年（1427年），平阳府夏秋亢旱，稼穑无收⑫；狭西亢旱，秋田无收⑬。宣德三年（1428年），直隶真定府赵、定、冀三州，真定、平山、获鹿、井陉、阜平、栾城、藁城、灵寿、无极、元氏、曲阳、行唐、新河、隆平、高邑、赞皇、临城、新乐十八县，及顺德府平乡、内丘、唐山、沙河、钜鹿五县，广平府肥乡、邯郸、永平三县各奏"自去年十月至今年夏不雨，麦苗枯死无收"⑭。

---

① 《明太祖实录》卷176。
② 《明太祖实录》卷247。
③ 《明太宗实录》卷140。
④ 《明太宗实录》卷129。
⑤ 《明太宗实录》卷158。
⑥ 《明宣宗实录》卷7。
⑦ 《明宣宗实录》卷8。
⑧ 《明宣宗实录》卷21。
⑨⑩ 《明宣宗实录》卷84。
⑪ 《明宣宗实录》卷96。
⑫ 《明宣宗实录》卷31。
⑬ 《明宣宗实录》卷34。
⑭ 《明宣宗实录》卷43。

宣德四年（1429 年），陕西延安府绥德、肤施、延川、延长、宜川、清涧、甘泉、吴堡、米脂、安定、洛川中部十二州县"去岁春夏亢旱及秋霜，旱田皆无收。今当耕种之时，民多缺食"①；山西万泉县亦奏"山石之地，去年少雨，耕种无收。今春至夏亦旱，间种菽皆不长，民多艰食，税粮无征"②。宣德五年（1430 年），山西平阳府"吉州、临汾等一十州县春忧亢旱、秋早霜，民田地五万二千九百三顷九十七亩皆无收"③；山东布政司奏济南府高唐等州县"去年旱，田禾无收，民多饥窘"④，等等。

最后，蝗灾、雹灾不仅会损害庄稼生长，甚至也可能给稼禾以灾难性打击。如蝗灾，以《明太宗实录》记录为例：洪武三十五年（即建文四年，1402 年），"京师飞蝗蔽天者旬余不息"⑤；山东青州诸郡发生蝗灾，百姓缺食，政府只得"给钞二十万锭赈民，凡赈三万九千三百余户。仍令有司免其徭役"⑥。永乐元年（1403 年），"大明府清丰等县蝗，民饥"⑦；陕西岷州卫"地蝗，田稼无收"，只得请求"以麦豆代输"⑧；河南陕西"连岁蝗旱，人民饥困，所亏秋粮二万七千余石"⑨。永乐二年（1404 年），河南郑州荥泽县"蝗蝻伤稼"，只能请求"以豆菽代输"⑩；山东临清县会通税课局上奏"比岁市镇经兵，民皆流移，兼连年蝗旱，商旅不至"⑪；等等。

自然灾害尤其是严重的自然灾害造成人员房屋损毁，大批家畜死亡，也会给农业生产的发展带来巨大打击。如景泰五年（1454 年），山东、河南并直隶淮、徐等处连年被灾，人民困窘，"去岁十一月十六日至今正月大雪弥漫平地数尺，朔风峻急，飘瓦摧垣，淮河东海冰结四十余里，人民头畜冻死不下万计，鬻卖子女莫能尽赎"⑫；湖广衡州府，"去冬至今春，雨雪连绵，兼以疫疠，本府所隶一州八县人民死者一万八千七百四十七口，冻死牛三万六千七百八十五只"⑬；等等。

---

① 《明宣宗实录》卷 53。
② 《明宣宗实录》卷 58。
③④ 《明宣宗实录》卷 65。
⑤ 《明太宗实录》卷 9。
⑥ 《明太宗实录》卷 13。
⑦ 《明太宗实录》卷 16。
⑧ 《明太宗实录》卷 17。
⑨ 《明太宗实录》卷 26。
⑩⑪ 《明太宗实录》卷 27。
⑫ 《明英宗实录》卷 238。
⑬ 《明英宗实录》卷 242。

二、造成人口大量减少，大批民众流离失所

中国古代，战争和灾害是造成人口大量减少和大规模迁徙两种最主要的因素。明代自然灾害频发，且重大的自然灾害较多。灾害造成的大量人口死亡和大规模迁徙，给明代社会的发展带来了极其消极的影响。

首先，自然灾害造成明代的人口伤亡，数额非常巨大。有关明代的史籍对此不仅多用"死者无数"、"死者甚多"、"死者遍野"、"死者枕藉"等描述性语词等，也有许多相当精确的记录。据《明宪宗实录》：成化二年（1466年），"凤阳等四府滁和徐三州水旱相仍，道殣相望，继以瘟疫，死者愈众"[①]；"河南诸郡频年水旱，民流移饿死者不可胜计，其未流者仓廪空虚，无所仰给"[②]。成化九年（1473年），直隶清丰县"连年荒歉"，"时疫盛行，死者无筭"[③]。成化十二年（1476年），福建诸郡县"疫气蔓延，死者相继"[④]；福建、江西"水旱疬疫，民物凋耗已极，死者不可胜计"[⑤]；成化十三年（1477年），湖广左副都御史刘敷奏，"去岁夏秋亢旱，田禾损伤，人染疫疬，死者甚众，今春大雨冰雹，牛死什八九"[⑥]。成化十四年（1478年），南北直隶、山东、河南等处，"今年四月以前亢阳不雨，五月以后骤雨连绵，水势泛溢，平陆成川，禾稼淹没，人畜漂流，庐舍沉于深渊，桴筏栖于木杪，老弱流离，妻奴分散，覆溺而死者不可胜纪，人心惊惶，皆谓数十年来未尝有此况"[⑦]。有具体数字记载的如：成化二十一年（1485年），广东番禺南海二县，"风雷大作，飞雹交下，坏民居庐舍万余间，死者千余人"[⑧]。又据《明太宗实录》：永乐六年（1408年），江西广信府玉山、永丰二县"疫民死者千七百九十余口"[⑨]，上饶县"疫民死者三千三百五十余"[⑩]。正统九年（1444年）冬至正统十年秋，浙江绍兴、宁波、台州三府属县"瘟疫大作，男妇死者三万四千余口"[⑪]。正统十年（1445年），"浙江宁波府疫，军民死者六千六百余人"[⑫]。

---

①② 《明宪宗实录》卷 30。
③ 《明宪宗实录》卷 119。
④ 《明宪宗实录》卷 149。
⑤ 《明宪宗实录》卷 150。
⑥ 《明宪宗实录》卷 165。
⑦ 《明宪宗实录》卷 180。
⑧ 《明宪宗实录》卷 263。
⑨ 《明太宗实录》卷 80。
⑩ 《明太宗实录》卷 84。
⑪ 《明英宗实录》卷 131。
⑫ 《明英宗实录》卷 127。

景泰三年（1452 年），"江西宜黄县大疫，民死者四千六百余人"①。景泰五年（1454 年），湖广衡州府雨雪疫疠，"本府所隶一州八县人民死者一万八千七百四十七口，冻死牛三万六千七百八十五只"②。景泰六年（1455 年），"苏州地震，并常、镇、松、江四府瘟疫，死者七万七千余人"③。正德五年（1510年），太平、宁国、安庆等府大水，"溺死者二万三千余人"④。嘉靖三十四年（1555 年），山西、陕西、河南同时地震，"官吏、军民压死八十三万有奇"⑤。崇祯十五年（1642 年），"河决开封，城陷……文武吏卒各奔避，士民湮溺死者数十万人"⑥。

虽然一些史料对明代部分自然灾害造成的伤亡人数有确切的记录，但明代也有许多灾害造成的伤亡人数，史料并无明确的记录，因此要想对此有一个准确的统计是极为困难的。即使有一个统计，其准确度可能也要大打折扣。据高建国对现存有记录的相关史料统计，在明代 277 年中因自然灾害造成人口死亡总计 6274 万人，年平均约 22 万人，其中旱灾造成约 4165 万人死亡，地震造成约 878 万人死亡，涝灾造成约 709 万人死亡。⑦ 实际死亡人数可能高过上述数据。大量人口的因灾伤亡，给社会经济的发展造成了巨大的冲击、破坏。

其次，自然灾害造成明代大批民众流离失所，出现了大规模人口迁徙浪潮。如正统十二年（1447 年），山东、山西并直隶淮安等府，百姓因旱伤逃往河南"将及二十万"，"尚有行勘未尽之数"，造成河南"食不足以给，地不足以容"。⑧ 天顺元年（1457 年），山东、河南、浙江等布政司，并应天、顺天、直隶河间，苏、松等府，"连年灾伤，人民逃亡者多遗下田地未曾耕种，及见在人户田地亦有无力不能遍耕者"。⑨ 据《明世宗实录》，嘉靖八年（1529 年）詹事霍韬等上奏云："洪武初年，户一千六十五万有奇，口六千五十四万有奇。时甫脱战争，户口凋残，其寡宜也。弘治四年，则承平久矣，户口蕃矣，乃户仅九百一十一万，视初年减一百五十四万矣；口仅五千三百三十八万，视初年减七百一十六万矣。"⑩

---

① 《明英宗实录》卷 213。
② 《明英宗实录》卷 242。
③ 《明英宗实录》卷 254。
④ 《明武宗实录》卷 67。
⑤ （清）张廷玉等：《明史》卷 30《五行三》。
⑥ 《崇祯实录》卷 15。
⑦ 高建国：《自然灾害基本参数研究》（一），载《灾害学》1994 年第 4 期。
⑧ 《明英宗实录》卷 154。
⑨ 《明英宗实录》卷 276。
⑩ 《明世宗实录》卷 102。

自然灾害造成大规模的人口迁徙流亡，大片田地荒芜，给农业生产的发展造成巨大冲击，也减少了为国家纳税的人口，而且还给社会稳定带来严重威胁。曹树基说："15 世纪末的干旱使得北方大批人口脱离土地成为流民，构成当时社会动荡的一个因素。"[①] 因此，从明初到明末，自然灾害诱发农民起义屡屡发生。如永乐十九年（1421 年），"山东、河南、山西、陕西水旱相仍，民至剥树皮掘草根以食。老幼流移，颠踣道路，卖妻鬻子以求苟活。而京师聚集僧道万余人"[②]。正是在这样的社会背景下，山东爆发了唐赛儿领导的白莲教起义，给明政府的统治带来相当大的冲击。从万历初年开始，陕西地区连年灾荒，严重的自然灾害造成大量饥民，他们还要面对沉重的赋税徭役，而明朝廷政治腐败，救灾措施落实不到位，大批饥民遂为生存铤而走险，终于酿成了李自成、张献忠等领导的明末农民大起义，直接推翻了明王朝的统治。

三、使得国家赋税收入减少，增加财政开支

每当自然灾害，尤其是重大的自然灾害发生时，从中央到地方各级政府首先要做的是赈济、抚恤灾民，然后是减免赋税，明政府也不例外。这不仅要增加政府的财政支出，也直接减少了国家的赋税收入。

首先，赈济灾民增加了明政府财政支出。《大明会典》云："国朝重恤民隐。凡遇水旱灾伤，则蠲免租税，或遣官赈济。蝗蝻生发，则委官打捕。"[③]又云："凡赈济，洪武十八年令：天下有司凡遇岁饥，先发仓廪赈贷，然后具奏。（洪武）二十七年定：灾伤去处散粮则例：大口六斗，小口三斗，五岁以下不与。永乐二年定：苏、松等府水淹去处给米则例：每大口米一斗，六岁至十四岁六升，五岁以下不与；每户有大口十口以上者只与一石。其不系全灾、内有缺食者。原定借米则例：一口借米一斗，二口至五口二斗，六口至八口三斗，九口至十口以上者四斗，候秋成抵斗还官。（永乐）六年令：福建瘟疫死绝人户，遗下老幼妇女儿男，有司验口给米，税盐粮米各项暂且停征，待成丁之日自行立户当差。（永乐）八年令：被灾去处人民典卖子女者，官为给钞赎还。正统五年令：各卫所屯军有因水旱子粒无收缺食者，照缺食民人事例赈济，候秋成还官。（正统）七年令：各府州县一应赃罚入官之物俱于年终变卖在官，候秋成籴粮预备赈济。（正统）九年令：扬州府江潮泛涨淹死人民，量

---

① 曹树基：《中国移民史》（第 5 册），福州：福建人民出版社 1997 年版，第 18 页。

② （清）张廷玉等：《明史》卷 164《邹缉传》。

③ （明）李东阳等：《大明会典》卷 17。

给钞锭收瘗。"① 永乐十一年（1413 年），赈济浙江乌程等五县饥民，"计户万二千八百一十三，给粟三万七千六百石"②。永乐二十一年（1423 年），赈济河间之吴桥、安庆之桐城二县饥民，计"五千八百五十八户"，"给粮万五千五百九十二石"③。这些赈灾则例及明确的赈灾支出，可以进行统计。

但是在许多情况下，史料并未明确记录相关赈济的开支。永乐十年（1412 年），"浙西水潦，田苗无收"，朱棣"蠲其税民被水甚者，官发粟赈之"④。永乐十二年（1414 年），顺天府蓟州言"自去年水灾，禾麦无收，百姓艰食"，朱棣"命户部核实赈之"⑤。宣德十年（1435 年），广东肇庆、雷州二府"去年春旱，田苗枯槁，秋田又被飓风涌潮淹没，禾稼无收，人民饥窘"，验实并"开仓赈济"⑥；"先是诏天下贫民缺食，有司量为赈济。直隶扬州府、徐州、滁州并属邑旱伤尤甚，人民乏食者亿万计，巡抚侍郎曹弘等督有司赈之"⑦。正统二年（1437 年），直隶凤阳属邑"连年旱伤，民采橡栗为食"，英宗下令发仓赈济⑧。这类未明确记录赈济支出的情况很多，要统计全国的这类赈济支出极为困难。虽然其中的部分粮款须灾民有收成之后偿还，但不需偿还及无法偿还的部分更多。因此，可以说赈灾支出仍然是明代国家财政的一项重要支出。

其次，减免赋税直接减少了明代国家的赋税收入。《大明会典》云："凡蠲免折征，洪武元年令：水旱去处不拘时限，从实踏勘，实灾，税粮即与蠲免。成化十九年奏准：凤阳等府被灾，秋田粮以十分为率减免三分，其余七分除存留外，起运者照江南折银则例，每石征银二钱五分送太仓银库，另项收贮备边。以后事体相类者，俱照此例。弘治三年议准灾伤应免粮草事例：全灾者免七分，九分者免六分，八分者免五分，七分者免四分，六分者免三分，五分者免二分，四分者免一分。只于存留内除豁，不许将起运之数一概混免。若起运不足，通融拨补……嘉靖五年令：凤阳等处被灾州县税粮照例除免，应解物料暂且停征；两广盐价留四万两接济应用。（嘉靖）七年奏准：北直隶八府灾伤，将本年分夏税不分起运存留尽数蠲免，其秋粮视被灾分数仍照旧例行。

---

① （明）李东阳等：《大明会典》卷 17。
② 《明太宗实录》卷 138。
③ 《明太宗实录》卷 257。
④ 《明太宗实录》卷 129。
⑤ 《明太宗实录》卷 158。
⑥ 《明英宗实录》卷 3。
⑦ 《明英宗实录》卷 5。
⑧ 《明英宗实录》卷 29。

（嘉靖）十六年题准：今后凡遇地方夏秋灾伤，遵照勘灾体例定拟成灾应免分数，先尽存留，次及起运；其起运不敷之数听抚按官将各司府州县官库银两、钱帛等项通融处补，及听折纳轻赉；存留不足之数从宜区处。不许征迫小民，有孤实惠。（嘉靖）二十三年题准：各处灾伤，漕运正改兑粮米四百万石，除原额折银并蓟州天津仓本色照旧外，其余本色以十分为率，七分照旧征运粮米，三分折征价银。每正兑米一石，连蓆耗，共征银七钱，改兑米一石，连蓆耗，共征银六钱……万历十二年议准：以后地方灾伤，抚按从实勘奏，不论有田无田之民通行议恤，如有田者免其税粮，无粮免者免其丁口盐钞，务使贫富一体并蒙蠲恤。"① 明代折征税粮，即将税粮按照相应比例折收钞、银或其他物品征收，含有蠲免税粮部分的目的。《明实录》对这方面记录甚详。

此外，自然灾害造成大规模的人口迁徙流亡而脱离原籍，减少了应为国家纳税的人口。前已述及，不赘。

四、为改进国家管理水平提供重要契机

自然灾害虽然是一种自然现象，但自汉代以来受到"天人感应"、"灾异天谴"等思想的影响，自然灾害与社会政治、国家管理发生了密切联系，自然灾害发生遂在一定程度上为政府改进国家管理提供了重要契机。

明代的"灾异天谴"思想非常流行，每当严重的自然灾害发生后，皇帝除了下令赈灾、蠲免赋税之外，还会采取下诏求言、避殿、减膳、恤刑、祭神等办法，试图以此减轻灾害的破坏性影响，或祈求灾害不再发生。各级大臣也重视利用这一特殊时机上疏言事，向皇帝建言献策，提出一些改进国家管理政策措施。英宗景泰年间，太子太保兼兵部尚书仪铭尝因灾异言："弭之（即自然灾害）之方，在敬天法祖，用贤纳谏，省刑薄敛，节用爱人。"② 成化元年（1465 年），南京户部左侍郎陈翌因灾异言："审录重囚，乞照正统间事例，差官请敕，分往各布政司并直隶府州，会同巡按御史审录见监罪囚。"事下刑部议论，刑部大臣认为："是年各处司府州县例该起程赴京朝觐，广东、广西、湖广、四川贼情未息，南北直隶并浙江等处水旱灾伤分官赈恤，事务烦冗，若再差官审录，不无劳扰。欲通行各处问刑衙门见监罪囚，轻罪从宜发落，重罪会官详审，不许淹滞隐匿，违者许巡抚、巡按并按察司官严加究治。仍候时年丰稔，地方宁靖，会议差官审录，则事有条理，狱无淹滞矣。"宪宗对刑部的

---

① （明）李东阳等：《大明会典》卷 17。
② 《明英宗实录》卷 253。

看法表示认可。① 明代史料中的此类事件，不胜枚举。这样，自然灾害就兼有了政治、管理等方面的意义，各级大臣关于国家管理的一些建议、思想可以借助自然灾害的发生，在"灾异天谴"威权的保护下大胆陈述出来，为改进明代国家管理提供了重要契机。

此外，明代频繁的自然灾害还影响一些地方社会风俗的形成、流传。此与明代管理思想关联甚微，不赘。

第二节　明政府备灾思想

防灾、备灾和救灾是政府服务功能的重要体现。明政府在继承前代的基础上，主要通过仓储建设和防灾的水利工程建设来防备自然灾害。

一、备灾仓储建设思想

处在自然灾害多发的地理环境中，加之国防建设的需要，中国古代的仓储制度可追溯到夏商时期，武王伐纣"命南宫括散鹿台之财，发钜桥之粟，以赈贫弱萌隶"②。夏商时期，仓储建设不仅为了防灾救灾，也是国防建设的需要。从周代开始，逐渐建设了一批专门用于防灾救灾的仓储，这在《周礼》有相关的记载。经过长期的发展，明代用于备灾仓储制度已经非常完备，有预备仓、常平仓、社仓、义仓、济农仓等形式。其中，预备仓为明代独创的仓储形式。明代备灾仓储建设不仅具有一定的创新性，而且也有些复杂。

（一）预备仓

预备仓储粮制度建设始于朱元璋。《明史》云："预备仓之设也，太祖选耆民运钞籴米，以备赈济，即令掌之。"③《大明会典》云："洪武初，令天下县分各立预备四仓，官为籴谷收贮以备赈济，就择本地年高笃实民人管理。"④《荒政丛书》亦云："明洪武初，命户部运钞二百万贯往各府州县预备粮贮，每县于境内定为四所，于居民丛集处置仓，民家有余粟愿易钞者许运赴仓交纳，依时价偿其值，官储粟而局钥之，令富民守视，凶岁赈给。"⑤ 预备仓作

---

① 《明宪宗实录》卷23。
② （西汉）司马迁：《史记》卷4《周本纪》。
③ （清）张廷玉等：《明史》卷79《食货三》。
④ （明）李东阳等：《大明会典》卷22。
⑤ （清）俞森辑：《荒政丛书》卷9，载影印文渊阁《四库全书》本。

为明代独创的仓储形式，它"吸收了历代备荒仓储的经验，是一种集农村借贷和救灾保险为一体的社会制度实施"①。从洪武初年开始，明政府在全国各地陆续推进预备仓建设，使其成为备灾的重要形式，并在救济灾荒中发挥了重要作用，《明实录》、《大明会典》等史料对此记录甚详。

预备仓的仓粮来源主要有以下三个方面：一是官钱、官粮，即由政府直接出资籴粮收贮，或直接将官仓存留支作预备仓粮。明初预备仓的仓粮，"官为籴谷收贮，以备赈济"，即由中央政府出资。如上引洪武初年（《明太祖实录》作洪武二十一年，即 1388 年），朱元璋命户部"运钞二百万贯往各府州县预备粮贮"。洪武二十三年（1390 年），他多次派遣老人运钞到全国各地，"收籴备荒粮储"："遣老人运钞七十九万一千九百余锭，往湖广籴谷置仓收贮，以备荒歉"，"遣老人往江西诸郡县收籴备荒粮储，凡钞一百五十五万三千九百二十四锭"，"遣老人往青州所属州县收籴备荒粮储，凡钞二十一万四千六百八十锭"②，"遣老人往山东济南府所属州县收籴备荒粮储，凡钞二十万六千三百九十四锭"，"遣老人往直隶淮安等十二府所属州县收籴备荒粮储，凡钞三十八万一百四十九锭"③，"遣老人往福建诸郡县收籴备荒粮储，凡钞四十万八千四百五十五锭"，"遣老人往苏州府长州等县收籴备荒粮储，凡钞二十四万五千七百四十七锭"，"遣老人往徐州及丰沛等县收籴备荒粮储凡钞一万一千三百六十三锭"④。洪武之后，中央政府减少预备仓储粮投入，地方政府库藏钱银（存留）投入成为预备仓粮储的主要来源。如成化六年（1470 年）下令："顺天府河西务、山东临清、直隶淮扬等关钞贯暂且折收粳粟粮米，俱以十分为率，各存留三分；其余七分，河西务运至天津卫沧州等处，临清运至东昌府德州等处，淮安运至济宁州徐州等处，扬州运至邳州桃源县等处，俱各收贮预备官仓赈济。"⑤嘉靖六年（1527 年）下令："抚按二司督责有司设法多积米谷以备救荒……如见在米谷数少，各将贮库官钱并问过赎罪折纸银两，趁秋成时委贤能官一员籴买，比时估量添二三文，府以一万石，州以四五千石，县以二三千石为率。明立簿籍查考，岁荒减价粜与穷民。"⑥二是富民捐纳，富民捐谷入仓是明代预备仓粮的主要来源之一。《大明会典》云："凡民愿纳谷者，或赐奖敕为义民，或充吏，或给冠带散官……正统五年奏准：各处预备

---

① 陈关龙：《论明代的备荒仓储制度》，载《求索》1991 年第 5 期。
② 《明太祖实录》卷 202。
③ 《明太祖实录》卷 203。
④ 《明太祖实录》卷 205。
⑤⑥ （明）李东阳等：《大明会典》卷 22。

仓，凡侵盗私用、冒借亏欠等项粮储，查追完足，免治其罪……又议准：凡民
人纳谷一千五百石，请敕奖为义民，仍免本户杂泛差役；三百石以上，立石题
名，免本户杂泛差役二年……又令军民人等各验丁田，自愿出粟备荒者，听从
其便，官府不许逼抑科扰……又令各处预备仓，凡民人自愿纳米麦细粮一千石
之上，杂粮二千石之上，请敕奖谕。"①除褒奖、免役之外，纳谷富民还可免
科考直接充吏，或给与冠带办事，或授予散官。《大明会典》云："成化六
年奏准：预备救荒，凡一应听考吏典纳米五十石，免其考试，给与冠带办
事。在外两考起送到部未拨办事吏典，纳米一百石；在京各衙门见办事吏典
一年以下纳米八十石，二年以下纳米六十石，三年以下纳米五十石，免其考
试，就便实拨，当该满日俱冠带办事，各照资格挨次选用。又令在外军民子
弟愿充吏者纳米六十石，定拨原告衙门遇缺收参。又令凤阳、淮安、扬州三
府军民舍余人等纳米预备赈济者，二百石给与正九品散官，二百五十石正八
品，三百石正七品……（成化）九年令：直隶保定等府州县两考役满吏典纳
米一百石，起送吏部，免其办事考试，就拨京考；二百五十石，免其京考，冠
带办事；一百七十石，就于本府拨补，三考满日送部免考，冠带办事。俱挨次
选用。其一考三个月以里无缺者，纳米八十石，许于在外辖历两考。"②此后的
各个时期，明政府都对纳米充吏作出了详细规定，兹不赘述。《明史》亦云：
"捐纳事例，自宪宗始。生员纳米百石以上，入国子监；军民纳二百五十石，
为正九品散官，加五十石，增二级，至正七品止。武宗时，富民纳粟赈济，千
石以上者表其门，九百石至二三百石者，授散官，得至从六品。世宗令义民出
谷二十石者，给冠带，多者授官正七品，至五百石者，有司为立坊。"③三是
赃赎得粮入仓，这是预备仓粮的又一重要来源。宣德二年（1427 年），为了解
决预备仓等国家粮食需要，宣宗敕谕南京刑部都察院大理寺："凡官员军民人
等有犯除恶逆、不孝、人命、强盗、诈伪等项真犯死罪，及故烧仓库钱粮、衙
门文卷依律外，其监守自盗及杂犯死罪以下悉依定去条例：令各犯自备米于南
京仓输纳赎罪，纳毕仍依运砖罚钞例发落，内有该追钱粮赃物者依例追征。纳
米之例：死罪官吏米一百石，军民人等米八十石；流罪米六十石；徒罪三年米
五十石，二年半米四十石，二年米三十五石，一年半米三十石，一年米二十五
石；杖罪一百米二十石，九十米十五石，八十米十二石，七十米十石，六十米
八石；笞罪五十米六石，四十米五石，三十米四石，二十米三石，一十米二

①② （明）李东阳等：《大明会典》卷22。
③ （清）张廷玉等：《明史》卷78《食货二》。

石。"① 之后明代诸帝都承袭了这一做法，所不同的只是纳粮例则略有变更。正统五年（1440 年），"以大兴宛平二县缺粮赈济，命法司见问罪囚俱纳米赎罪于二县预备仓收贮，杂犯死罪七十石，流罪五十五石，五徒各以五石递减，杖每一十二石，笞每一十一石五斗。"② 成化四年（1468 年）定议："陕西附近山西、河南问拟囚犯，除真犯及官吏受财枉法例该充军外，其杂犯死罪纳米八十石，三流五十石，五徒自三十五石递减五石至十五石，杖笞每一十纳一石，俱照时值折银送布政司收用，以调兵征剿满四预积粮储。"③ 弘治十八年（1505 年）议准："在外司府州县问刑应该赎罪等项、赃罚等物尽行折纳，籴买稻谷上仓以备赈济。并不许折收银两，及指称别项花销。"④ 通常情况下，赃罚所得只一部分供给预备仓储，还有一部分要供给边关军需。除上述三种来源之外，明代还有将官田地租转入预备仓，或召商中盐、中茶所得入仓等。如正德二年（1507 年）令："云南抚按同三司掌印等官查勘各库藏所积，除军前支用银物外，其余堪以变卖及官地湖池等项可以召人佃种收租者，尽数设法籴买米谷上仓，专备赈济。又议准：各司府州县卫所问刑衙门凡有例该纳米者，每石折谷一石五斗收贮各预备仓。"⑤ 只是这些不是预备仓粮的主要来源，在仓粮中所占的比例不大。

为了保证预备仓积粮的储备，明政府还逐渐将预备仓储粮定额化，其标准也随实际需要不断调整。弘治三年（1490 年）下令："天下州县预备仓积粮以里分多寡为差，十里以下积粮至万五千石者为及数，二十里以下者二万石，三十里以下二万五千石，五十里以下三万石，百里以下五万石，二百里以下七万石，三百里以下九万石，四百里以下十一万石，五百里以下十三万，六百里以下十五万石，七百里以下十七万石，八百里以下十九万石，及数者斯为称职，过额者奏请旌擢，不及者罚之。各府州正官亦视其所属粮数足否以为黜陟，其军卫亦略仿此数以量示劝惩。"⑥ 这一标准显然定得太高，各地方政府难以完成，于是弘治六年（1493 年）作出调整，"敕户部依洪武间例：凡州县预备仓粮仍给官钱籴贮，其数目照成化七年，州县小者每里三百石，大者每里五百石为准，若有不足，以存留、赃罚及坛场、湖荡所入充之"⑦。之后，万历五年（1577 年）议准："行各抚按详查地方难易，酌定上中下三等为积谷等差，如

① 《明宣宗实录》卷 29。
② 《明英宗实录》卷 73。
③ 《明宪宗实录》卷 57。
④⑤ （明）李东阳等：《大明会典》卷 22。
⑥ 《明孝宗实录》卷 36。
⑦ 《明孝宗实录》卷 75。

上州县，每岁以千石为准，多或至三二千石；下州县以数百石为准，少或至百石。务求官民两便，经久可行。自本年为始，著为定额。"①

明初预备仓粮主要来自官方，支放多采取赈贷的形式，通常受贷贫民是"俟丰年偿之"。但从明代中期开始，官方通常不再大规模调拨粮食或拨官钞籴粮入仓，预备仓粮来源进一步多元化，支放向多样化方向发展，有赈济、赈粜、赈贷等形式，但赈贷依然是主要支放方式。

明代初年，政府预备仓将委托"本地年高笃实民人管理"，按抚及府州县官员负责巡查监督。《大明会典》云："正统五年奏准：各处预备仓，凡侵盗私用、冒借亏欠等项粮储，查追完足，免治其罪……又敕广西布按二司并巡按等官，查勘预备仓粮内有借用未还、并亏折等项，著落经手人户供报追赔。其犯在赦前者定限完日，悉宥其罪；赦后犯者追完，照例纳米赎罪；若限外不完者，不论赦前后，连当房妻小发辽东边卫充军。又令六部都察院推选属官，领敕分投总督各布按二司并府州县官处置预备仓粮，仍令巡抚侍郎并都御史等官兼总其事……又令各处预备仓，或为豪民占据，责令还官；或年深损坏，量加修葺；其倒塌不存者，官为照旧起盖。"②到正德年间，预备仓改由州县及管粮仓官直接管理。《明史》云："正德中，令囚纳纱者，以其八折米入仓。军官有犯者，纳谷准立功。初，预备仓皆设仓官，至是革，令州县官及管粮仓官领其事。"③嘉靖年间，进一步加强了对预备仓的管理。《大明会典》云："嘉靖三年令：各处抚按官督、各该司府州县官，于岁收之时多方处置预备仓粮，其一应问完罪纳赎纳钞，俱令折收谷米。每季具数开报抚按衙门，以积粮多少为考绩殿最，如各官任内三年六年全无蓄积者，考满到京，户部参送法司问罪。（嘉靖）四年令：各处抚按官通查积谷、备荒前后议处过事宜，翻刊成册，分发所属，著落掌印等官时常检阅，永远遵守。抚按清军官每年春季各将所属上年收过谷石实数奏报户部，时常稽考，以凭赏罚。（嘉靖）六年令：抚按二司督责有司设法多积米谷以备救荒，仍仿古人平籴常平之法，春间放赈贫民，秋成抵斗还官，不取其息。如见在米谷数少，各将贮库官钱并问过赎罪折纸银两，趁秋成时委贤能官一员籴买，比时估量添二三文，府以一万石，州以四五千石，县以二三千石为率，明立簿籍查考，岁荒减价粜与穷民。仍禁奸豪，不许隐情捏名，多买罔利。事发重治。"④万历年间，又出台了一些更为严格的管理规定。《大明会典》云："（万历）七年题准：各省直抚按督、各州县掌印官，将库贮自理纸赎并抚按等衙门所留二分赃罚尽数籴谷。其追赎事例，

---

① ② ④　（明）李东阳等：《大明会典》卷22。
③　（清）张廷玉等：《明史》卷79《食货三》。

春夏折银，秋冬纳米。如年久谷多，酌量出陈易新，以免湮烂。又议准：各省直抚按酌量所属知府地方繁简贫富，定拟积谷分数，其积不及数者与州县一体查参，其升迁离任者照在任一体参究。（万历）八年题准：各抚按官查盘积谷实数，分别府州县总撒填注主守职名，每年终奏报；其更代官候交盘明白，方准离任。"① 但是，这些严格的预备仓管理制度，在明代后期政治腐败的加深、国家财政日蹙的背景下，只能是流于形式了。

（二）常平仓

常平仓源于战国时期李悝在魏国所推行的平籴法，即政府在丰年购进粮食储存，以防谷贱伤农，然后荒年卖出所储粮食以稳定粮价。之后汉晋唐宋各朝继承和发展了这一措施。

明代初期，由于在全国推行预备仓储粮制度，故并未推进常平仓的建设。常平仓的设置当早于明英宗正统初年。据《明英宗实录》，正统八年（1443年），"广东南雄府常平仓粮积久陈腐，陆续放支耗折四千九百余石"，并请求"每一石折收钞一百贯"，得到英宗批准。② 成化十八年（1482年），明中央"命南京粜常平仓粮。时岁饥，米价踊贵，而常平所储粮八万六千余石，南京户部请减价粜以济民，候秋成平粜还仓，其粜于民多不过五斗，务使贫民得蒙实惠"③。成化二十二年（1486年），旱灾造成"江北诸处流民四集"，南京守备成国公朱仪、兵部尚书王恕等奏请，将"南京常平仓见有粮五万六千余石，及各处每年起运，其数亦不下数百万石，若暂行平粜预支"，以平米价。④ 说明成化年间，常平仓在备灾救灾中已经发挥了重要作用，常平仓的建设也在陆续推进。弘治五年（1492年），"兵科给事中吴世忠言……常平宜因今日义仓之旧，更以常平之名，因民数之多寡以贮粟，酌道里之远近以立仓，每县二三十里各立常平仓一所，丰年而籴，委之富民以计其数；凶年而粜，临之廉吏以主其争。凡此皆救荒之急务也。户部覆议，谓世忠言俱可行，但义仓之在今日骤欲更名，似紊其旧，况本部已奏行每州县设立四仓，每乡或数十里共设一仓，令著民收掌，有司稽考以纳敛散以时，亦常平社仓之遗意。今第令巡抚等官循名责实为宜。上从其议"⑤。嘉靖初年，进一步推广常平仓的储粮办法。《明史》云："嘉靖初，谕德顾鼎臣言：'成、弘时，每年以存留余米入预备

---

① （明）李东阳等：《大明会典》卷22。

② 《明英宗实录》卷108。

③ 《明宪宗实录》卷223。

④ 《明宪宗实录》卷274。

⑤ 《明孝宗实录》卷67。

仓，缓急有备。今秋粮仅足兑运，预备无粒米。一遇灾伤，辄奏留他粮及劝富民借谷，以应故事。乞急复预备仓粮以裕民。'帝乃令有司设法多积米谷，仍仿古常平法，春赈贫民，秋成还官，不取其息。府积万石，州四五千石，县二三千石为率。既，又定十里以下万五千石，累而上之，八百里以下至十九万石。其后积粟尽平粜，以济贫民，储积渐减。"① 《大明会典》亦对此记载。

在管理方面，明初曾设立常平仓大使一员专门管理常平仓，后被裁革。② 之后常平仓主要由各府州县官员直接管理，或府州县官员委命属官管理。但有时又根据需要在一些府州设立常平仓大使，如弘治三年（1490 年），设置"安宁州常平仓及山井盐课司大使、副使各一员"③。

（三）社仓

社仓的设置最初始于宋代。据《明实录》，明代社仓设置当始于明初。据《明孝宗实录》，弘治十三年（1500 年）正月，巡按福建监察御史胡华言六事，其二云："实仓库。迩来各处仓库空虚，乞照洪武永乐事例置立四门社仓。如宋朱熹领米赈贷，每石量收息米二斗，积至数千，每石只收耗米三升。岁歉则散，岁丰则敛，县仓以十万为率，府仓以二十万为率，验粮储之多寡为给由之升降，则人知劝惩，而仓库实矣。"孝宗"下所司知之"。④ 可见，明初就已建立了社仓。英宗正统元年（1436 年）七月，顺天府推官徐郁言四事，其三为："建立义仓本以济民，然一县只一二所，民居星散，赈给之际追乎拘集，动淹旬月，不免饿殍。乞令所在有司增设社仓，仍取宋儒朱熹之法参酌时宜，定为规画，以时敛散，庶荒岁有备而无患。"英宗下令"所司速行之"。⑤ 之后，社仓的建设并在一些地方陆续推进。成化九年（1473 年），都察院司务顾祥奏山东地方人民"饥荒之甚，有扫草子剥树皮割死尸以充食者"，于是建议："广储蓄。山东素无积蓄，自今宜行朱文公社仓之法，编定上、中、下三等人户，每于丰年征收之余劝，令小户出粟五斗，中户一石，大户二石，收贮官仓，如遇荒歉，足可赈济事。"户部覆奏，以为可行。⑥ 成化二十一年（1485 年），巡抚辽东左副都御史马文升奏："（辽东）各府州县当如古社仓法，复正统初年之制，随处置仓，以时敛散，令有司会计，以杜侵盗。"于是

---

① （清）张廷玉等：《明史》卷 79《食货三》。
② （明）李东阳等：《大明会典》卷 22。
③ 《明孝宗实录》卷 42。
④ 《明孝宗实录》卷 158。
⑤ 《明英宗实录》卷 20。
⑥ 《明宪宗实录》卷 116。

在辽东地区推广社仓建设。① 弘治六年（1493 年），河南许州知州邵宝陈奏言："渐复社仓，欲于本州或三四社四五社许建一仓，以储蓄积，庶几古人社仓之制可以渐复，而凶年不足为忧。"亦得明政府相关部门推行。② 社仓的建设在嘉靖年间得到较有力的推行。《明史》云："嘉靖八年乃令各抚、按设社仓。令民二三十家为一社，择家殷实而有行义者一人为社首，处事公平者一人为社正，能书算者一人为社副，每朔望会集，别户上中下，出米四斗至一斗有差，斗加耗五合，上户主其事。年饥，上户不足者量贷，稔岁还仓。中下户酌量赈给，不还仓。有司造册送抚、按，岁一察核。仓虚，罚社首出一岁之米。"③ 万历十五年（1587 年），"户部议：山西连岁荒旱，预备仓积谷甚少，其鬻粥赈济率多取助于仓社，以此见社仓有益于民，欲要将原有者照旧存积，数少及原无者亦要添设谷石，欲用纸赎籴买或劝借富民，及有情愿输粟者给与冠带、牌匾，在仓谷石春放秋收，加一出息以备亏折。从之"④。可见，社仓在备灾救灾中确实发挥了重要作用。

从以上记述可知，社仓仓粮主要来源于民众筹集，也有官为籴买，或富民捐纳劝借，还有罚赎，其途较多。万历十八年（1590 年）十一月，吏部主事邹元标条陈四事，其四云："积荒之苦，凶荒流离饿殍赈贷莫及，宜多建社仓，将抚按所留罚赎为买谷，张本或冠带尚义并生员、监生、吏典、富民欲进荣祖父者，各听纳谷预为贮积。"吏部覆"如议行"。⑤ 因为灾民丰收时要加息偿还所借粮食，所以通常情况下社仓的储备都比较充足。

明代社仓主要采取民办官督的形式。沈鲤《社仓条议》云："社仓虽听民间措置，有司并不干预抑勒，但事成之日，必须呈明上台。设有侵欺等弊，或暗败公事者，许诸人直陈其奸，官司立行处分，务使惩一而警百，以杜乱法之萌也。"⑥ 隆庆四年（1570 年）二月，巡抚山西都御史靳学颜上《理财疏》云："社仓盖收民谷以充者，此虽中岁皆可以行，此二仓者社仓举之甚易，然非官府主持于上，则其事终不能成。"⑦ 因社仓仓粮主要来源于民间，理所当然由社众负责具体管理。沈鲤《社仓条议》云："今拟各里先推举好善而公

---

① 《明宪宗实录》卷 262。

② 《明孝宗实录》卷 72。

③ （清）张廷玉等：《明史》卷 79《食货三》。

④ 《明神宗实录》卷 185。

⑤ 《明神宗实录》卷 229。

⑥ 俞森：《社仓考》，《中国荒政全书》（第 2 辑第 1 卷），北京：北京古籍出版社 2004 年版，第 121 页。

⑦ 《明穆宗实录》卷 42。

正、老诚而精敏者绅衿士民十余人，立为社正二人，社副四人，社直二人，社干八人。"① 社仓由当地社众推选的社正、社副等人负责日常管理，因此易于受到乡绅、宗族等地方势力的控制，给民众筹集、捐纳仓粮带来消极影响。这在明代后期表现得较突出，《明史》亦云："其法颇善，然其（嘉靖）后无力行者。"②

（四）义仓

早在隋文帝时就开始建立义仓，这一措施在唐宋时期得到较好的发展。明代义仓的设置始于永乐二十一年（1423 年），当时湖广"大旱，饥殍相望"，石首人程必达"捐谷一万八千石赈活邑人。次岁人稔，蒙赈者来偿，勿受。复捐材木为仓，以备后赈，名曰义仓"。③ 之后明政府官员多有倡导建立义仓者。如洪熙元年九月，"四川按察司使陈琏言五事：曰明礼制，一风俗，修武备，慎刑罚，兴义仓"④。明代较大规模的义仓建设当始于宣德十年（1435 年）。《明英宗实录》记载："（宣德十年九月），赍运粮储总兵官及各处巡抚侍郎与廷臣会议军民利益，及正统元年合行事宜……各处置立济农义仓，收贮赈济米及诸色种子，令州县正官提督，遇有凶札依旧制及时给散，秋成偿官。每季具数申部，不许侵欺及他用，违者治罪。"⑤明英宗批准推行，于是遂在全国各州县推进义仓建设。这一备灾措施直到嘉靖年间仍在继续。《大明会典》云："（嘉靖）八年题准：各处抚按官设立义仓，令本土人民每二三十家约为一会，每会共推家道殷实、素有德行一人为社首，处事公平一人为社正，会书算一人为社副，每朔一会，分别等第，上等之家出米四斗，中等二斗，下等一斗，每斗加耗五合入仓，上等之家主之。但遇荒年，上户不足者量贷，丰年照数还仓；中下户酌量赈给，不复还仓。各府州县造册送抚按查考，一年查算仓米一次。若虚，即罚会首出一年之米。"⑥ 可见，义仓主要设置在州县。但是，也有部分里社建立了义仓。弘治五年（1492 年），户科给事中王玺奏四川事宜："备储蓄：谓四川累遭荒旱，逃亡者众，乞将各府州县赋税及官库存留银两十留其一，以为籴本。仍令里社各立义仓贮散。"⑦

义仓所储粮食主要来源于富民捐纳。《明世宗实录》记载，嘉靖八年（1529

---

① 俞森：《社仓考》，《中国荒政全书》（第 2 辑第 1 卷），北京：北京古籍出版社 2004 年版，第 116～117 页。

② （清）张廷玉等：《明史》卷 79《食货三》。

③ 雍正《湖广通志》卷 64，载影印文渊阁《四库全书》本。

④⑤ 《明宣宗实录》卷 9。

⑥ （明）李东阳等：《大明会典》卷 3。

⑦ 《明孝宗实录》卷 69。

年），兵部左侍郎王廷相言："迩来各省岁饥民且相食，皇上命虚郡国仓廪以赈之，犹不能足，所以然者以备之不豫故也。备之之政，莫过于故之义仓。臣尝仿其遗意参较之，若立仓于州县，则穷乡下壤，百里就粮，旬日侍毙，非政之善者。臣以为宜贮之里社，定为规式，一村之间约二三百家为一会，每月一举，第上中下户捐粟多寡各贮于仓，而推有德者为社长，善处事能会计者副之，若遭荒岁则计户而散，先中下者后及上户，上户责之偿，中下者免之。凡给贷悉听于民，第令登记册籍以备有司稽考，则既无官府编审之繁，亦无奔走道路之苦，乃是可寓保甲以弭盗，寓乡约以敦俗，一法立而三善具矣！"得到嘉靖皇帝批准，"务其如议行"。① 这些设于里社的义仓，其功能已与社仓无异，故有"社仓即义仓"之说②。

在运营管理方面，义仓与社仓大致相类，亦采取民办官督的形式。由于义仓多建设在府州县治所，故有时地方官吏督察稍多，而社仓主要建设在里社，地方官吏督察稍少。

除上述预备仓、常平仓、社仓、义仓外，还有济农仓，为宣德年间江南巡抚周忱所推行的仓储措施。《明史》云："周忱抚南畿，别立济农仓。他人不能也。"③《明史·周忱传》："时宣宗屡下诏减官田租，忱乃与知府况钟曲算累月，减至七十二万余石，他府以次减，民始少苏。七年，江南大稔，诏令诸府县以官钞平籴备赈贷，苏州遂得米二十九万石。故时公侯禄米、军官月俸皆支于南户部。苏、松民转输南京者，石加费六斗。忱奏令就各府支给，与船价米一斗，所余五斗，通计米四十万石有奇，并官钞所籴，共得米七十万余石，遂置仓贮之，名曰'济农'。赈贷之外，岁有余羡。凡纲运、风漂、盗夺者，皆借给于此，秋成，抵数还官。其修圩、筑岸、开河、浚湖所支口粮，不责偿。耕者借贷，必验中下事力及田多寡给之，秋与粮并赋，凶岁再赈。其奸顽不偿者，后不复给。定为条约以闻。帝嘉奖之。终忱在任，江南数大郡，小民不知凶荒，两税未尝逋负，忱之力也。""亦仿济农仓法，置赡盐仓，益补逃亡缺额。由是盐课大殖。"④

从总体上，明初由于朱元璋的大力推行，明政府的储备仓建设重点在预备仓，常平仓、社仓、义仓等仓储居于次要地位，或作为预备仓建设的补充。

---

① 《明世宗实录》卷99。
② 《明穆宗实录》卷42。
③ （清）张廷玉等：《明史》卷79《食货三》。
④ （清）张廷玉等：《明史》卷153《周忱传》。

二、备灾水利工程建设思想

中国古代自然灾害频发，尤其以水旱灾害造成的破坏最严重，因此历代政府都极为重视兴修水利工程。邓云特亦云："我国历代灾害之最多最甚者，首推水旱……诚以为水利兴，则水旱可去，此兴农富国之本计，备荒之先策也。"[①] 明代也不例外，明政府将兴修水利工程当作防灾备灾的一项重要措施，并长期推进这类工程建设。

明代前期，政府高度重视水利工程建设。《明史》云："明初，太祖诏所在有司，民以水利条上者，即陈奏。越二十七年，特谕工部，陂塘湖堰可蓄泄以备旱潦者，皆因其地势修治之。乃分遣国子生及人才，遍诣天下，督修水利。明年冬，郡邑交奏。凡开塘堰四万九百八十七处，其恤民者至矣。嗣后有所兴筑，或役本境，或资邻封，或支官料，或采山场，或农隙鸠工，或随时集事，或遣大臣董成。"[②]《大明会典》对此记录更详："洪武二十六年定：凡各处闸坝、陂池引水可灌田亩以利农民者，务要时常整理疏浚，如有河水横流泛滥损坏房屋田地禾稼者，须要设法堤防止遏。或所司呈禀，或人民告诉，即便定夺奏闻。若隶各布政司者，照会各司；直隶者，札付各府州。或差官直抵处所踏勘丈尺阔狭，度量用工多寡。若本处人民足完其事，就便差遣。倘有不敷，著令邻近县分添助人力。所用木石等项于官见有去处支用，或发遣人夫于附近山场采取，务在农隙之时兴工，毋妨民业。如水患急于害民、其功可卒成者，随时修筑以御其患。（洪武）二十七年敕谕：凡天下陂塘、湖堰可储蓄以备旱暵、宣泄以防霖潦者，皆因其地势修治之。勿妄兴工役，掊剋吾民。又遣监生及人才分诣天下，督吏民修治水利。"[③] 连续两年颁布兴修水利工程的命令，内容包括闸坝陂池疏浚、泛滥河流堤防修建、工程勘察规划、人力和材料的调度等方面，并强调所有水利工程建设必须以利民为核心出发点。

在朱元璋的领导下，洪武年间明政府组织修建了许多水利工程，《明史》、《大明会典》、《明太祖实录》有相关记载。《明史》记载："洪武元年修和州铜城堰闸，周回二百余里。四年修兴安灵渠，为陡渠者三十六……六年发松江、嘉兴民夫二万开上海胡家港，自海口至漕泾千二百余丈，以通海船，且浚海盐澉浦。八年开登州蓬莱阁河。命耿炳文浚泾阳洪渠堰，溉泾阳、三原、醴泉、高陵、临潼田二百余里。九年修彭州都江堰。十二年，李文忠言：'陕西

---

① 邓云特：《中国救荒史》，上海：上海书店出版社1984年版，第256页。

② （清）张廷玉等：《明史》卷88《河渠六》。

③ （明）李东阳等：《大明会典》卷199。

病咸卤，请穿渠城中，遥引龙首渠东注。'从其请，甃以石。十四年筑海盐海塘。十七年筑磁州漳河决堤，决荆州岳山坝以灌民田。十九年筑长乐海堤。二十三年修崇明、海门决堤二万三千九百余丈，役夫二十五万人。四川永宁宣慰使言：'所辖水道百九十滩，江门大滩八十二，皆被石塞。'诏景川侯曹震往疏之。二十四年修临海横山岭水闸，宁海、奉化海堤四千三百余丈。筑上虞海堤四千丈，改建石闸。浚定海、鄞二县东钱湖，灌田数万顷。二十五年凿溧阳银墅东坝河道，由十字港抵沙子河胭脂坝四千三百余丈，役夫三十五万九千余人。二十七年浚山阳支家河，郁林州民言：'州南北二江相去二十余里，乞凿通，设石陡诸闸。'从之。二十九年修筑河南洛堤。复兴安灵渠……三十一年，洪渠堰圮，复命耿炳文修治之。且浚渠十万三千余丈。"① 永乐、宣德年间，继续在全国各地推进各项水利工程建设，加强对黄河、大运河、淮河等大江大河的治理。这些都对防备水旱灾害起到了相当大的作用。

明代中期，明政府依然非常重视对水利工程的建设。正统年间，明英宗在多位内阁大臣的辅助下，大力推进水利建设。《明史》云："正统元年，修吉安沿江堤。筑海阳、登云、都云、步村等决堤。浚陕西西安灞桥河。二年筑蠡县王家等决口。修新会鸾台山至瓦塘浦颓岸，江陵、松滋、公安、石首、潜江、监利近江决堤。又修湖广老龙堤，以为汉水所溃也。三年疏泰兴顺德乡三渠，引湖溉田；潞州永禄等沟渠二十八道，通于漳河。四年修容城杜村口堤。设正阳门外减水河，并疏城内沟渠……五年，修太湖堤，海盐海岸，南京上中下新河及济川卫新江口防水堤，潮县、南宫诸堤。筑顺天、河间及容城杜村口、郎家口决堤。塞海宁蛎岩决堤口。浚盐城伍祐、新兴二场运河……六年，造宣武门东城河南岸桥。修江米巷玉河桥及堤，并浚京城西南河。筑丰城沙月诸河堤、芜湖陶辛圩新埂。浚海宁官河及花塘河、硖石桥塘河，筑瓦石堰二所。疏南京江洲，杀其水势，以便修筑塌岸……七年，修江西广昌江岸、萧山长山浦海塘、彭山通济堰。筑南京浦子口、大胜关堤，九江及武昌临江塌岸。浚江陵、荆门、潜江淤沙三十余里。八年修兰溪卸桥浦口堤，弋阳官陂三所。浚南京城河。九年，修德州耿家湾等堤岸、杞县离沟堤。筑容城杜村堤决口……十一年，修洞庭湖堤。筑登州河岸。浚通州金沙场八里河，以通运渠……"②正统年间修筑了许多江河湖泊堤坝，目的还是防备水灾。正统五年（1440 年），英宗为加强"备荒之政"的水利工程建设，专门发布敕谕："洪武年间于各州县开浚陂塘以防水旱，盖永远之利，亦因后来有司不得其人，视

①② （清）张廷玉等：《明史》卷88《河渠六》。

农事如等闲，委而不问，以致土豪奸民掩为己有，或堙塞为田。尔等须一一亲历踏勘，如有前弊，责令自备工力，如旧修筑坚固，还官悉免其罪。如隐占不还，及违限不即修筑者，亦械赴京，发戍辽东边卫。凡各处闸坝、陂堰、圩田、滨江近河堤岸有损坏当修者，先计工程多寡，于农隙之时量起人夫用工，工程多者先修要紧之处，其余以次，用工不许迫急，其起集人夫务在受利之处验其丁力，均平差遣，勿容徇私作弊。凡所作工程务要坚固经久，不许苟且。府县正佐官时常巡视，毋致损坏。各处陂塘、圩岸果有实利，及众比先有司失于开报，许令开陈，利民之实踏勘明白，画图贴说，具申工部定夺。如利不及众，不许虚费人力……所过州县仓廪谷粟充实，陂塘、堤岸完整者，必其正佐之官得人；若有空虚废坏等项，其正佐之官必不得人。悉具名奏闻，如或贪酷虐民，验有实迹，就便拿问。今后府州县官考满赴吏部者，并须开报预备官仓所储实数，及修筑过陂塘、堤岸等项，吏部行该部查考虚实，以凭黜陟。"①　上述敕谕对兴修水利以防备水旱灾害提出了一些具体要求，充分体现了当时明朝中央政府对水利事业的重视。正统六年（1441 年）十一月，英宗向全国颁布诏书云："农作以水利为要，各处堤防、闸坝或年久坍塌，不能蓄泄；陂塘淤塞及旧为豪强占据，小民不得灌溉，已令修复。或有未修复者，该管官司仍即依例整理，应修筑者悉令修筑，不许怠慢。敢有倚恃豪强占据水利者，以土豪论罪。布政司、按察司官、巡按御史、巡历提督务见实效，若苟具文书，虚应故事，一体论罪。"②　对相关官员的管理、监督职责及考核作出明确规定。

此后的成化、弘治、正德、嘉靖诸帝也都重视备灾水利工程建设。如成化二十三年（1487 年），明孝宗下诏："农务至重，有司时加课督，所在陂塘宜预修筑，以备旱涝……违者罪之。"③　弘治八年（1495 年），孝宗命工部侍郎徐贯治理江南苏、松等处水道。在徐贯的领导下，"修嘉兴旧堤，易之以石三十余里"，"增筑湖州长兴等处堤岸七十余里"等，修浚河港、泾渎、湖塘、斗门、堤岸共"百三十有五道"。④　嘉靖六年（1527 年），詹事霍韬奏云："诸司职掌所载，各处闸坝、陂池可引水灌田利农者，务不时修浚。如有河水横流为害者，须设法堤防。洪武敕谕又言陂塘、湖堰可蓄可洩者，皆因其地势修之。此令宜行于陕西、河南、山东地方，凡河水所经之处，相其机宜，开凿沟

---

① 《明英宗实录》卷 69。
② 《明英宗实录》卷 85。
③ 《明孝宗实录》卷 4。
④ 《明孝宗实录》卷 99。

渠，引为陂堰，不惟可兴水利以灌农亩，亦可分杀河患不致横溢。"① 世宗下令相关各级各地方政府加以推行。在中央政府的重视和领导下，尤其是在一批重要的中央官员如夏原吉、周忱、崔恭、徐贯、何鉴、李充嗣、海瑞等人的带领下，明代中期以苏、松、常、嘉、杭等江南重税地区为重点的防灾水利工程建设取得了重要实绩。

明代中期以后，随着帝国上下政治腐败的加深，以及国家财政状况的持续恶化，明政府对备灾水利工程建设的投入逐渐减少，对江南重赋地区也是如此。吕光洵《修水利以保财赋重地疏》叙述了当时的这种状况："苏松等府地方不过数百里，岁计其财赋所入，乃略当天下三分之一……近岁水路渐湮，有司者既不以时奏闻，而民间又不肯自出其力随处修治，遂至于大坏。而潴泄之法，皆失其常……虽name称沃壤之田，皆荒落不治，而耕稼之民困饿流离，无以为命。"② 备灾工程建设的荒废，直接导致灾年粮食减产，国家赋税收入减少，饥民流离失所，进一步加深了晚明社会的危机。

第三节　明政府救灾思想

中国古代报灾、勘灾滥觞于先秦，汉代基本制度化。之后，在唐宋相关制度进一步发展的基础上，明代的报灾、勘灾制度已比较完备，对报灾时限、程序等都有明确规定。通常情况下，每当灾伤发生，地方府州县官员须先及时向巡抚申报，然后再由巡抚上报朝廷；有时地方官员也可以先向巡按御史申报，再由巡按御史上报朝廷；少数情况也有地方官直接将灾情上呈户部。总之，报灾须及时。报灾之后是勘灾，即官员深入实地查看灾情，确定受灾实情。明初主要由地方官勘灾，再由户部遣官覆勘，后来巡抚、巡按御史、按察司逐渐参与进来，并在勘灾过程中起到主导作用，表明中央在逐步加强勘灾工作，以确保所上报灾情的真实性和准确性；然后是户部"部覆"，即提出相关意见并拟定救灾措施，再由户部上奏皇帝核准。灾情勘定后，然后是核实灾民户口，划分灾民受灾程度及贫困等级，作为赈济的依据。最后是推行相关的救灾政策措施。

中国自古以来自然灾害频发，人们先后提出并推行了多种救灾措施。到了

---

① 《明世宗实录》卷83。
② （明）陈子龙等辑：《明经世文编》卷121。

明代，相关的救灾措施、制度已经比较成熟、完备，内容涉及诸多领域。

一、减免赋税

减免赋税是历代政府最常用的救济灾荒措施，包括蠲免（完全免除）、折征、缓征、停征等多种方式。

（一）蠲免

明初蠲免政策是随机的。《大明会典》云："洪武元年令：水旱去处，不拘时限，从实踏勘。实灾、税粮即与蠲免。"① 洪武七年（1374 年），因为卫辉府汲县久不雨，麦苗枯槁，朱元璋下令"今年夏税并所给种麦，俱宜蠲免"②。洪武十二年（1379 年），因为"广平所属郡邑天久不雨，致民艰于树艺，衣食不给"，又下令"北平今年夏秋税粮，悉行蠲免"③。洪武年间依据相关受灾地区的灾情蠲免赋税，并未形成定制。

据《大明会典》，成化十九年（1483 年）奏准："凤阳等府被灾，秋田粮以十分为率减免三分，其余七分除存留外，起运者照江南折银则例，每石征银二钱五分送太仓银库，另项收贮备边。以后事体相类者，俱照此例。"④ 成化二十一年（1485 年），实行受灾八分以上者全免赋税的措施：保定等府卫州县因"去岁夏旱被灾"，户部请令实行"灾至八分以上者全免，七分以下者仍征二分"⑤；湖广襄阳等府卫所州县因"去岁旱伤"，亦推行"灾至八分以上者蠲其常税，七分以下者仍征其十之二"的做法⑥；真定、大名、广平、顺德等府州县卫所"去岁旱灾，应免税粮二十万八千余石"，亦是"灾至八分以上者"全免，"其七分以下者仍征其十之二"⑦。出现了按受灾程度实行蠲免的则例。弘治年间，朝廷正式颁布了灾伤蠲免则例。据《大明会典》："弘治三年议准灾伤应免粮草事例：全灾者免七分，九分者免六分，八分者免五分，七分者免四分，六分者免三分，五分者免二分，四分者免一分，只于存留内除豁，不许将起运之数一概混免。若起运不足，通融拨补。"⑧ 这一事例规定：赋税蠲免的最高额度是七分，且只能从存留内"除豁"，起运朝廷的部分是不能蠲免的。若因蠲免而导致起运部分不足，地方政府须要想法补足。此后较长一段时间，明政府基本依照这一事例蠲免赋税。直到嘉靖十六年（1537 年），明中央才对

①④⑧　（明）李东阳等：《大明会典》卷 17。

②　《明太祖实录》卷 87。

③　《明太祖实录》卷 124。

⑤　《明宪宗实录》卷 261。

⑥⑦　《明宪宗实录》卷 262。

弘治三年（1490 年）的事例作出调整："今后凡遇地方夏秋灾伤，遵照勘灾体例定拟成灾应免分数，先尽存留，次及起运；其起运不敷之数，听抚按官将各司府州县官库银两、钱帛等项通融处补，及听折纳轻赍；存留不足之数从宜区处。不许征迫小民，有孤实惠。"① 将起运也纳入了蠲免，要求"先尽存留，次及起运"，即若存留免完，可从起运部分内减免，且起运不敷之数，抚按官员可以"通融处补"，这就增加了政策的灵活性。但是，上述蠲免只针对有田之家，没有规定对无田商户、灶户的蠲免。嘉靖、隆庆年间的庞尚鹏上《题为厘宿弊以均赋役事》，就指出这种情况："其贫弱灶户业无片田，荡无寸沙，既无别项规利，不免照丁纳课，催征之急，不至卖鬻逃亡未已也……有丁无田者，徒有纳课之苦，不受优免之赐。"② 直到万历十二年（1584 年），明中央才对蠲免例则进一步改革："以后地方灾伤，抚按从实勘奏，不论有田无田之民通行议恤。如有田者，免其税粮；无粮免者，免其丁口盐钞。务使贫富一体并蒙蠲恤。"③从政策层面上明确规定对无田地灾民进行相应的蠲免，在中国救灾史上具有重要意义。

此外，蠲免赋税中除当年应交的存留、起运之外，有时还包括逋负，即往年因故拖欠的税粮，也包括灾民的徭役、盐课、窑课、鱼课、房租、赃罚银两、杂税，甚至拖欠的牧马、牛羊，及坐派买办、采办的诸色物料、原料等，这些都包含在总的赋税中，依照相关规定享受蠲免。

（二）折征、缓征、停征

除蠲免赋税之外，明政府还可以采取折征、缓征、停征等减免赋税的方式，这要依据灾情、政府需要等方面的情况来确定。

明代因灾折征的事例很多。因灾改折，将税粮折成钞、银或其他物品，不仅可以保证政府税收不会因为灾害而大幅减少，而且还将税粮留在受灾地区以维持灾民生活，还免除地方政府、百姓运输税粮的负担及运输税粮途中的损耗。可见，折征是一项多赢的政策。嘉靖年间的唐顺之《与李龙冈论改折书》（灾伤改折）云："盖米自江南而输于京师，率二三石而致一石，则是国有一石之入，而民有二三石之输。若是以银折米，则是民只须一石之输而国已不失一石之入。其在国也，以米而易银，一石犹一石也，于故额一无所损；其在民也，以轻而易重，今之输一石者替之输二三石者也，于故额则大有所减矣。国家立为此法，才相都于此事措置有方略，盖于不可减免之中而偶可以通融之

---

① ③ （明）李东阳等：《大明会典》卷 17。
② （明）陈子龙等辑：《明经世文编》卷 357。

意……一无损于国而万有利于民，此其法之尽善而可久者也。"①

　　明代折征涉及范围很大，税粮、官俸、棉布及其他实物税等都可以折收，其中以折收税粮为主。明政府推行折征也比较普遍，不论是否受灾，政府都可能根据需要而折征。当然，因为折征一举多利，明代灾伤年成更需要推行折征。明初货币实行钞法，禁止用银，折征多折收宝钞或其他物品。如洪武二十一年（1388年）春青州旱蝗民饥，朱元璋"诏免贫民夏税麦一万六千四百七十余石，又令本年秋粮许以绵布代输，凡折粮三万六千四百九十五石"②。永乐元年（1403年）十二月，河南、陕西"连岁蝗旱，人民饥困"，朱棣准许地方府州将"所亏秋粮二万七千余石"折输钞③。永乐八年（1410年）二月，浙江黄岩县"民被水患，乏食"，不仅免除了永乐五年的盐粮，还将永乐八年的税粮折钞④。永乐十年（1412年）正月，河南灵宝永宁二县奏"永乐八年民粮尚亏七万一千四百余石，今岁复值旱灾，乞折输钞帛"；山西平陆县奏"连年旱涝，民食不充，乞以八年九年粮折输钞帛"，都得到了批准⑤。但是，随着宝钞地位的衰落，宣德年间开始税粮折银。宣德七年（1432年）正月，思南府奏"其地山溪陡峻，无田耕种"，并请求"只办户丁，折银粮三十八石有奇"⑥。到英宗正统年间，赋税折银就已比较普遍。正统四年（1439年）二月，户部右侍郎王瀹奏："去年浙江秋粮，户部定拟存留本处者征米，南京仓收者折银，缘亢旱无收，人民艰食，乞将存留粮亦折银贮官，以俟腹里。"得到英宗批准。⑦ 正统七年（1442年）冬十月，江西吉安袁州二府守臣奏"岁旱薄收，存留粮请折银布"，亦得到英宗批准⑧。

　　灾区税粮与银之间的折算，多与平日折征相同，通常是"每米四石折银一两"，即"每米一石折银二钱五分"，这种折算方法在正统年间逐步形成制度。正统八年（1443年）三月，批准湖广布政司所请："州县每年秋粮除存留本处足用外，每米四石折银一两，以备官军缺粮支用。"⑨ 正统九年（1444年）十二月，批准广东布政司所请：广州等府州县"将下年实征并上年通负

　　① （明）陈子龙等辑：《明经世文编》卷261。
　　② 《明太祖实录》卷188。
　　③ 《明太宗实录》卷26。
　　④ 《明太宗实录》卷101。
　　⑤ 《明太宗实录》卷124。
　　⑥ 《明宣宗实录》卷86。
　　⑦ 《明英宗实录》卷51。
　　⑧ 《明英宗实录》卷97。
　　⑨ 《明英宗实录》卷102。

之数，每米四石折银一两，解送甘肃、宁夏、辽东、等处备用"①。正统十二年（1447年）四月，批准江西布政司所请：新昌、高安、上高三县"去年旱蝗灾伤，人民缺食"，"将本处起运南京、淮安二处粮米折银"，"每米一石折银二钱五分"②。但是，这种折算比例随着明代中后期海外贸易的发展，白银因大量输入（主要从欧洲、美洲和日本输入）③ 而贬值，到弘治、嘉靖年间，折银标准被提高到每米一石折银六至八钱。《大明会典》云："（弘治）十七年议准：苏松灾伤，起运不前，暂将一年在京各衙门官员月粮，米每石折银八钱；该在南京本色禄俸，每石照旧折银七钱；其南京各衙门官员俸粮，每月除米一石折银八钱，其余并南京各卫仓粮俱每石折银七钱。漕运粮米折银二十万石，每石兑运七钱改兑六钱，各解交纳。"④ "嘉靖二十三年题准：各处灾伤，漕运正改兑粮米四百万石，除原额折银并蓟州天津仓本色照旧外，其余本色以十分为率，七分照旧征运粮米，三分折征价银。每正兑米一石连蓆耗共征银七钱，改兑米一石连蓆耗共征银六钱。"⑤ 这一标准基本维持到明末。隆庆五年十一月，明中央下令"不得轻议改折"⑥。天启年间，仍然数次下令"不得轻议改折"⑦。

税粮之外的其他实物税，灾年亦可折征。正德五年（1510年）十一月诏："以苏、常、松江三府水灾，凡起运京库及南京各仓税粮、丝绢、绵布，俱量改折色，存留者本色折色中半征收，仍存省脚价以补应兑之数，各卫所屯田子粒俱视灾之轻重除免。"⑧

与折征相比，缓征尤其是停征更能减轻灾民负担。缓征是指暂缓征收正在征收或即将征收的税粮。景泰三年（1452年）闰九月，山东兖州府灾伤，百姓请求所欠马匹"悉为优免或待次年赔偿"，兵部认为"先追十分之三，余候来年麦熟买补"，得到代宗批准；后军都督府都督同知孙安奏："独石马营等处田禾霜灾，军士艰窘，其给过银两、应还子粒乞缓其征"，代宗亦同意"减半征之，余俟丰年"。⑨ 可见，缓征并不是蠲免，而是等到丰年再征收所欠赋税。因此，停征对于灾民更有利。宣德十年（1435年）正月，直隶真定、大

---

① 《明英宗实录》卷124。

② 《明英宗实录》卷165。

③ 陈昆：《明朝中后期海外白银输入的三条主要渠道》，《社会科学家》2011年第6期。

④⑤ （明）李东阳等：《大明会典》卷17。

⑥ 《明穆宗实录》卷63。

⑦ 《明光宗实录》卷5、卷6。

⑧ 《明武宗实录》卷69。

⑨ 《明英宗实录》卷221。

名、保定三府所属州县"各奏去年旱潦水涝，田禾薄收，逃移人户负欠粮草乞暂停征"，得到英宗批准①。正统二年（1437 年）八月，巡按河南监察御史薛希琏奏："近因天雨连绵，河水泛涨，开封府所属祥符等县民居、学舍、田禾、头畜多被淹没。"英宗下令受灾地方"一应买办并未纳钱粮、勾军等项，悉暂停止"②。正德十一年（1516 年）十二月，侍郎赵璜奏："河间府所属沧州、盐山、兴济、南皮、静海诸县灾伤，请发本府贮库银二千一百余两赈之，仍暂免今年应拨寄养马三千匹，停征备用马一千五百匹，及查拖欠倒失马匹之不能追陪者。"得到武宗批准③。

二、赈粮、赈钱、赈贷、以工代赈

减免赋税虽然减轻灾民负担，但不能解决灾民因受灾而面临的吃穿住用等生活方面的困难，而赈粮、赈钱、赈贷及以工代赈可以直接帮助灾民解决这些问题。因此，每当灾害尤其是重大灾害发生之后，明代政府都会相应的采取赈粮、赈钱、赈贷、以工代赈等赈济方式，解决灾民衣食问题，帮助他们尽快恢复生产、重建家园。

（一）赈粮

赈粮是临灾最主要、最常见的赈给方式，而且也最直接、及时、有效。灾害造成粮食短缺，灾民获取粮食也最迫切。因此，明代政府高度重视在灾荒中向受灾百姓赈粮。洪武五年（1372 年）六月，山东高唐、濮二州及聊城、堂邑、朝城等五县民饥，朱元璋敕吏部尚书赵孥坚"往发仓粟以赈之，凡民一千七百八十户，发粟一千九百石"；山东登、莱二州旱灾，他又下令"勿征（灾民）今年夏麦，其递年逋租及一切徭役，悉蠲之，又命以米六万六千余石赈莱州及东昌二府饥民"。④ 洪武十八年（1385 年），朱元璋下令天下有司"凡遇岁饥，先发仓廪赈贷，然后具奏"⑤。

洪武二十七年（1394 年），制定《灾伤去处散粮则例》，规定赈粮的标准："大口六斗，小口三斗，五岁以下不与。"⑥ "大口"即成年人，"小口"指五岁以上未成年的少年。这一赈粮标准到永乐年间做了调整，永乐二年（1404 年），制定《苏松等府水淹去处给米则例》，规定："每大口米一斗，六

---

① 《明英宗实录》卷 1。
② 《明英宗实录》卷 33。
③ 《明武宗实录》卷 144。
④ 《明太祖实录》卷 74。
⑤⑥ （明）李东阳等：《大明会典》卷 17。

岁至十四岁六升，五岁以下不与。每户有大口十口以上者，只与一石。其不系全灾、内有缺食者，原定借米则例：一口借米一斗，二口至五口二斗，六口至八口三斗，九口至十口以上者四斗。候秋成抵斗还官。"① 虽然比洪武二十七年的规定更加细致，但赈粮标准却大大降低了。其后，赈粮标准一般依据灾情灵活制定，并未遵照洪武或永乐年间的标准。成化六年（1470年）六月，"赈恤京城内外被水军民"，依吏部尚书姚夔奏请："房舍冲倒者与米一石，损伤人口者与米二石。"② 弘治二年（1489年）议准："顺天、河间、永平等府水灾淹死人口之家，量给米二石；漂流房屋头畜之家，给与米一石。"③嘉靖八年（1529年）题准："各灾伤地方守巡官查审流民，大口给谷二三斗，小口一二斗。令各速还原籍。"④

（二）赈钱

赈钱就是由政府发放救助金让灾民籴买粮食，以解决食物来源。当然，用于赈给的货币也是随着国家通用货币的变更而变更。明初通行宝钞，赈钱一般就是赈钞。洪武十年（1377年）五月，"赈济黄州、常德、武昌三府并岳州、沔阳二州去岁被水灾，户六千二百五十，户给钞一锭"⑤。洪武十七年（1384年）闰十月，苏州府昆山县民田为水所淹没，"诏除其租，仍给钞赈之"⑥。洪武十九年（1386年）五月，河南开封等府"民被水患，而赈济不及者三千一百户，补给钞三千八百四十五锭"⑦。洪武三十五年（1402年）冬十月，山东青州诸郡蝗灾，"命户部给钞二十万锭赈民，凡赈三万九千三百余户，仍令有司免其徭役"⑧。明代中期，随着宝钞的衰落，白银成为主要流通货币，赈钱也主要赈银两。景泰四年（1453年）十一月，批准提督宣府军务右金都御史李秉的请求，"给直隶隆庆州被灾人民，大口银二钱，小口银一钱，籴粮食用"⑨。嘉靖三十八年（1559年），"令发太仓银六万两赈蓟辽饥荒，另发银五万两以给牛种"⑩。隆庆元年（1567年）六月，"以霖雨坏民庐舍，令五城御史以房号钱、巡按御史以赃罚银分赈之，贫者户给银五钱，次三钱"⑪。

赈粮与赈钱，政府会根据灾情、地方粮食储备等情况来决定，有时兼用二

① ③ ④ ⑩ （明）李东阳等：《大明会典》卷17。

② （清）嵇璜、曹仁虎等：《钦定续文献通考》卷32《国用考》，载影印文渊阁《四库全书》本。

⑤ 《明太祖实录》卷112。

⑥ 《明太祖实录》卷167。

⑦ 《明太祖实录》卷178。

⑧ 《明太宗实录》卷13。

⑨ 《明英宗实录》卷235。

⑪ 《明穆宗实录》卷9。

者。如洪武十年（1377 年）正月，赈济苏、松、嘉、湖等府民"去岁被水灾者户米一石，凡一十三万一千二百五十五户"，"先是以苏湖等府被水，常以钞赈济之，继闻其米价翔踊，民业未振，复命通以米赡之"①。嘉靖十五年（1536 年）二月，湖广灾伤，"诏发该省事例银两及预备仓银谷，相兼赈济"②。嘉靖二十年（1541 年）六月，"以顺天府所属州县灾伤，诏免税粮有差，仍发太仓银二万两、通仓米二万石及州县等预备仓粮银，相兼赈济；复出太仓米一万石减值发粜，以平米价。又以永平大饥，发太仓库银六千两，通仓米六千石赈之"③。此外，政府还可以根据灾民维持生活所需，赈给布帛和其他物品。洪武九年（1376 年）七月，滦州、昌黎、卢龙、迁安、抚宁等县旱灾，"诏免田租，仍以布赈之"④。宣德二年（1427 年）十二月，宣宗下令户部："今年陕西亢旱，秋田无收，其军屯子粒、民间秋粮，俱已蠲免，比闻军民之中多因缺食流离，岂可不恤！其令有司开仓赈济。仍于南京运绢五万匹，绵布十万匹，令隆平侯等用心拯救，勿令失所。"⑤

（三）赈贷

由于受到财政力量的制约，政府不可能无限制的向灾民赈粮、赈钱，而必须激励灾民自救，即鼓励灾民尽快恢复生产，重建家园。因此，明政府一般都会在灾后向灾民贷放粮食、钞银，以及种子、耕牛、农具等生产资料，帮助灾民恢复生产。洪武六年（1373 年）六月，苏州府属县民饥，"诏以官粮贷之，计户五万九千五百十六，粜者减其半直，贷者秋成还官"⑥。洪武二十三年（1390 年）七月，河南、北平、陈州、真定、保定诸处水灾，"诏免征今年所贷预备粮储，仍赈给之"⑦。之前已贷，因灾免之。永乐元年（1403 年）四月，嘉兴、苏、松诸郡频岁水患，"令文武官员子弟及军民于德州济宁卫挥盐粮减价中纳"，"其无钱本者，官给钞贷之"⑧。永乐三年（1405 年）二月，直隶和州、言州民"尝贷官稻三千四百七十余石，今被水，未有偿"，准许"来岁秋成偿"⑨。永乐二十年（1422 年）闰十二月，山东登州府言宁海等八州县

---

① 《明太祖实录》卷 111。

② 《明世宗实录》卷 184。

③ 《明世宗实录》卷 250。

④ 《明太祖实录》卷 107。

⑤ 《明宣宗实录》卷 34。

⑥ 《明太祖实录》卷 83。

⑦ 《明太祖实录》卷 203。

⑧ 《明太宗实录》卷 9。

⑨ 《明太宗实录》卷 39。

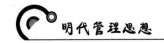

"连岁水旱，田谷不登，农民乏食"，准许将该府储粮 50 万石用来赈贷①。当然，这些粮食、钞银一般出自官方储备。正统六年（1441 年）八月，直隶苏州府属县"水灾民饥，有司发官廪米四十三万五千余石赈贷之"②。万历二十七年（1599 年）十一月，"以畿辅灾，发天津、德州、临清仓共三十万石，以十万赈贷，而以二十万平粜"，"以旱灾蠲亳州、凤阳等州县存留钱粮及改折各有差，灾重者命有司发赈之"③。

明政府除向灾民贷放粮食、货币之外，还会向灾民贷放种子、耕牛、农具等生产资料，帮助灾民恢复生产。洪武七年（1374 年）五月，苏州府诸县民饥，"命户部遣官赈贷，计户二十九万八千六百九十九，计给米麦谷三十九万二千一百余石，并以谷种、农具等贷之"④。正统五年（1440）二月，英宗批准兵部尚书兼大理寺卿王骥等所奏："太仆寺孳生牛计三万二千九百有奇，俱直隶凤阳等府州县人民牧养……且凤阳等府州县比因岁歉民贫，牛且缺少，田地荒芜，乞命太仆寺官同各府委官取勘无牛小民，就于原数内选取一万给与收牧耕种。"⑤ 成化七年（1471 年）八月，山东七府并浙江嘉、湖、杭、绍四府"自夏苦雨骤降，海潮大发，淹没禾稼，损坏屋舍，漂溺人畜，不可数计"，宪宗批准"若所在无粮则借拨于有粮之处，凡牛具种子亦措置赈贷"⑥。万历四年（1576 年）十一月，"以黄水冲淹"，诏"山东曹、单、金、鱼四县徭编、浅铺闸、溜河夫等银，及存留永丰、广盈等仓米银暂与蠲免，其临、德二仓小麦亦令停征，有司官仍动支仓库赈恤，俟水落地出，招抚复业，量给牛种，务使均沾"⑦。不一一列举。

（四）以工代赈

以工代赈是指政府组织灾民劳动而给灾民发放工资来解决其生计问题，从而实现救灾的目的。以工代赈是一种间接赈济，也是一种有偿的赈济，与直接赈粮、赈钱不同。以工代赈是一个一举多赢的策略，政府在灾荒之际出资兴建工程，一是劳动力比较充足；二是灾民通过参与劳动可以获得相应的报酬来解决生计问题；三是把灾民组织起来协同劳动，可以消除因灾害造成大批灾民流动而带来的不稳定因素。当然，这些公共工程主要是农田水利、公共设施等。

---

① 《明太宗实录》卷 254。
② 《明英宗实录》卷 82。
③ 《明神宗实录》卷 341。
④ 《明太祖实录》卷 89。
⑤ 《明英宗实录》卷 54。
⑥ 《明宪宗实录》卷 94。
⑦ 《明神宗实录》卷 56。

明代政府高度重视以工代赈。正统五年（1440 年）二月，"以畿内灾，民食不赡"，"给京城畿民饭三月，造奉天、华盖、谨身三殿，乾清、坤宁二宫"，"畿内民饥给复二年，家有父母者人赐二石米"。① 弘治年间，河决汴城，灾民流离失所，时任河南巡抚孙需"乃役以筑堤，而予以佣钱，趋者万计。堤成而饥民饱，公私便之"②。万历十七年（1589 年）八月，批准南京工部尚书李辅所奏："请兴工作，以寓救荒……请修神乐观、报恩寺，各役肇举匠作千人，人所赈亦及千人。"③ 万历年间，御史钟化民还在河南救灾，"令各府州县查勘该动工役，如修学、修城、浚河、筑堤之类，计工招募，以兴工作，每人日给米三升。借急需之工，养枵腹之众，公私两便。"④虽然以工代赈一举多得，但只能针对有劳动能力的灾民，具有明显的局限性，故也只是作为赈粮、赈钱等直接赈济措施的补充。

三、施粥

施粥又称煮赈，一般认为是战国时期的黔敖创为此法，救济饥民："齐大饥，黔敖为食于路，以待饥者而食之。"（《礼记·檀弓下》）施粥作为一项救灾措施，具有许多优点。明代席书《南畿赈济疏》云："考古荒政，可行于今者，唯作粥一法，不烦审户，不待防奸，至简至要，可以举行……未致太糜，赈恤有等，不致虚费，简直而奸欺难作，平易而有司可举……穷饿垂死之人，晨得而暮即起，其效甚速，其功甚大，扶颠起毙未有急于此者。窃谓此法非特宜于南畿，实可推于天下。"⑤

明代前期和中期，由于预备仓、常平仓等仓储制度还基本能发挥其备荒功能，政府也多采用蠲免、赈粮、赈钱、赈贷、折征等救灾方式，极少推行施粥赈济灾民。《明史》云："赈粥之法，自世宗始。"⑥ 即施粥作为国家层面的赈灾措施在嘉靖年间开始施行。从嘉靖年间开始，随着政治腐败的逐渐加深，国家财政日蹙，预备仓储制度也难以有效运转，每当重大灾荒发生时，政府拿不出足够的钱粮救济百姓，而蠲免赋税又会进一步加深财政的困难，在这种情况下，施粥就成为一种应急而又比较有效的选择。

嘉靖二年（1523 年）十二月，南京兵部右侍郎席书上《南畿赈济疏》，

---

① ② ④　杨景仁：《筹济篇》，《中国荒政全书》（第 2 辑第 4 卷），北京：北京古籍出版社 2004 年版，第 202 页。

③　《明神宗实录》卷 214。

⑤　（明）陈子龙等辑：《明经世文编》卷 183。

⑥　（清）张廷玉等：《明史》卷 78《食货二》。

叙述了施粥赈济的优点，并请求在全国推行这一赈济措施，世宗命席书"从便宜行于江北，仍谕江南巡抚一体施行"①。嘉靖十年（1531年）七月，陕西大旱，朝廷派户部左侍郎兼右副都御史叶相赴陕西主赈，并发大仓银30万两，令叶相随宜赈济所处银两。叶相不仅积极组织赈贷，还下令"州县官各于养济院支预备仓粮设一粥厂，就食者朝暮各一次，至麦熟而止"②。此后，设厂施粥就成为明政府推行的主要赈灾措施之一。而随着粥厂日渐增多，逐渐形成了一套关于粥厂的设立、运行及管理制度。万历年间，王士性总结"赈粥十事"：示审法、别等第、定赈期、分食界、立食法、立赈法、备爨具、登日历、禁乱民、省冗费。③

首先，粥厂的设立。设立粥厂一般遵循两个原则：一是选择合适地点，粥厂必须设置在离需救济人群最近的地方，而且要交通便利。因为粥厂施粥的对象主要是极度贫困的无法解决温饱问题的灾民或流民，设置地点就必须考虑饥民的多少和所处的地点。如万历四十三年（1615年）九月，"畿辅重灾"，顺天府尹李长庚奏请"照依（万历）三十九年所立粥厂，城内六厂，城外二厂"④。城内灾民集中，故需设六厂。在乡村，需要靠近村落设置粥厂。明代耿橘條云："荒年煮粥，全在官司处置有法，就村落散设粥厂。若尽聚之城郭，少壮弃家就食，老弱道路难堪，一不便也。"⑤二是数量要能满足需要。每逢灾荒尤其是重大灾荒，众多灾民难以生存，因此需要设置数量足够的粥厂，否则不仅难以遍济，而且容易发生挤踏甚至变乱。陕西巡按毕懋康《陕西毕巡按发刻张司农救荒十二议》云："多设粥厂：众聚则乱，散处易治。昔富郑公设公私庐舍十余万区而安处其民，又多设粥厂。今议州县之大者设粥厂数百处，小者亦不下百余处，多不过百人，少则六七十人，庶金爨便而米粥洁。"⑥万历二十二年（1594年）九月，钟化民在河南赈济灾民时，就命"各府州县正官遍历乡村集保甲、里老，举善良以司粥厂，就便多立厂所，每厂收养饥民二百，不拘土著流移"（《钟忠惠公赈豫纪略》）⑦。

其次，粥厂的管理。由于重灾需要设立许多粥厂，若政府直接管理众多的粥厂，不仅人手不够，也提高行政成本。通常情况下，明政府主要负责统筹、劝捐、巡视、监督、褒奖等工作，粥厂的具体运行、管理则委任给专职的粥长

---

①　《明世宗实录》卷34。

②　《陕西通志》卷84《德音二》，载影印文渊阁《四库全书》本。

③⑤　（明）徐光启：《农政全书》卷44《荒政》，载影印文渊阁《四库全书》本。

④　《明神宗实录》卷537。

⑥　（清）陆曾禹、倪国琏：《钦定康济录》卷4，载影印文渊阁《四库全书》本。

⑦　（清）俞森辑：《荒政丛书》卷5，载影印文渊阁《四库全书》本。

负责。因此,设厂施粥必须选任称职的粥长。与明政府的地方基层管理相适应,明代粥长多选任地方富户、精英担任,体现了以民治厂的精神。如毕懋康在陕西赈济时,"择百姓中殷实好善者三四人为正副而主之",因为"数百贫民之命悬于粥长之手,不得其人弊窦丛生"①。《钟忠惠公赈豫纪略》还云:"司厂不用在官人,各本地方保甲、里耆,公举富而好义者,州县正官以乡宾礼往请……以实心任事,厂内利弊陈请,即行月给官俸,司一厂者能使一厂饥民得所。"②《山西巡抚吕坤赈粥法》云:"择煮粥之人,旧日监督主管多委里甲老人,嗟夫难言之矣,无迫切之心则痛痒不关而事必苟,无综理之才则点察失当而事恒不详,无镇压之力则强者多暴者先而惠不均,故定煮粥之法当选煮粥之人。先令之讲求,讲求既明,正印官亲与问难,如于立法之外另有良法者即行奖赏,则人人各奏其能而仁术益精详矣。"③这些粥长在地方上很有威望,办事能让百姓信服。同时,还要给粥长选任助手。《山西巡抚吕坤赈粥法》还云:"分管粥之役,大粥场立总管一人,掌簿二人,司积二人管米豆,俱以廉干者为之。每锅灶头一人,炊手一人,壮妇人更好;柴夫一人,水夫十人,皆以食粥中之壮者为之。但有惰慢及作弊者,即时杖逐。"④同时,加强基层政府对粥厂的监督、巡查。万历四十三年(1615年)九月,"畿辅重灾",顺天府尹李长庚奏请设立粥厂,"令两县知县、丞簿等官分理各厂,而以府佐二员总其事,臣等时往查核,务使饥民得沾实惠"⑤。

最后,粥厂具体施粥程序。第一步:审户,即审查饥民的贫困状况,做到有的放矢。虽然嘉靖年间席书曾言"唯作粥一法,不待审户"。但明代后期由于国家财政困难等,施粥只能针对极贫户,为了保证受施者名实相符,就必须审户。林希元《荒政丛言疏》云:"审户难者,盖赈济本以活穷民,夫何人情狡诈,奸欺百出,乃有颇过之家,滥支米食;而穷饿之夫,反待毙茅蓭……廷臣建议赈粥,其说以为穷饿不得已者始来食,不须审户,可得饥民。臣始是其议。用意推行,不知岁既大饥,民多鲜耻,饥饱并进,真伪莫分,甚至富豪伴仆报名食粥,穷乡富人遣人关支。臣因痛加沙汰,追罚还官者无数,是赈粥之法亦难任也。"⑥具体方法,毕懋康《陕西毕巡按案刻张司农救荒十二议》云:"亲审贫民,先令里长报明贫户,正印官亲自逐都逐图验其贫窘,给与吃粥小票一张,填写里甲姓名,许执票入厂,仍登簿。万不可令民就官,往返等候。

---

① ③ ④ (清)陆曾禹、倪国琏:《钦定康济录》卷4,载影印文渊阁《四库全书》本。

② (清)俞森辑:《荒政丛书》卷5,载影印文渊阁《四库全书》本。

⑤ 《明神宗实录》卷537。

⑥ (明)陈子龙等辑:《明经世文编》卷162。

先有所费，要耐劳耐久，细心查审。"① 第二步：标识，即将入粥厂食粥的凭证"粥票"发给饥民。凭票入厂食粥，不仅有利于编排顺序，顺利散粥，也可以杜绝不符合条件之人冒领，即杜绝"富豪伴仆报名食粥，穷乡富人遣人关支"的现象。如万历二十九年（1601年）毕懋康在陕西赈济时，对于符合施粥条件的饥民，"给与吃粥小票一张，填写里甲姓名，许执票入厂"，然后验票散粥。第三步：排序，即编排饥民食粥的先后顺序。《山西巡抚吕坤赈粥法》云："别食粥之人，凡来食粥者，报名在官立簿，一扇分为三等六班：老者不耐饿另为一等，粥先给；稍加稠病者，不可群，另为一等，粥先给；少壮另为一等，最后给，此谓三等。造次颠沛之时，男女不可无辨，男三等在一边，女三等在一边，是为六班。"② 也有其他编排秩序的方法。毕懋康《陕西毕巡按发刻张司农救荒十二议》云："择地聚人赈粥法，城四门择空旷处为粥场，盖以两棚，坐以矮櫈，绳列数十行，每行两头竖木橛系绳作界，饥民至令入行中，挨次坐定，男女异行，有病者另入一行，乞丐者另入一行。"③ 虽然排序方法各不相同，但其目的都是编排好饥民食粥的顺序，有序散粥。第四步：散粥，即将粥分发给饥民。散粥一般一天两次，方式不一。毕懋康《陕西毕巡按发刻张司农救荒十二议》所说的散粥方法是："预谕饥民各携一器，粥熟鸣锣，行中不得动移。每粥一桶，两人舁之而行，见人一口分粥一杓贮器中，须臾而尽。分毕，再鸣锣一声，听民自便。分者不患杂蹂，食者不苦见遗，限定辰申二时，亦无守候之劳。庶法便而泽周也。"④ 王士性的方法是："夫煮粥之难，难在分散，待哺既众，彼我相挤，随手授之，不得人人均其多寡。当令饥民至者随其先后来一人则坐一人，后至者坐先至肩下，但坐下者即不许起。一行坐尽又坐一行，以面相对，以背相倚，空其中街可用走动。坐者令直其双足，不许蹲踞盘辟、转身附耳，人头一乱，查数为难。有起便手者，毕则仍回本处坐。至正午，官击梆一声，唱给一次食，即令两人抬粥桶，两人执瓢杓，令饥民各持碗坐给之。其有速食先毕者或不得再与，再与则乱生，须将头碗散遍，然后击二梆，高唱给二次食，从头又散。亦如之又遍。然后击三梆，高唱给三次食，从头分散，亦如之三食已毕。纵头食者不得过多，但求免死而已。然后再查簿中，谁系有父母、妻子饥病在家不能自行者，以其所执瓶礶再给一人之食与之携归，如是处分俱讫，方令饥民起行。其有流民欲去东西南北，从此方过者，亦照此坐食。"⑤ 这些方法，严格执行方能保证有序散粥。

---

① ② ③ ④　（清）陆曾禹、倪国琏：《钦定康济录》卷4，载影印文渊阁《四库全书》本。

⑤　（明）徐光启：《农政全书》卷44《荒政》，载影印文渊阁《四库全书》本。

四、调粟

调粟是历代政府救灾中常用的措施，主要包括移民就粟、移粟就民和平粜等。

移民就粟就是让灾民到粮食丰熟的地区就食。因为移民就粟常常会造成大规模的人口流动，给社会稳定造成消极影响，故明政府并未采取过移民就粟的方式救灾。但是，大灾之时，大批灾民为了解决温饱问题，常选择离开灾区向粮食丰足的地方流动。对政府而言，这就被动出现了流民问题。面对流民问题，明政府通常采取相关的抚揖措施。前已述及，不赘。

移粟就民就是政府将灾区之外的粮食调入灾区来救济灾民。灾荒时节，政府将直接控制的粮食资源用于调丰剂歉，防止灾民盲目流徙。明政府多次采用这种措施救济灾民。《明史》记载，永乐十四年（1416年）正月，"北京、河南、山东饥，免永乐十二年逋租，发粟一百三十七万石有奇赈之"①。成化二十一年（1485年），"转漕四十万石，赈陕西饥"②。弘治六年（1493年）五月，"山东一方旱甚"，明政府发"德州、临清水次二仓发米麦十余万石"，"减价粜之"③。

一般而言，在地方发生灾荒而本地储粮又不足的情况下，从邻近地区调剂则更为便捷有效。永乐元年（1403年）三月，北京、山东、河南、直隶徐州、凤阳、淮安民饥，"命户部遣官赈济，本处无储粟者，于旁近军卫有司所储给赈之"④。正统十年（1445年）十一月，镇守陕西右都御史陈镒奏"陕西连年荒旱、蝗潦，赈济饥民，支粮尽绝"，户部命与之临近的"河南府并潼关仓粮运至泾阳等处，将怀庆府仓粮运至华阴等处，以备赈济"⑤。正统十二年（1447年）五月，山东济宁以南至直隶淮安、扬州府"频岁不登，人民缺食"，英宗命大理寺左少卿张骥"往同府州县官发官仓粮赈济，缺粮者于附近处出给，或劝富民啁恤"⑥。嘉靖三年（1524年）二月，南京给事中顾秦等言"南京根本重地，前者旱甚，尘生于河；今日水甚，舟行于山"，请求将附近的南直隶浙江、江西、湖广"有司一切纸赎，尽出谷输灾处"，世宗命侍郎席

---

① （清）张廷玉等：《明史》卷7《成祖三》。
② （清）张廷玉等：《明史》卷14《宪宗二》。
③ 《明孝宗实录》卷75。
④ 《明太宗实录》卷18。
⑤ 《明英宗实录》卷135。
⑥ 《明英宗实录》卷154。

书"会各抚按官计便宜行之"①。嘉靖八年（1529年）十二月，"以榆林饥，悉发延安府预备仓粮转运赈济"②。在必要情况下，还可以截留运往京师的漕粮。弘治二年（1489年）二月，"以四川旱灾，截湖广岁漕京仓米二十万石赈济。遣户部郎中田铎同漕运参将郭鋐督运至夷陵州等处，听四川布政司遣官就彼交收"③。正德十五年（1520年）四月，"淮、扬等府大饥，人相食"，户部"请于苏、松截留运米五十二万石内拨十万石，及轻赍银七两二千余两，凤阳、扬州贮库事例银六千一百五十两"赈济灾民，"诏从其议"④。万历十六年（1588年）四月，"准截留漕粮二万石，发凤、淮、扬、滁四府州平粜赈饥。从漕臣舒应龙请也"⑤。万历二十一年（1593年）八月，江北水患，户部复准"截留备倭漕粮二十万石赈散灾黎"⑥。当然，在灾伤极端严重的情况下，常常多种救灾措施并用。嘉靖三十二年（1553年）议准："徐、淮水灾，减免有田有户之人应纳税粮五万石，其见在淮、徐两仓米麦专给与无田无户之人，或不敷，将淮、徐附近府州县该起运兑改及各处见运到淮漕粮内，照数截拨补给。"⑦采取了减免赋税、赈粮、移粟就民三种救灾措施。

平粜，就是政府在丰年平价收购百姓余粮（平籴），待荒年用平价出售。一般认为，平粜始于战国时期的李悝。为了能使平粜工作顺利推进，明政府主要采取了以下措施：

首先，加强粮食供给，多方供应。平粜粮食有的来源公仓，包括中央直管的京仓、通仓等，以及地方粮仓，有的来自民间富户等。成化六年（1470年），"敕差堂上官二员，一员往顺天、河间、永平三府，一员往真定、保定二府灾伤地方，设法招抚赈济。如本处仓粮缺乏，许于附近通州、天津、涿州、保定等处仓分量给，及搬运接济，其一应差徭、俱暂优免。又奏准：将京、通二仓粮米，发粜五十万石，每粳米收银六钱，粟米五钱，以杀京城米价腾贵。再将文武官吏俸粮预支三个月"⑧。正统五年（1440年）六月，"浙江衢州府饥，以广盈仓粮七万六百余石粜给民，用凡得银一万二千七百五十余两"⑨。正统六年（1441年）二月，英宗批准巡按浙江监察御史康荣等的奏

---

① 《明世宗实录》卷36。
② 《明世宗实录》卷108。
③ 《明孝宗实录》卷23。
④ 《明武宗实录》卷185。
⑤ 《明神宗实录》卷197。
⑥ 《明神宗实录》卷263。
⑦⑧ （明）李东阳等：《大明会典》卷17。
⑨ 《明英宗实录》卷68。

请："杭州府地狭人稠，浮食者多仰给于苏、松诸府。今彼地水旱相仍，谷米不至，杭州遂困。又湖州府比因岁凶，米亦甚贵。窃计二府官廪有二十年之积，恐年久红腐，请发三十五万斛于民间，令依时值偿银上纳京库，则朝廷不费而民受其惠矣。"① 既可以救灾，又可以促进仓粮的新旧循环。成化元年（1465 年）十二月，"南京米贵，人民艰食"，敕准南京总督粮储都察院右副都御史周瑄会同南京户部尚书陈翌，"亟将仓粮四万石斛卖，价银收贮在官。或仓粮不足，可将两京文武本色俸米预卖一二年之数，量时定价，银一两米三石或二石五斗，按季如数分给各官。其斛卖之际，务在斟酌得宜"②。若公仓存粮不足，政府也可以动员富民平斛其积蓄的粮食，政府给予适当褒奖。嘉靖十年（1531 年）七月，命侍郎叶相赈陕西饥："令支太仓银三十万两往赈。又以灾伤重大，令各州县戒谕富室，将所积粟麦照依时价斛与饥民。若每石减价一钱，至五百石以上者，给与冠带；一千石以上，表为义门。被灾人民逃出外境者招集复业，倍与赈济银两，官给牛种。"③ 而对囤积居奇、罔顾饥民生死的富户也会适当惩罚。宣德年间，山西、河南灾荒，于谦受命巡抚二省，他到任后"首行平斛之法"："劝谕富豪之家将所积米谷扣起本家食用之外，余者皆要斛与饥民。若仗义者，每石肯减价二钱，减至一百石以上者，免其数年差役；一二千以上者，奏请建坊旌表；有不愿减者，勿强。"但是，"若有奸民擅富要利，坐视饥民，不与平斛者，里老从实具呈，重罚不恕"，"一时富民乐捐而尚义者甚众"（《临事之政计》)④。关于明政府的赈灾劝分思想，前已述及，不赘。

其次，加强粮食流通，禁止遏籴、闭籴。为了保障救灾粮食供给，明政府有时截留起运，包括漕运，此点前已述及。有时预支官俸。景泰六年（1455 年）七月，廷臣建议"在京官军俸粮俱于京仓预支两月"，因为"近以天时淫雨，车脚不通，米价翔踊"⑤。景泰七年（1456 年）二月，批准左副都御史刘广衡奏请："顺天、河间二府民饥已甚，虽蒙赈济，尚有不给，请于被灾之处预支官军令秋七月俸粮，以足其食。"⑥ 另外，灾荒之年部分地方官员为了保证本地的粮食储备，禁止将本地仓粮供给邻近受灾州县，此即遏籴，又叫闭籴。遏（闭）籴阻止粮食流通，会加剧灾区粮价上涨，人为加重灾荒程度。

① 《明英宗实录》卷 76。
② 《明宪宗实录》卷 24。
③ （清）嵇璜、曹仁虎等：《钦定续文献通考》卷 32《国用考》，载影印文渊阁《四库全书》本。
④ （清）陆曾禹、倪国琏：《钦定康济录》卷 3，载影印文渊阁《四库全书》本。
⑤ 《明英宗实录》卷 256。
⑥ 《明英宗实录》卷 263。

成化六年（1470年）九月，太子少保兵部尚书兼文渊阁大学士彭时等奏："京城米价高贵，莫甚此时，实由今年畿甸水荒无收，军船运数欠少，皆来京城籴买，而商贾米船亦恐河冻，少有至者，所以米价日贵一日。军民所仰者惟官粮而已，近日户部奏请预支两月军粮，是固救急之术。但粮在水次，猝急难至，在京蓄积之家，因而闭籴，以要厚利者自如也。乞命户部再将文武官员月俸预放三月，如又不足，将东西太仓米平价发籴四五十万石，收贮价银，待丰年支与官军准折。俸粮亦宜量数发籴以济河间之急。此令一下，或者人不闭籴，米价可平。"宪宗采纳了上述建议。[①] 成化二十年（1484年）九月，山西、陕西灾荒严重，朝廷下令"山、陕大户积粮之家"，"以十分为率，官籴七分，本家留三分，其价比之丰年量为增添，不许抑勒亏人，亦不许固藏闭籴"[②]。弘治十七年（1504年）十二月，再次"申严富豪大贾闭籴专利之禁"[③]。又据《钦定康济录》记载，万历九年（1581年），淮、凤告灾，张居正上疏云："皇上大发帑银，遣使分赈，恩至渥矣。然赈银有限，饥民无穷，惟是邻近协助市籴通行，乃可延旦夕之命。近闻所在往往闭籴，灾民既缺食于本土，又绝望于他乡，是激之为变也。宜禁止遏籴之令，讲求平籴之法，听商民从宜籴买，江南则籴于江淮，山陕则籴于河南，各抚按互相关白，接递转运，不许闭遏。其籴本，或于各布政司，或于南京户部权宜措处。河南直隶四府县以临德二仓之米平价发粜，则各处皆可接济。"（《临事之政计》）[④] 朝廷每于重大灾荒时节，下令各地禁止遏籴闭籴，目的就是理顺粮食的流通渠道，救济灾民，减轻灾害造成的严重影响。

五、抚恤

抚恤也是比较重要的救灾措施，主要包括救治伤病、收养遗弃、赎还妻小、掩埋遗体等方面。

（一）救治伤病

灾伤年成，病疾容易流行，加之一些灾害如地震、雹灾等本身也会造成灾民伤亡，因此救治伤病就非常必要。洪武三年（1370年）六月，朱元璋下令："置惠民药局府，设提领，州县曰官医，凡军民之贫病者给之医药。"[⑤] 宣德三

① 《明宪宗实录》卷83。
② 《明宪宗实录》卷256。
③ 《明孝宗实录》卷219。
④ （清）陆曾禹、倪国琏：《钦定康济录》卷3，载影印文渊阁《四库全书》本。
⑤ 《明太祖实录》卷53。

年（1428 年），宣宗再次重申："天下军民贫病者，惠民药局给与医药。"① 成化七年（1471 年）四月，户部奏："近日饥民行乞于道，多有疲不能支，或相仆籍，已令顺天府二县委官收恤矣。其军余匠役各送所司给亲收养，所亲不能瞻给，宜具实申报，量为给粮；病者官为给药、饲粥；无亲者收入养济院赈恤；其远方流移，如例给粮，发遣复业；死无归者葬之，无令暴露以干和气。"宪宗下诏"悉如议行之"。② 成化年间，还比较重视医务人员的培养。成化十七年（1481 年）十月议准："今陕西、甘肃等十余卫所医药俱缺，疾疫无所疗治，请敕所司各立医学一所，选精通医术者教军余子弟习业。"③ 万历十五年（1587 年）六月，礼部奏报："施药救京师灾疫，即于五城开局，按病依方散药。复差委祠祭司署员外郎高桂等五员分城监督，设法给散。随于五月三十日据中城等兵马司造册呈报：五城地方给散银钱，共散过患病男妇李爱等一万六百九十九名口，共用银六百四十一两九钱四分，钱十万六千九百九十文，五城会齐俱于五月二十一日给散。一切病民，委沾实惠。太医院委官御医张一龙等造册呈报：自五月十五日开局以来，抱病就医问病给药，日计千百，旬月之外，疫气已解，五城共医过男妇孟景云等十万九千五百九十名口，共用过药料一万四千六百六十八斤八两，相应住止。仰惟皇上仁无不覆，施有所先，遂使疲癃之民悉蒙再造之赐，即今疫渐消减，人遂安宁，化愁叹为讴歌，易扎瘥为仁寿，不惟病愈瞻依，实是蒸黎感悦。至于给散银钱虽只一次，而领药无算，计其所费，实数倍之，不但贫民得生，且于平民之家更益普济，此天地生成之仁也。"④ 可见，明政府在救治伤病方面的投入还是比较充足的。

（二）收养遗弃

灾害造成许多孤儿，无人领养，明政府通常采用提供钱粮、旌表等方式，鼓励民间收养。宣德年间，山西、河南灾荒，于谦受命巡抚二省，他到任后"首行平粜之法"，并做好遗弃子女的收养："若有遗弃子女，里老可即报与州县，着官设法收养，候岁熟访其父母而还之。如里内有贤良之民能收养四五口者，官犒以羊酒，给其匾额；十口以上者，加彩缎，免其终身差役；二十口以上者，冠带荣身。一时富民乐捐而尚义者甚众。"（《临事之政计》）⑤ 成化二十年（1484 年）七月，陕西秦州知州傅鼐奏陈救荒事宜："民间小儿遗弃道路者，乞令所司给与民家收养，月给官粮三斗，赎者还之，不许留为奴仆，或附

① （明）李东阳等：《大明会典》卷 80。
② 《明宪宗实录》卷 90。
③ 《明宪宗实录》卷 220。
④ 《明神宗实录》卷 187。
⑤ （清）陆曾禹、倪国琏：《钦定康济录》卷 3，载影印文渊阁《四库全书》本。

籍当差，亦听其便。"户部议准推行①。正德、嘉靖时期林希元，在其《荒政丛言疏》中建议："凡收养遗弃小儿者，日给米一升，一支五日，每月抱赴局官看验。饥民支米之外，又得小儿一口之粮，远近闻风，争趋收养。此欲其收养，不必责其挟诈也，甚至亲生之子亦诈称收抱以希米食，旬月之间无复有弃子于河、于道者。"② 嘉靖八年（1529 年）定赈恤之令："令灾伤地方凡军民等有能收养小儿者，每名日给米一升，埋葬一躯者给银四分，邻近州县不得闭籴，又令守巡官查审流民，大口给谷二三斗，各速还原籍。"③ 嘉靖十年（1531 年）七月，命侍郎叶相赈陕西饥，"（叶相）动支官银收买遗弃子女，州县设法收养。若民间有能自收养至二十口以上者，给与冠带。"④

（三）赎还妻小

灾民迫于灾荒，一些人遂将其妻子、孩子鬻卖给富人。明政府多次下令由政府出资赎还贫民因灾典卖的妻小。洪武十九年（1386 年）正月，朱元璋下诏："河南府州县民，因水患而典卖男女者，官为收赎"⑤；八月，河南布政使司奏"收赎开封等府民间典卖男女，凡二百七十四口，计钞一千九百六十余锭"⑥。永乐八年（1410 年）正月，"以去年江北水患"，朝廷下令"军民有迫于艰难典卖子女者，官为赎还"⑦。永乐十一年（1413 年）五月，徐州水灾乏食，"有鬻男女以图活者，人至父子相弃，其穷已极"，朱棣"即遣人驰驿发廪赈之"，且下令"所鬻男女官为赎还"⑧。明政府还采取一些措施，让离散家属得以团聚。正统二年（1437 年）六月，英宗批准四川马湖府同知杨礼所奏："湖广黄州等府连年亢旱，人民流移，其子女或为人奴，或被略卖，深为可悯。今年已丰稔，而向之为奴被卖者如故，宜命有司赎还，令得完聚。"⑨ 成化二十三年（1487 年），宪宗下诏："陕西、山西、河南等处军民先因饥荒逃移，将妻妾子女典卖与人者，许典买之家首告，准给原价赎取归宗；其无主及愿留者听；隐匿者罪同。"⑩

（四）掩埋遗体

掩埋因灾荒而离世的灾民的遗体，也是明政府的救灾措施之一。大灾之

---

① 《明宪宗实录》卷 254。

② （明）陈子龙等辑：《明经世文编》卷 162。

③④ （清）嵇璜、曹仁虎等：《钦定续文献通考》卷 32《国用考》，载影印文渊阁《四库全书》本。

⑤ 《明太祖实录》卷 177。

⑥ 《明太祖实录》卷 179。

⑦ 《明太宗实录》卷 100。

⑧ 《明太宗实录》卷 140。

⑨ 《明英宗实录》卷 31。

⑩ （明）李东阳等：《大明会典》卷 19。

后，疾病容易流行，而腐烂的遗体如果不及时处理，就可能加剧疫病的流行，因此及时掩埋灾民遗体就显得比较重要了。通常情况下，明政府对于灾民遗体，或鼓励民间掩埋，或政府出资掩埋。景泰七年（1456 年）十月，湖广黄梅县奏："境内今年春夏瘟疫大作，有一家死至三十九口，计三千四百余口。有全家灭绝者，计七百余户。有父母俱亡而子女出逃。人惧为所染，丐食则无门，假息则无所，悲哭恸地，实可哀怜。死亡者已令里老新邻人等掩埋，缺食者设法劝借赈恤。"① 天顺元年（1457 年）七月，英宗下诏："水旱灾伤去处，如遇饥民缺食，有司加意抚恤赈济；逃民招抚复业，免其粮差三年；及各处地方有因饥疫身死无人收葬者，所在军民有司即与掩埋，毋使暴露。"② 弘治二年（1489 年）七月，孝宗批准户部尚书李敏所奏："河间、永平二府近被水灾，请分遣郎中陈瑗等往赈之，户给米一石，如近日京城例。其溺死者加一石，无主者官为掩埋；贫不能自存者量为修葺庐舍，并免夏秋粮税。"③ 弘治十年（1497 年）九月，"山东济、兖、青、登、莱五府被水灾，济、青二府虫灾，蓬莱、黄二县瘟疫，命所司赈恤之。溺死人口之家给米二石，漂流房屋头畜之家一石，瘟死之家量给之。其死亡尽绝及贫不能葬者，给以掩埋之费。"④ 嘉靖八年（1529 年）题准："灾伤地方军民人等有能收养小儿者，每名日给米一升；埋尸一躯者，给银四分。"⑤

这些抚恤措施，不仅解决因灾的吃住问题，而且尽可能帮助其家人团聚，体现了明政府"以民为本"的人道主义精神。

---

①《明英宗实录》卷 271。

②《明英宗实录》卷 280。

③《明孝宗实录》卷 28。

④《明孝宗实录》卷 129。

⑤（明）李东阳等：《大明会典》卷 17。

参考文献

[1]（吴）韦昭注：《国语》，上海：上海古籍出版社 2008 年版。

[2] 杨伯峻：《春秋左传注》，北京：中华书局 2009 年版。

[3]（西汉）刘向集录：《战国策》，郑州：中州古籍出版社 2007 年版。

[4]（西汉）司马迁：《史记》，北京：中华书局 1959 年版。

[5]（东汉）班固：《汉书》，北京：中华书局 1962 年版。

[6]（南朝·宋）范晔：《后汉书》，北京：中华书局 1965 年版。

[7]（西晋）陈寿：《三国志》，北京：中华书局 1959 年版。

[8]（北宋）司马光：《资治通鉴》，北京：中华书局 1956 年版。

[9]（唐）房玄龄：《晋书》，北京：中华书局 1974 年版。

[10]（梁）沈约：《宋书》，北京：中华书局 1974 年版。

[11]（梁）萧子显：《南齐书》，北京：中华书局 1972 年版。

[12]（唐）姚思廉：《梁书》，北京：中华书局 1973 年版。

[13]（唐）姚思廉：《陈书》，北京：中华书局 1972 年版。

[14]（北齐）魏收：《魏书》，北京：中华书局 1974 年版。

[15]（唐）李百药：《北齐书》，北京：中华书局 1972 年版。

[16]（唐）令狐德棻：《周书》，北京：中华书局 1971 年版。

[17]（唐）魏徵：《隋书》，北京：中华书局 1973 年版。

[18]（唐）李延寿：《南史》，北京：中华书局 1975 年版。

[19]（唐）李延寿：《北史》，北京：中华书局 1974 年版。

[20]（后晋）刘昫：《旧唐书》，北京：中华书局 1975 年版。

[21]（北宋）欧阳修、宋祁：《新唐书》，北京：中华书局 1975 年版。

[22]（北宋）薛居正：《旧五代史》，北京：中华书局 1976 年版。

[23]（北宋）欧阳修：《新五代史》，北京：中华书局 1974 年版。

[24]（元）脱脱：《宋史》，北京：中华书局 1985 年版。

[25]（明）宋濂：《元史》，北京：中华书局 1976 年版。

[26]（元）马端临：《文献通考》，北京：中华书局 1986 年影印版。

[27]（清）张廷玉等：《明史》，北京：中华书局 1974 年版。

［28］（明）朱元璋：《大诰》，《续修四库全书》本。

［29］（明）朱元璋：《大诰续编》，《续修四库全书》本。

［30］（明）朱元璋：《大诰三编》，《续修四库全书》本。

［31］（明）李东阳等：《大明会典》，影印文渊阁《四库全书》本。

［32］（明）申时行等：《大明会典》，《续修四库全书》本。

［33］（明）翟善等：《诸司职掌》，《续修四库全书》本。

［34］《明太祖实录》，台北：历史语言研究所 1962 年校印本。

［35］《明太宗实录》，台北：历史语言研究所 1962 年校印本。

［36］《明仁宗实录》，台北：历史语言研究所 1962 年校印本。

［37］《明宣宗实录》，台北：历史语言研究所 1962 年校印本。

［38］《明英宗实录》，台北：历史语言研究所 1962 年校印本。

［39］《明宪宗实录》，台北：历史语言研究所 1962 年校印本。

［40］《明孝宗实录》，台北：历史语言研究所 1962 年校印本。

［41］《明武宗实录》，台北：历史语言研究所 1962 年校印本。

［42］《明世宗实录》，台北：历史语言研究所 1962 年校印本。

［43］《明穆宗实录》，台北：历史语言研究所 1962 年校印本。

［44］《明神宗实录》，台北：历史语言研究所 1962 年校印本。

［45］《明光宗实录》，台北：历史语言研究所 1962 年校印本。

［46］《明熹宗实录》，台北：历史语言研究所 1962 年校印本。

［47］《崇祯长编》，台北：历史语言研究所 1962 年校印本。

［48］《崇祯实录》，台北：历史语言研究所 1962 年校印本。

［49］《明太宗宝训》，台北：历史语言研究所 1962 年校印本。

［50］嘉靖《河间府志》，天一阁藏明代方志选刊。

［51］正德《大名府志》，天一阁藏明代方志选刊。

［52］弘治《重修保定志》，天一阁藏明代方志选刊。

［53］嘉靖《广平府志》，天一阁藏明代方志选刊。

［54］隆庆《赵州志》，天一阁藏明代方志选刊。

［55］嘉靖《霸州志》，天一阁藏明代方志选刊。

［56］弘治《易州志》，天一阁藏明代方志选刊。

［57］嘉靖《隆庆志》，天一阁藏明代方志选刊。

［58］嘉靖《太原县志》，天一阁藏明代方志选刊。

［59］嘉靖《昆山县志》，天一阁藏明代方志选刊。

［60］万历《通州志》，天一阁藏明代方志选刊。

［61］弘治《句容县志》，天一阁藏明代方志选刊。

［62］嘉靖《淮扬志》，天一阁藏明代方志选刊。

［63］嘉靖《江阴县志》，天一阁藏明代方志选刊。

［64］隆庆《仪真县志》，天一阁藏明代方志选刊。

［65］嘉靖《宝应县志略》，天一阁藏明代方志选刊。

［66］嘉靖《淳安县志》，天一阁藏明代方志选刊。

［67］嘉靖《温州县志》，天一阁藏明代方志选刊。

［68］嘉靖《太平县志》，天一阁藏明代方志选刊。

［69］嘉靖《海门县志》，天一阁藏明代方志选刊。

［70］嘉靖《浦江志略》，天一阁藏明代方志选刊。

［71］永乐《温州府乐清府志》，天一阁藏明代方志选刊。

［72］嘉靖《武康县志》，天一阁藏明代方志选刊。

［73］弘治《徽州府志》，天一阁藏明代方志选刊。

［74］嘉靖《宿州志》，天一阁藏明代方志选刊。

［75］嘉靖《池州府志》，天一阁藏明代方志选刊。

［76］嘉靖《延平府志》，天一阁藏明代方志选刊。

［77］正德《建昌府志》，天一阁藏明代方志选刊。

［78］隆庆《临江府志》，天一阁藏明代方志选刊。

［79］嘉靖《九江府志》，天一阁藏明代方志选刊。

［80］正德《袁州府志》，天一阁藏明代方志选刊。

［81］嘉靖《赣州府志》，天一阁藏明代方志选刊。

［82］隆庆《瑞昌府志》，天一阁藏明代方志选刊。

［83］嘉靖《东乡县志》，天一阁藏明代方志选刊。

［84］嘉靖《夏津县志》，天一阁藏明代方志选刊。

［85］嘉靖《武城县志》，天一阁藏明代方志选刊。

［86］正德《汝州志》，天一阁藏明代方志选刊。

［87］嘉靖《开州志》，天一阁藏明代方志选刊。

［88］嘉靖《夏邑县志》，天一阁藏明代方志选刊。

［89］正德《新乡县志》，天一阁藏明代方志选刊。

［90］弘治《黄州府志》，天一阁藏明代方志选刊。

［91］嘉靖《蕲州志》，天一阁藏明代方志选刊。

［92］嘉靖《应山县志》，天一阁藏明代方志选刊。

［93］嘉靖《常德府志》，天一阁藏明代方志选刊。

［94］嘉靖《岳州府志》，天一阁藏明代方志选刊。

［95］嘉靖《惠州府志》，天一阁藏明代方志选刊。

［96］ 嘉靖《钦州志》，天一阁藏明代方志选刊。

［97］（明）刘惟谦等：《大明律》，《续修四库全书》本。

［98］《大明律集解附例》，台北：台湾学生书局 1986 年版。

［99］（明）戴金：《皇明条法事类纂》，北京：科学出版社 1994 年版。

［100］（明）王圻：《续文献通考》，上海：上海古籍出版社 2002 年版。

［101］（明）朱国祯：《皇明史概》，南京：江苏广陵古籍刻印社 1992 年版。

［102］（清）谷应泰：《明史纪事本末》，北京：中华书局 1985 年版。

［103］（清）龙文彬：《明会要》，北京：中华书局 1956 年版。

［104］（明）陈建：《皇明通纪》，北京：中华书局 2008 年版。

［105］（明）傅凤翔：《皇明诏令》，台北：成文出版社 1967 年版。

［106］（明）徐学聚：《国朝典汇》，北京：北京大学出版社 1993 年版。

［107］（明）郑世龙：《国朝典故》，北京：北京大学出版社 1993 年版。

［108］（明）陈子龙等：《明经世文编》，北京：中华书局 1962 年版。

［109］（明）吕坤：《实政录》，《续修四库全书》本。

［110］（明）朱健：《古今治平略》，《续修四库全书》本。

［111］（明）张居正：《张太岳集》，上海：上海古籍出版社 1984 年版。

［112］（明）邱濬：《大学衍义补》，北京：京华出版社 1999 年版。

［113］（明）杨一清：《杨一清集》，北京：中华书局 2001 年版。

［114］（明）刘麟：《清惠集》，影印文渊阁《四库全书》本。

［115］（明）王世贞：《弇山堂别集》，北京：中华书局 1985 年版。

［116］（明）程敏政：《皇明文衡》，四部丛刊初编本。

［117］（明）海瑞：《海瑞集》，北京：中华书局 1962 年版。

［118］（明）章懋：《枫山集》，影印文渊阁《四库全书》本。

［119］（明）黄训：《皇明名臣经济录》，影印文渊阁《四库全书》本。

［120］（明）陆容：《菽园杂记》，北京：中华书局 1985 年版。

［121］（明）王守仁：《王文成全书》，影印文渊阁《四库全书》本。

［122］（明）陈应芳：《敬止集》，影印文渊阁《四库全书》本。

［123］（明）张瀚：《松窗梦语》，北京：中华书局 1985 年版。

［124］（明）王士性：《广厂志绎》，北京：中华书局 1981 年版。

［125］（明）董其昌辑：《神庙留中奏疏汇要》，《续修四库全书》本。

［126］（明）焦竑：《玉堂丛语》，北京：中华书局 1981 年版。

［127］（明）焦竑：《献征录》，《续修四库全书》本。

［128］（明）高岱：《鸿献录》，《四库全书存目丛书》本。

［129］（明）吕维棋：《明德先生文集》，《四库全书存目丛书》本。

［130］（明）谈迁：《国榷》，北京：中华书局 1958 年版。

［131］（明）王守仁：《王文成公全书》，四部丛刊初编本。

［132］（明）高攀龙：《高子遗书》，影印文渊阁《四库全书》本。

［133］（明）傅泽洪：《行水金鉴》，影印文渊阁《四库全书》本。

［134］（明）张卤：《皇明制书》，北京：书目文献出版社 1998 年版。

［135］（明）何景明：《大复集》，影印文渊阁《四库全书》本。

［136］（明）沈德符：《万历野获编》，北京：中华书局 1959 年版。

［137］（明）叶永盛：《玉城奏疏》，《四库全书存目丛书》本。

［138］（明）余继登：《皇明典故纪闻》，北京：书目文献出版社 1995 年版。

［139］（明）马文升：《马端肃奏议》，影印文渊阁《四库全书》本。

［140］（明）袁中道：《珂雪斋近集》，《四库禁毁书丛刊》本。

［141］（明）杨嗣昌：《杨文弱先生集》，《四库禁毁书丛刊》本。

［142］（明）雷梦麟：《读律琐言》，北京：法律出版社 2000 年版。

［143］（明）沈榜：《宛署杂记》，北京：古籍出版社 1980 年版。

［144］（明）郑晓：《今言》，北京：中华书局 1984 年版。

［145］（明）张萱：《西园闻见录》，《续修四库全书》本。

［146］（明）湛若水：《格物通》，影印文渊阁《四库全书》本。

［147］（明）谢肇淛：《五杂俎》，北京：中华书局 1959 年版。

［148］（明）潘季驯：《河防一览》，影印文渊阁《四库全书》本。

［149］（明）张国维：《吴中水利全书》，影印文渊阁《四库全书》本。

［150］（明）周瑛：《翠渠摘稿》，影印文渊阁《四库全书》本。

［151］（明）郑若曾：《江南经略》，影印文渊阁《四库全书》本。

［152］（明）张内蕴、周大韶：《三吴水考》，影印文渊阁《四库全书》本。

［153］（明）何良俊：《四友斋丛说》，北京：中华书局 1959 年版。

［154］（明）张燮：《东西洋考》，北京：中华书局 1981 年版。

［155］（明）于慎行：《谷山笔麈》，北京：中华书局 1984 年版。

［156］（明）徐光启撰，石声汉校注：《农政全书校注》，上海：上海古籍出版社 1979 年版。

［157］（明）林希元：《荒政丛言》，北京：北京古籍出版社 2003 年版。

［158］（明）何尔健：《按辽御珰疏稿》，郑州：中州书画社 1982 年版。

［159］（明）顾起元：《客座赘语》，北京：中华书局 1987 年版。

［160］（明）凌濛初：《拍案惊奇》，上海：上海古籍出版社1994年版。

［161］（清）朱睦㮮：《皇朝中州人物志》，台北：台湾学生书局1985年版。

［162］（清）顾公燮：《消夏闲记摘抄》，上海：上海商务印书馆1924年版。

［163］（清）乾隆敕辑：《御选明臣奏议》，影印文渊阁《四库全书》本。

［164］（清）夏燮：《明通鉴》，北京：岳麓书社1999年版。

［165］（清）纪昀等：《历代职官表》，上海：上海古籍出版社1989年版。

［166］（清）黄宗羲辑：《明文海》，影印文渊阁《四库全书》本。

［167］（清）黄宗羲：《明儒学案》，上海：上海世界书局1936年版。

［168］（清）黄宗羲：《明夷待访录》，北京：中华书局2011年版。

［169］（清）顾炎武：《亭林文集》，上海：上海古籍出版社1994年版。

［170］（清）顾炎武：《天下郡国利病书》，上海：上海古籍出版社1994年版。

［171］（清）顾炎武：《日知录》，上海：上海古籍出版社2006年版。

［172］（清）于敏中：《日下旧闻考》，北京：北京古籍出版社2000年版。

［173］（清）孙承泽：《天府广记》，北京：北京古籍出版社1982年版。

［174］（清）孙承泽：《春明梦余录》，影印文渊阁《四库全书》本。

［175］（清）赵翼：《廿二史札记校正》，北京：中华书局1984年版。

［176］《中国兵书集成》编委会：《筹海图编海防图论》，北京：解放军出版社、辽宁书社1990年版。

［177］（清）陈梦雷等：《古今图书集成》，北京：中华书局、巴蜀书社1985年影印版。

［178］（清）杨景仁：《筹济编》，北京：北京古籍出版社2004年版。

［179］（清）俞森：《社仓考》，北京：北京古籍出版社2004年版。

［180］（清）俞森：《义仓考》，北京：北京古籍出版社2004年版。

［181］（清）俞森辑：《荒政丛书》，影印文渊阁《四库全书》本。

［182］（清）陆曾禹：《钦定康济录》，影印文渊阁《四库全书》本。

［183］（清）嵇璜等：《钦定续文献通考》，影印文渊阁《四库全书》本。

［184］（清）黄宗羲辑：《明文海》，影印文渊阁《四库全书》本。

［185］吴晗：《明史简述》，北京：中华书局2005年版。

［186］吴晗：《朱元璋传》，上海：上海三联出版社1949年版。

［187］吴晗：《朝鲜李朝实录中的中国史料》，北京：中华书局1980年版。

［188］邓云特：《中国救荒史》，上海：上海书店出版社1984年版。

[189] 吕思勉：《中国制度史》，上海：上海教育出版社 1985 年版。

[190] 吴廷燮：《明督抚年表》，北京：中华书局 1982 年版。

[191] 王毓铨：《明代的军屯》，北京：中华书局 1965 年版。

[192] 徐蜀：《〈明史〉订补文献汇编》，北京：北京图书出版社 2004 年版。

[193] 梁方仲：《梁方仲经济史论文集》，北京：中华书局 1989 年版。

[194] 王春瑜：《明史论丛》，北京：中国社会科学出版社 1997 年版。

[195] 孟森：《明史讲义》，上海：上海古籍出版社 2008 年版。

[196] 黄云眉：《明史考证》，北京：中华书局 1984 年版。

[197] 南炳文：《明史新探》，北京：中华书局 2007 年版。

[198] 姜胜利：《明史研究》，北京：中国大百科全书出版社 2009 年版。

[199] 张德信：《明史研究论稿》，北京：社会科学文献出版社 2011 年版。

[200] 黄仁宇：《万历十五年》，北京：中华书局 2007 年版。

[201] 黄仁宇：《十六世纪明代中国之财政与税收》，北京：三联书店 2001 年版。

[202] 张德信、毛佩琦：《洪武御制全书》，合肥：黄山书社 1995 年版。

[203] 黄彰健：《明代律例汇编》，台北：历史语言研究所 1979 年版。

[204] 周振甫：《周易译注》，北京：中华书局 1991 年版。

[205] 陈鼓应：《老子注释及评介》，北京：中华书局 1984 年版。

[206] 杨伯峻：《论语译注》，北京：中华书局 1980 年版。

[207] 龚贤：《〈论语〉今读》，北京：中央编译出版社 2011 年版。

[208] 梁启雄：《荀子简释》，北京：中华书局 1983 年版。

[209] （清）孙希旦：《礼记集解》，北京：中华书局 1989 年版。

[210] 白寿彝：《中国通史》，上海：上海人民出版社 1989 年版。

[211] 范文澜、蔡美彪、杨天石：《中国通史》，北京：人民出版社 2009 年版。

[212] ［美］牟夏礼、［英］崔瑞德编，张书生等译：《剑桥中国明代史》，北京：中国社会科学出版 1992 年版。

[213] ［英］格林堡著，康成译：《鸦片战争前中英通商史》，北京：商务印书馆 1961 年版。

[214] ［日］池田温：《中国古代籍帐研究》，北京：中华书局 1987 年版。

[215] 刘俊文：《日本学者研究中国史论著选译》（第七卷），北京：中华书局 1993 年版。

[216] 许敏：《百年明史论著目录》，安徽教育出版社 2012 年版。

［217］胡宝华：《20 世纪以来日本中国史学著作编年》，北京：中华书局 2012 年版。

［218］张帆：《辉煌与成熟：隋唐至明中叶的物质文明》，北京：中华书局 2009 年版。

［219］王小甫：《创新与再造：隋唐至明中叶的政治文明》，北京：北京大学出版社 2009 年版。

［220］陈少峰：《鼎盛与革新：隋唐至明中叶的精神文明》，北京：北京大学出版社 2009 年版。

［221］刘勇强：《集成与转型：明中叶至辛亥革命的精神文明》，北京：北京大学出版社 2009 年版。

［222］赵轶峰：《明代的变迁》，上海：上海三联书店 2008 年版。

［223］钱穆：《明代政治》，台北：台湾学生书局 1968 年版。

［224］陶希圣：《明代宗教》，台北：台湾学生书局 1968 年版。

［225］佘贻泽：《明代土司制度》，台北：台湾学生书局 1968 年版。

［226］孟森：《明代边防》，台北：台湾学生书局 1968 年版。

［227］孙媛贞：《明代经济》，台北：台湾学生书局 1968 年版。

［228］张德昌：《明代国际贸易》，台北：台湾学生书局 1968 年版。

［229］王锡昌：《明代国际关系》，台北：台湾学生书局 1968 年版。

［230］黄眉云：《明史编纂考》，台北：台湾学生书局 1968 年版。

［231］王天有：《明史：一个多重性格的时代》，台北：三民书局股份有限公司 2008 年版。

［232］王天有：《明代国家机构研究》，北京：北京大学出版社 1992 年版。

［233］张显清、林金树：《明代政治史》，南宁：广西师范大学出版社 2003 年版。

［234］杜婉言、王春瑜：《明朝宦官》，北京：紫禁城出版社 1989 年版。

［235］曹树基：《中国人口史》，上海：复旦大学出版社 2000 年版。

［236］曹树基：《中国移民史》，福州：福建人民出版社 1997 年版。

［237］何朝晖：《明代县政研究》，北京：北京大学出版社 2006 年版。

［238］万明：《晚明社会变迁问题与研究》，北京：商务印书馆 2005 年版。

［239］池子华：《流民问题与社会控制》，南宁：广西人民出版社 2001 年版。

［240］田澍：《第十一届明史国际学术研讨会论文集》，天津：天津古籍出版社 2007 年版。

［241］苏东水：《东方管理》，太原：山西经济出版社 2003 年版。

［242］胡寄窗：《中国经济思想史》（上、中、下），上海：上海人民出

版社，上、中册 1978 年版，下册 1981 年版。

[243] 何炼成：《中国经济管理思想史》，上海：复旦大学出版社 1990 年版。

[244] 吴照云：《中国管理思想史》，北京：经济管理出版社 2012 年版。

[245] 吴照云：《战略管理》，北京：中国社会科学出版社 2008 年版。

[246] 吴照云：《管理学通论》，北京：中国社会科学出版社 2007 年版。

[247] 方宝璋：《宋代经济管理思想与当代经济管理》，北京：中国言实出版社 2008 年版。

[248] 方宝璋：《宋代管理思想：基于政策工具视角的研究》，北京：经济管理出版社 2011 年版。

[249] 赵靖：《中国经济思想通史》，北京：北京大学出版社 1997 年版。

[250] 叶世昌：《古代中国经济思想史》，上海：复旦大学出版社 2003 年版。

[251] 周三多：《管理学》，上海：复旦大学出版社 1999 年版。

[252] 阎世富：《东方管理学》，北京：中国国际广播出版社 1999 年版。

[253] 杨随平：《中国古代官员选任与管理制度研究》，北京：中国社会出版社 2010 年版。

[254] 周远成：《和谐境界与人才发展：大成管理学研究》，北京：中央文献出版社 2007 年版。

[255] 周远成：《大成管理哲学与〈老子〉今说——文史哲管会通实践》，北京：中国言实出版社 2010 年版。

[256] 周书俊：《先秦管理思想中的人性假设》，北京：经济管理出版社 2011 年版。

[257] 钟尉：《兵家战略管理》，北京：经济管理出版社 2011 年版。

[258] 龚贤：《秦汉管理思想》，北京：经济管理出版社 2010 年版。

[259] 龚贤：《隋唐管理思想》，北京：经济管理出版社 2012 年版。

[260] 孙文学、刘佐：《中国赋税思想史》，北京：中国财政经济出版社 2005 年版。

[261] 刘泽华：《中国古代政治思想史》，天津：南开大学出版社 2001 年版。

[262] 张分田：《民本思想与中国古代政治思想》，天津：南开大学出版社 2009 年版。

[263] 陶希圣：《中国政治思想史》，北京：中国大百科全书出版社 2009 年版。

[264] 葛兆光：《中国思想史》，上海：复旦大学出版社 2009 年版。

[265] 孙培青：《中国教育管理史》，北京：人民教育出版社 1996 年版。

[266] 张文昌、于维英：《东西方管理思想史》，北京：清华大学出版社

2007 年版。

[267] 陆进、孙晔：《中国传统管理思想概论》，北京：中国书籍出版社
2008 年版。

[268] 王天有：《明代国家机构研究》，北京：北京大学出版社 1992 年
版。

[269] 杜婉言、方志远：《中国政治制度通史》（明代卷），北京：人民
出版社 1992 年版。

[270] 张安福：《历代新疆屯垦管理制度发展研究》，北京：中国农业出
版社 2010 年版。

[271] 邹统钎、周三多：《战略管理思想史》，天津：南开大学出版社
2011 年版。

[272]［美］德鲁克著，李维安、王世权、刘金岩译：《德鲁克管理思想
精要》，北京：机械工业出版社 2009 年版。

[273] 李松玉：《中国公共管理若干问题研究》，济南：山东人民出版社
2011 年版。

[274] 俞可平：《国家治理评估：中国与世界》，北京：中央编译出版社
2009 年版。

[275] 俞可平：《治理与善治》，北京：社会科学文献出版社 2000 年版。

[276] 高小平：《政府管理与服务方式创新》，北京：国家行政学院出版
社 2008 年版。

[277] 姜异康、唐铁汉：《政府绩效管理的理论与实践》，北京：国家行
政学院出版社 2007 年版。

[278] 严强：《国家治理与政策变迁》，北京：中央编译出版社 2008 年
版。

[279] 景维民：《经济转型深化中的国家治理模式重构》，北京：经济管
理出版社 2013 年版。

[280] 公丕祥：《司法在国家治理和社会管理中的作用》，北京：法律出
版社 2012 年版。

[281] 王巍：《社区治理结构变迁中的国家与社会》，北京：中国社会科
学出版社 2009 年版。

[282] 石家铸：《海权与中国》，上海：上海三联书店 2008 年版。

[283] 夏勇：《文明的治理：法制与中国政治文化变迁》，北京：社会科
学文献出版社 2012 年版。

[284] 杨光斌：《制度变迁与国家治理：中国政治发展研究》，北京：人

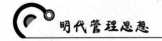

民出版社 2006 年版。

　　[285] [美] 盖伊·彼得斯:《政府未来的治理模式》,北京:中国人民大学出版社 2001 年版。

　　[286] [美] 查尔斯·沃尔夫:《市场或政府——权衡两种不完善选择/兰德公司的一项研究》,北京:中国发展出版社 1994 年版。

　　[287] 经济合作与发展组织:《分散化的公共治理》,北京:中信出版社 2004 年版。

　　[288] [美] 尼古拉斯·亨利:《公共行政与公共事务》,北京:中国人民大学出版社 2002 年版。

　　[289] Salamon, L. M. The Tools of Government. A Guide to the New Governance. Oxford University Press, 2002.

　　[290] Howlett, M. Government Communication as a Policy Tool: A Framework for Analysis. Canandian Political Science Review, 2009, 3 (2).